陕西省普通高等学校优秀教材
理实一体化与对标"岗课赛证"新形态教材

"文轨学堂"学习平台·教学课件·授课视频·实训实测与答案

工程识图与CAD

（新形态活页式）（第3版）

主　审　张学钢
主　编　孙再鸣　杨小玉
副主编　周　冬　彭　伟
参　编　王大海　王养锋　童礼刚

西南交通大学出版社
·成都·

图书在版编目（CIP）数据

工程识图与CAD：新形态活页式 / 孙再鸣，杨小玉主编. --3版. --成都：西南交通大学出版社，2023.10（2025.1重印）

ISBN 978-7-5643-9490-5

Ⅰ. ①工… Ⅱ. ①孙… ②杨… Ⅲ. ①工程制图－识图－高等职业教育－教材②工程制图－AutoCAD软件－高等职业教育－教材 Ⅳ. ①TB23

中国国家版本馆CIP数据核字（2023）第177508号

Gongcheng Shitu yu CAD (Xin Xingtai Huoye Shi)
工程识图与CAD（新形态活页式）
（第3版）
主编 孙再鸣 杨小玉

责 任 编 辑	杨 勇
封 面 设 计	墨创文化
出 版 发 行	西南交通大学出版社
	（四川省成都市金牛区二环路北一段111号西南交通大学创新大厦21楼）
发行部电话	028-87600564　028-87600533
邮 政 编 码	610031
网　　　址	http://www.xnjdcbs.com
印　　　刷	四川玖艺呈现印刷有限公司
成 品 尺 寸	185 mm × 260 mm
印　　　张	20
插　　　页	2
字　　　数	512千
版　　　次	2013年9月第1版　2019年4月第2版 2023年10月第3版
印　　　次	2025年1月第15次
书　　　号	ISBN 978-7-5643-9490-5
定　　　价	66.00元

课件咨询电话：028-87600533
图书如有印装质量问题　本社负责退换
版权所有　盗版必究　举报电话：028-87600562

第 3 版前言

本书是由双高院校（中国特色高水平高职学校和专业建设计划）的陕西铁路工程职业技术学院制图教研室教师携手铁路施工企业的各级人员，集纳多年教学经验和工程施工实践体验共同编写的，依照土木工程线路类示范专业（铁道工程专业和道路桥梁工程专业）的课程标准，同时参考《中华人民共和国制图员职业技能标准》、《制图员职业技能规范》进行编写，2013 年至今出版第 3 版。

本书设置 7 个项目，要求学生由浅入深、由简到繁进行学习与训练，在以下几个方面提升能力：

1. 制图国家标准的应用能力。

既包括《房屋建筑制图统一标准》基本规定的应用能力，也包括专业制图标准的应用能力。

2. 制图投影理论的应用能力。

既包括平面图样的绘制与阅读，也包括三视图和立体图的表达与阅读，训练学习人员"看、读、画、想、说"的综合能力。

3. 动手实作的应用能力。

既有尺规作图训练题目，也有大量的 Auto CAD 基础训练图样，同时还有与专业密切相关的成套施工图样，在个人动手绘图能力上进行训练，也同时在多人组队相互合作能力上进行训练。

4. 土木工程图的认知能力。

专业图样的识读与绘制会涉及土木工程中的道路工程图、桥梁工程图、涵洞工程图、隧道工程图以及房屋建筑工程图，涵盖面比较广泛，又具有典型性。

随着铁路这一战略性经济产业的技术进步和职教理念的更新，编者再次修订完成第 3 版，本书广泛用于高职铁道、桥梁、隧道工程技术的相关专业，是一部打造全域定制特色的教材。其特点包括：

1. 全教学进程定制

全书设计 7 个项目，围绕铁道工程构筑物工程图进行识读与绘制。项目下设置学习目标、工作任务、引导、知识要点、观察与理解、案例与分析、模仿与应用、实践训练、项目小结等。项目设计各有不同，助力教师和学生全程教学。

2. 全空间资源定制

全书有 7 个典型工程案例，12 组工程施工图样，多于 60 学时的 PPT，3 个全课程教学与训练多媒体课件，三维动画模型 130 多个，微课视频 100 多个、题库 600 多条等全空间数字化资源，动态资源可随时调用，是一部富媒体教材。请大家登录智慧职教 www.icve.com.cn 官网平台，资源链接中学习应用 https://www.icve.com.cn/portal/courseinfo?courseid=dn7zalql-7fmcjjtep5gvg。

3. 全方位思政定制

全书有许多思政教育素材，让学生了解铁路行业发展，增强职业信心，培养爱国主义精神、敬业精神、工匠精神、争先开创精神等，全方位提高学生的技术和素养能力。

4. 全岗课赛证定制

教材中的训练素材对接专业标准和实际工程应用，全面训练学生各项能力，完成从课本到实战的快速转型。教材为企业岗位培训、教师赛教、学生技能竞赛、1+X 职业技能等级取证中助力腾飞。

本书由陕西铁路工程职业技术学院孙再鸣、杨小玉为主编，周冬、彭伟为副主编，中铁一局集团市政环保工程有限公司王大海、中铁一局集团桥梁工程有限公司童礼刚、陕西林业集团有限公司王养锋参编，本书经陕西铁路工程职业技术学院张学钢主审。编写过程中，作者参阅了国内外出版的有关教材和资料，得到了一些工程现场专家的有益指导，在此一并表示衷心感谢！

由于作者水平有限，书中不妥之处在所难免，恳请读者批评指正。

编 者

2023 年 6 月 10 日

目　录

绪　论 ··· 1

项目一：工程构筑物平面图识读与绘制 ·· 5
　学习任务一：国家制图标准应用 ··· 6
　学习任务二：识读工程构筑物平面图 ·· 25
　学习任务三：工程构筑物平面图 CAD 绘制 ··· 39

项目二：工程构筑物构造图识读与绘制 ·· 67
　学习任务一：形体三视图识读 ··· 68
　学习任务二：形体轴测图绘制 ·· 109
　学习任务三：工程构筑物构造图识读 ··· 127
　学习任务四：工程构筑物构造图 CAD 绘制 ··· 145

项目三：线路工程图识读与绘制 ·· 165
　学习任务一：线路工程图识读 ·· 165
　学习任务二：线路工程图 CAD 绘制 ··· 185

项目四：桥梁工程图识读与绘制 ·· 189
　学习任务一：全桥布置图识读 ·· 190
　学习任务二：桥梁构造图识读 ·· 195
　学习任务三：桥梁构造图 CAD 绘制 ··· 206
　学习任务四：梁体结构图识读 ·· 210
　学习任务五：梁体结构图 CAD 绘制 ··· 230

项目五：涵洞工程图识读与绘制 ·· 235
　学习任务一：涵洞工程图识读 ·· 235
　学习任务二：涵洞工程图 CAD 绘制 ··· 252

项目六：隧道工程图识读与绘制 ··· 257
 学习任务一：隧道工程图识读 ·· 257
 学习任务二：隧道工程图 CAD 绘制 ·· 267

项目七：建筑工程图识读与绘制 ··· 271
 学习任务一：建筑工程图识读 ·· 272
 学习任务二：建筑工程图绘制 ·· 292

参考文献 ··· 313

绪 论

工程图样被喻为"工程技术界的语言",是现代化生产中不可缺少的技术文件,是工程设计人员设计思想的主要体现,是工程技术人员进行交流的重要资料,是工程管理人员进行管理的工具,也是施工人员进行施工的依据。工程技术人员必须能够熟练地绘制和阅读本专业的工程图样。

一、工程制图的发展概况

在生产实践中,人类很早就用图形来表达物体的形状结构。我国在建筑工程建设和制图方面有很多令世界瞩目的成就,值得一提的是 1103 年宋代李诫所著的《营造法式》。它是我国历史上关于建筑技术、艺术和制图的一部著名的典籍,也是世界上较早刊印的建筑图书。书中用大量插图表达了复杂的结构,所用的图示方法与当前建筑工程制图中所用的很相近。

经过长期的实践和研究,人们对工程图样的绘制原理和方法有了广泛深入的认识。1795年,法国科学家蒙日发表了《画法几何》,系统地阐述了各种图示、图解的基本原理和作图方法,对工程图学的建立和发展起了重要的作用。

目前,工程图样已广泛应用于各个生产领域。为使工程图样规范化,我国不断制定满足各行业需要的制图标准。各专业制图标准是以《技术制图》为蓝本,结合本专业的特点而制定的。建设部于 2017 年修订颁布了《房屋建筑制图统一标准》(GB/T 50001—2017)、《总图制图标准》(GB/T 50103—2001)、《建筑制图标准》(GB/T 50104—2001)、《建筑结构制图标准》(GB/T 50105—2001)、《给水排水制图标准》(GB/T 50106—2001)和《暖通空调制图标准》(GB/T 50114—2001),这 6 本标准是我国当前在房屋建筑工程方面正在实施的制图标准。此外,交通部于 1992 年颁布了《道路工程制图标准》(GB 50162—92),水利部于 1995 年颁布了《水利水电工程制图标准》(SL 73.1~73.5—1995)。在土建工程中,还会遇到上述专业以外的有关图纸,此时就需要查阅和使用我国现行的其它行业制图标准。制图标准将随着科学技术和国家建设的发展而不断地修订完善。世界各国和行业组织的制图标准也在不断地进行协调和统一。

现在,工程图学已发展成为一门理论严密、内容丰富的综合学科,包括理论图学、应用图学、计算机图学、制图技术、制图标准、制图教育等诸多方面。计算机图学的建立以及计算机绘图和辅助设计的应用,是工程图学在现代最重要的发展和进步。

二、本课程的任务

工程图样是一种以图形为主要内容的技术文件,用来表达工程建筑物的形状、大小、材料及施工技术要求等。土木工程包括房屋建筑、道路与桥梁、水利与管道等工程建设。对于这些工程项目，都是首先进行工程设计、绘制图样，然后按图施工，因而每个从事土木工程建设的技术人员都应具备绘制和阅读本专业工程图的能力。

土木工程制图是土木工程类各专业必修的一门重要的、实践性很强的技术基础课。课程主要研究绘制和阅读工程图样的方法，培养学生的制图技能和空间想象能力，使学生掌握土木工程类专业必备的工程图识读与绘制技能，为学生后续专业课程学习打下基础；对学生进行职业意识培养和职业道德教育，使其形成严谨、敬业的工作作风，为今后解决生产实际问题和职业生涯的发展奠定基础。

三、本教材的内容

1. 工程构筑物平面图识读与绘制

主要介绍国家制图标准内容、构筑物平面图形的分析与画法，为工程制图做准备。通过学习制图的基本知识和训练技能，应熟悉并遵守国家制图标准的基本规定，应用尺规和CAD绘图工具绘制构筑物的平面图形。

2. 工程构筑物构造图识读与绘制

主要学习投影基础理论、物体三视图的表达方法，掌握构筑物图示、尺寸标注和阅读方法，进一步贯彻执行国家制图标准中的规定，获得绘制和阅读空间物体投影图的能力，这是绘制和阅读有关专业图的基础，是学习本课程的重要环节。同时学习构筑物轴测图的基本画法和形体立体草图的基本技法，加入CAD三维建模技术，这样可以更直观地展示工程构筑物，能够应用多种图示手法和绘图手段表达工程构筑物的构造，应用CAD进行图样排版打印工作，做到工学结合，与实战做到无缝对接。

3. 土木工程图识读与绘制

二十大报告指出："建设现代化产业体系，坚持把发展经济的着力点放在实体经济上，推进新型工业化，加快建设制造强国、质量强国、航天强国、交通强国、网络强国、数字中国。"修路带动各地发展，修路推动经济提升。土木工程图则以线路设计中涉及的构筑物工程图为主，具体介绍各专业图的图示内容与图示特点，是前两部分的实施与应用。通过学习专业图，了解相关专业构筑物的构造，熟悉专业图（道路、桥梁、涵洞、隧道、建筑等图样）的图示内容和图示特点，应用与强化CAD技术能力，掌握绘制和阅读本专业构筑物图样的方法。

四、本课程的学习方法

空间三维形体如何用二维平面图表达或由二维平面图样如何想象三维空间形体，是本课程特有的要解决的主要问题。其图示理论虽然与立体几何知识有密切关系，但又是通过全新的投影概念去观察、分析和解决问题的，初学者往往会感到陌生、抽象和难以理解，所以一定要注意以下学习方法。

$$\text{空间立体（三维）} \xrightleftharpoons[\text{读图}]{\text{画图}} \text{平面图纸（二维）}$$

1. 认真听课，积极思维

形体投影从基本体到组合体，由简单到复杂，由浅入深，循序而渐进。学习中必须听好每一堂课，善于总结，及时消化，必须"步步为营，稳扎稳打"。在解决问题时，多考虑应用空间与平面之间的联系，如相关的一些投影特性等，也可以借助模型、直观图帮助理解，加强实物对比，积极主动思维，逐渐培养空间抽象思维能力。

2. 加强实践，理论联系实际

工程制图的内容都要通过完成相当数量的习题和制图作业才能掌握，因而在勤动脑的同时还需勤动手，认真分析每章节后的模仿与应用图样，及时完成每章节配套的习题练习，必须"坚持不懈，持之以恒"。特别是要经常注意观察和了解工程实际构筑物，并善于结合所学理论进行对照和理解，不断提高绘图和读图的技能。

3. 培养良好的工作作风

认真、细致是一切从事工程技术工作人员所必须具备的基本素质。图样上的任何疏漏、错误都会给工程造成不可弥补的损失，所以图上的一字一线都不得马虎，必须"严格要求、一丝不苟"。注意正确使用绘图工具，加强基本功训练，力求作图准确、迅速、美观，为日后工作实践打下良好基础。

同时还应该强调的是，在本课程的学习过程中，要逐步增强自学能力，随学习进度及时复习和小结。必须学会通过阅读作业指导和查阅教材来解决训练中的问题，并以此来培养今后查阅有关的标准、规范、手册等资料来解决工程实际中问题的能力。

五、生活中的图形

大自然是一个充满有形物体的空间，用图去展现我们所看到的景象、用画来表达我们脑海中的设想，这已成为生活中不可缺少的部分。人们每天都会遇到一些图形标志，如商品包装上印有的商标、交通线路中的道路标志、社团会议组织标志等。标志是人类社会在长期生产与实践中，逐步形成的一种非语言传达而以视觉图形传达信息的象征符号，为公众借以区别、辨认彼此事物，起到示意、指示、识别、警告，甚至命令的作用。它比语言文字的信息量更大、更迅速、更准确、更强烈，且具有世界性。

标志大多是由文字、图形或两者组合而构成。标志设计的基本构成形式有对称形式和平衡形式，符合几何美学规律。标志设计要作图严谨，力求线条清晰、图形明确、比例恰当、布局合理、色彩准确、文字规范、造型完美，如图 0-1、图 0-2 所示。

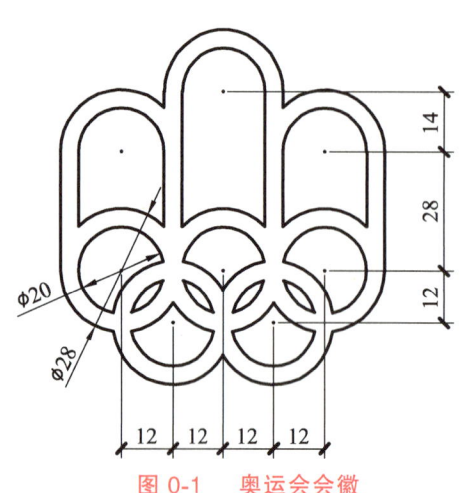
图 0-1　奥运会会徽

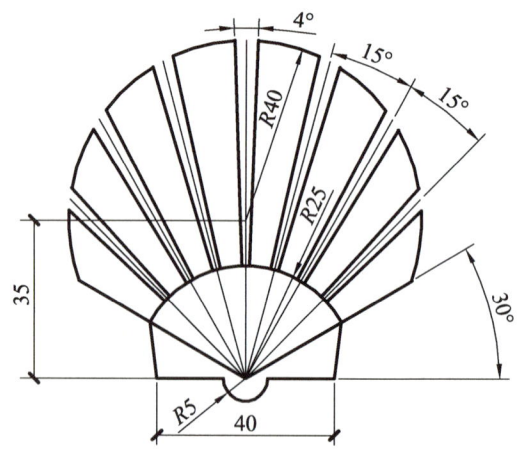
图 0-2　壳牌商标

标志可分为公共标志和专用标志。

公共标志用于公众和社会活动，如国际组织、国家机构、文化科学和社会活动标志，团体、学校、学会、会议、运动会和展览会标志，机场、车站、码头、路标等指令性的交通标志，引导性的公共设施符号标志，服务性的系列化标志系统等。

专用标志指用于商业性质的商标和专利标志，是专为某一特定目的设计，代表个人或工商企业的名称、产品或劳务的标志。商标是商品的标志和记号，是消费者区分、识别商品的重要依据。在市场竞争中它成为联系企业和消费者的桥梁。

在学习本课程的过程中，要坚持理论联系实际，善于观察，勤于思考，反复实践，在"看、想、读、画、说"几方面下工夫。我们平时要留心观察生活中的图样，多收集一些图形标志，结合制图理论进行解读，尝试绘制这些图形。这样不但能够锻炼自身绘图和读图能力，同时也能培养自身图形设计的能力。

同学们，快快行动起来吧！

项目一：工程构筑物平面图识读与绘制

 学习目标：

知识要点	能力和素养目标	相关知识
《房屋建筑制图统一标准》中的有关规定	1. 掌握制图国家标准中的规定 2. 能够应用制图国家标准进行绘图，保证绘图质量 3. "国有国法，行有行规"，建立良好的执行行业规范的能力	1. 图纸幅面和格式 2. 图线的线型、线宽及画法 3. 尺寸标注的基本知识
常用的几何作图方法及平面图形的画法	1. 能够准确地绘制出常见的平面图形 2. 能够对平面图形进行分析并确定图形的作图顺序 3. 培养学生工作认真，绘图细致，留意生活与技术相关联的能力，提升审美能力	1. 几何作图原理知识 2. 平面图形分析方法 3. 尺规绘图方法
构筑物平面图 CAD 绘制	1. 能够用 CAD 精准绘制构筑物的平面图 2. 能够按照制图国标规范作图，整理图样 3. 能够应用模型空间进行打印出图 4. 对待平面绘图要精准美观和规范，学习大国工匠精神，建立精雕细琢、精益求精的精神理念	1. CAD 平面二维绘图命令 2. CAD 精准绘制操作方法 3. CAD 模型空间设置与打印

 工作任务：

以 1∶5 的比例抄绘图 1-1 所示的隧道洞门图，绘制在 A4 图幅中，尺寸标注、文字书写及图线绘制须符合制图国标。

 引 导：

（1）图中哪些尺寸是定形尺寸？哪些尺寸是定位尺寸？
（2）图中各段圆弧的圆心位置是如何确定的？
（3）隧道洞门两侧外部轮廓完全对称吗？

（4）请去认识一下隧道里的自然拱、仰拱。
（5）在 CAD 中，应用哪些辅助功能可以进行线段的精准绘制？
（6）在 CAD 中，尺寸标注、文字注写及图线如何操作能够符合国标？
（7）在 CAD 中，请说说整理图样并打印的步骤。

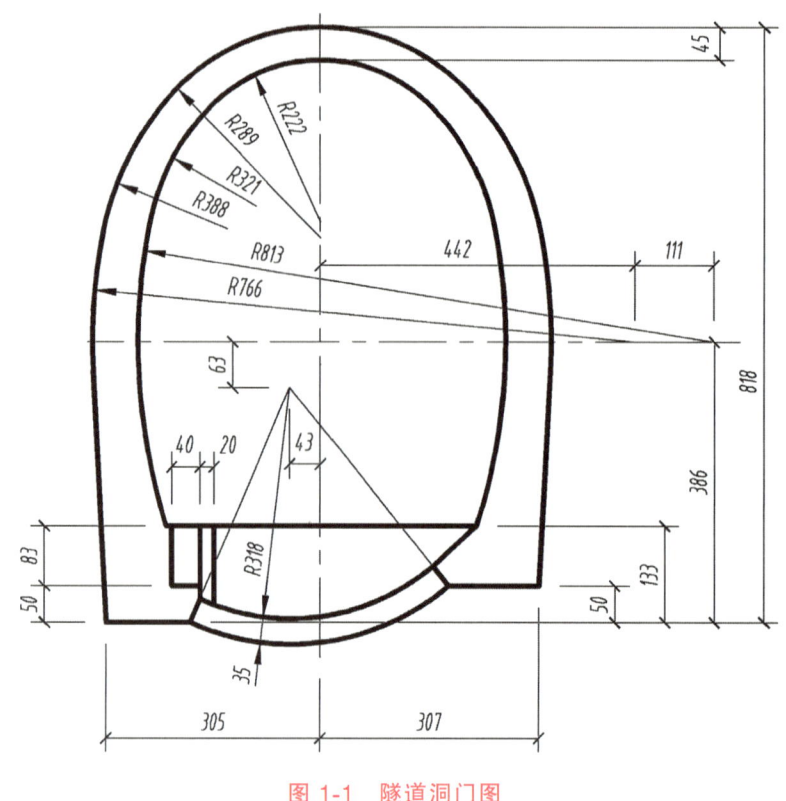

图 1-1　隧道洞门图

学习任务一：国家制图标准应用

工程图样是工程界的技术"语言"，图样应符合技术交流和设计、施工、存档的要求，需要制定制图标准。制图标准对图样的内容、格式和表达方法等作了统一的规定，制图时必须严格遵守。国家标准《技术制图》和《房屋建筑制图统一标准》是工程界重要的技术基础标准，是绘制和阅读工程图样的依据。需要指出的是：《房屋建筑制图统一标准》适用于建筑图样，而《技术制图》标准则普遍适用于工程界各种专业技术图样。

我国国家标准（简称国标）的代号是"GB"，例如《技术制图图样画法视图》（GB/T 17451—1998），表示制图标准中图样画法的视图部分，GB/T 表示推荐性国标，17451 为编号，1998 是发布年号。

本书摘要介绍《房屋建筑制图统一标准》（GB/T 50001—2017）中的图纸幅面、比例、字体、图线和尺寸标注等制图基本规定，其它标准将在有关项目中叙述。

知识点 1：图幅

图纸的幅面是指图纸尺寸规格的大小，图框是图纸上绘图范围的边线。绘制图样时，应优先选用表 1-1 中规定的图纸基本幅面。A0 图纸对折之后可以裁剪为 8 张 A3 图纸。

表 1-1　基本幅面类型及尺寸　　　　　　　　　　　　　　　mm

尺寸	代　号				
	A0	A1	A2	A3	A4
$B \times L$	841×1 189	594×841	420×594	297×420	210×297
c	10			5	
a	25				

图框格式有横式和立式幅面。一般 A0～A3 图纸宜横式使用，必要时也可立式使用，A4 图纸宜立式使用，如图 1-2 所示。

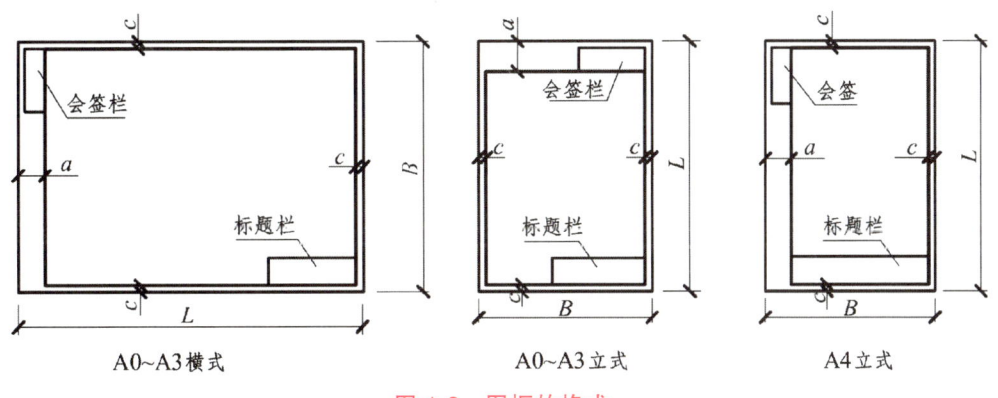

图 1-2　图框的格式

如果图纸幅面不够，可将图纸幅面长边加长，短边不得加长。

知识点 2：标题栏

图纸的标题栏简称图标，用来填写设计单位、工程名称、图名、图纸编号、比例、设计者和审核者等内容。它位于图框的右下角，标题栏中的文字方向为看图方向。标题栏的内容、格式及尺寸，国家标准作了规定。作业使用的标题栏推荐使用图 1-3 所示的格式绘制。

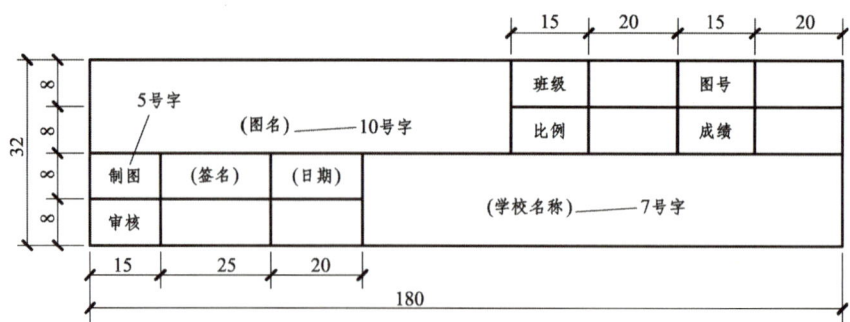

图 1-3 制图作业的标题栏格式和尺寸

知识点 3：比例

比例是指图样中图形与实物相应要素的线性尺寸之比。

绘制图样时，应根据图纸大小、图样的用途与所绘形体的复杂程度，并结合图面布置合理、清楚、匀称、美观的原则确定。建筑工程图常按表 1-2 规定的系列中选用适当的比例。

表 1-2 建筑工程图的比例

图 名	常 用 比 例
总平面图	1∶500, 1∶1 000, 1∶2 000
平面图、立面图、剖面图	1∶50, 1∶100, 1∶200
详图	1∶1, 1∶2, 1∶5, 1∶10, 1∶20, 1∶25, 1∶50

建筑工程图的比例一般注写在图名的右侧，且字号要比图名汉字字号小一号。

知识点 4：图线

图线是构成工程图的基本元素，它不仅确定了图形的范围，还表示一定的含义，因此需要有统一标准。

一、线 型

《房屋建筑制图统一标准》（GB/T 50001—2010）中规定，工程建筑制图应选用表 1-3 所示的图线。

表 1-3 图线

名称		线型	线宽	用途
实线	粗	——————	b	主要可见轮廓线
	中粗	——————	$0.7b$	可见轮廓线
	中	——————	$0.5b$	可见轮廓线、尺寸线、变更云线
	细	——————	$0.25b$	图例填充线、家具线
虚线	粗	— — — — —	b	见各有关专业制图标准
	中粗	— — — — —	$0.7b$	不可见轮廓线
	中	— — — — —	$0.5b$	不可见轮廓线、图例线
	细	— — — — —	$0.25b$	图例填充线、家具线
单点长画线	粗	—·—·—·—	b	见各有关专业制图标准
	中	—·—·—·—	$0.5b$	见各有关专业制图标准
	细	—·—·—·—	$0.25b$	中心线、对称线、轴线等
双点长画线	粗	—··—··—	b	见各有关专业制图标准
	中	—··—··—	$0.5b$	见各有关专业制图标准
	细	—··—··—	$0.25b$	假想轮廓线、成型前原始轮廓线
折断线		∿	$0.25b$	断开界线
波浪线		～～	$0.25b$	断开界线

二、线 宽

每个图样，应根据复杂程度与比例大小，先确定基本线宽 b。b 值宜从下列线宽系列中选取：2.0、1.4、1.0、0.7、0.5、0.35 mm，再选用表 1-4 相应的线宽组。图纸的图框和标题栏可采用表 1-5 中的线宽。同一张图纸内，相同比例的各图样，应选用相同的线宽组。

表 1-4 线宽组   mm

线宽	线宽组					
b	2.0	1.4	1.0	0.7	0.5	0.35
$0.5b$	1.0	0.7	0.5	0.35	0.25	0.18
$0.25b$	0.5	0.35	0.25	0.18	—	—

表 1-5 图框线宽和标题栏线宽　　　　　　　　　　　　　　　　　　　　mm

幅面宽度	图框线	标题栏外框线	标题栏分格线、会签栏线
A0，A1	1.4	0.7	0.35
A2，A3，A4	1.0	0.7	0.35

三、图线的画法

（1）相互平行的图线，其间隙不宜小于其中的粗线宽度，且不宜小于 0.7 mm。
（2）虚线、单点长画线或双点长画线的线段长度和间隔，宜各自相等。
（3）单点长画线或双点长画线在较小图形中绘制有困难时，可用细实线代替。
（4）单点长画线或双点长画线两端，不应是点。点画线与点画线交接或点画线与其他图线交接时，应是线段交接。以上如图 1-4 所示。

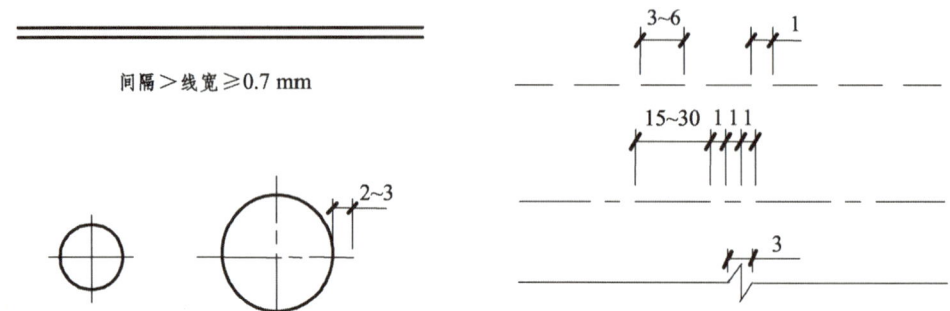

图 1-4　图线的画法

知识点 5：字体

图样中书写的汉字、数字和字母，必须做到：字体工整、笔画清晰、间隔均匀、排列整齐。字体的号数即字体的高度（h），分别为 20，14，10，7，5，3.5，2.5 mm。字高与字宽的比例大约为 1∶0.7，如需写更大的字，其高度应按 $\sqrt{2}$ 的倍数递增。

一、汉　字

汉字应写成长仿宋体，字高不应小于 3.5 mm。汉字 10 号字、7 号字示例如下：

字体工整笔画清晰间隔均匀排列整齐

横平竖直起落分明结构均匀填满方格

汉字的基本笔画为横、竖、撇、捺、点、挑、钩、折，其笔法可参阅表1-6。

表1-6 汉字的基本笔法

笔画	横	竖	撇	捺	点		挑	钩	折
形状	一	丨	丿	㇏	丶	丶	✓	亅	𠃍
笔序									

二、数字、字母

数字和字母可写成直体和斜体。斜体字字头向右倾斜，与水平基准线呈75°，如图1-5所示。字高不应小于2.5 mm。

图1-5 数字、字母示例

知识点6：尺寸标注

标注尺寸时应做到正确、齐全、清晰。要严格遵守国家标准有关尺寸标注的规定。

一、尺寸的组成

图样上的尺寸由尺寸界线、尺寸线、尺寸起止符号和尺寸数字组成，如图1-6所示。

1. 尺寸界线

表示尺寸的范围，用细实线绘制，一般应与被注长度垂直。其一端离开图样的轮廓线不小于2 mm，另一端宜超出尺寸线2~3 mm。图形轮廓线可用作尺寸界线，如图1-7所示。

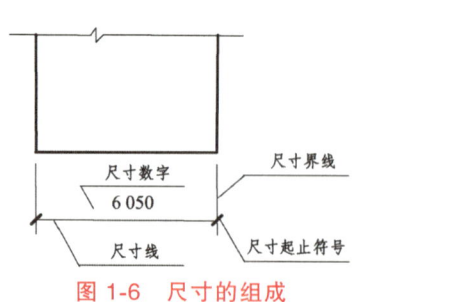
图 1-6 尺寸的组成

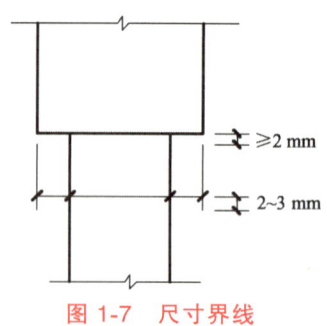
图 1-7 尺寸界线

2. 尺寸线

应用细实线绘制,并应与被注长度平行。图样本身的任何图线均不得用作尺寸线。

3. 尺寸起止符号

一般用中粗斜短线绘制,其倾斜方向应与尺寸界线成顺时针 45°,长度宜为 2~3 mm。半径、直径、角度等的尺寸起止符号,宜用箭头表示,尺寸箭头的长度为 $4b$~$5b$,箭尾宽度为 b。

4. 尺寸数字

图样上的尺寸,应以尺寸数字为准,不得从图样上直接量取。图样上的尺寸单位,高程及总平面图是以米(m)为单位,其他须以毫米(mm)为单位。

尺寸数字的注写方向,应按图 1-8(a)所示的形式注写。若尺寸数字在 30°斜线区内,宜按图 1-8(b)所示的形式注写。

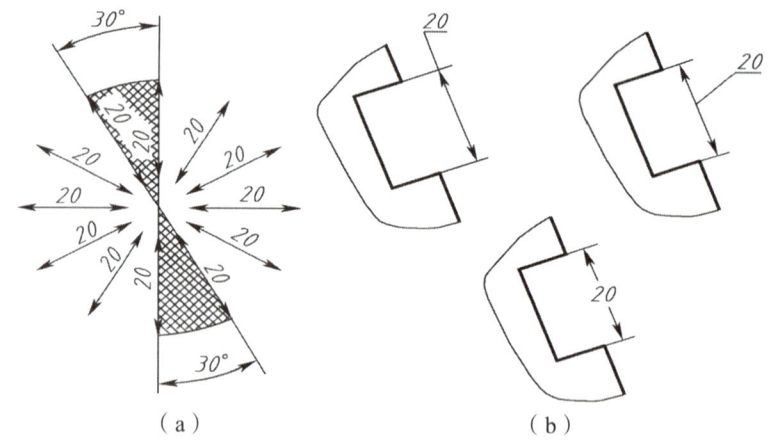

(a)　　　　　　　　(b)

图 1-8 尺寸数字的注写方向

尺寸数字一般应依据其方向注写在靠近尺寸线的上方中部,如果尺寸排列较紧密,中间相邻的尺寸数字可错开注写,如没有足够的注写位置,可引出注写,最外边的尺寸数字可注写在尺寸界线的外侧,如图 1-9 所示。

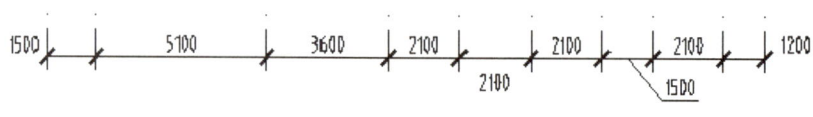

图 1-9 尺寸数字的注写位置

二、尺寸的排列与布置

（1）尺寸宜标注在图样轮廓以外，不宜与图线、文字及符号等相交，无法避免时，尺寸数字处的图线应断开，如图 1-10 所示。

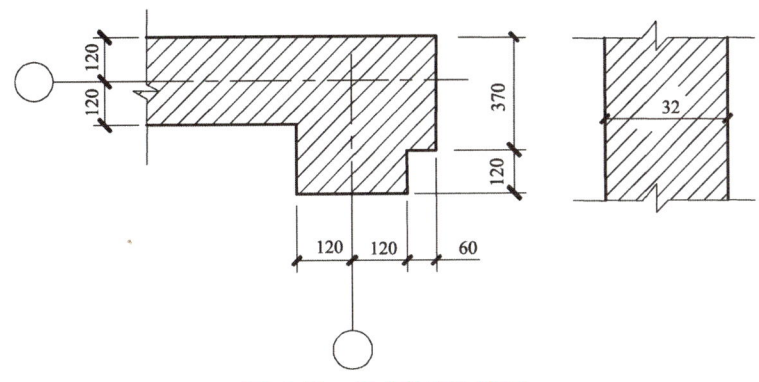

图 1-10　尺寸数字的注写

（2）互相平行的尺寸线，应从被注写的图样轮廓线由近向远整齐排列，较小尺寸应离轮廓线较近，较大尺寸应离轮廓线较远，如图 1-11 所示。

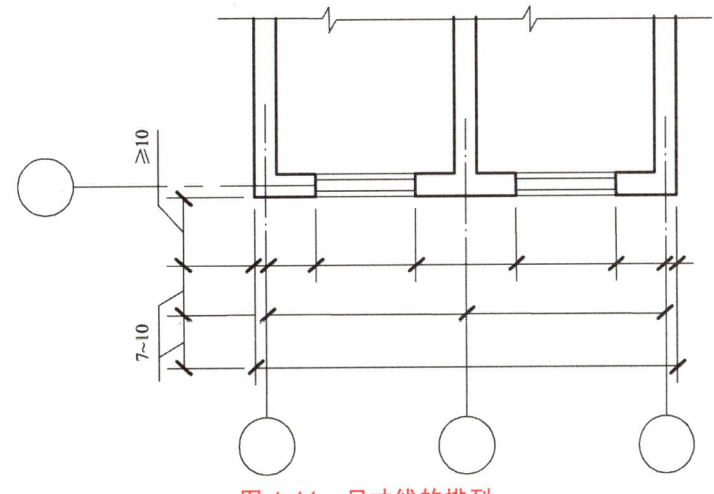

图 1-11　尺寸线的排列

（3）图样轮廓线以外的尺寸线，距图样最外轮廓线的距离，不宜小于 10 mm。平行排列的尺寸线的间距，宜为 7~10 mm，并应保持一致，如图 1-11 所示。

三、半径、直径、球径的尺寸标注

半径尺寸线的一端应从圆心开始，另一端画箭头指向圆弧。半径数字前应加注半径符号"R"，如图 1-12 所示。

较小圆弧的半径，可按图 1-13 所示的形式标注。

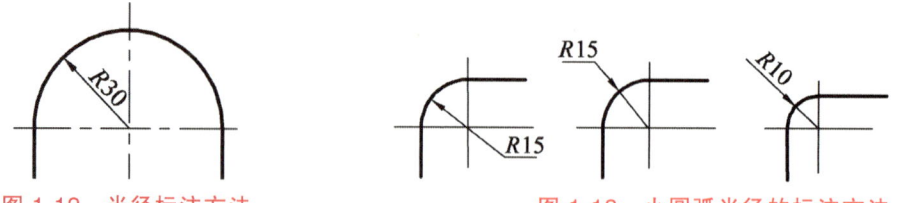

图 1-12　半径标注方法　　　　　　　图 1-13　小圆弧半径的标注方法

较大圆弧的半径，可按图 1-14 所示的形式标注。

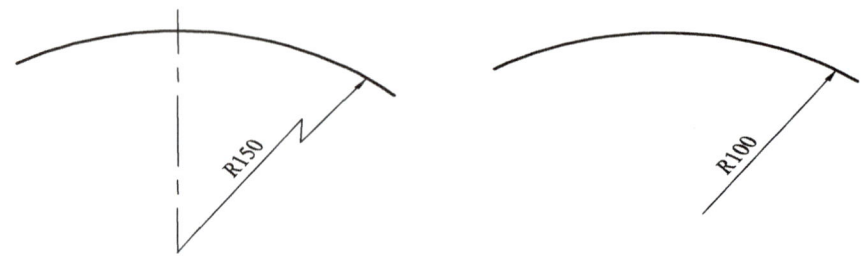

图 1-14　大圆弧半径的标注方法

标注圆的直径尺寸时，直径数字前应加直径符号"ϕ"。在圆内标注的尺寸线应通过圆心，两端画箭头指至圆弧，如图 1-15 所示。

较小圆的直径尺寸，可标注在圆外，如图 1-16 所示。

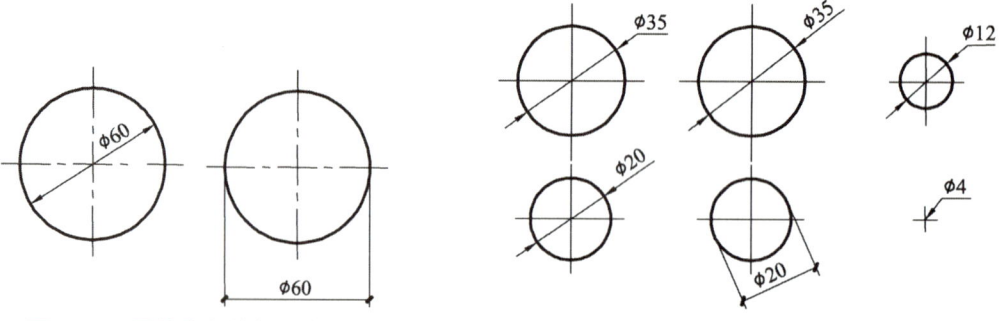

图 1-15　圆的直径的标注方法　　　　　图 1-16　小圆直径的标注方法

球径尺寸可根据整球体或球缺的具体情况进行标注。标注尺寸时，应在数字所示注写符号 $S\phi$、SR，如图 1-17 所示。

四、角度、弧长、弦长的标注

角度的尺寸线应以圆弧表示。该圆弧的圆心是该角的顶点，角的两条边为尺寸界线。起止符号应以箭头表示，如没有足够位置画箭头，可用圆点代替，角度数字应按水平方向注写，如图 1-18 所示。

标注圆弧的弦长时，尺寸线应以平行于该弦的直线表示，尺寸界线应垂直于该弦，起止符号用中粗斜短线表示，如图 1-19 所示。

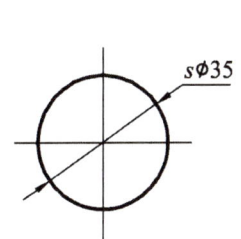
图 1-17　球的直径标注方法

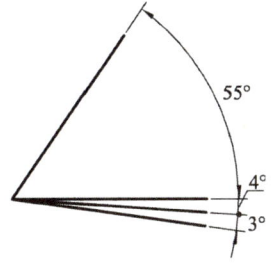
图 1-18　角度标注方法

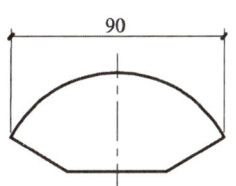
图 1-19　弦长标注方法

五、坡度的标注

坡度可采用百分数、比例的形式标注，数字下面要加注坡度符号，坡度符号的箭头指向下坡方向，如图 1-20 所示。

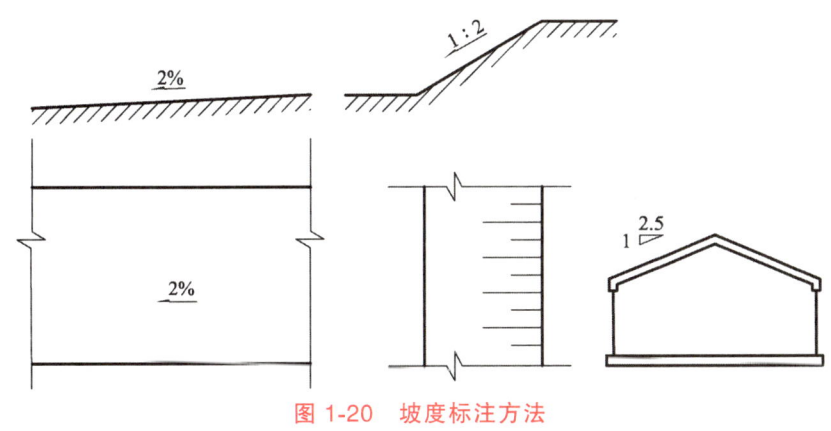
图 1-20　坡度标注方法

 **实践训练：**

二十大报告中指出："广大青年要坚定不移听党话、跟党走，怀抱梦想又脚踏实地，敢想敢为又善作善成，立志做有理想、敢担当、能吃苦、肯奋斗的新时代好青年，让青春在全面建设社会主义现代化国家的火热实践中绽放绚丽之花。"——这是国家领导人和前辈们对年轻人的谆谆教诲！前进的动作是起步，目标的达成是坚持，做好基础训练，熟练才能精进。行动起来！

项目一　实践训练答案

项目一：工程构筑物平面图识读与绘制

学号： 姓名：

1-1：请完成制图国家标准的相关填空

1、图纸的幅面分为____幅面和____幅面两类，基本幅面按尺寸大小分为____种，其代号分别为____；A3图纸幅面的尺寸是____，是A0图纸的____分之一。

2、图框格式分为____和____两种，按照标题栏的方位又可将图纸格式分为____和____两种；标题栏位于图纸的____，标题栏中的文字方向为____。

3、比例是指图样中____与其____的线性尺寸之比，与所采用的比例____。

4、工程制图中用到的图线有____六类；常用的A3幅面图样中，中实线的线宽取用0.25mm，那么粗实线的线宽为____，细实线的线宽为____，形体的可见轮廓尺寸____画出，不可见轮廓线____画出。

5、虚线绘制时要均匀，常用的段落长度为____，单点长划线的段落空隙常为____；作图辅助线应采用____线来绘制，对称中心线和轴线用____画出。

6、图样中书写的汉字、数字和字母；字号是字体的____，汉字应用____体书写，数字和字母可写为____体或____体，字号若指字体的____，必须做到____。

7、标注尺寸线的四要素是____、____、____和____四种。

8、起止出尺寸线____mm；尺寸线应与____平行，图样本身的任何图线均不得用作____；线性线段的尺寸起止符号，宜用45°____绘制，其倾斜方向应与____成顺时针45°____mm，半径、直径、角度的尺寸起止符号，宜用箭头表示，绘制一个标准箭头____mm，另一端____。

9、标注水平尺寸时，尺寸数字的字头朝____，标注垂直尺寸时，尺寸数字的字头方向朝____，位置注写；如果没有足够的位置注写尺寸数字，可以采用____和____手法。

10、平面图形中的尺寸，按其作用可分为____和____两类。

1-2：遵循制图国标进行练习

学号： 姓名：

1. 过各等分点分别照画下列水平线

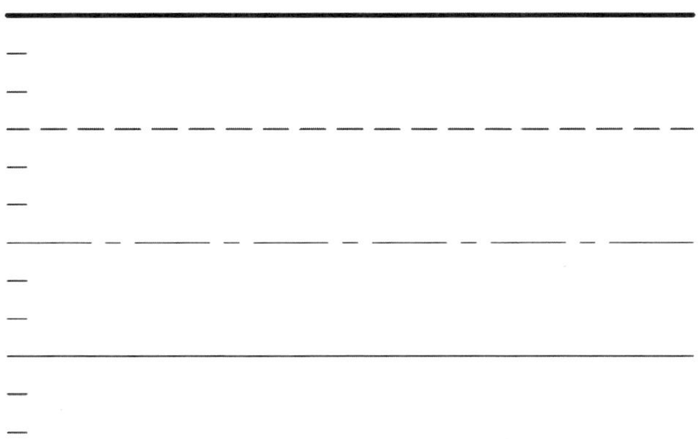

2. 过绘出的五点，依次画出粗实线、点画线、虚线、细实线、粗实线的圆

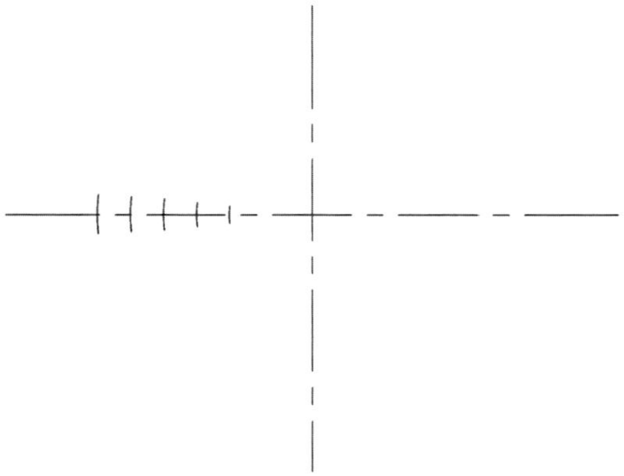

3. 按照国家制图标准书写字体

工	程	制	图				
东	南	西	北	建	筑	线	
涵	洞	隧	道	路	标		
侧	沟	泄	水	孔	说	明	设	计
管	箱	涵	拱	桥	房	屋	伸	缩	缝
板	柱	架	墩	台	仰	坡
承	重	结	构

1234567890ØABCDEFGHIJKLMNOPQRSTUVWXY mm Kg±0.00

4. 依照材料图例进行绘制练习

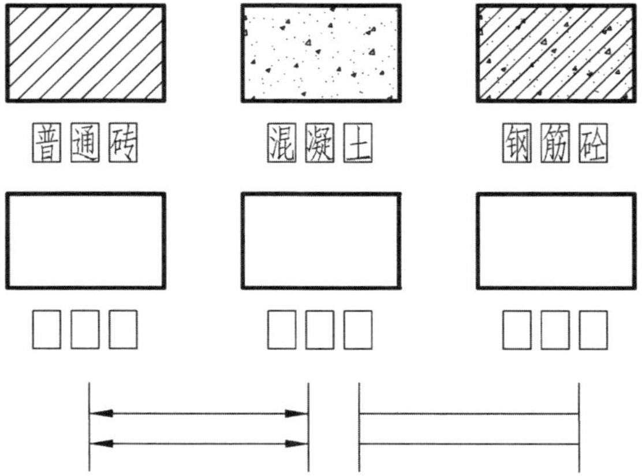

砖砌 | 混凝土 | 钢筋砼

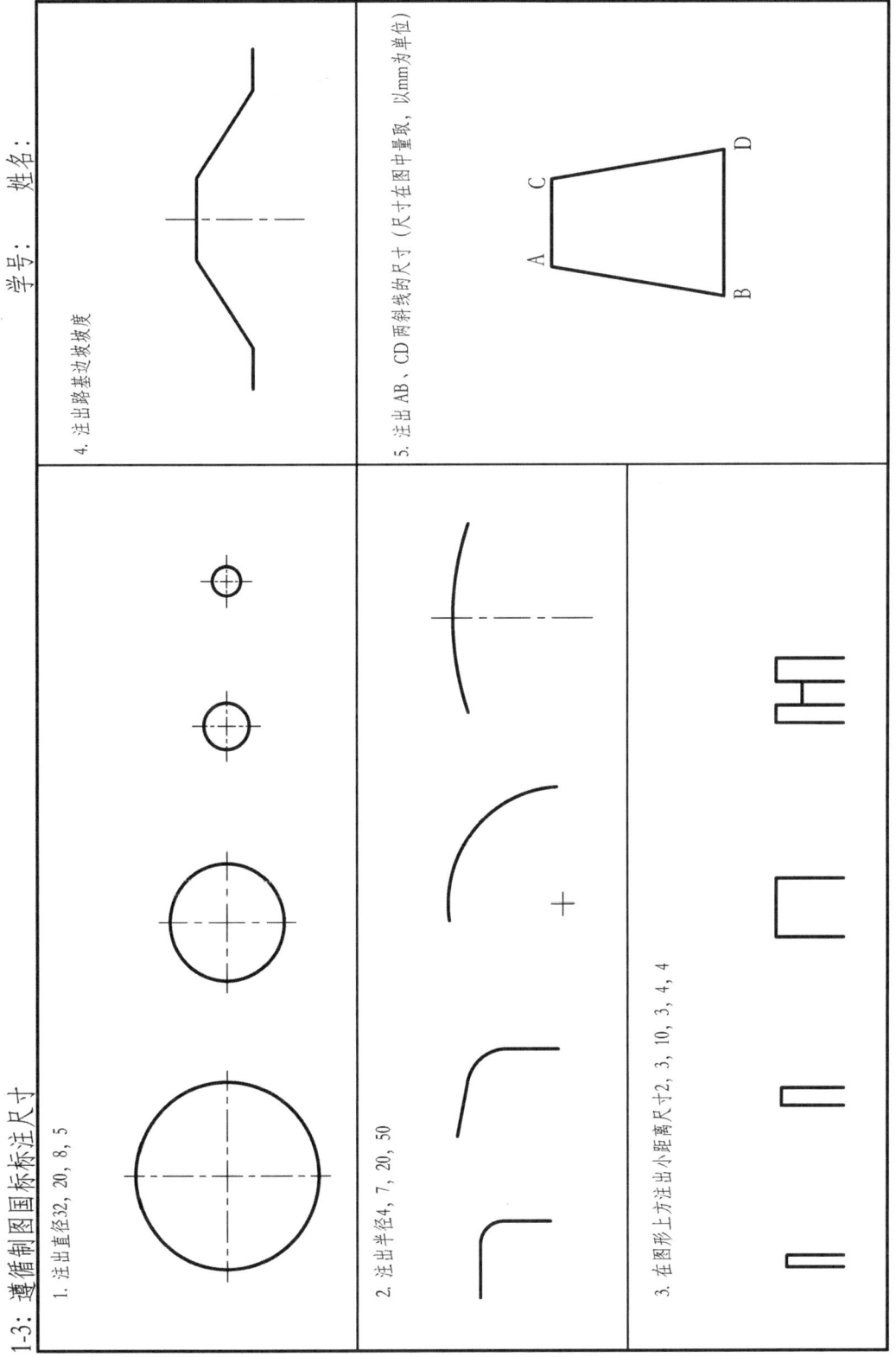

1-4：发现图中尺寸标注的错误，在下图中做出正确的尺寸标注

学号： 姓名：

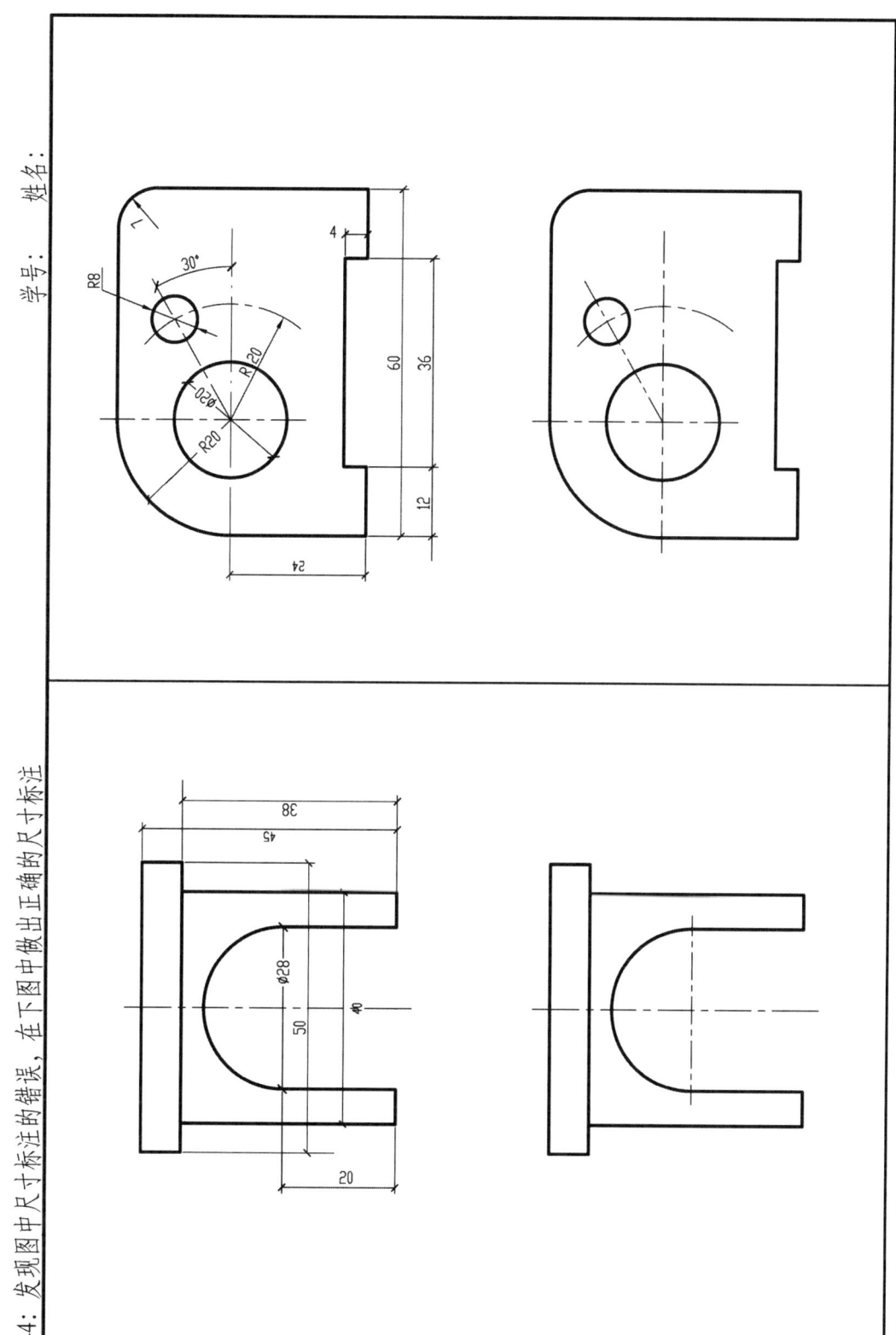

学习任务二：识读工程构筑物平面图

观察与理解

在生产力还很落后的过去，人们制造工具都是按照自己脑子的构思依靠手工制作而成。随着社会的进步与发展，社会劳动有了分工，设计者专门负责构思，工人师傅们专门负责制造，而设计者用一些图形来表达自己的设计意图，把它们画在图纸上，工人师傅们就依照图纸来加工人们所需要的产品。我们把这种画在图纸上，能够反映物体形状和构造的图形就称为图样。

我们仔细观察身边的一些物体，其实它们大部分都是要经过设计的，所以它们都有反映其形状的图样。下面是我们生活中能够见到的一些物体的图样，大家就可以通过看这些图来想象它们是什么物体。那么，如果让我们来画这些图，我们能不能画出来？

大家通过观察图 1-21 这个图样的形状，联系实际生活，就可以想象到它就是我们生活中常见的洗手盆。那么工人师傅在工厂中生产的时候，通过看图，不但要知道它的形状，还要知道它的大小，所以在工程实际中，我们还要给图样标上尺寸。分析一下，大家自己动手把这个洗手盆的图样画出来。

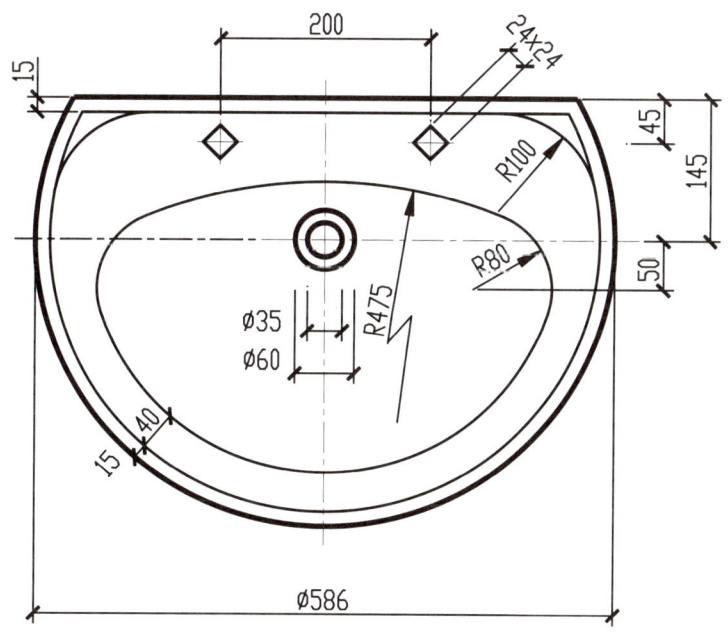

图 1-21　洗手盆平面图样

图 1-22 是一个立交桥平面图，同样道理，大家根据图形上面所标的尺寸就能够画出这个图样。我们把这种标有尺寸，能够反映工程形体的形状和大小，用于工程实际生产的图样就称为工程图样。

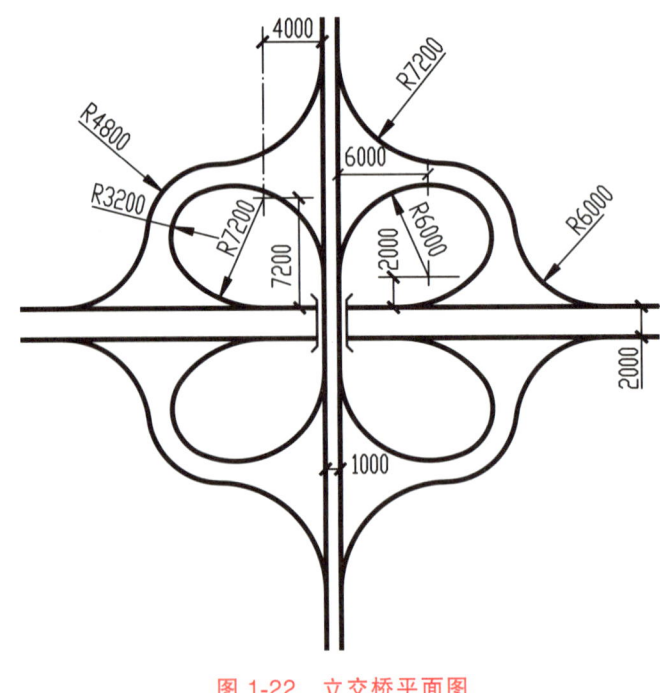

图 1-22 立交桥平面图

平面几何作图

知识点1：几何作图

几何作图是根据已知条件按几何原理利用绘图工具和仪器准确地画出图形。以下介绍常用的几种作图的方法和步骤。

一、等分

等分见表 1-7。

表 1-7 等分线段、图幅和圆周

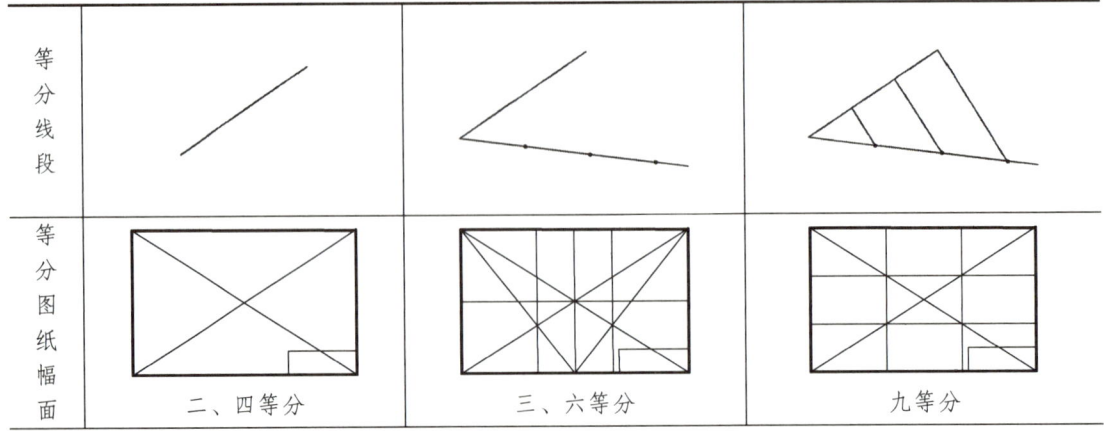

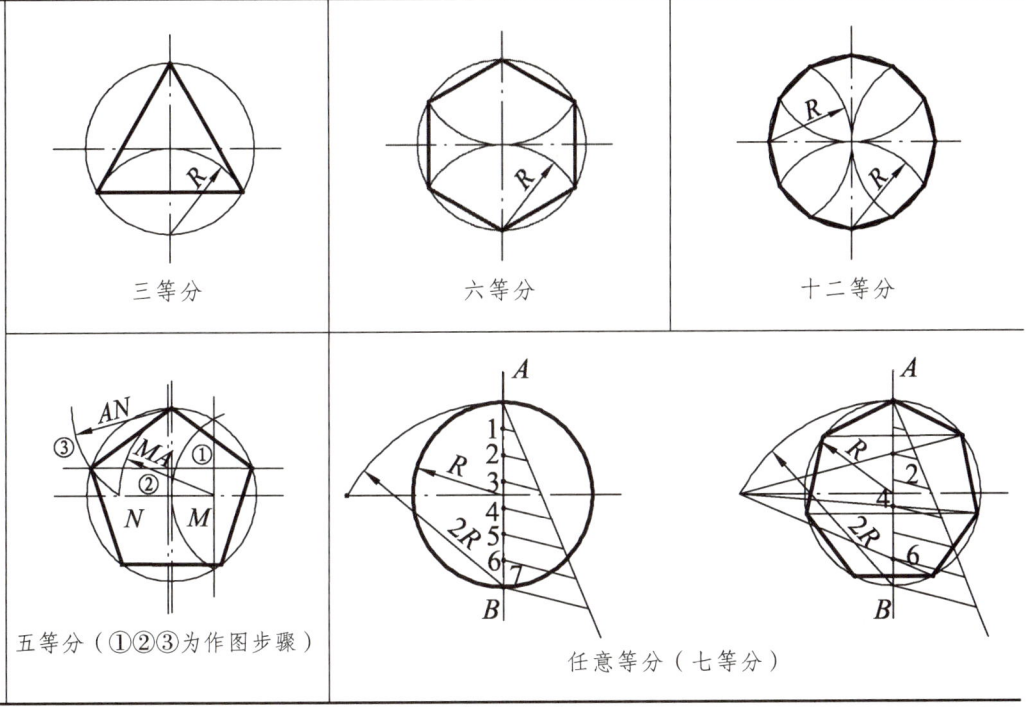

二、椭圆画法

非圆曲线中,椭圆应用较为广泛。目前工程中除计算机绘图外,还使用直尺、曲线板、圆规等仪器作椭圆,或作近似椭圆。以下主要介绍四心圆法画椭圆。

(1)连接长短轴的端点,如 AC,并在其上截取 $CF=CE$(AO,CO)。
(2)作 AF 的中垂线,交 OA 于 O_1 点,交 OD 于 O_2 点。
(3)分别在 OB、OC 上求得 O_1、O_2 的对称点 O_3、O_4,连 O_1O_4、O_2O_3、O_4O_3。
(4)分别以 O_1、O_3 为圆心,以 O_1A($=O_3B$)为半径画弧,再分别以 O_2、O_4 为圆心,以 O_2C($=O_4D$)为半径画弧。4 段圆弧在连心线上相接,成为以 T_1、T_2、T_3、T_4 为切点的椭圆,如图 1-23 所示。

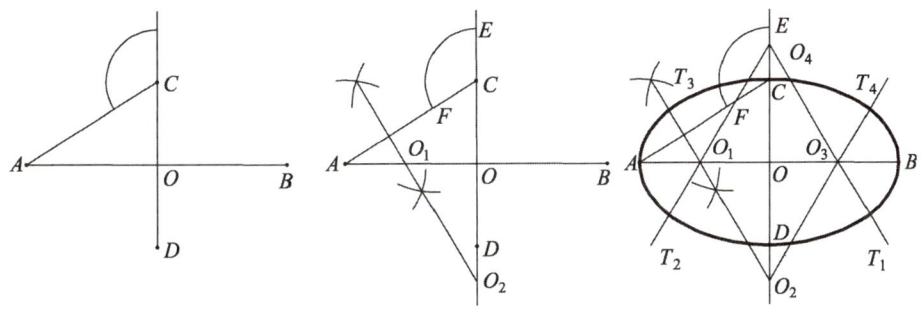

图 1-23 四心圆法画椭圆

三、圆弧连接

1. 作圆弧与已知相交两直线连接（见图 1-24）

（1）分别作与两已知直线平行且相距为 R 的直线，交点 O 即为所求的圆心。

（2）过点 O 分别作两直线的垂线，垂足 T_1 和 T_2 即为所求的切点。

（3）以 O 为圆心，R 为半径，作弧 T_1T_2，即为所求。

图线连接绘制

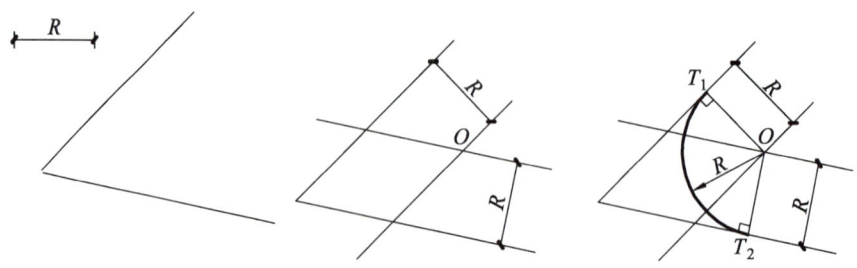

图 1-24　圆弧与两直线连接

2. 作圆弧与已知直线和圆弧连接（见图 1-25）

（1）作直线平行于已知直线且相距为 R，又以 O_1 为圆心，$R+R_1$ 为半径作圆弧，交已知直线于点 O。

（2）连 OO_1 交已知圆弧 O_1 于切点 T_1，作 OT_2 垂直于已知直线，得另一切点 T_2。

（3）以 O 为圆心，R 为半径，作弧 T_1T_2，即为所求。

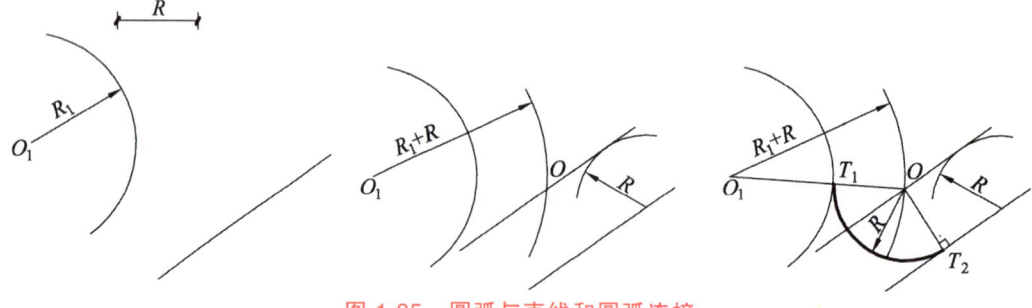

图 1-25　圆弧与直线和圆弧连接

3. 作圆弧与两已知圆弧内切连接（见图 1-26）

（1）以 O_1 为圆心，$R-R_1$ 为半径作圆弧，又以 O_2 为圆心，$R-R_2$ 为半径作圆弧，两弧相交于点 O。

（2）延长 OO_1 交圆弧 O_1 于切点 T_1，延长 OO_2 交圆弧 O_2 于切点 T_2。

（3）以 O 为圆心，R 为半径，作弧 T_1T_2，即为所求。

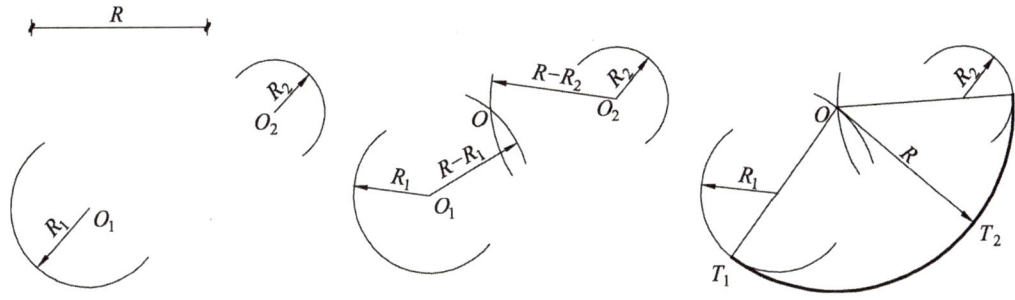

图 1-26 圆弧与两圆弧内切连接

4. 作圆弧与两已知圆弧外切连接（见图 1-27）

（1）以 O_1 为圆心，$R+R_1$ 为半径作圆弧，又以 O_2 为圆心，$R+R_2$ 为半径作圆弧，两弧相交于 O。
（2）连接 OO_1 交圆弧 O_1 于切点 T_1，连接 OO_2 交圆弧 O_2 于切点 T_2。
（3）以 O 为圆心，R 为半径，作圆弧 T_1T_2，即为所求。

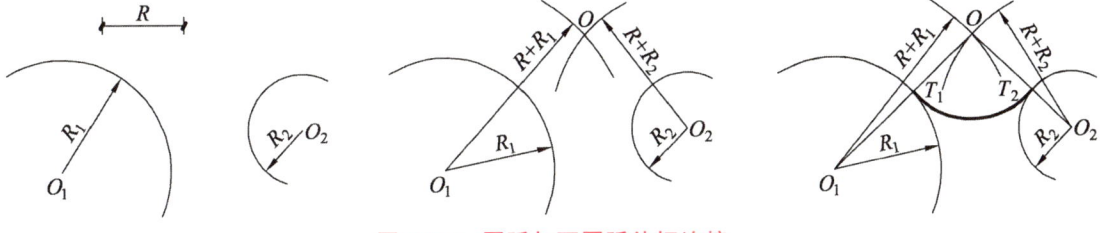

图 1-27 圆弧与两圆弧外切连接

绘制平面图形，一方面要求图形正确、美观，另一方面又要求作图迅速、熟练。为此，要养成先分析后作图的习惯，按照正确的作图顺序，绘制高质量的图样。

知识点 2：平面图形的画法

一、平面图形的分析

在动手画平面图之前，要先进行分析，以确定图形的作图顺序。它包括两个方面：一是要先确定图形的基准线，并进一步分析哪些是主要线段，哪些是次要线段，从而决定整体绘图的大致顺序；二是要搞清哪些线段能够直接画出来，哪些线段不能够直接画出来，从而决定相邻线段的作图顺序。

图形分析包括尺寸分析和线段分析两方面的内容。

1. 尺寸分析

（1）定形尺寸。

确定平面图形各组成部分大小的尺寸。圆的直径、圆弧的半径、线段的长度及角度等都属于定形尺寸，例如图 1-28 中的 $\phi 30$，$R16$，$R14$，及 52，6 等尺寸。

（2）定位尺寸。

确定平面图形各组成部分相对位置的尺寸。点到圆心的距离、圆心距等都属于定位尺寸，例如图 1-28 中的 36，100，76 等尺寸。尺寸 80 既是定形尺寸（下部总长度）又是定位尺寸（确定 $R14$ 圆弧的位置）。

基准：表示定位尺寸起点位置的点、线、面。

在平面图形中，应先确定水平和垂直两个方向的基准线，它们既是定位尺寸的起点，又是最先绘制的线段。通常选图形的重要端线、对称线、中心线等作为基准线，如图 1-28 所示。

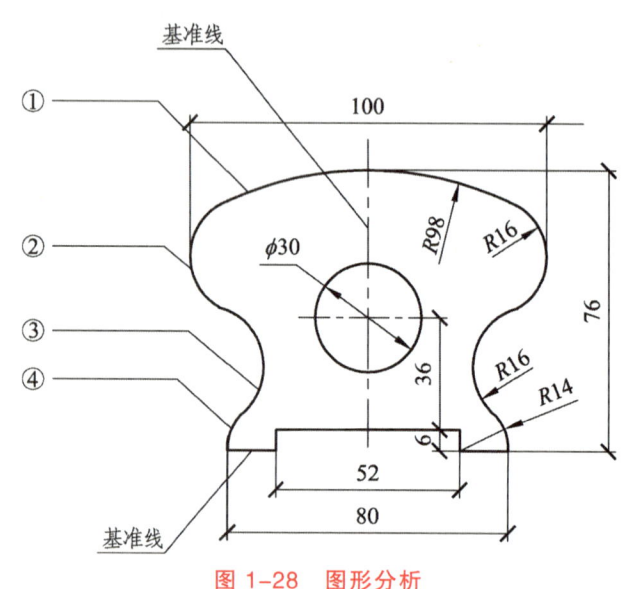

图 1-28　图形分析

2. 线段分析

平面图形中的线段，根据所给定的尺寸可分为 3 种：

（1）已知线段。

具备完整的定形尺寸和定位尺寸，可以直接画出的线段。如图 1-28 中的直线段、$\phi 30$ 的圆和线段①，④等。

（2）中间线段。

需要通过与一条已知线段相连接才能画出的线段。如图 1-28 中的线段②，只有先画出线段①，才能画出线段②。属于中间线段的线段，通常仅具备定形尺寸和一个定位尺寸。

（3）连接线段。

根据与前后两端的已知线段均相连接的关系，才能画出的线段。如图 1-28 中的线段③，必须先画出线段②和④，才能画出线段③。

仅有定形尺寸而没有定位尺寸的圆弧，为连接线段。

作图时，总是先画已知线段，再画中间线段，最后画连接线段。

应当说明,通常平面图形的大部分线段属于已知线段,对这些线段仍应进行分析,确定合理的作图顺序,以利提高图样的质量和作图效率。

二、平面图形的绘图步骤

1. 图形分析

通过尺寸和线段分析,确定作图基准线和绘图顺序。

2. 绘制底稿

(1)根据图形的大小和复杂程度,确定图幅和比例画出图框和标题栏。

(2)布图见表1-8(a)所示,要周密考虑图样(包括图形和尺寸)在图纸上的位置,作到布图匀称。画出基准线后即完成布图。

(3)按照预定的作图顺序画出图形,如表1-8(b)、(c)、(d)所示。

(4)注写尺寸,如表1-8(e)所示。

(5)检查图样,修改错误。

表1-8 平面图形的绘图步骤

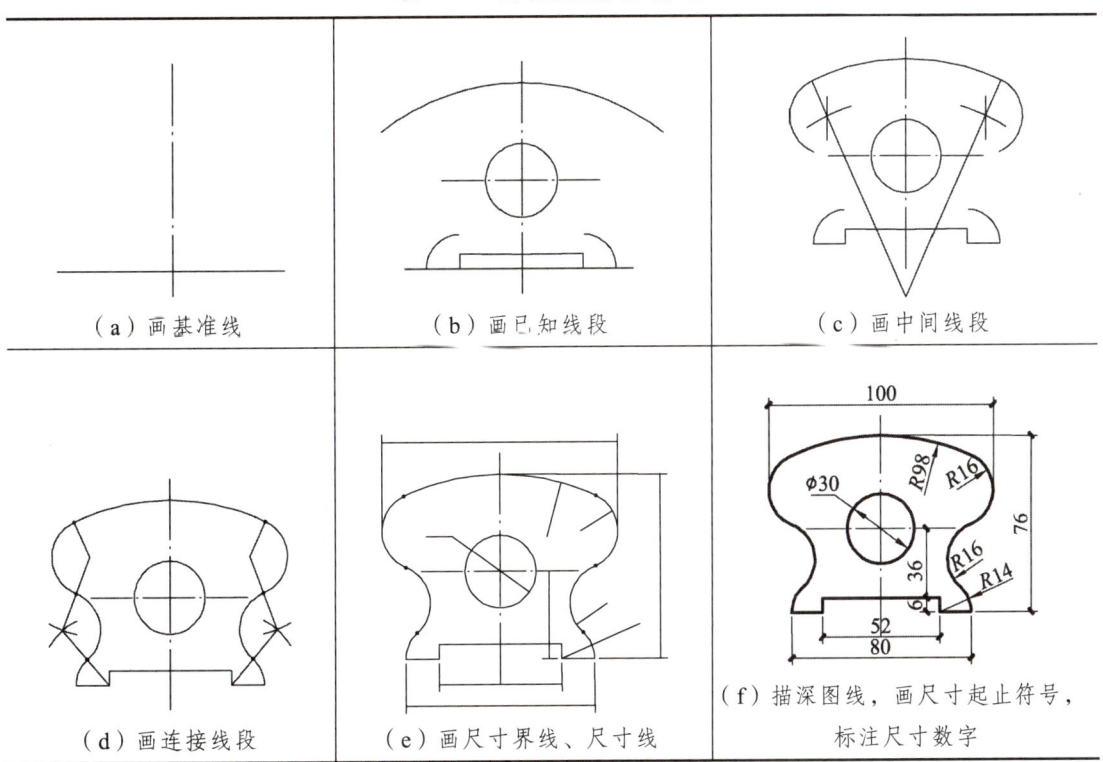

3. 图样描深

见表1-8(f)。应根据需要上墨或铅笔描深。描深顺序为:

(1)先曲线后直线,先粗线后细线,先实线后虚线,最后画点画线。

（2）先上方后下方，先左方后右方，先水平后垂直。

（3）同类线成批画，同方向线集中画。

4. 图样修饰

用橡皮擦掉错线，并擦干净图纸。对于画错的墨线，可以用小刀轻轻刮除。

图线的结合处不够美观时，可用铅笔或绘图钢笔进行修饰。

三、绘图工具的使用

尺规绘制图形时，需正确地使用绘图工具，熟练掌握制图工具和仪器的使用方法，它是提高制图质量和速度的重要条件之一。下面将绘图常用工具的使用方法简单介绍。

1. 图板（图1-29）

主要用于固定图纸，有大小不同的规格。表面必须平坦、光滑，左边是与丁字尺尺头接触的导边（工作边），必须平直。

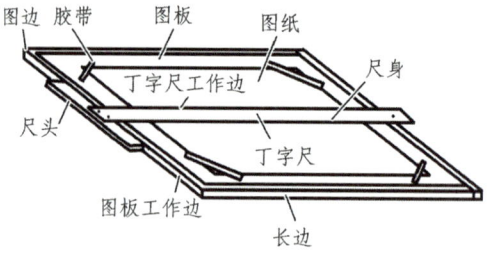

图1-29　图　板

2. 丁字尺（图1-30）

由相互垂直的尺身和尺头组成。使用时，尺头紧靠图板左边的导边，然后上下移动，可自左向右画一系列水平线，和三角板配合画竖直线和斜线。不能用尺身下边画线，也不能调头靠在图板的其他边沿上使用。

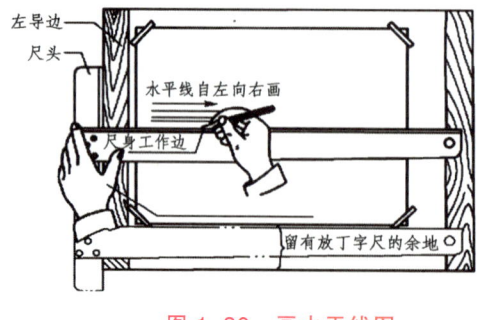 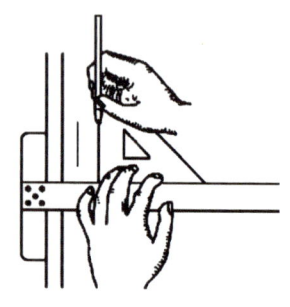

图1-30　画水平线图　　　　　　　　　图1-31　画竖直线

3. 三角板（图 1-31、图 1-32、图 1-33）

一副有 45°和 30°（60°）两块。与丁字尺配合自下而上绘竖直线及 15°倍数的斜线。

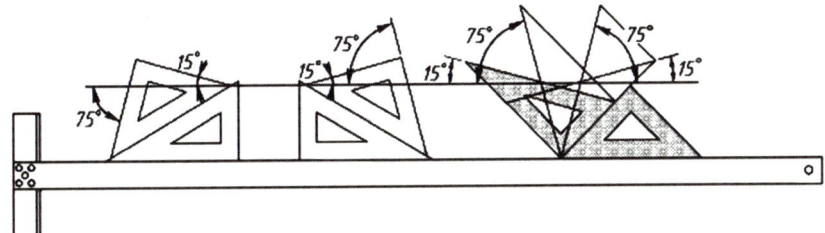

图 1-32　画角度是 15°倍数的斜线

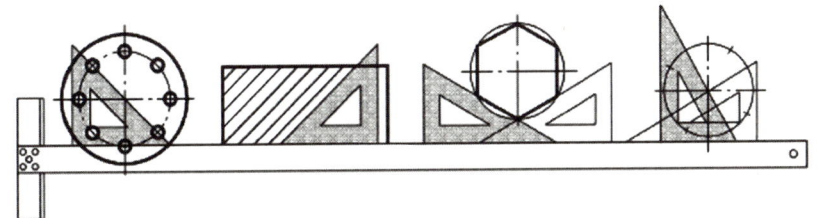

图 1-33　作任意已知直线的平行线和垂直线

4. 分规（图 1-34）

两腿端部均为固定钢针。主要用于量取线段的长度。

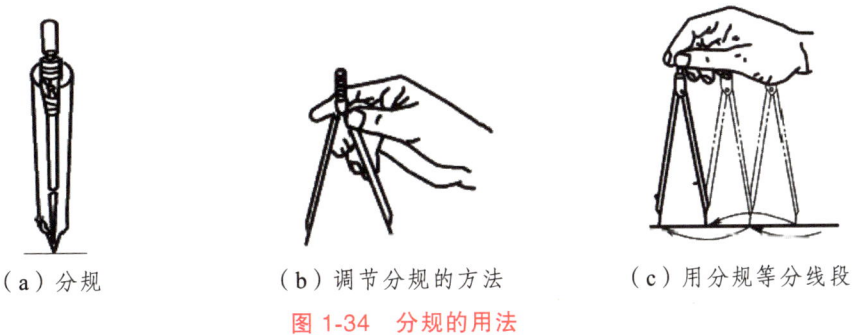

（a）分规　　　（b）调节分规的方法　　　（c）用分规等分线段

图 1-34　分规的用法

5. 圆规（图 1-35）

画圆或圆弧。针尖应略长于铅芯。画图时，使用带有台阶的钢针端，以免将圆心扩大，影响作图精度。

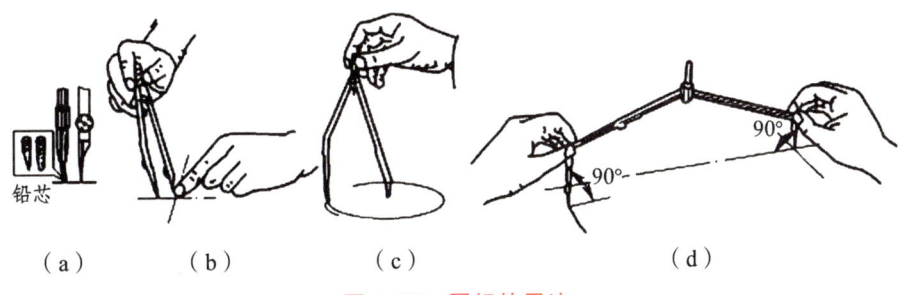

（a）　　　（b）　　　（c）　　　（d）

图 1-35　圆规的用法

6. 绘图模板（图 1-36）

板上刻有许多建筑标准图例和常用符号的孔，使用时选好孔型和位置用笔描。

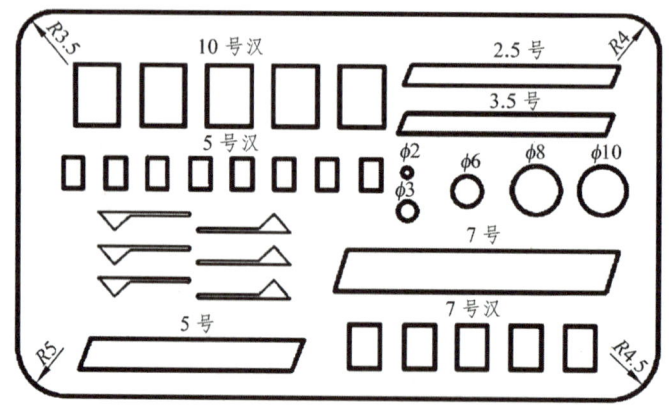

图 1-36　绘图模板

7. 铅笔（图 1-37）

分 B、H、HB 类。B 表示较软而浓，数字越大越软，画粗实线；H 表示较淡而硬，数字越大越硬，画细实线；HB 表示软硬适中，写字。

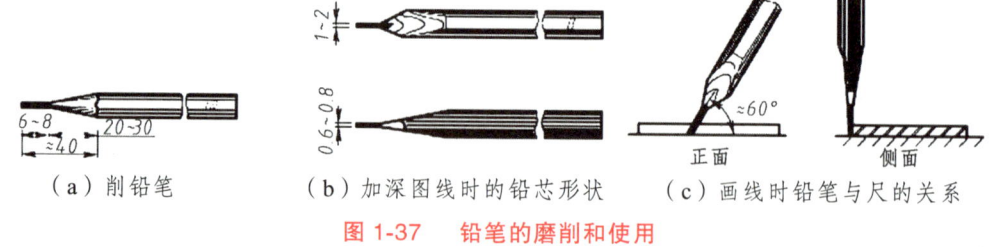

（a）削铅笔　　　（b）加深图线时的铅芯形状　　　（c）画线时铅笔与尺的关系

图 1-37　铅笔的磨削和使用

四、平面图形的尺寸标注方法

平面图形尺寸标注要求：
- 正确——尺寸标注符合制图标准的规定。
- 完整——尺寸必须齐全，不能遗漏，应标注出总体尺寸、定形尺寸、定位尺寸，同时在尺寸数量上应力求简洁。
- 清晰——尺寸要注在图形的最明显处，且布置整齐，便于看图。

 实践训练：

尺寸标注要在尺寸数字书写的位置上符合国标要求，尺寸数字书写字号为 2.5 号或者 3.5 号，字体要规范，建筑标记和箭头的大小要合适。

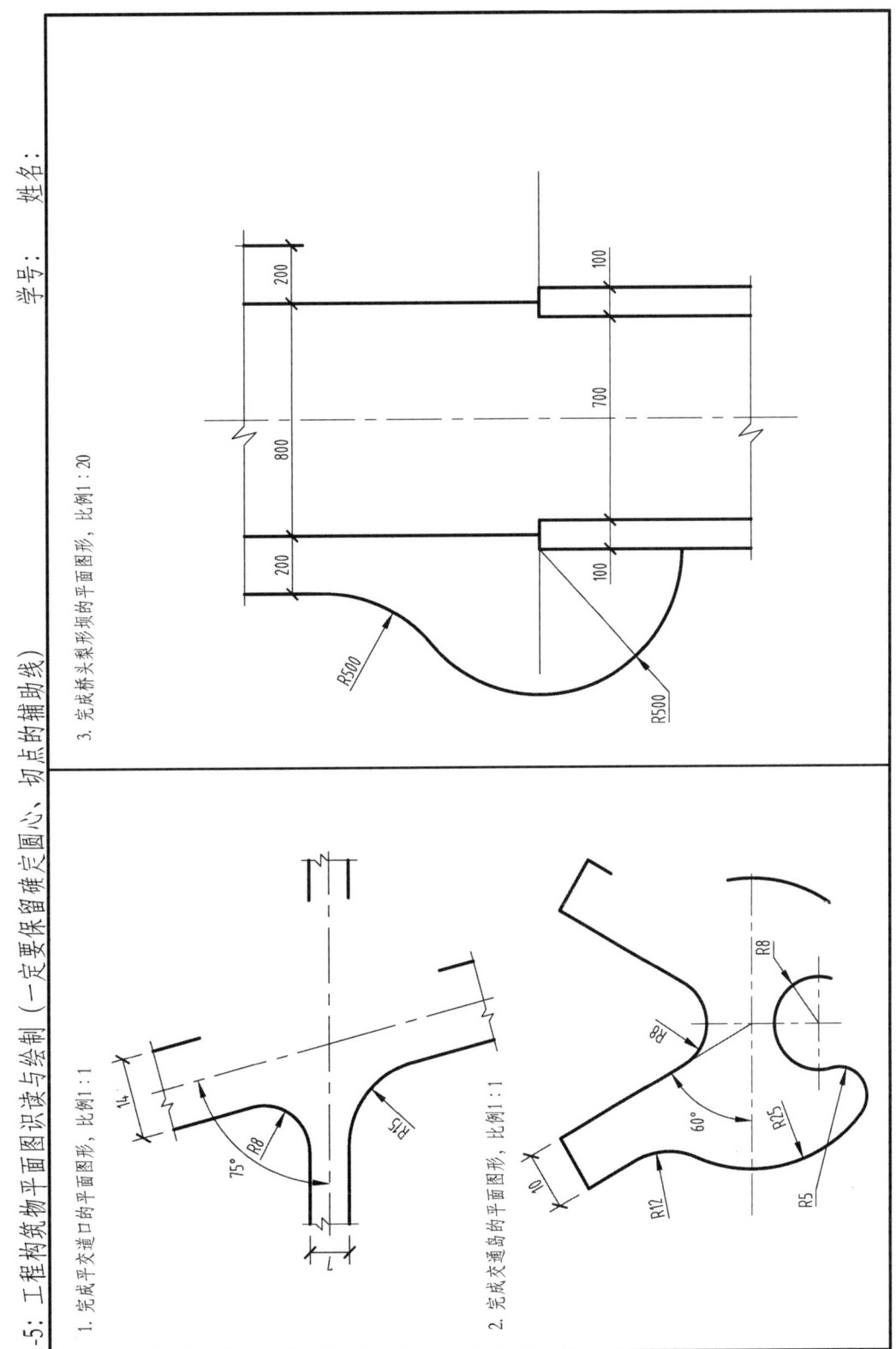

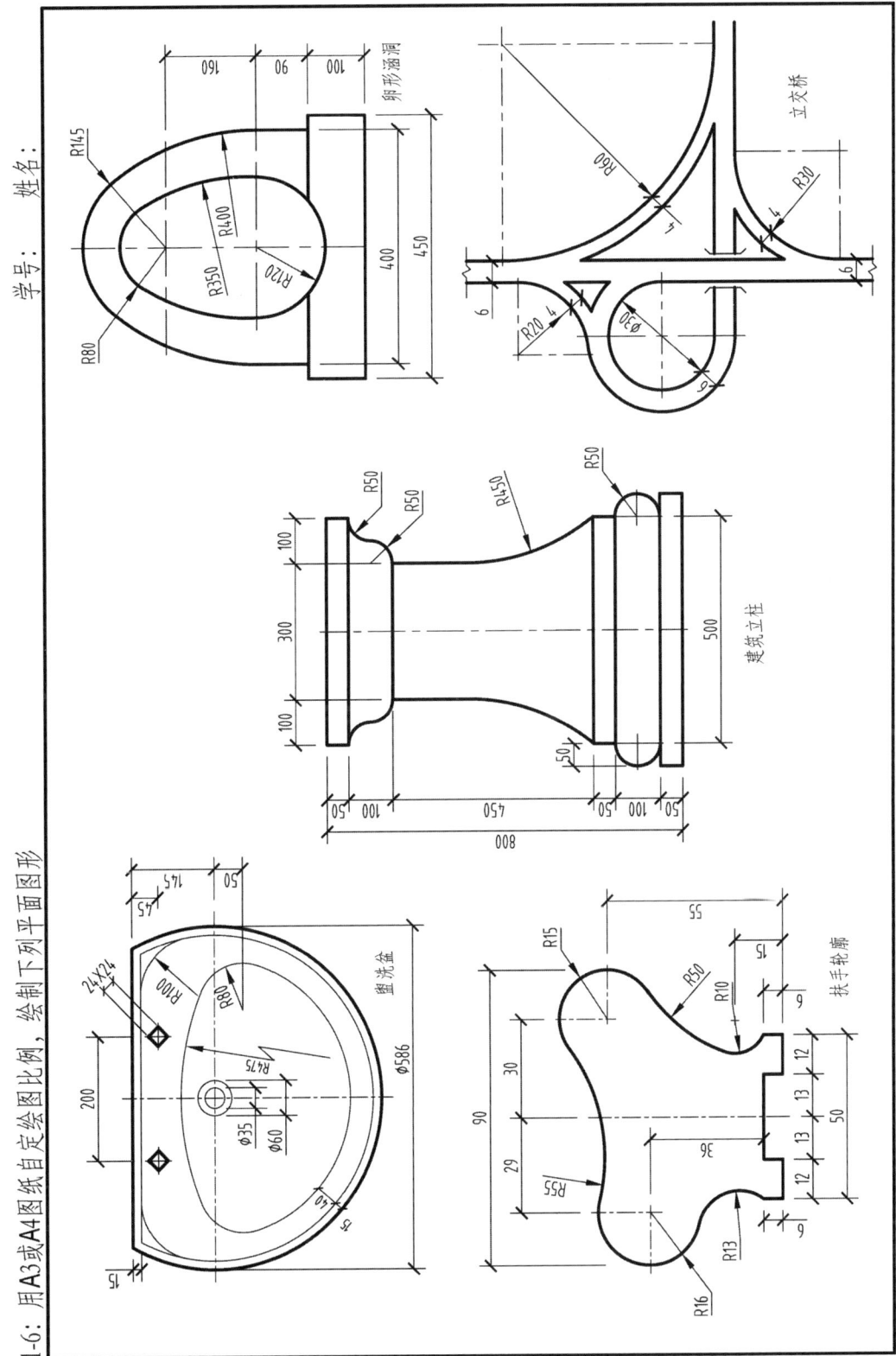

学习任务三：工程构筑物平面图 CAD 绘制

观察与理解

AutoCAD 2018 的经典工作界面由标题栏、菜单栏、各种工具栏、绘图窗口、光标、命令窗口、状态栏、坐标系图标、模型/布局选项卡和菜单浏览器等组成，如图 1-38 所示。

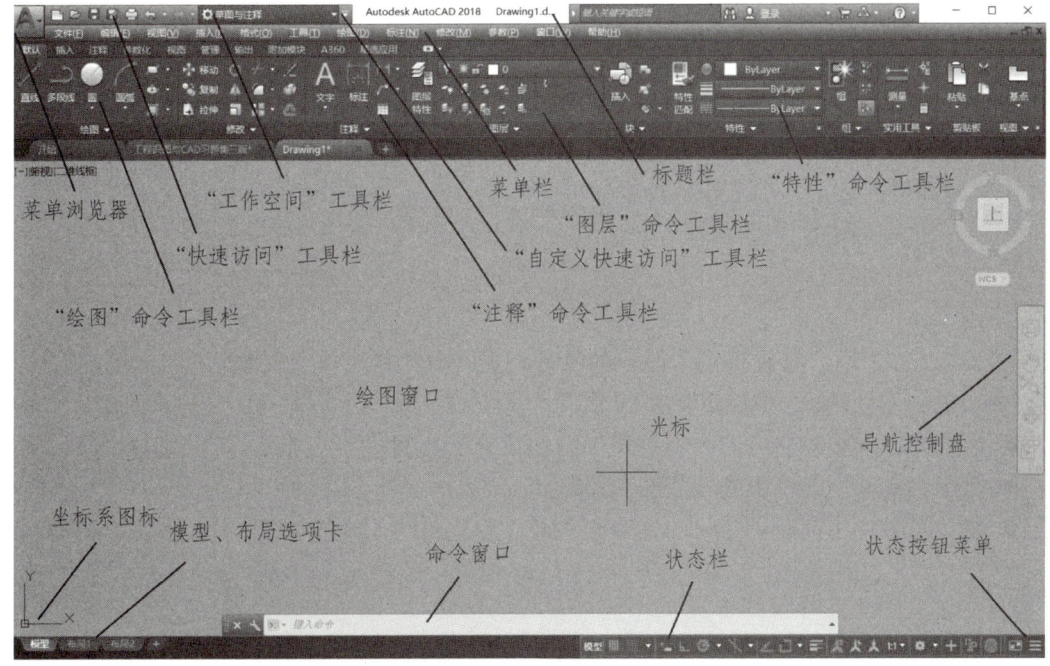

图 1-38　AutoCAD 工作界面

知识点 1：AutoCAD 命令执行方式

一、使用菜单执行命令

可直接选择对应的菜单命令或单击工具栏上的对应按钮，而后根据提示执行对应的操作。命令执行完毕后，AutoCAD 会返回到执行命令之前的提示，即继续执行对应的操作。

二、通过功能区执行命令

在"草图与注释"空间中，用户可以通过功能区执行相应的命令。

三、在命令窗口中执行命令

在屏幕底部的命令行中显示有"命令:"的提示,表明 AutoCAD 处于接受命令状态,通过键盘输入命令之后,按 Enter 键或空格键,此时系统会提示相应的信息或子命令,根据这些信息选择具体操作,最后按空格键退出命令。

四、终止和重复命令

在命令的执行过程中,用户可以通过按 Esc 键,或右击,从弹出的快捷菜单中选择"取消"命令的方式,终止 AutoCAD 命令的执行。

使光标位于绘图窗口,单击鼠标右键,AutoCAD 弹出快捷菜单,并在菜单的第一行显示出重复执行上一次所执行的命令,选择此命令即可重复执行对应的命令;或者直接按 Enter 键或空格键即可重复上一个已经执行的命令。

五、取消命令

在 AutoCAD 中,系统提供了图形的恢复功能。利用图形恢复功能可对绘图过程中的操作进行取消,执行该命令有如下 4 种方法。
- 单击"自定义快速访问"工具栏中的"放弃"按钮。
- 执行"编辑"菜单中的"放弃"命令。
- 输入 UNDO(简化命令 U)命令语句并按空格键进行确定。
- 按 Ctrl + Z 快捷键。

六、重做命令

在 AutoCAD 中,系统提供了图形的重做功能。利用图形重做功能可重新执行放弃的操作,执行该命令有如下 4 种方法。
- 单击"自定义快速访问"工具栏中的"重做"按钮。
- 执行"编辑"菜单中的"重做"命令。
- 输入 REDO 命令语句并按空格键进行确定。
- 按 Ctrl + Y 快捷键。

知识点 2:坐标输入形式

一、绝对坐标

绝对坐标分为绝对直角坐标和绝对极轴坐标两种。其中,绝对直角坐标以坐标系的原点

（0，0，0）为基准定位，用户可通过输入（X，Y，Z）坐标的方式来定义一个点的位置。

二、相对直角坐标

相对坐标是以上一个点为坐标原点确定下一点的位置。输入相对于上一点坐标（X，Y，Z）的增量（ΔX，ΔY，ΔZ）的坐标时，格式为（@ΔX，ΔY，ΔZ）。其中 "@"字符是指定与上一个点的偏移量。

三、相对极坐标

相对极坐标是以上一点为参考极点，通过输入极距增量和角度值，来定义下一个点的位置，其输入格式为"@距离<角度"。

知识点 3：绘图辅助功能

一、栅格捕捉和栅格显示

利用栅格捕捉，可以使光标在绘图窗口按指定的步距移动，就像在绘图屏幕上隐含分布着按指定行间距和列间距排列的栅格点。栅格与捕捉设置如图 1-39 所示。

图 1-39 草图设置"捕捉与栅格"

二、应用正交模式

利用正交功能，用户可以方便地绘制与当前坐标系统的 X 轴或 Y 轴平行的线段（对于二维绘图而言，就是水平线或垂直线）。单击状态栏上的"正交"按钮可快速实现正交功能启用与否的切换。

三、设置对象捕捉

利用对象捕捉功能，在绘图过程中可以快速、准确地确定一些特殊点，如圆心、端点、中点、切点、交点、垂足等。

可以通过"对象捕捉"工具栏（如图 1-40 所示）和对象捕捉菜单（如图 1-41 所示，按下 Shift 键后右击可弹出此快捷菜单）启动对象捕捉功能。

对象捕捉设置如图 1-42 所示。

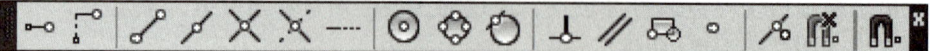

图 1-40 "对象捕捉"工具栏

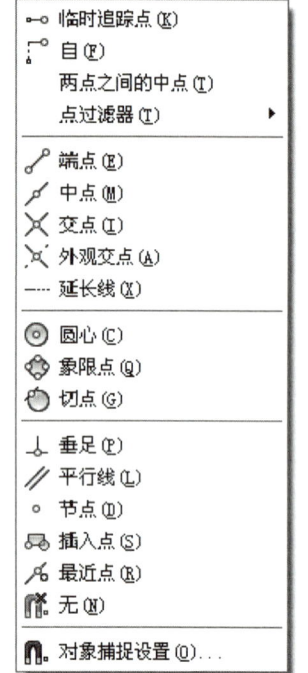

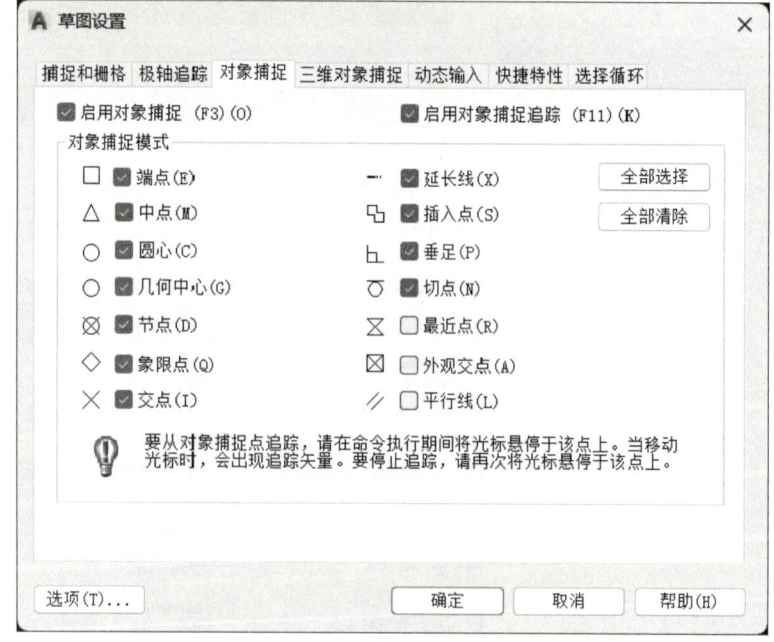

图 1-41 对象捕捉菜单　　　　图 1-42 草图设置"对象捕捉"

四、对象自动捕捉

对象自动捕捉（简称自动捕捉），利用此捕捉模式可以使 AutoCAD 自动捕捉到某些特殊点。

在"对象捕捉"选项卡中，可以通过"对象捕捉模式"选项组中的各复选框确定自动捕捉模式，即确定使 AutoCAD 将自动捕捉到哪些点；在绘图过程中每当 AutoCAD 提示用户确定点时，如果使光标位于对象上在自动捕捉模式中设置的对应点的附近，AutoCAD 会自动捕捉到这些点，并显示出捕捉到相应点的小标签，此时单击拾取键，AutoCAD 就会以该捕捉点为相应点。

五、极轴追踪

所谓极轴追踪，是指当 AutoCAD 提示用户指定点的位置时（如指定直线的另一端点），拖动光标，使光标接近预先设定的方向（即极轴追踪方向），AutoCAD 会自动将橡皮筋线吸附到该方向，同时沿该方向显示出极轴追踪矢量，如图 1-43 所示。

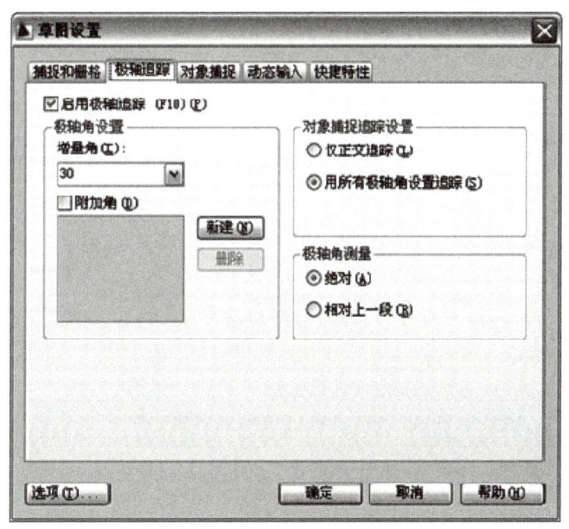

图 1-43 草图设置"极轴追踪"

六、对象捕捉追踪

对象捕捉追踪是对象捕捉与极轴追踪的综合应用。例如，已知图中有一个圆和一条直线，当执行 LINE 命令确定直线的起始点时，利用对象捕捉追踪可以找到一些特殊点，如图 1-44（a）和图 1-44（b）所示。

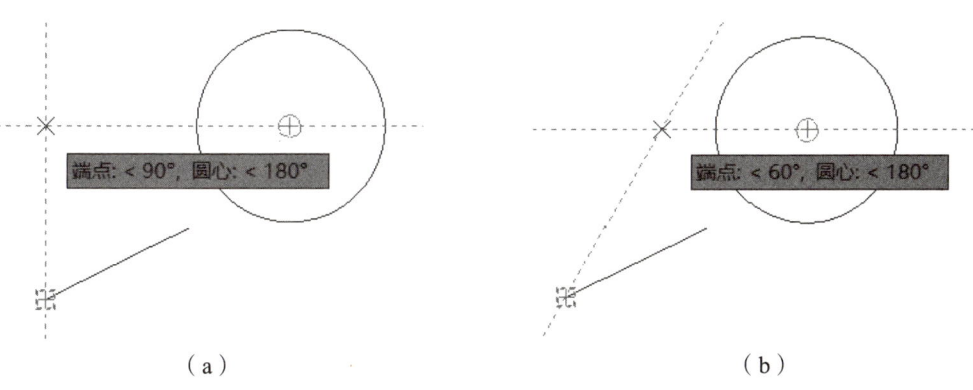

图 1-44 对象捕捉追踪

知识点 4：图层设置

用户可以在一幅图中指定任意数量的图层。图层的使用可帮助用户合理、快速地对图形进行绘制、编辑和管理。系统对图层数没有限制，一般情况下，位于一个图层上的对象应该是一种绘图线型，一种绘图颜色，用户可以改变各图层的线型、颜色等特性，图层的各个特性的设置应符合国标规定，如图 1-45 所示。

CAD 样式设置

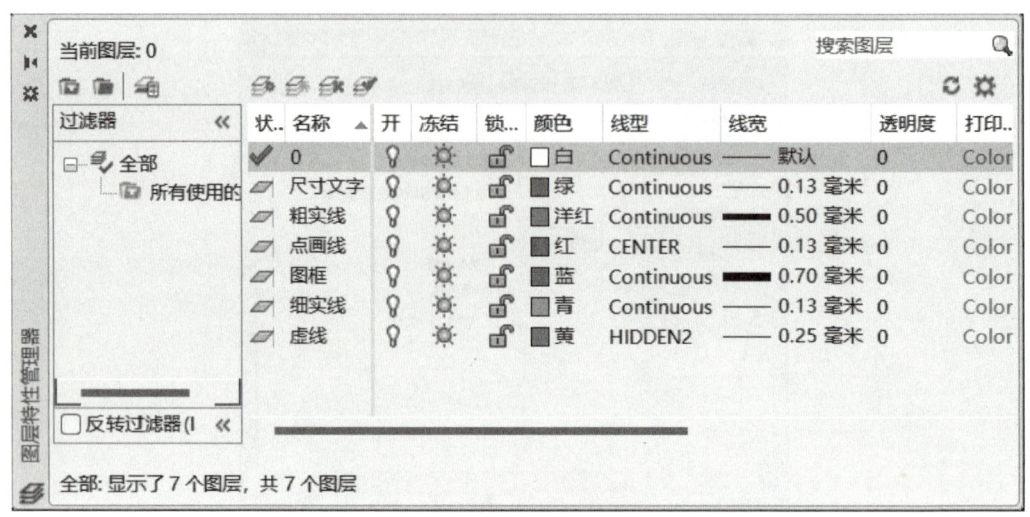

图 1-45　图层的设置

知识点 5：文字注写

AutoCAD 图形中的文字是根据当前文字样式标注的。文字样式说明所标注文字使用的字体以及其他设置，如字高、字颜色、文字标注方向等。AutoCAD 为用户提供了默认文字样式 STANDARD。当在 AutoCAD 中标注文字时，如果系统提供的文字样式不能满足国家制图标准或用户的要求，则应首先定义文字样式。

一、文字样式

单击对应的工具栏按钮，或选择"格式"菜单中的"文字样式"命令，即执行 STYLE 命令，AutoCAD 弹出如图 1-46 所示的"文字样式"对话框，汉字依据国标，选择"仿宋_GB2312"。

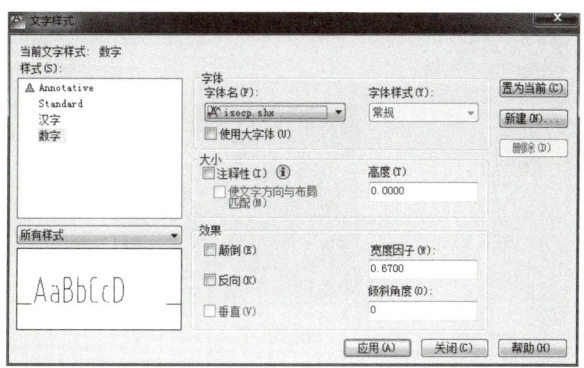

图 1-46　"文字样式"对话框

二、文字注写

1. 用 DTEXT 命令注写文字

选择"绘图"菜单中的"文字"菜单下的"单行文字"命令，即执行 DTEXT 命令，确定文字行的起点位置，设置文字样式以及对正方式后，指定文字高度及旋转角度，AutoCAD 在绘图屏幕上显示出一个表示文字位置的方框，用户在其中输入要注写的文字后，按两次 Enter 键，即可完成文字的注写。

2. 利用在位文字编辑器注写文字

单击对应的工具栏按钮，或选择"绘图"菜单中的"文字"菜单下的"多行文字"命令，即执行 MTEXT 命令，如果响应默认项，AutoCAD 弹出如图 1-47 所示的在位文字编辑器。

图 1-47　在位文字编辑器

在位文字编辑器由"文字格式"工具栏和水平标尺等组成，工具栏上有一些下拉列表框、按钮等。用户可通过该编辑器输入要注写的文字，并进行相关注写设置。

知识点 6：标注尺寸

尺寸标注样式（简称标注样式）用于设置尺寸标注的具体格式，如尺寸文字采用的样式；尺寸线、尺寸界线以及尺寸箭头的标注设置等，以满足不同行业或不同国家的尺寸标注要求。执行 DIMSTYLE 命令，AutoCAD 弹出如图 1-48 所示的"标注样式管理器"对话框。

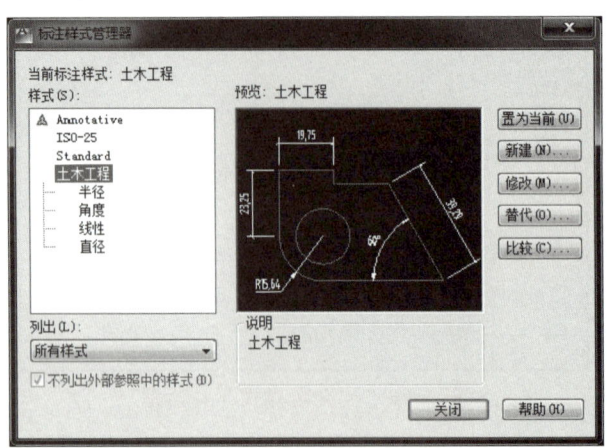

图 1-48　"标注样式管理器"对话框

新建尺寸标注样式并命名，做出主样式的设置后，再做出有细微差别的分支样式，以满足用于不同形式的尺寸标注中。

知识点 7：打印图形

在绘制完 CAD 图纸之后，我们往往需要打印图纸。当需要打印的图纸数量很多时，工作量会变得很大。那么，如何打印能够减轻工作量，又能提高图纸美观度呢？在大多数情况下，我们可以采取模型空间打印的方式。在 CAD 提供的打印样式表中，自由设置打印样式，如纯黑打印等，打印设置如图 1-49 所示。

模型与布局空间打印

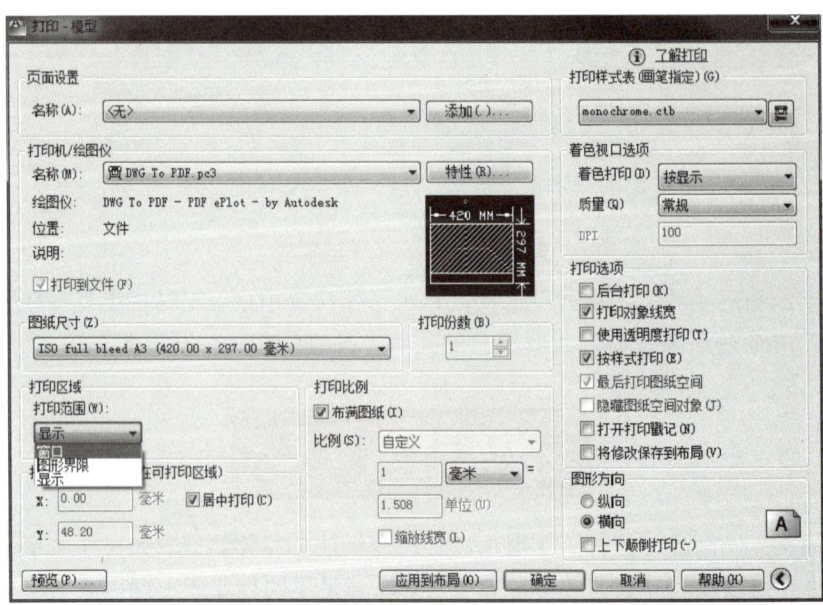

图 1-49　模型空间打印设置

要绘制工作任务中图 1-1 隧道洞门图，首先要对隧道洞门图进行识读，对图形进行分析，步骤如下：

【案例与分析】

（1）确定隧道洞门图的基准线，即图中的点画线。
（2）进行尺寸分析。
① 定形尺寸：

图 1-1 中，$R222$、$R289$、$R321$、$R388$、$R813$、$R766$、$R318$、35、305、307、83、40。

② 定位尺寸：

图 1-1 中，422 和 386 是 $R766$ 圆弧的定位尺寸；442、111 和 386 是 $R813$ 的定位尺寸；$R222$、$R289$ 由基准线和 45、818 来定位；63、43 为 $R318$ 的定位尺寸；还有 50、133、20 也是定位尺寸。

（3）尺寸分析之后可确定隧道洞门图的各组成部分的线段形式：
① $R222$、$R289$、$R813$、$R766$、$R318$ 圆弧既有定形又有定位，故为已知线段。
② 洞门底部的直线为中间线段。
③ $R321$、$R388$ 为连接弧，需在绘制好 $R222$、$R289$ 和 $R766$、$R813$ 后方可绘制；还有洞门两侧的切线，需在绘制 $R813$ 和 305、307 的线段后才可以绘制。

（4）该图采用 1∶5 的比例进行绘制，用 CAD 绘制，并在尺寸标注结束后，需对标注中"主单位"的"比例因子（即标注线性比例）"进行调整。

（5）绘制标准的 A4 图幅线和图框，绘制相应的标题栏等；将图形均匀置于其中，并检查各个项目要符合制图国家标准。

（6）采用模型空间打印方式进行出图，同时将图样输出成 PDF 格式，便于后期操作。

【中国铁路路徽标识】

【模仿与应用】

中国铁路路徽标识是中华人民共和国铁路企业专用标志，路徽上部表示人民，下部为钢轨截面图形，代表铁路，总的含义为人民铁路，路徽标记的图形和尺寸应符合原铁道部规定的标准，如图 1-50 所示。

《中华人民共和国铁路法》第二条规定：国家铁路是指由国务院铁路主管部门管理的铁路。凡属中国铁路总公司管辖的国家铁路以及机车车辆，都应标识路徽，以示产权。

中国铁路路徽整个外形上组成了一个完整的火车头形象。它夺面而来，蕴含了磅礴的气势，孕育着无穷的力量。路徽图案由两部分组成：外围圆图案为蒸汽机车锅炉和烟管，象征机车车辆部门；中下部为标准钢轨截面，象征路网（工务段、电务段、供电段等）部门。图案含义为机车车辆行驶在钢轨上，标志我国铁路各部门。

在 1950 年，铁道部在应征的 3 200 个图案中选中陈玉昶同志设计的这一路徽图案。

这幅作品，构思精巧，构图精美，意蕴深刻。它虽创作于 20 世纪 50 年代，用当时的艺术标准衡量，实属佳作；即使放在今天，它依然不失为一幅极具现代设计意识的、不可多得的典范性作品，具有极高的艺术价值。

现代铁路建设继续沿用这一极富内涵的标志，成为我国铁路行业的名片，如图 1-51 所示。

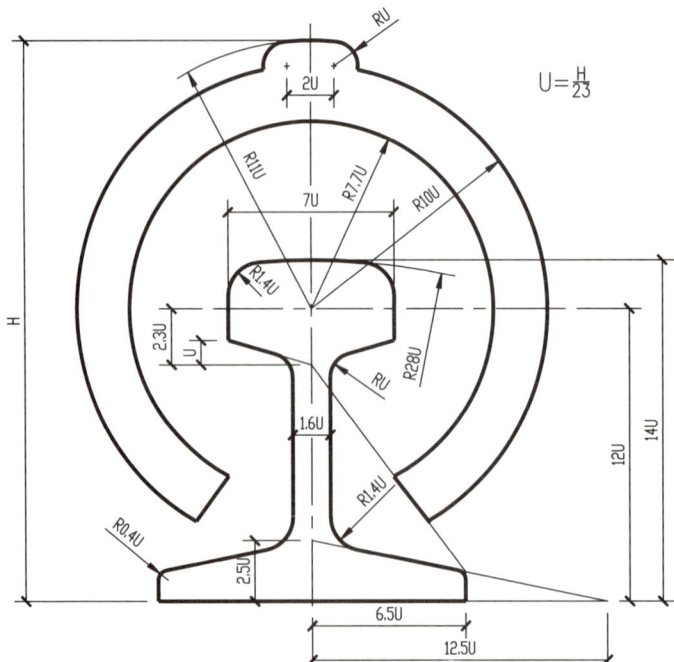

图 1-50 中国铁路路徽标识

图 1-51 中国铁路中的路徽标识

 实践训练：

1-7：工程构筑物平面图 CAD 绘制

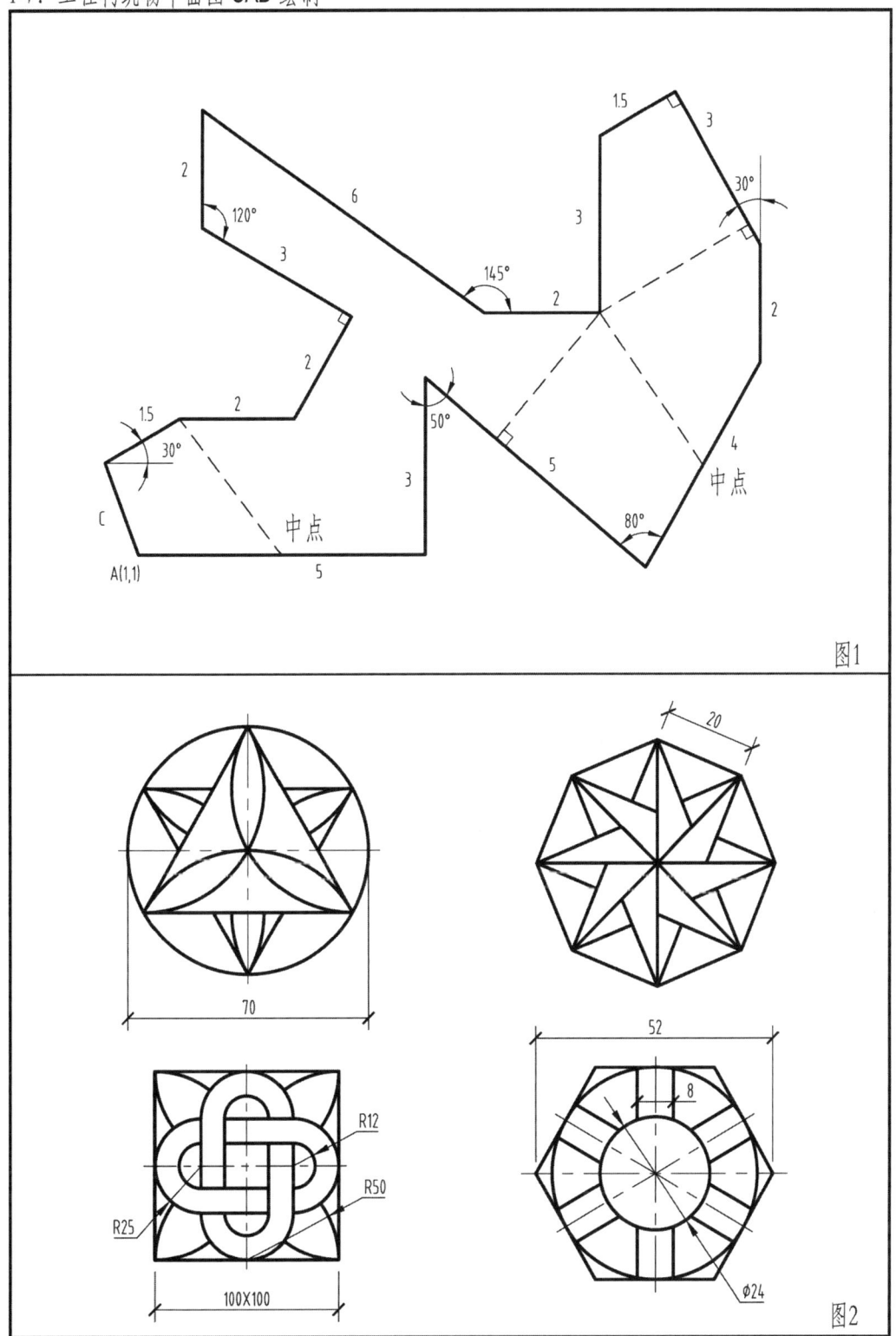

图1

图2

1-7：（续）

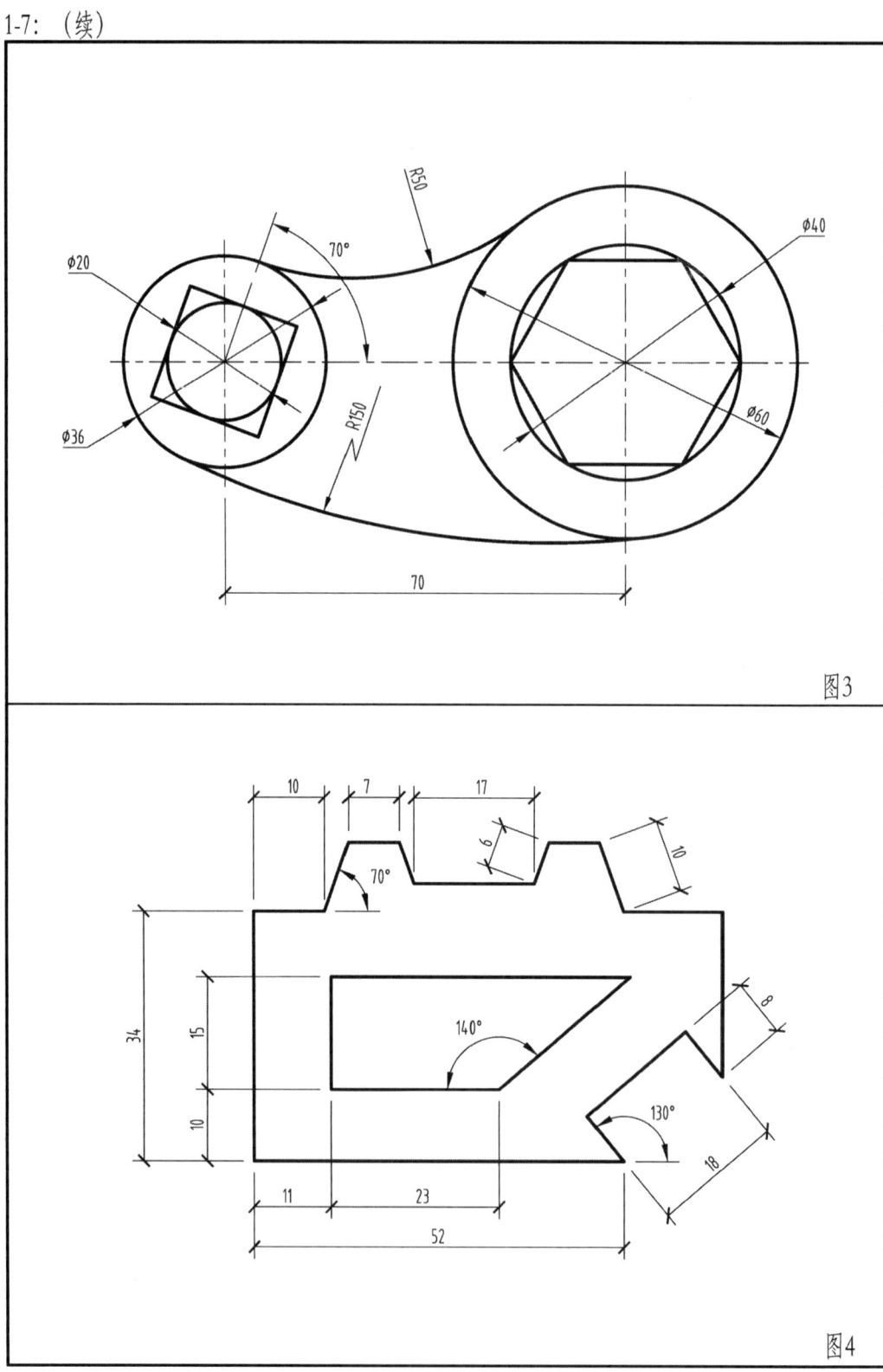

图3

图4

1-7: (续)

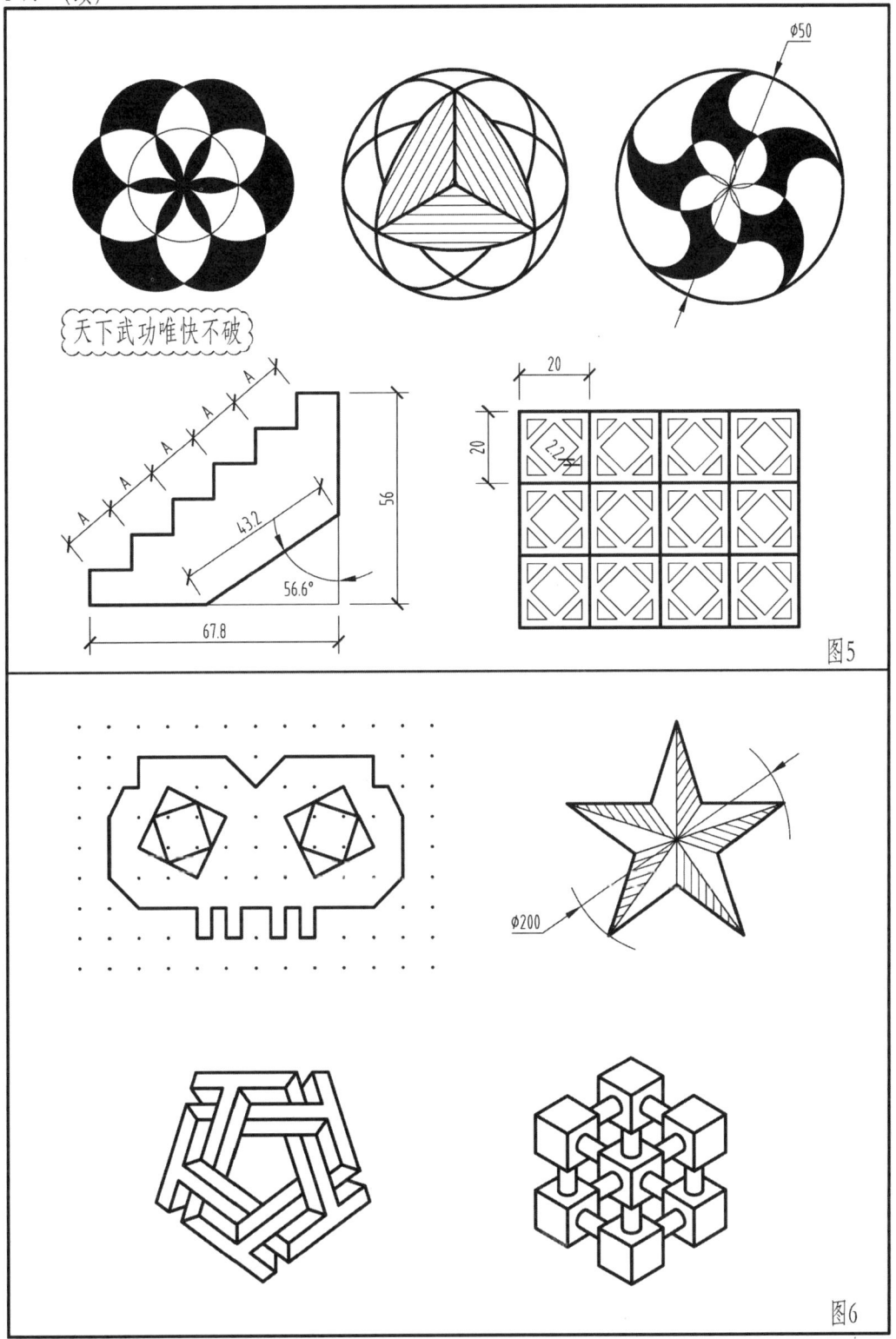

图5

图6

1-7：（续）

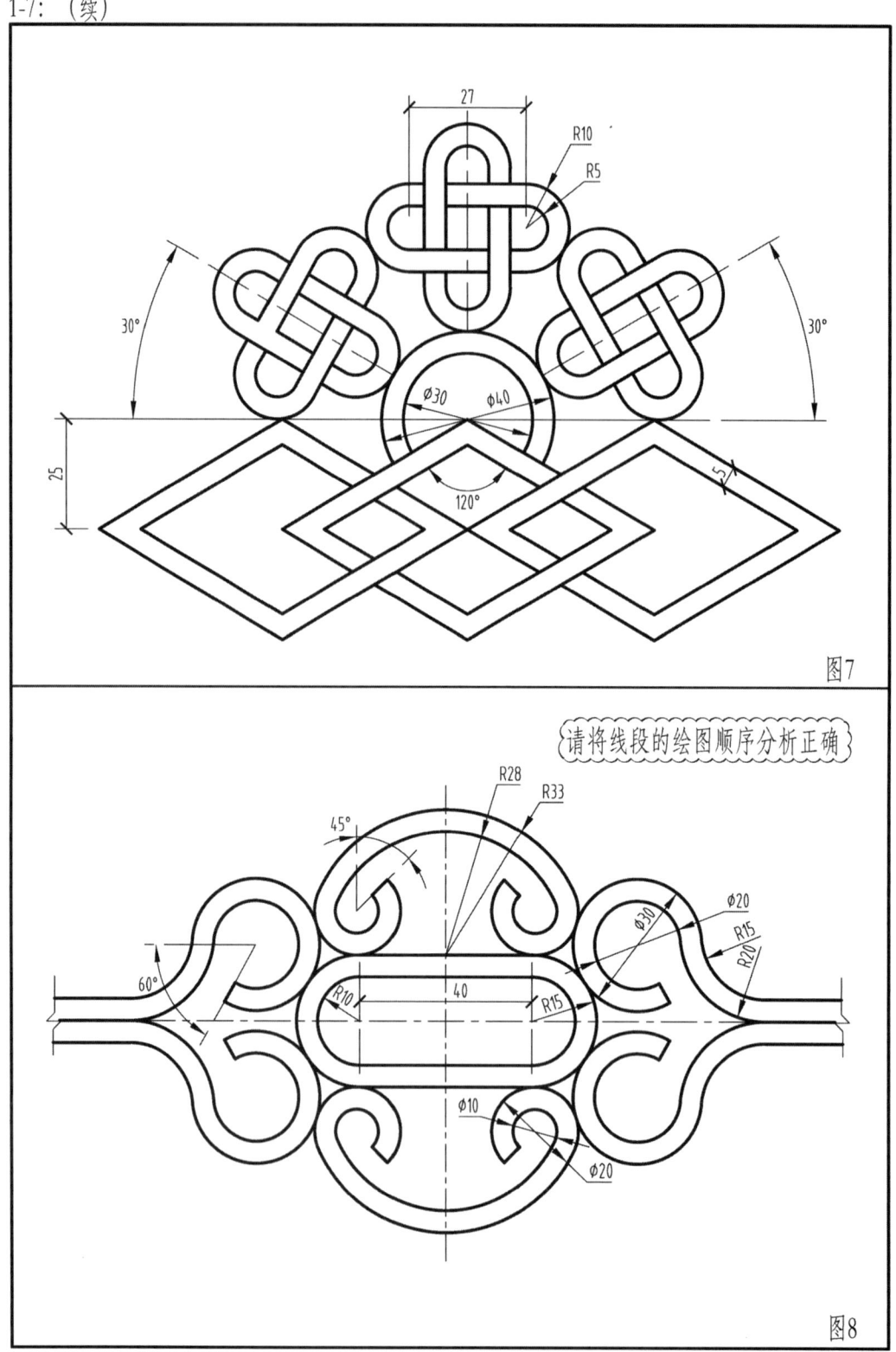

图7

请将线段的绘图顺序分析正确

图8

1-7：（续）

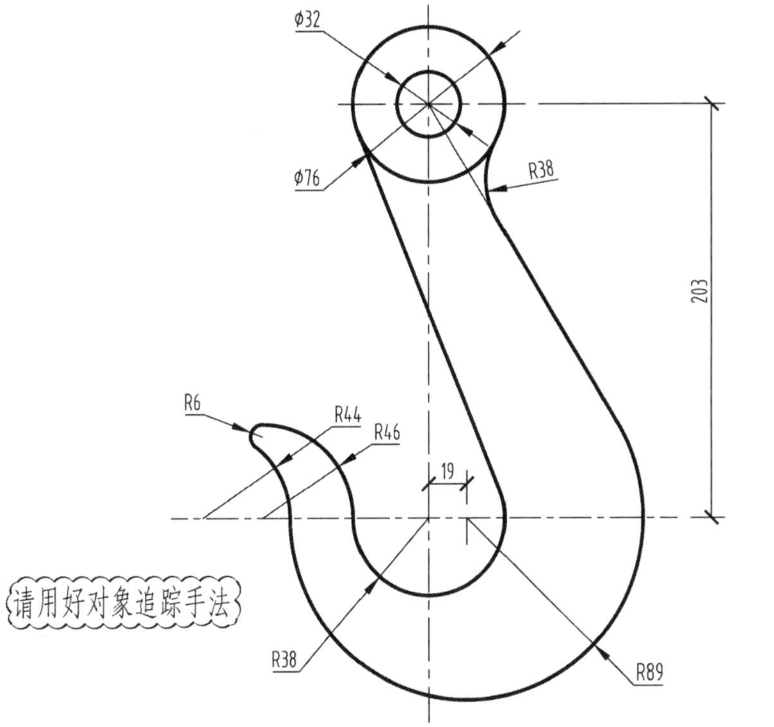

请用好对象追踪手法

图9

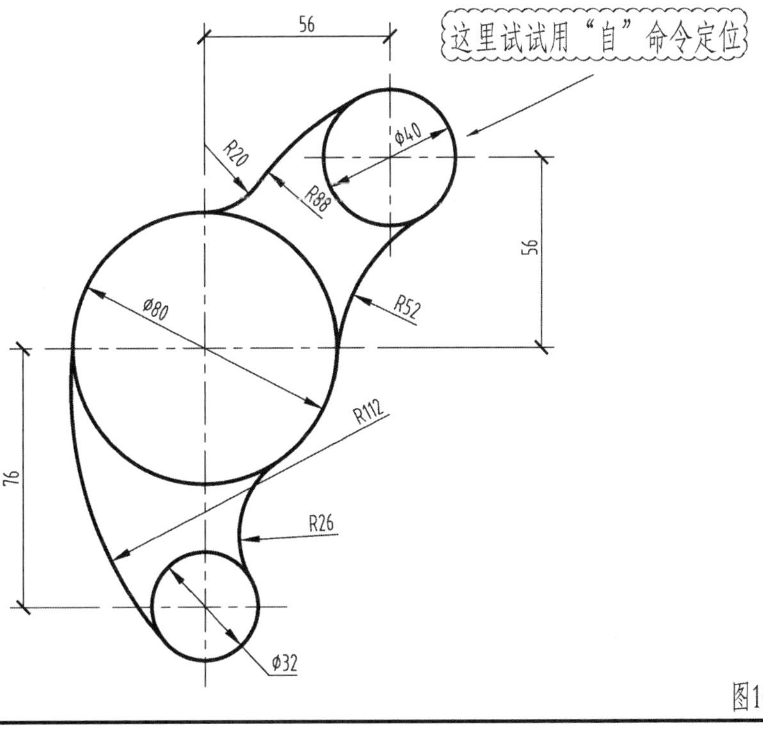

这里试试用"自"命令定位

图10

1-7：（续）

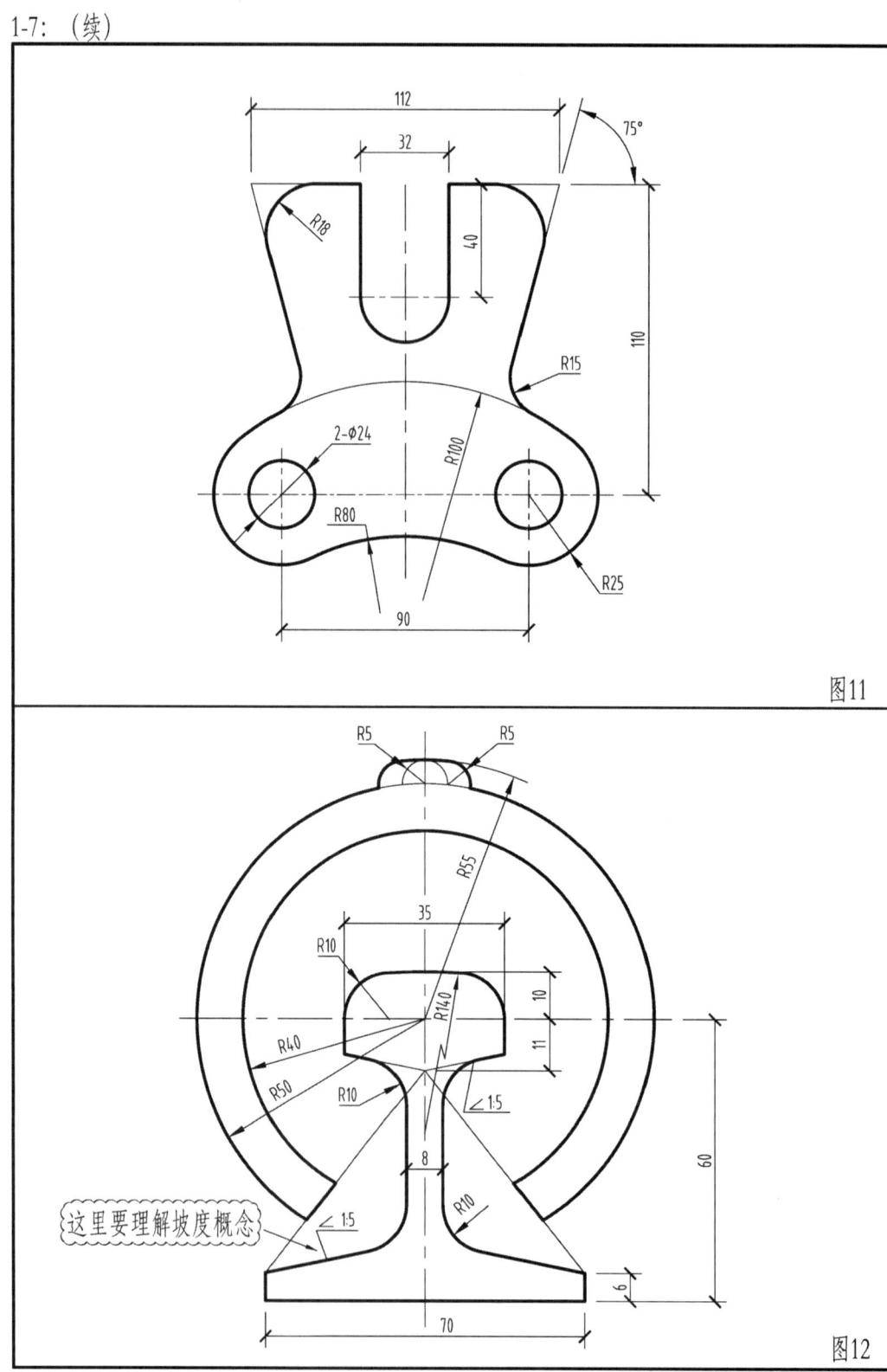

图11

图12

1-7：（续）

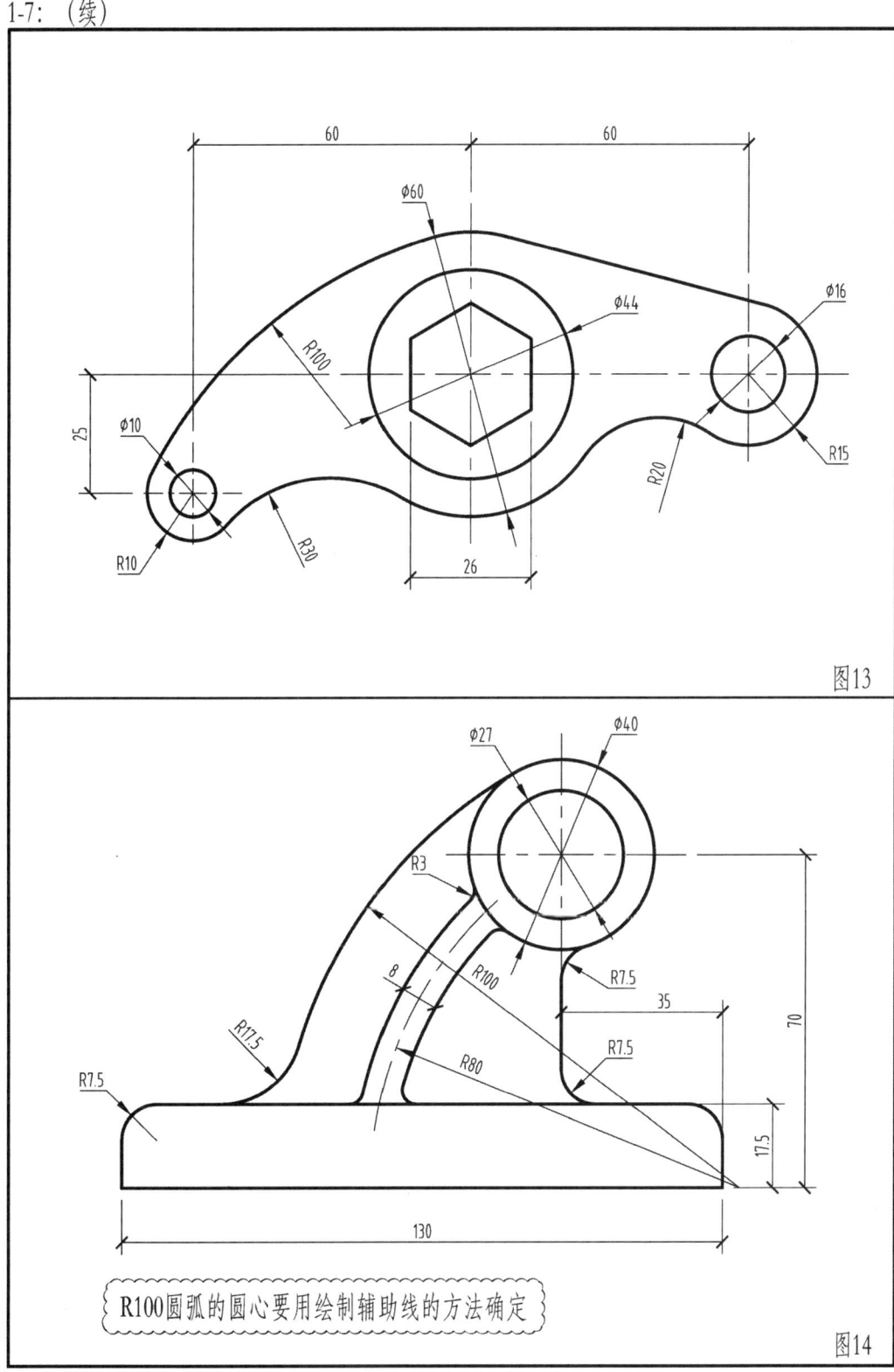

图13

R100圆弧的圆心要用绘制辅助线的方法确定

图14

1-7：（续）

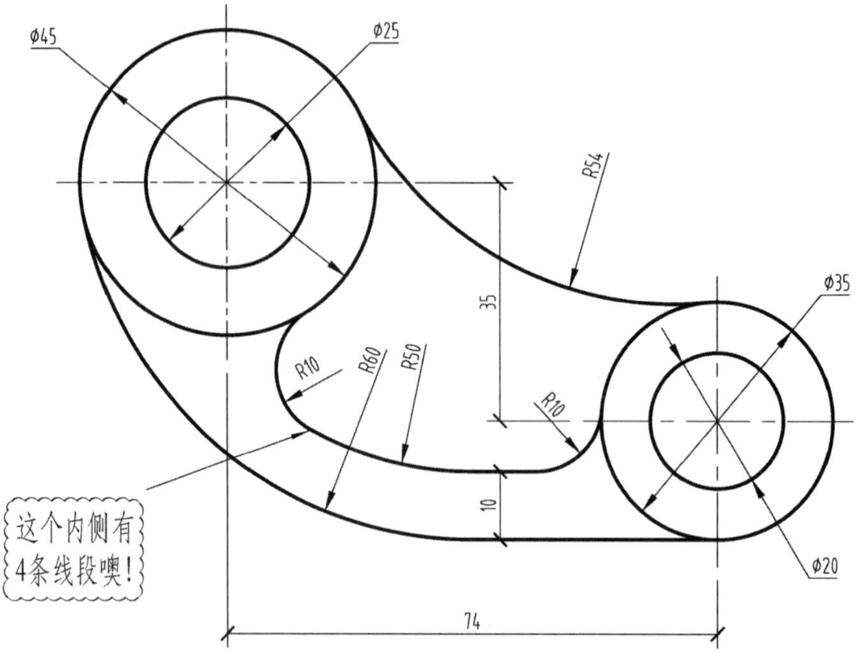

图15

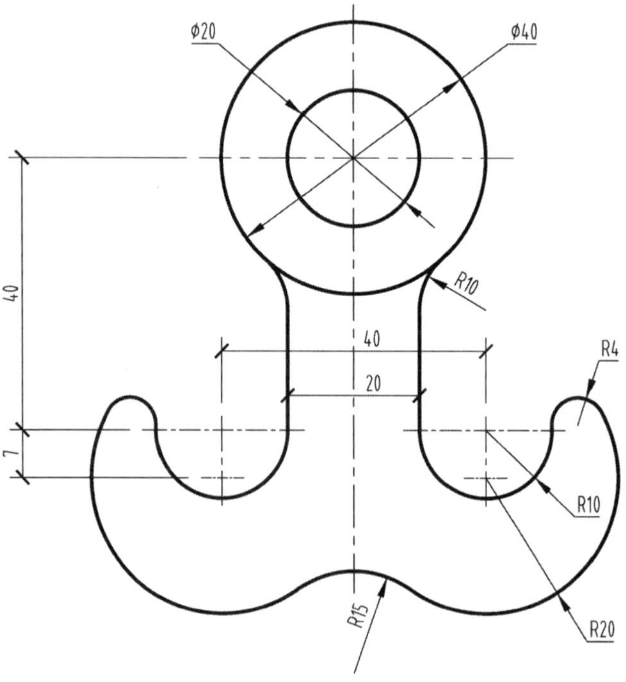

图16

1-7：（续）

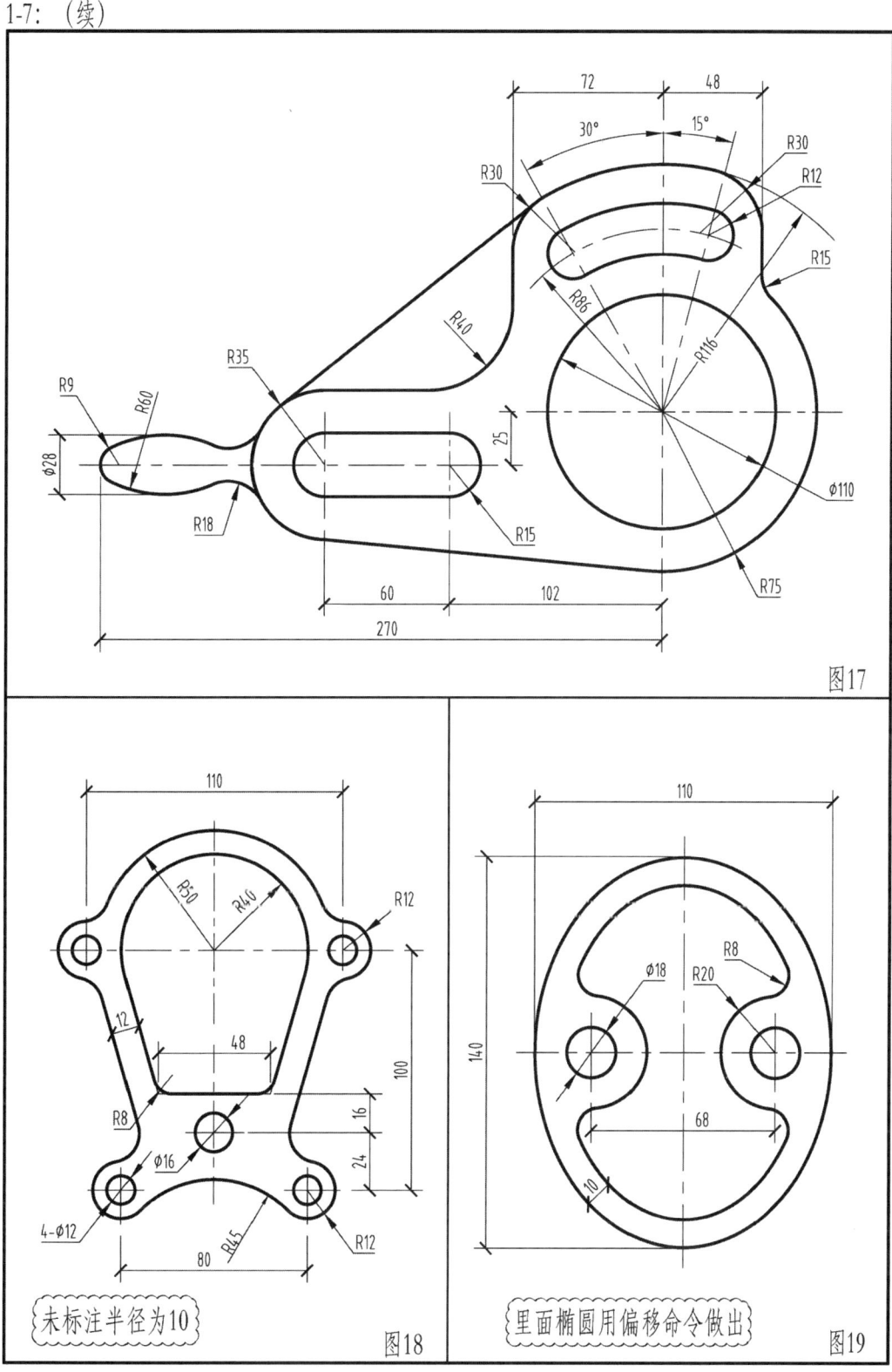

图17

图18　未标注半径为10

图19　里面椭圆用偏移命令做出

1-7：（续）

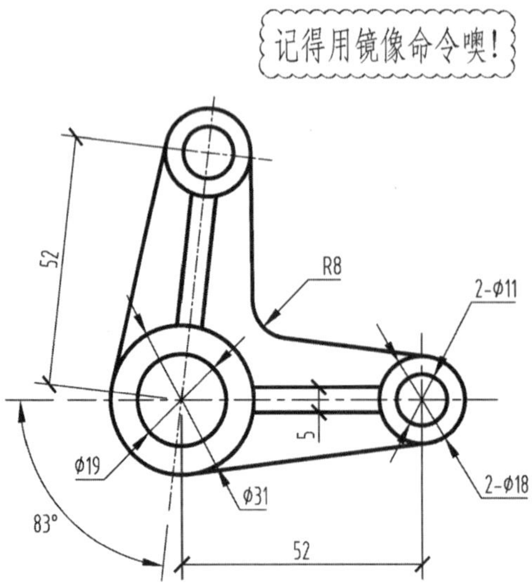

图20

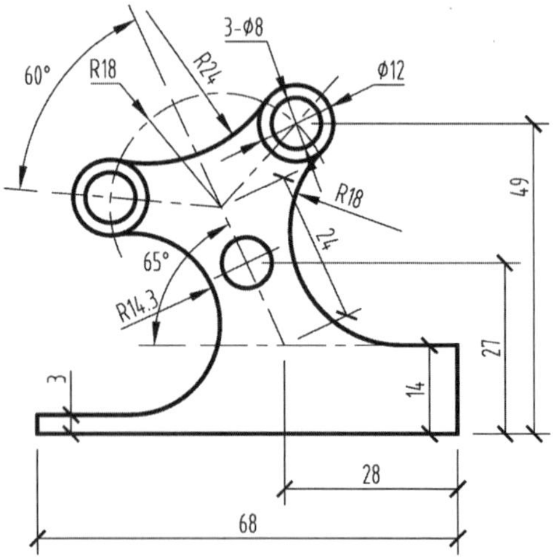

图21

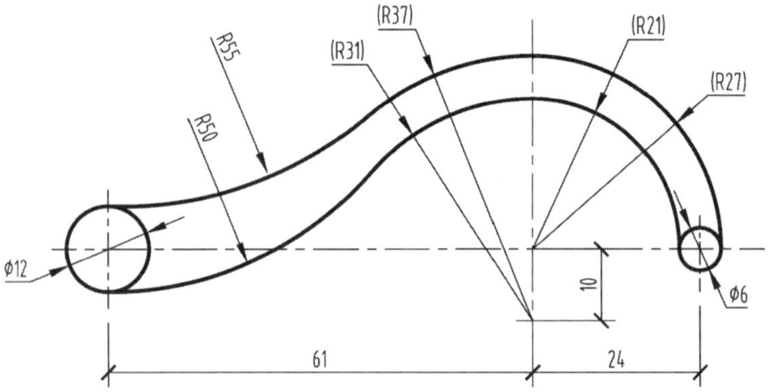

图22

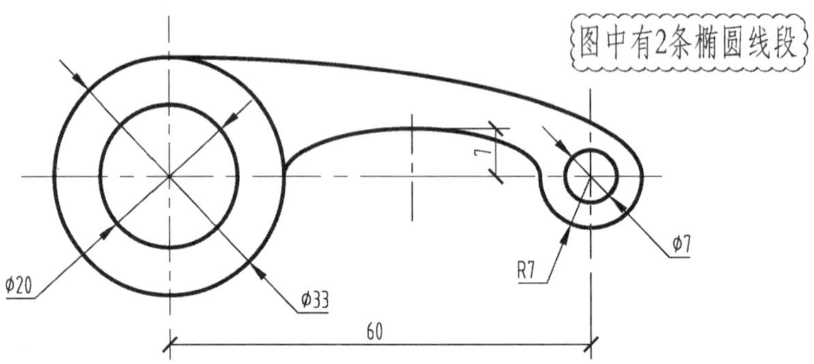

图23

1-7：（续）

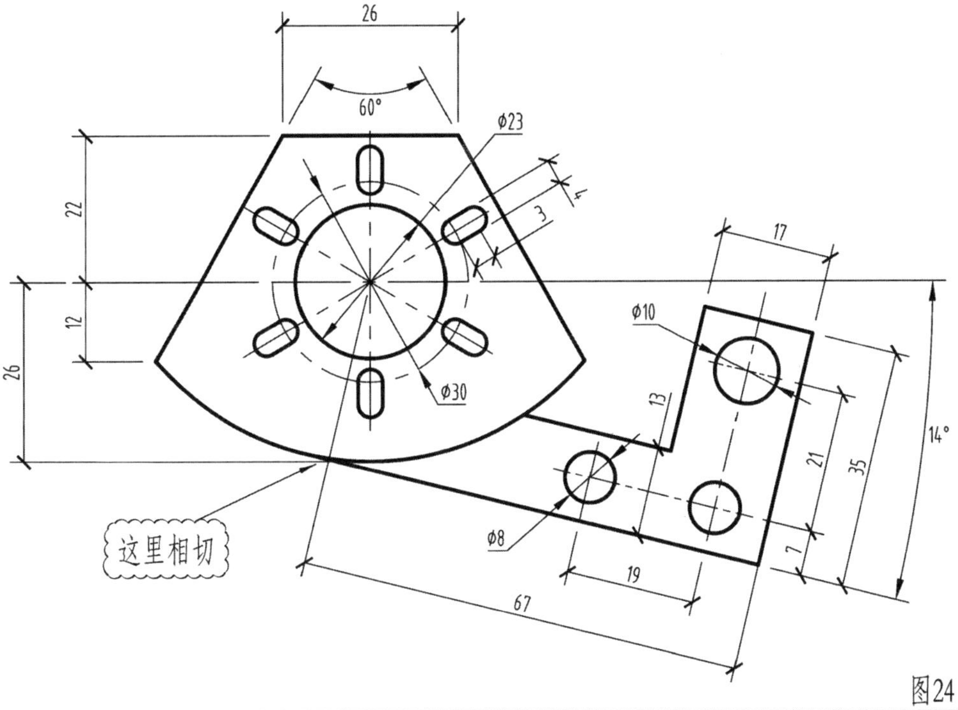

图24

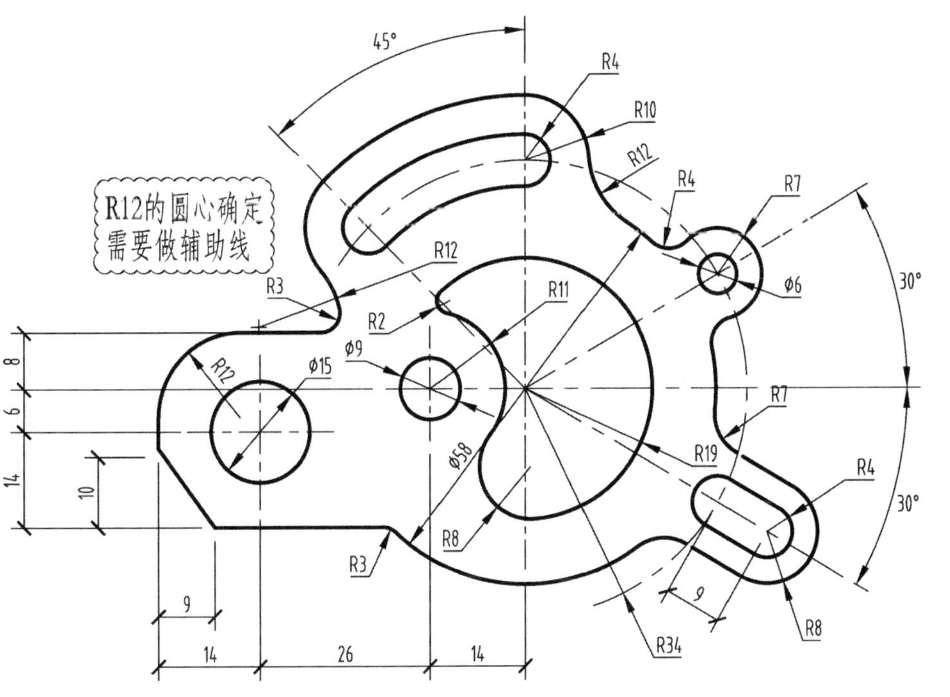

图25

1-7: （续）

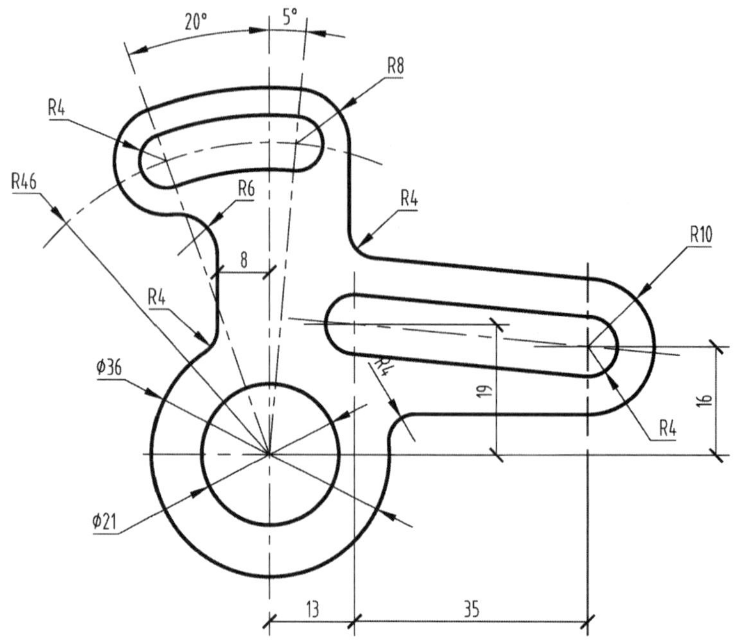

图26

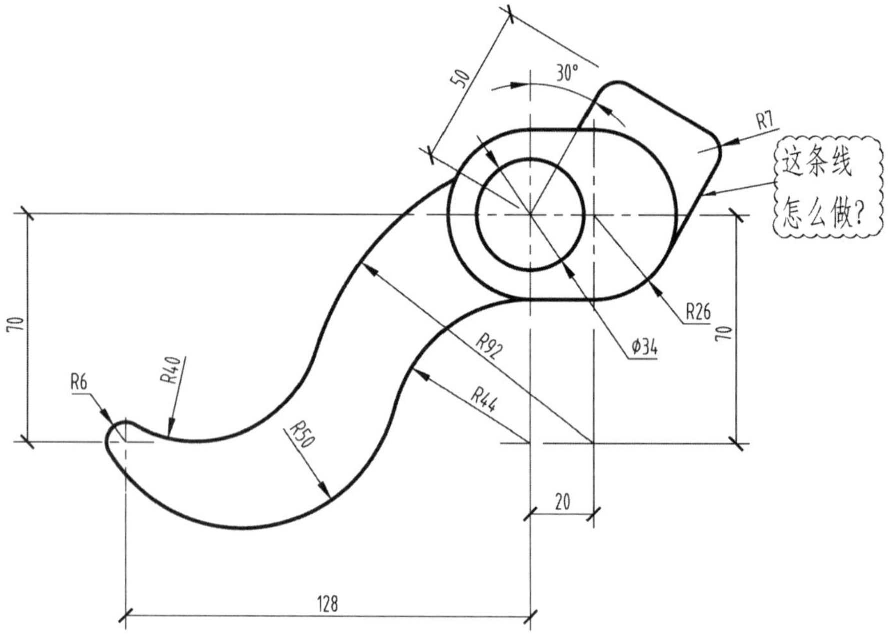

图27

1-7：（续）

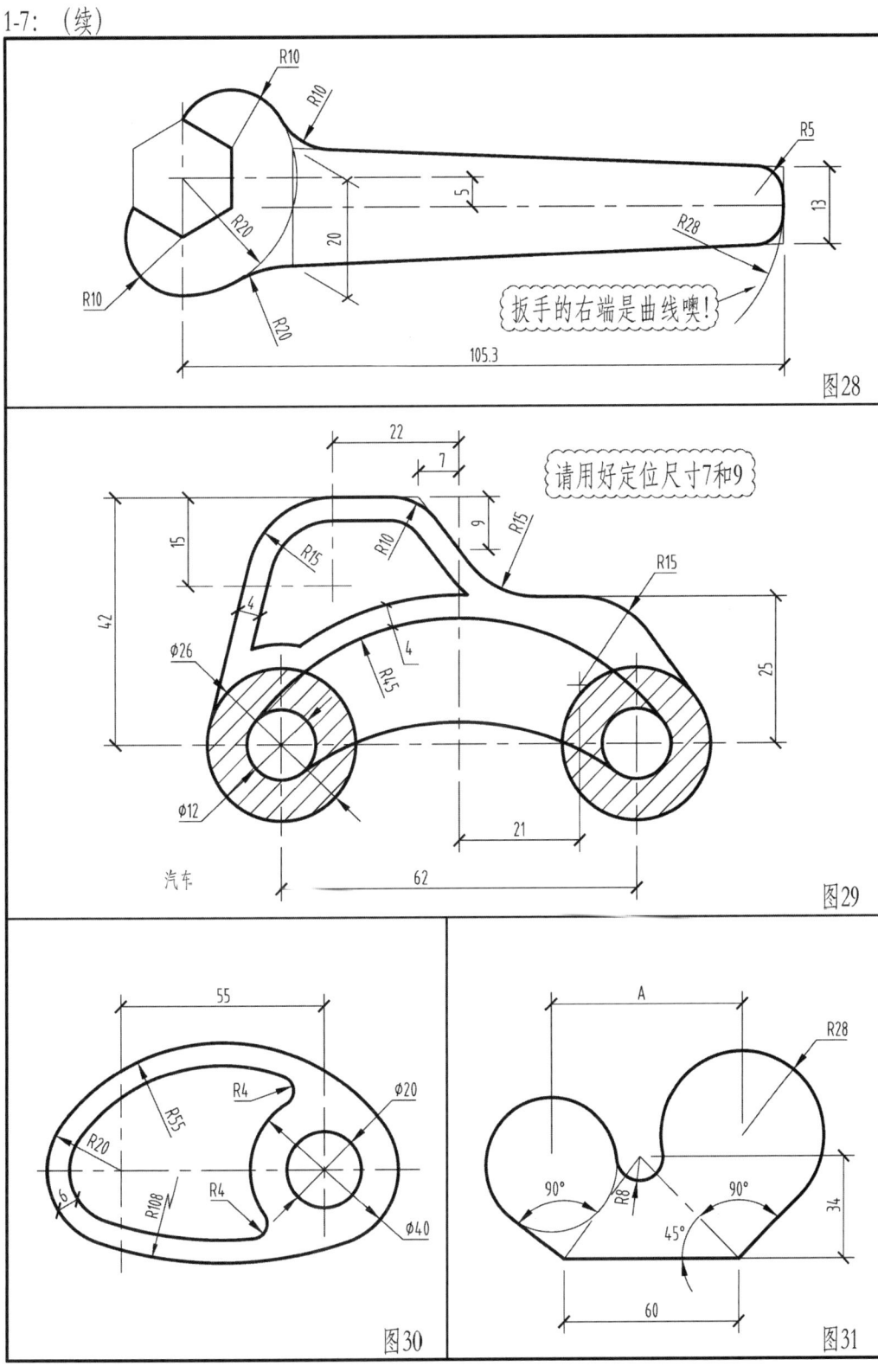

图28

图29

图30

图31

1-7：（续）

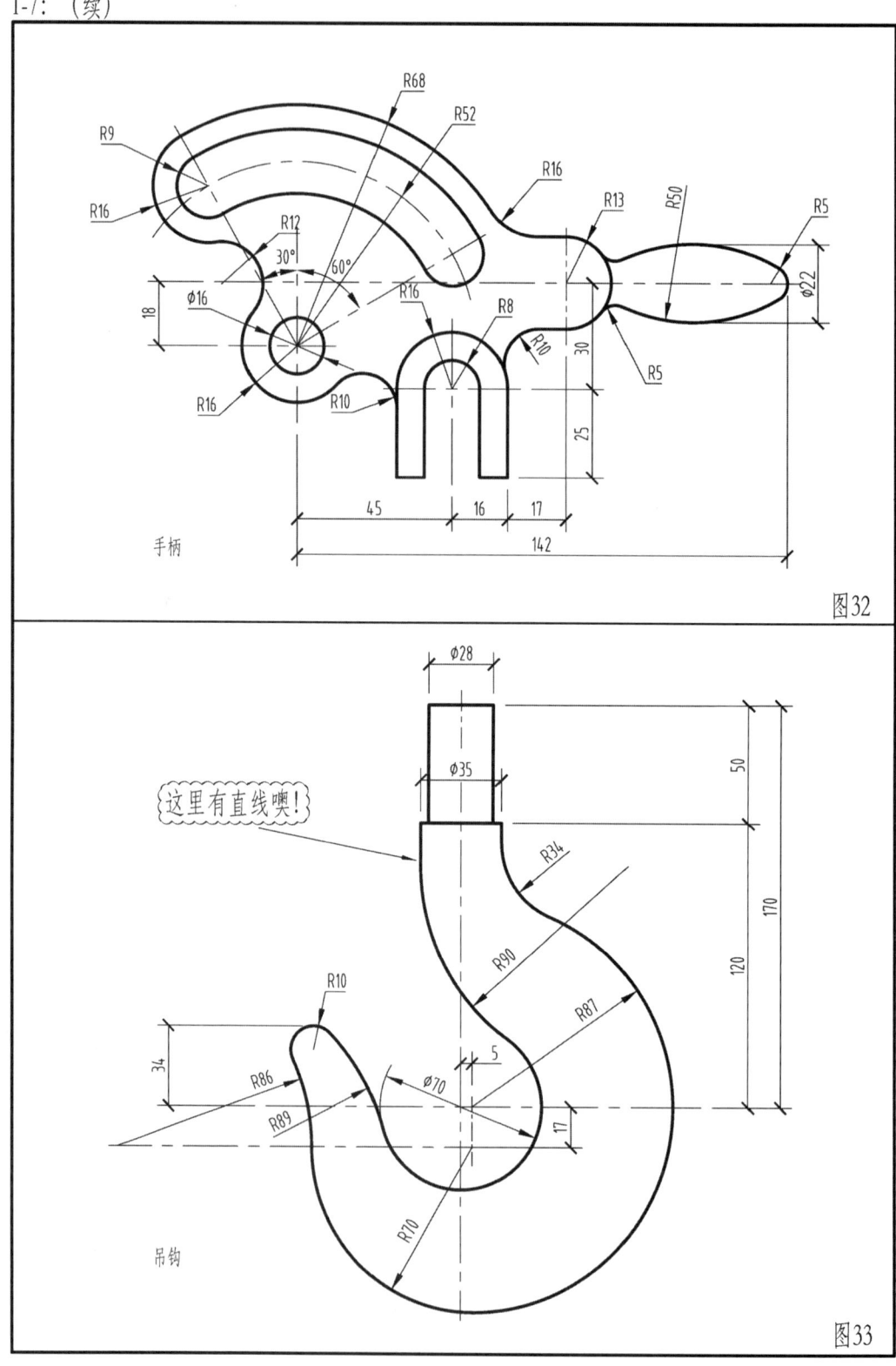

手柄

图32

这里有直线噢！

吊钩

图33

1-7：（续）

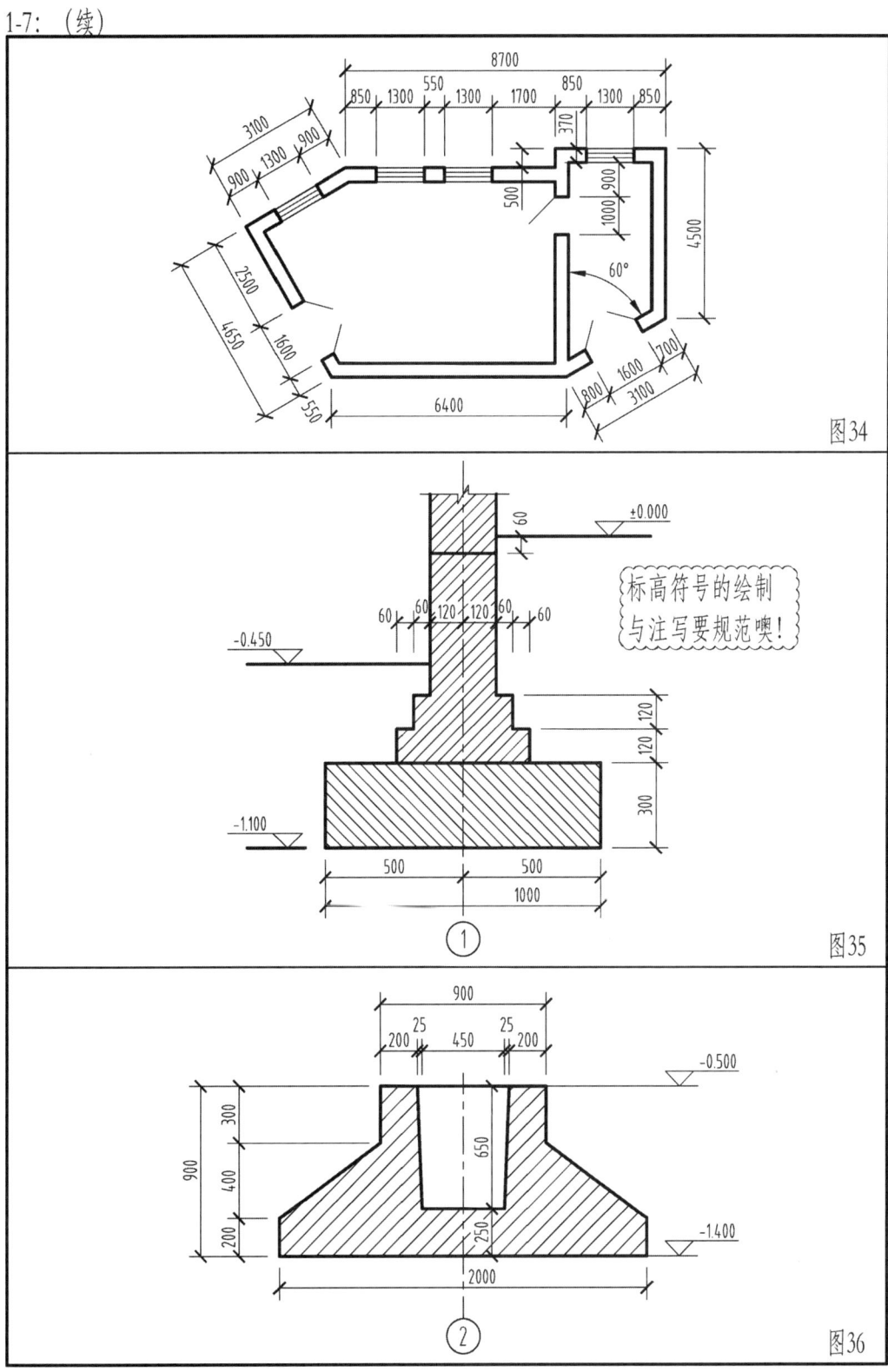

图34

图35

图36

1-7：（续）

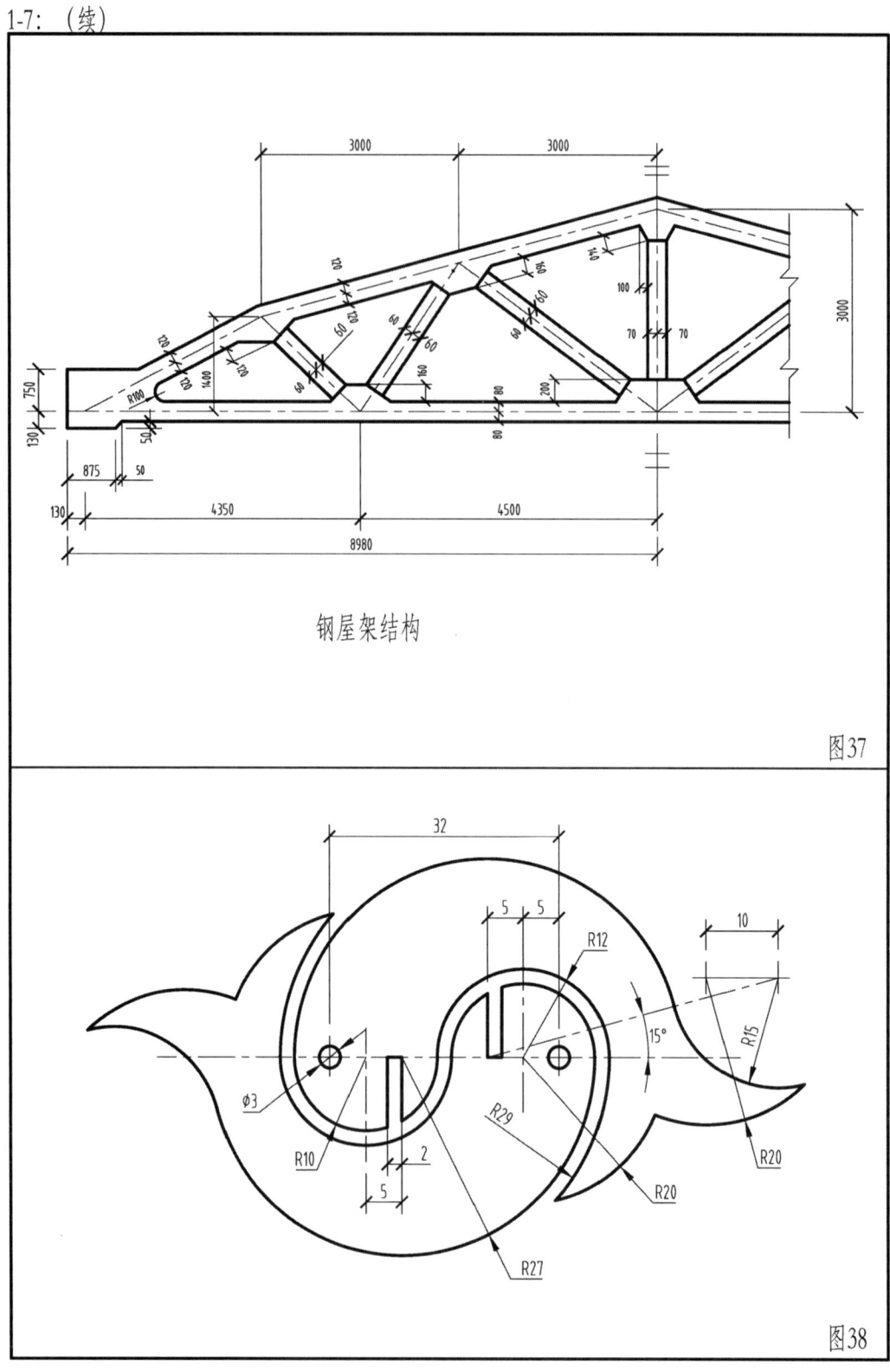

钢屋架结构

图37

图38

**项目小结：**

二十大报告指出："推进高水平对外开放，稳步扩大规则、规制、管理、标准等制度型开放，加快建设贸易强国，推动共建'一带一路'高质量发展，维护多元稳定的国际经济格局和经贸关系。"制定、执行、推动标准是高质量发展不可或缺的部分。

（1）国标就相当于制图过程中的规章制度，初次接触就要养成良好习惯，严格执行。铁路工程制图需遵守《制图技术》《房屋建筑制图统一标准》。

（2）《房屋建筑制图统一标准》对图纸幅面做了规定，图纸幅面长边是短边的 $\sqrt{2}$ 倍，即 $l=\sqrt{2}b$，且 A0 幅面的面积为 1 m²，A0 幅面为 841×1 189。铁路工程图通常按 A3 横向和 A4 竖向装订。

（3）工程图样中的图线应在国标规定的 6 类 14 种图线中选用，同一幅图样中的线宽应满足线宽比要求，粗线 b、中粗线 $0.5b$、细线 $0.25b$。

（4）工程图样中字体的大小应符合国标中的字号要求，图中汉字采用长仿宋体，汉字的宽度与高度的比例为 3∶2。

（5）图样中图形与实物相应线性尺寸之比称为比例，一般选用国标中规定的常用比例。尺寸标注要清晰、完整、正确，这样才能保证在阅读使用时方便，不至产生误解，符合工程需求。图样上标注的尺寸是由尺寸界线、尺寸线、尺寸起止符和尺寸数字四部分组成。尺寸数字要按物体的实际大小标注，与绘图比例无关。

（6）图线连接一般有直线与圆弧间、圆弧与圆弧间两种形式。图线连接的绘制应首先按照几何关系求出圆心，确定切点，最后再连接，这样既准确又美观。

（7）平面图形要通过分析图形尺寸，先画已知线段，再画中间线段，最后画连接线段。

（8）CAD 的命令执行方式主要有菜单栏、工具栏和命令行执行命令三种方式，灵活地使用 CAD 的命令执行方式，可快速地提高绘图效率。

（9）在使用 CAD 绘制图形时，绘图辅助功能的应用是必不可少的。

（10）在使用 CAD 时，依据国标规定合理地对图层、文字、尺寸进行设置，使图样绘制及文字注写、尺寸标注符合国标规定。

（11）模型空间打印图样，需要一步步操作，先进行页面设置，然后预览，观察没有出现问题的情况下，再进行输出打印，继而输出成 PDF 等格式。

项目二：工程构筑物构造图识读与绘制

 学习目标：

知识要点	能力与素养目标	相关知识
投影基础	1. 能描述出投影的分类及性质 2. 能依据形体的立体图绘制其三面投影图 3. 感受"皮影"传统文化，提升艺术鉴赏力	1. 投影的分类及正投影的基本性质 2. 三面投影图的形成及投影规律
基本体的三视图	1. 能描述出基本体的形体特征 2. 能够绘制基本体及简单工程构筑物的三视图 3. 认识中国经典建筑，再究其构成，有规矩成方圆	1. 基本体的种类及视图特征 2. 简单工程构筑物的画法
组合体的三视图	1. 能描述出组合体的形成方式、形体表面的特点 2. 能描述出土木工程构筑物的构造组成，做出形体表面特征分析 3. 能够绘制组合体的三视图并对其进行尺寸标注 4. 具有识读组合体三视图的能力 5. 提升辩证思维能力，深化关联统一意识 6. 采用小组合作学习形式，培养学生联手起来办大事的责任感。理解致富路上实现"一个都不能少"的目标	1. 基本体的投影特性和尺寸标注 2. 组合体的形成方式与表面特征 3. 画组合体三视图的步骤与方法 4. 识读组合体三视图的步骤与方法
轴测投影	1 能描述出轴测投影的分类及图形特点 2. 能够绘制工程构筑物的轴测投影	1. 轴测投影的形成、种类和性质 2. 绘制正等测和斜二测图的方法
工程形体的表达	1. 能够阅读工程形体的各向视图 2. 能够描述工程构筑物整体构造及组成 3. 能够介绍剖、断面图的分类及各自的特点 4. 能够阅读与绘制工程构筑物的剖、断面图 5. 能绘制常见工程构筑物的立体效果图 6. 敢于接受复杂的事物，能够进行深入探究，透过现象看本质，寻求最佳解决方案，培养良好的职业素养	1. 形体六视图表达 2. 常见工程构筑物的作用与构造 3. 形体剖切与图形表达 4. 形体构造组成与材料应用知识
构筑物构造图CAD绘制	1. 能够用CAD绘制工程构筑物的三视图、剖视图、轴测图等 2. 能够用CAD进行实体的三维造型 3. 能够应用布局空间进行打印出图 4. 树立为人民服务的宗旨，为社会发展做贡献的责任，推动国家的进步就是推动民族的进步	1. CAD三视图与轴测图绘制方法 2. CAD实体造型操作技术 3. CAD布局设置与打印

学习任务一：形体三视图识读

1. 用语言描述图 2-1 所示形体的构造组成，确定前视的投影方向，并完成形体的三视图。

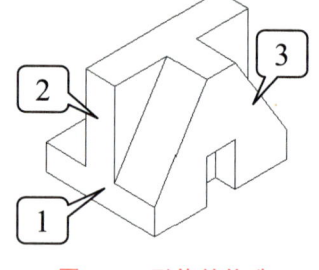

（1）什么是三视图？三视图的特点与投影规律是什么？
（2）确定形体的摆放位置，确定三视图的投影方向。
（3）描述形体上三部分的位置关系，门洞处于什么位置？

图 2-1　形体的构造

（4）基本体有哪些？在这个形体上有些什么基本体？
（5）三视图绘制中，形体的轮廓线用什么线型表达？

2. 分析图 2-2 所示形体的表面特点，思考形体的绘制要领，并完成形体的三视图。

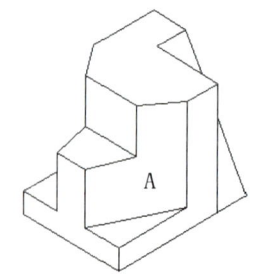

（1）这个形体上有哪些构造？表面有几处斜面？
（2）描述 A 斜面的位置以及形状，确定其各方向的投影。
（3）确定各个斜面的三视图绘制顺序。
（4）物体左上角的错台应该先绘制哪个视图？

图 2-2　形体的构造

（5）总结三视图检查的要领。

3. 描述图 2-3 所示构筑物的构造组成，分析其表面特点，思考其绘制要领，并完成形体的三视图。

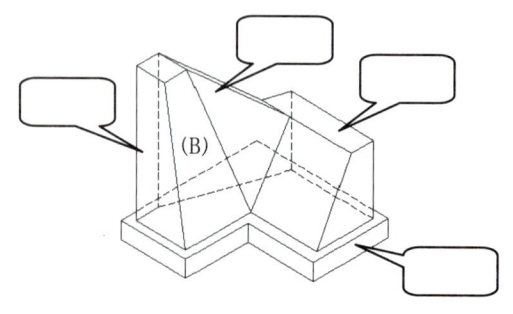

（1）填写构筑物上各部分的构造名称。
（2）这是什么工程构筑物？
（3）分别描述形体表面五处斜面的位置与形状。

图 2-3　形体的构造

（4）形体上 B 斜面的三视图投影是什么？

（5）确定形体三视图的绘制顺序。

4. 阅读图 2-4 所示构筑物的二视图，思考其空间形状，描述其表面特点，并完成构筑物的左视图。

（1）填写构筑物上各部分的构造名称。
（2）这是什么工程构筑物？
（3）描述形体表面上有三处斜面的位置与形状。
（4）形体上 C 斜面的左视图投影是什么？
（5）视图中尺寸 ϕ 表示什么构造？

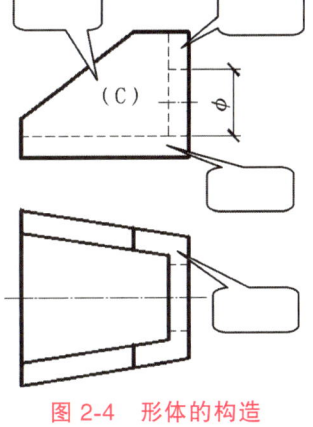

图 2-4 形体的构造

一般地，用光线照射物体，在某个平面（地面、墙壁等）上得到的影子叫作物体的投影，照射光线叫作投影线，投影所在的平面叫作投影面。

假设从光源发出的光线，能够透过形体，而将其各顶点和诸棱线都在平面上投出它们的影，如图 2-5 所示。如通过点 A 的光线 SA 与平面 H 相交，交点 a 就是 A 点的投影。照此做出这些点和线的投影，并组成一个能够反映出形体形状的图形，这个图形即为形体的投影，这种作出形体的投影的方法，称为投影法。

形体三视图讲解

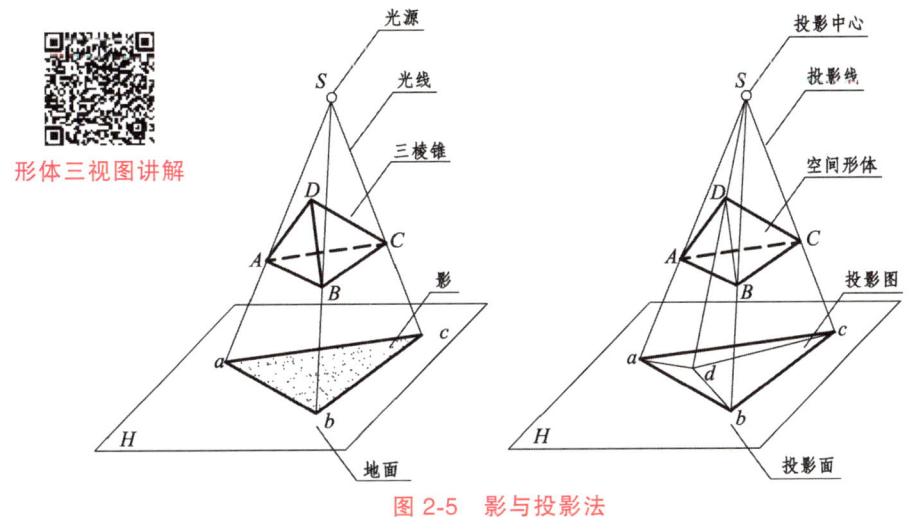

图 2-5 影与投影法

在此，光源 S 称为投影中心，光线 SA、SB 等称为投影线，三棱锥称为空间形体，平面 H 称为投影面。

【皮影戏】

皮影戏是利用灯光的照射兽皮或纸板做成的人物剪影，把影子的形态反映在银幕（投影面）上表演故事的民间戏剧艺术。表演时，艺人们在白色幕布后面，一边操纵戏曲人物，一边用当地流行的曲调唱述故事，同时配以打击乐器和弦乐，有浓厚的乡土气息。

皮影戏最早诞生在两千年前的西汉，又称羊皮戏，俗称人头戏、影子戏、驴皮影，发祥于中国陕西，极盛于清代的河北。元代时，皮影戏曾传到各个国家，这种源于中国的艺术形式，迷恋了多少国外戏迷，人们亲切地称它为"中国影灯"。在中国，不少的地方戏曲剧种都是从皮影戏中派生出来的，而皮影戏所用的幕影演出道理、艺术手段，对电影的发明和美术片的发展也起到先导作用，是世界上最早由人配音的活动影画艺术，有人认为皮影戏是现代"电影始祖"。如今，如图2-6所示的中国皮影被世界各国的博物馆争相收藏，同时也是中国政府与其他国家领导人相互往来时的馈赠佳品。

图2-6 皮 影

【透视图】

在人与建筑物之间设立一个透明的铅垂面 K 作为投影面，人的视线（投射线）透过投影面而与投影面相交所得的图形，称为透视图，或称为透视投影，简称透视。

透视图是以作图者的眼睛为中心作出的空间物体在图面上的中心投影，它具有将三维空间物体转换或便于表达到画面上的二维图像的作用，如图2-7所示为建筑物的透视图。

图2-7 建筑物的透视图

当视点、图面和物体的相对位置不同时，物体的透视形象将呈现不同的形状，从而产生了各种形式的透视图。这些形式不同的透视图，它们的使用情况以及所采用的作图方法都不尽相同。在透视图上，因投影线不是互相平行集中于视点，所以显示物体的大小，并非真实的大小，有近大远小、近高远低的特点。形状上，由于角度因素，长方形或正方形常绘成不规则四边形，直角绘成锐角或钝角，四边不相等。透视图多用于机械工程和建筑工程。

知识点1：投影的分类

从照射光线的形式可以看出，光线的发出有两种：一种是平行光线，例如遥远的太阳光；另一种是不平行光线，如图2-5的灯泡的光。前者称为平行投影，后者称为中心投影。

一、中心投影法

当投影中心距离投影面为有限远时，投影线均由投影中心射出，这种投影称为中心投影，如图2-5所示。

中心投影法的特点是具有高度的立体感和真实感，符合人的视觉，因此在建筑工程外形设计中常用中心投影法（建筑透视图），但其投影图的形状和大小是随着投影中心、形体、投影面三者相对位置的变化而改变的，作图复杂，且度量性差。

二、平行投影法

当投影中心距离投影面为无限远时，则所有投影线都相互平行，这种投影称为平行投影。平行投影法按投影线与投影面的夹角不同，又分为：

1. 斜投影法

投影线相互平行且倾斜于投影面的投影法，如图2-8所示。

2. 正投影法

投影线相互平行且垂直于投影面的投影法，如图2-9所示。

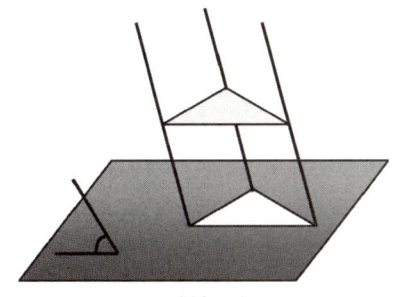

图2-8 斜投影

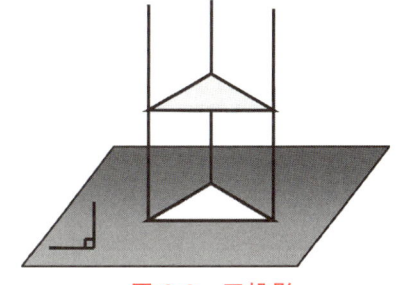

图2-9 正投影

正投影的特点是投影图与物体距离投影面的远近有关，能准确表达物体的形状和大小，且作图简单，易度量，因此在工程上被广泛应用。

正投影的基本性质如下：

（1）显实性：直线平行投影面，其投影图反映实长；平面平行投影面，其投影图反映实形。如图2-10（a）所示。

（2）积聚性：直线垂直投影面，投影积聚为一点；平面垂直投影面，投影积聚为一线。如图2-10（b）所示。

（3）类似性：直线倾斜投影面，投影长度要缩短；平面倾斜投影面，投影大小要改变。如图2-10（c）所示。

（a）显实性　　　　　（b）积聚性　　　　　（c）类似性

图2-10　正投影性质

知识点2：形体的三面投影

一、形体的长、宽、高

确定形体的三个方向，是在图纸上表达空间物体的首要问题。将形体左右间的距离定为长，前后为宽，上下为高，如图2-11所示。

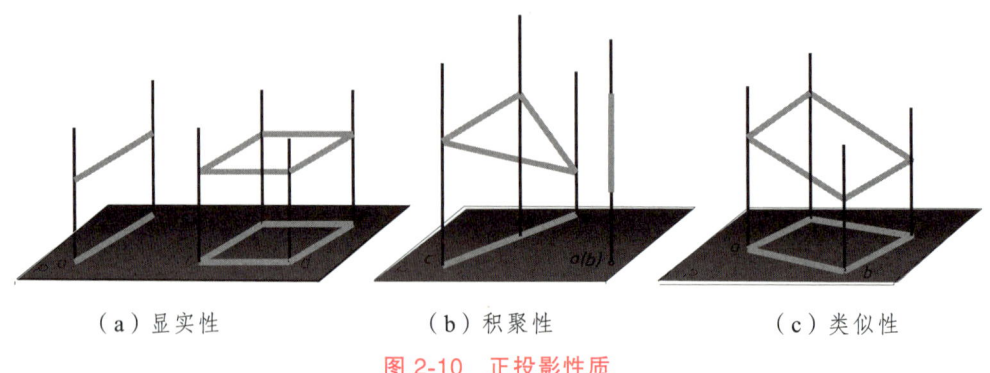

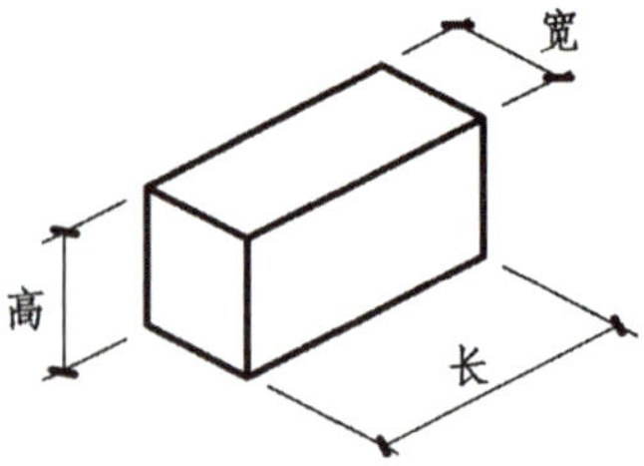

图2-11　形体的长、宽、高

二、形体的三面投影

由三个投影面形成的投影空间称三面投影体系，相邻两面的交线为投影轴，正立投影面与水平投影面的交线称 OX 轴，水平投影面与侧立投影面的交线称 OY 轴，正立投影面与侧立投影面的交线称 OZ 轴。三轴交于的一点为投影原点 O，如图2-12所示。

结论：三面投影能唯一确定物体的空间形状。

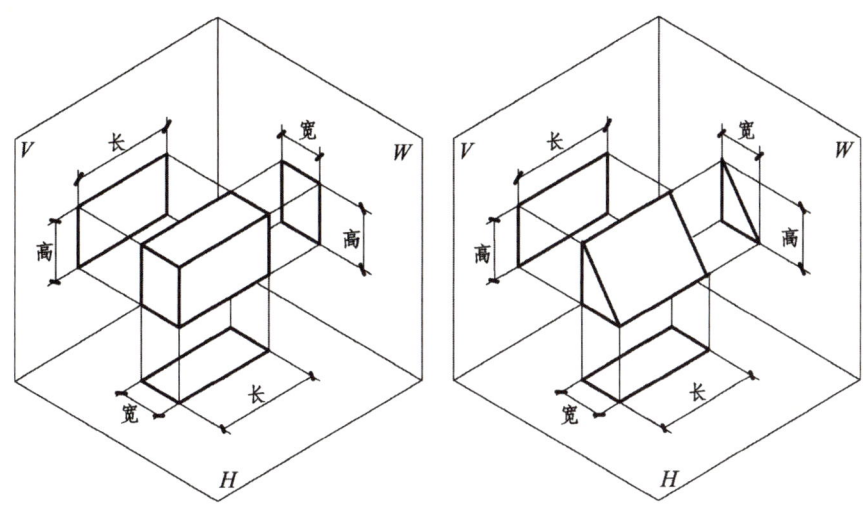

图 2-12 形体的三面投影

三面投影图是画在一个平面上的三个投影图，三面投影体系的展开方法：

保持 V 投影面不动，将 H 投影面绕 OX 轴向下旋转 90°，将 W 投影面绕 OZ 轴向右旋转 90°，使 H 面和 W 面均与 V 面共面。由于 OY 轴是 H 面与 W 面的交线，展开后在 H 面内的 Y 轴用 YH 表示，在 W 面内的 Y 轴用 YW 表示，如图 2-13 所示。

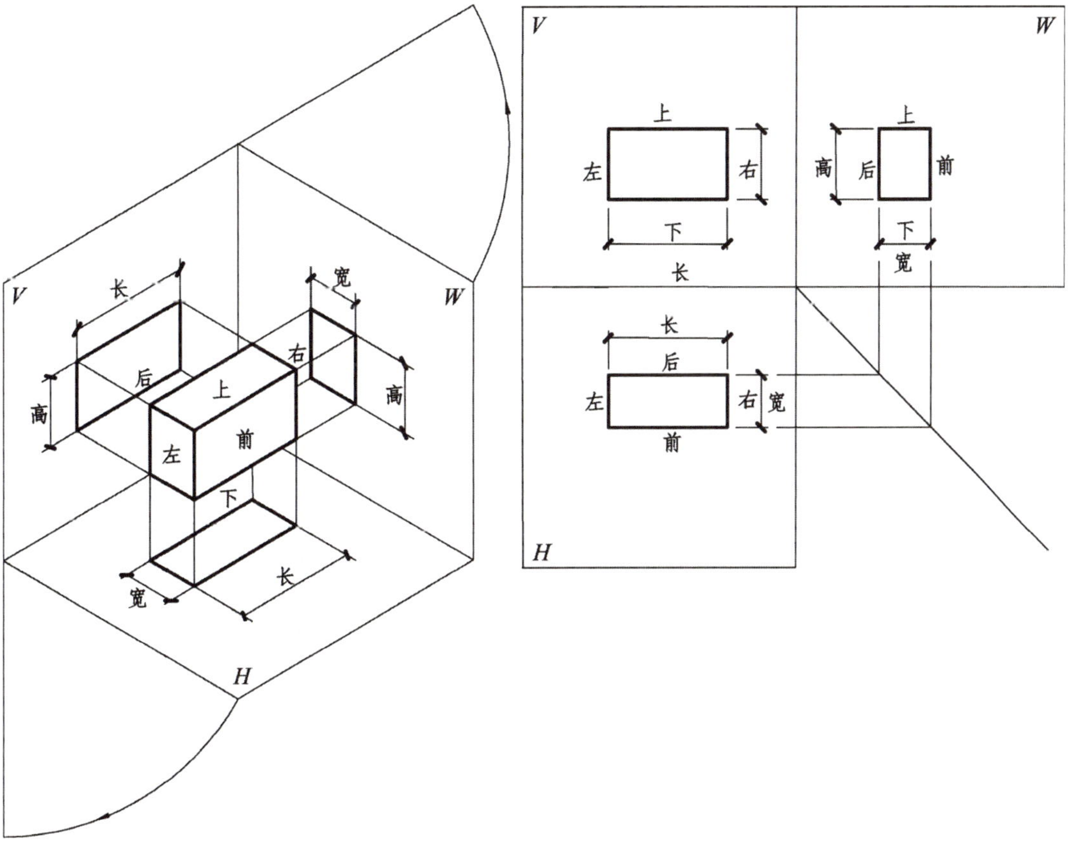

图 2-13 三面投影体系的展开

三、形体的三面投影规律

1. 三等关系

分析三面投影图的形成过程，可以总结出三面投影图的基本规律：正面图与平面图长对正，正面图与侧面图高平齐，平面图与侧面图宽相等，如图 2-14 所示。

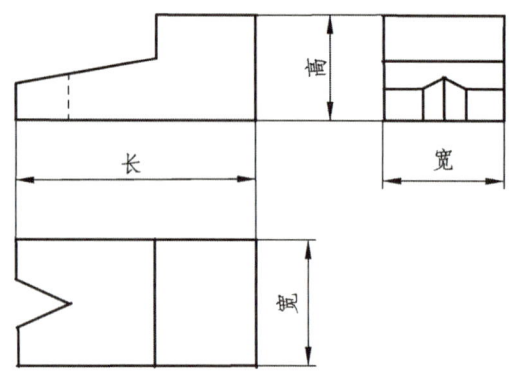

图 2-14 三面投影图的"三等"关系

2. 视图与形体的方位关系

空间形体有"上下、左右、前后"六个方位，这六个方位在三面投影图中可以按如图 2-15 所示的方向确定。由图可知，正面图反映形体的上下和左右，平面图反映形体的左右和前后，侧面图反映形体的上下和前后。形体的上下左右在各投影图中与图形本身方向一致，明显易懂。前后方位则不直观，在正面图和侧面图中，"远离正面图的一侧是形体的前面"。

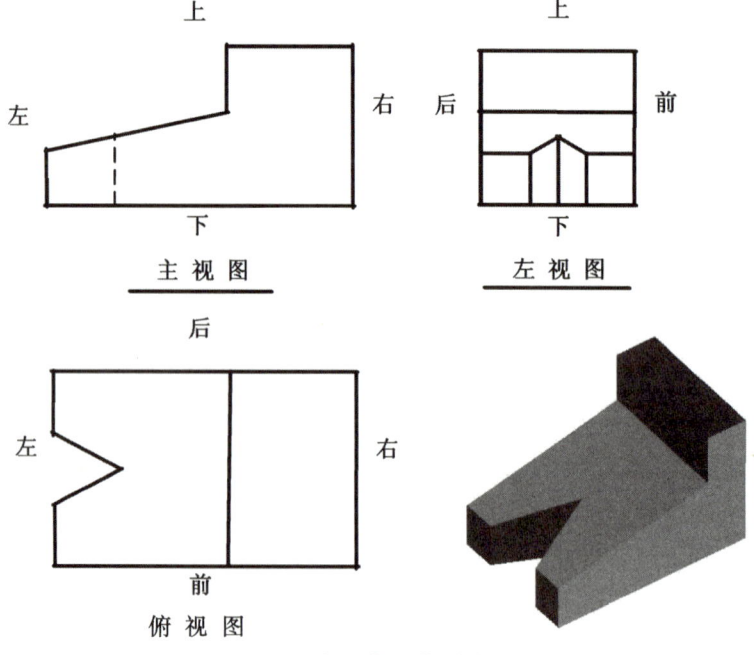

图 2-15 三视图与形体的方位关系

正面图也称为前视图，从前视图上可以了解到物体前后方向上表面的状况，平面图也称为俯视图，从俯视图上可以了解到物体上下方向上表面的状况，侧面图也称为左视图，从左视图上可以了解到物体左右方向上表面的状况，认知各个视图中空间形体的"三等关系"和"方位关系"，对绘制和识读三视图是极为重要的。

知识点3：基本体的三视图

任何工程构筑物及附件，无论形状复杂程度如何，都可以看成是由一些简单的几何形体组成的，这些最简单的具有一定规则的几何体称为基本体。

按照其表面性质，基本体可以分为平面体和曲面体两大类。平面体是各个表面均为平面的，如棱柱、棱锥等；曲面体是表面为曲面或平面和曲面的，如圆柱、圆锥、圆球等。正确地分析基本体表面的性质、形状特征，准确地画出其投影图，是研究复杂形体的基础。

一、平面体的投影

1. 棱　柱

图2-16（a）表示一个水平放置的三棱柱及其在三面上的投影，图2-16（b）是它们的三面投影。

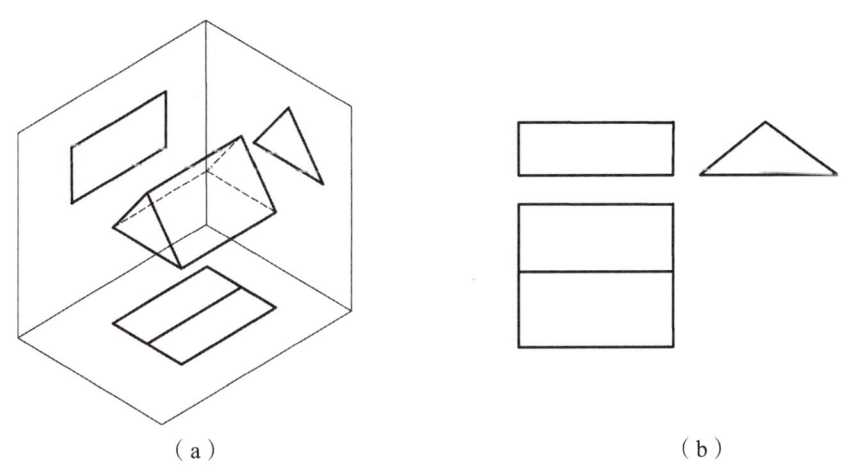

图 2-16　三棱柱的投影

（1）投影分析：

三棱柱的下棱面平行于 H 面，所以其水平投影反映实形，其正面投影和侧面投影分别积聚成一条水平线。

三棱柱的前后两棱面垂直于 W 面，所以它们的水平投影仍是矩形，它们的正面投影相重合，它们的侧面投影分别积聚成倾斜的直线段。

三棱柱的两底面平行于 W 面，所以它的侧面投影反映实形，另外两投影分别积聚成直线段。

（2）视图特征：
- 反映底面实形的视图为多边形。
- 另两视图均为矩形（或矩形的组合图形）。

2. 棱　锥

图 2-17（a）表示一个三棱锥及其在三面上的投影，图 2-17（b）是它的三面投影图。

（1）投影分析：

三棱锥的底面平行于 H 面，所以它的水平投影反映实形，其他两面投影均为水平线段；后面的棱面垂直于 W 面，所以侧面投影积聚为一条倾斜的线段，正面投影和水平投影都是三角形；它们的侧面投影彼此重合。

（2）视图特征：
- 反映底面实形的视图为多边形（内含反映侧面的几个三角形）。
- 另两视图为三角形（或三角形的组合图形）。

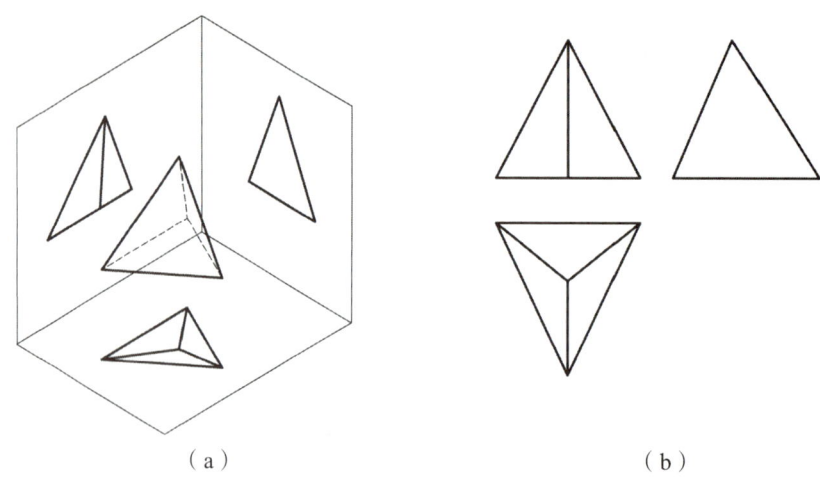

（a）　　　　　　　　　　　　　　　（b）

图 2-17　三棱锥的投影

3. 棱　台

棱台是棱锥被平行于其底面的平面截切而形成的。

图 2-18（a）表示一个四棱台及其在三面上的投影，图 2-18（b）是它的三面投影图。

（1）投影分析：

四棱台的上、下两底面平行于 H 面，前、后两棱面垂直于 W 面，左、右两棱面垂直于 V 面，它的 4 条侧棱为一般位置直线。根据线、面的投影特点，即可分析出它们各自的三面投影。

（2）视图特征：
- 反映底面实形的视图为两个相似多边形（内含反映侧面的几个梯形）。
- 另两视图为梯形（或梯形的组合图形）。

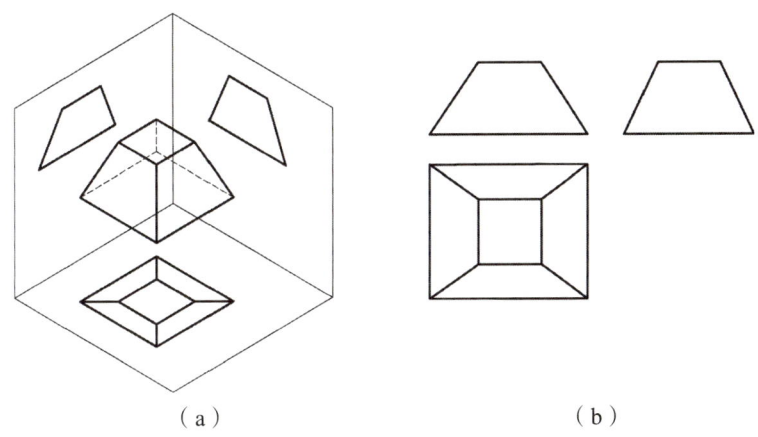

（a）　　　　　　　　　　（b）

图 2-18　四棱台的投影

二、曲面体的投影

1. 圆　柱

图 2-19（a）表示一个圆柱及其在三面上的投影，图 2-19（b）是它们的三面投影。

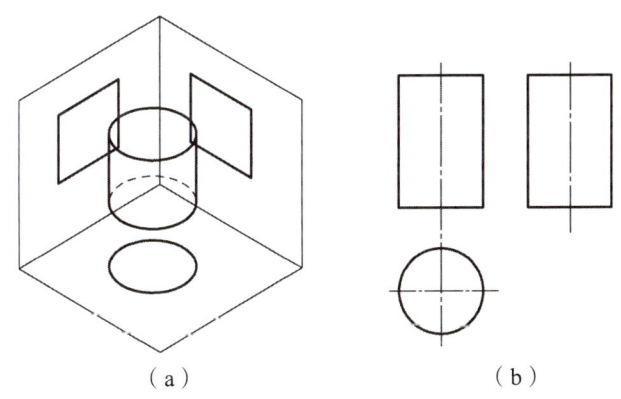

（a）　　　　　　　　　　（b）

图 2-19　圆柱的投影

（1）投影分析：

水平投影为一圆，反映上下底面的实形，圆周则为圆柱侧面的积聚投影。

正面投影为一矩形，上下两条水平线为上下底面的积聚投影，左右两条竖直线为圆柱最左、最右两条素线（轮廓素线）的投影，也是圆柱面对 V 面投影时可见部分与不可见部分的分界线。

侧面投影为一矩形，上下两条水平线为上下底面的积聚投影，竖直的两条线为圆柱最前、最后两条素线（轮廓素线）的投影，也是圆柱面对 W 面投影时可见部分与不可见部分的分界线。

（2）视图特征：
- 反映底面实形的视图为圆。
- 另两视图均为矩形。

2. 圆 锥

图 2-20（a）表示一个圆锥及其在三面上的投影，图 2-20（b）是它们的三面投影。

（1）投影分析：

水平投影为一圆，反映底面的实形及圆锥面的水平投影。

正面、侧面投影均为一等腰三角形，底边一条水平线为底面的积聚投影，另两条边分别为圆锥最左、最右及最前、最后两条素线（轮廓素线）的投影，也是圆锥面对 V 面与 W 面投影时可见部分与不可见部分的分界线。

（2）视图特征：

- 反映底面实形的视图为圆。
- 另两视图均为等腰三角形。

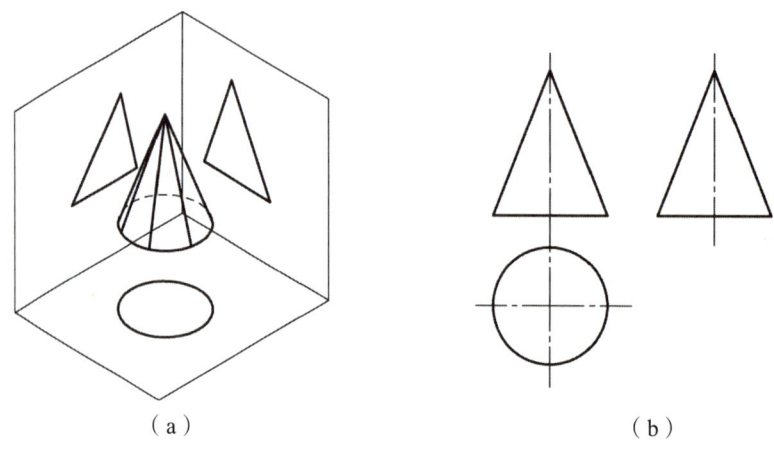

（a）　　　　　　　　　　（b）

图 2-20　圆锥的投影

3. 圆 台

图 2-21（a）表示一个圆台及其在三面上的投影，图 2-21（b）是它们的三面投影。

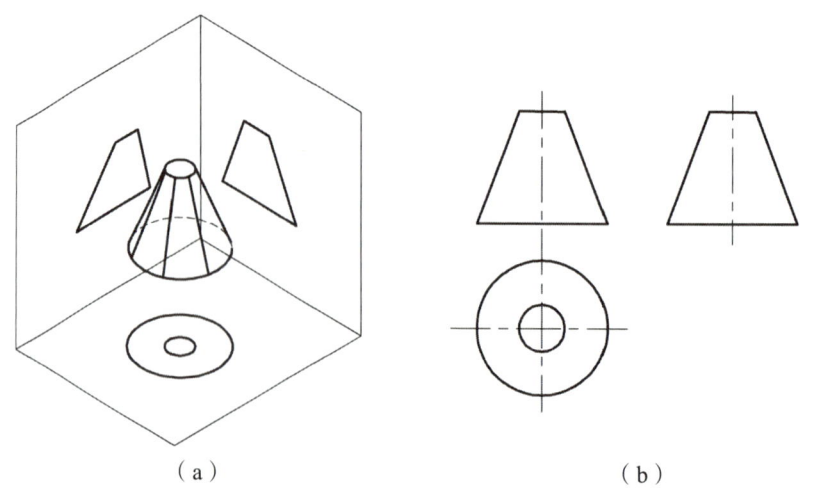

（a）　　　　　　　　　　（b）

图 2-21　圆台的投影

（1）投影分析：

圆锥被垂直于轴线的平面截去锥顶部分，剩余部分称为圆台。

圆台的投影与圆锥的投影相仿，其上下底面、轮廓素线的投影，读者可自行分析。

（2）视图特征：

- 与轴线垂直的投影面上的投影为两个同心圆。
- 另两面投影均为等腰梯形。

4. 圆　球

圆球由球面围成，故三个视图均为大小相等的圆。

案例与分析

【案例】

根据T形桥台台身的两面投影，如图2-22（a）所示，补画水平投影。

【分析】

由正面投影可看出该台身由左右两部分叠加而成，左侧是一个梯形四棱柱，称为桥台台身后墙，右边是一个Y形棱柱，称为桥台台身前墙，两部分叠加后上下表面处于平齐状态，如图2-22（b）所示。

【作图】

（1）画后墙的三面投影图，如图2-22（c）所示，由于后墙为梯形四棱柱，故正立面的投影为反映其底面实形的梯形，而水平及侧立面的投影为反映棱柱侧面的矩形。

（2）画前墙的三面投影图，如图2-22（d）所示，由于前墙为Y形棱柱，故侧立面的投影为反映其底面实形的Y形，而水平及正立面的投影为反映棱柱侧面的矩形。

（3）校核、修改图线，如图2-22（e）所示，由于前墙及后墙在叠加时，上下表面处于共面状态，故两形体交界处无交线。

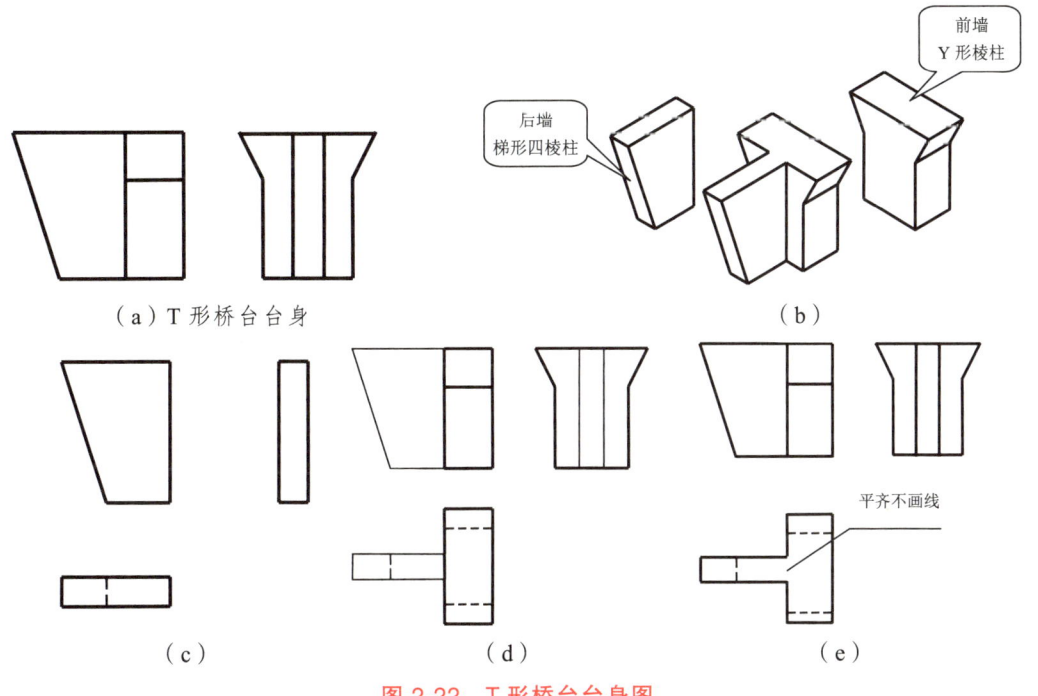

图 2-22　T形桥台台身图

模仿与应用

识读图 2-23 所示涵洞抬高节的投影图，并完成其水平面的投影。

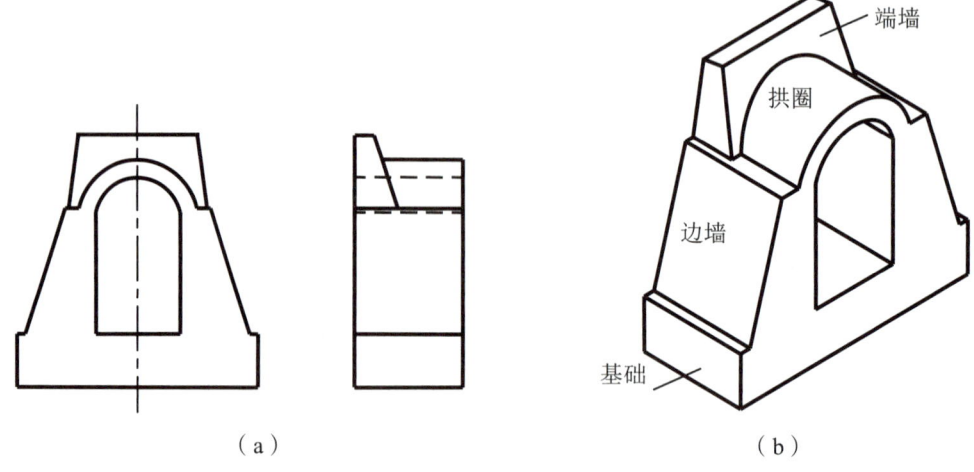

(a)   (b)

图 2-23 涵洞抬高节

工程建筑物，从几何的角度出发，大都可以看成是由一些基本几何体组成的。由基本几何体按一定方式组合而成的形体，称为组合体。如线路工程中的桥墩、桥台、涵洞洞口与管节，以及房屋建筑中梁板柱的节点处等，都是由简单的几何形体拼合与挖切处理而成的。

观察与理解

【人民英雄纪念碑】

人民英雄纪念碑是中华人民共和国政府为纪念中国近现代史上的革命烈士而修建的纪念碑，如图 2-24（a）所示。

人民英雄纪念碑于 1958 年 4 月 22 日建成。1961 年，人民英雄纪念碑被中华人民共和国国务院公布为第一批全国重点文物保护单位之一。

人民英雄纪念碑位于北京天安门广场中心，在天安门南约 463 m、正阳门北约 440 m 的南北中轴线上。它庄严宏伟的雄姿，具有我国独特的民族风格。人民英雄纪念碑呈方形，建筑面积为 3 000 m^2。纪念碑总高 37.94 m，碑座分两层，四周环绕汉白玉栏杆，四面均有台阶。下层座为海棠形，东西宽 50.44 m，南北长 61.54 m，上层座呈方形，台座上是大小两层须弥座。下层须弥座束腰部四面镶嵌着 8 块巨大的汉白玉浮雕，分别以"虎门销烟""金田起义""武昌起义""五四运动""五卅运动""南昌起义""抗日游击战争""胜利渡长江"为主题；在"胜利渡长江"的浮雕两侧，另有两幅以"支援前线""欢迎中国人民解放军"为题的装饰浮雕。浮雕高 2 m，总长 4.68 m，雕刻着 170 多个人物，生动而概括地表现出我国近百年来惊天动地的革命史实。上层小须弥座四周镶刻有以牡丹、荷花、菊花、垂幔等组成的 8 个花环。

两层须弥座承托着高大的碑身。碑身是一块长 14.7 m、宽 2.9 m、厚 1 m、质量达 60 多吨的大石。碑身正面（北面）镌刻毛泽东题词"人民英雄永垂不朽"8 个鎏金大字；背面是毛泽东起草、周恩来题写的碑文：

三年以来，在人民解放战争和人民革命中牺牲的人民英雄们永垂不朽！

三十年以来，在人民解放战争和人民革命中牺牲的人民英雄们永垂不朽！

由此上溯到一千八百四十年，从那时起，为了反对内外敌人，争取民族独立和人民自由幸福，在历次斗争中牺牲的人民英雄们永垂不朽！

碑身两侧装饰着用五星、松柏和旗帜组成的浮雕花环，象征人民英雄的伟大精神万古长存。整座纪念碑用花岗石和汉白玉砌成，肃穆庄严，雄伟壮观。

【青岛电视观光塔】

青岛电视观光塔是一座集广播电视发射和旅游观光为一体的多功能钢结构电视塔。它坐落在青岛市著名风景区太平山上，占地 21 333 m^2，塔高 232 m，海拔 348 m，建筑面积 8 000 m^2。整个塔由底座球场冠形建筑、塔体钢架结构、碟形塔楼、球形塔楼和天线桅杆 5 部分组成。1997 年年底被国务院发展研究中心认定为"中国第一钢塔"，如图 2-24（b）所示。

该塔于 1995 年 2 月对外发射广播电视节目。塔冠为 3 层，设有迷你剧场、休闲酒吧、商务中心、文化博览厅、旅游纪念品商场等；高空观光区有银碟旋转餐厅、露天观光平台、绿宝石塔球宴会厅等。塔内设施齐全，观光娱乐项目丰富。该塔为青岛最高旅游景点。

在塔上观光，可看到整个青岛的风景，红瓦绿树，碧海蓝天，别有一番风情。登临露天观光平台，天、海、山浑然相融，浩瀚千里；百里市区，青山叠翠，楼宇参天，小青岛、栈桥、八大关、东海路、五四广场一并呈现在眼前。看百年青岛，尽收眼底。每当夕阳西下，灯海夜揽，人在高塔上，心在梦境游。

（a）人民英雄纪念碑　　　　　　　　　（b）青岛电视观光塔

图 2-24　人民英雄纪念碑与青岛电视观光塔

知识点 4：组合体的形成方式与表面结合特征

一、组合体的形成方式

组合体的形成方式一般分为叠加、挖切、混合三种。

（1）室外台阶是由梯段和两侧护墙叠加而成，如图 2-25（a）所示。

组合体投影讲解

（2）端墙前部切斜面并在下部挖槽口，如图2-25（b）所示。

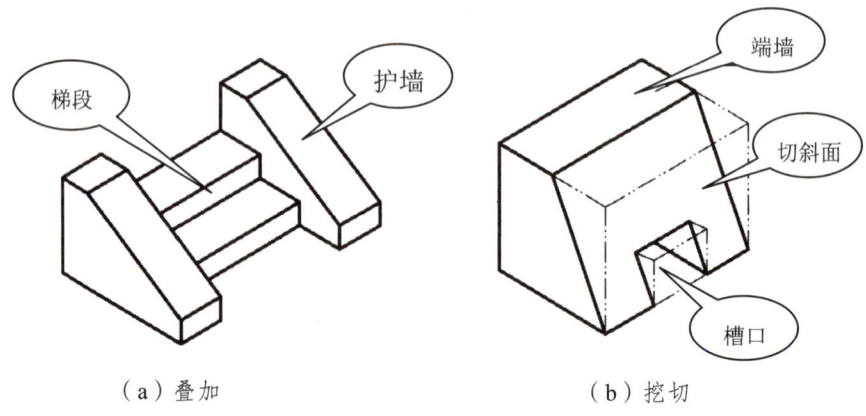

图 2-25　组合体的形成方式

（3）有些形体，如图2-26所示，涵洞进水口既有叠加（基础、端墙和翼墙组成）又有挖切（端墙和翼墙的挡土面为斜切面），许多工程建筑物属混合形成方式。

叠加和挖切，是我们为分析组合体的形成而使用的两种思维方法，有些形体，如图2-27所示水渠板，既可看作叠加形成（底板和两侧的边板组成），又可看作挖切形成（在实体上切出中间的水槽）。

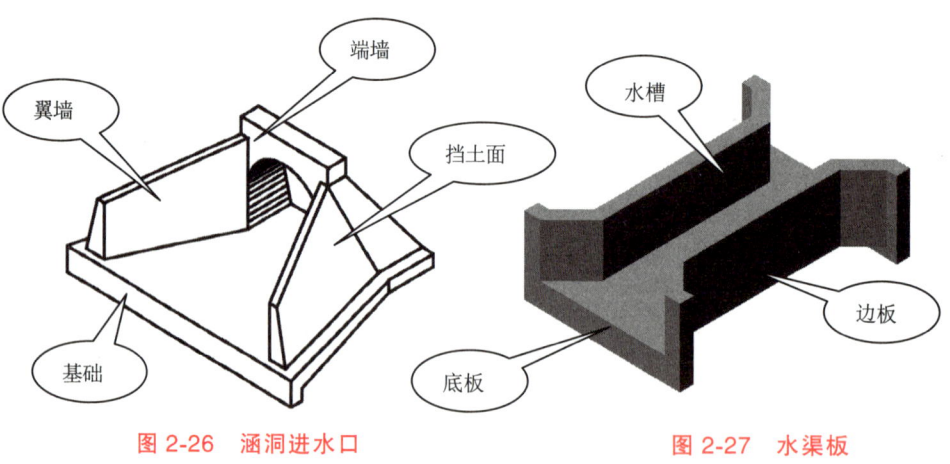

图 2-26　涵洞进水口　　　　　　　　图 2-27　水渠板

二、组合体的表面结合特征

形成组合体的各基本形体之间的表面结合方式可分为三种：平齐、相切、相交。

1. 平　齐

平齐是指两基本形体的表面连成一个共同的表面，没有间隔，故其间不应画线，如图2-28所示。

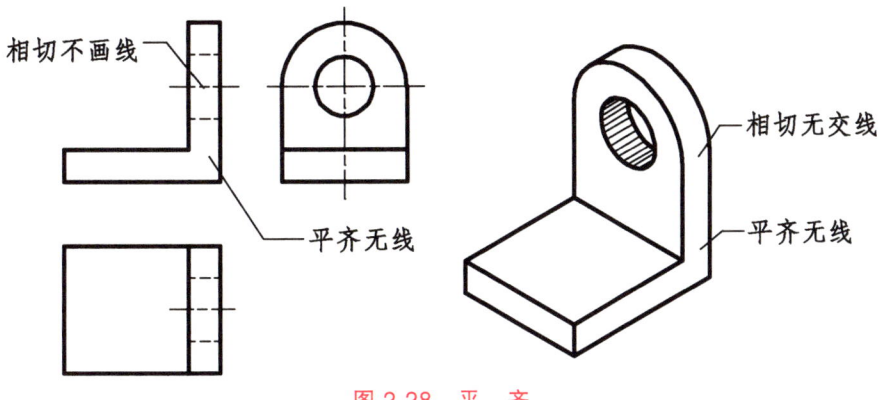

图 2-28 平 齐

2. 相 切

相切是指两基本形体的表面光滑过渡，形成相切组合面。

曲面与平面相切，相切处没有交线，如图 2-29 所示。

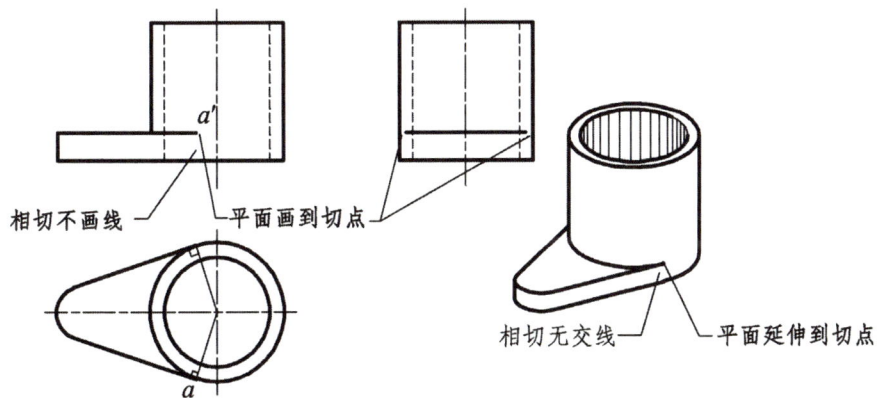

图 2-29 曲面与平面相切

3. 相 交

两立体表面彼此相交，在相交处就有交线，投影图中必须画出交线的投影，如图 2-30 所示。

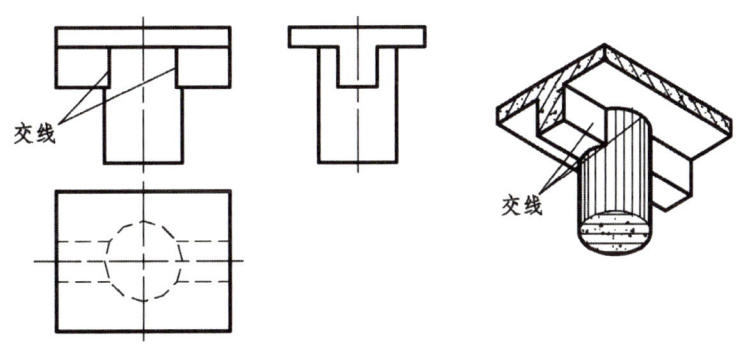

图 2-30 相 交

知识点5：组合体三视图的画法

绘制组合体的投影图，首先应对组合体进行形体分析；然后选择投影图，画底稿和校核；最后加深和复核，完成全图。

案例与分析

一、用形体分析法，分析物体并画图

以图2-31所示挡土墙为例，说明叠加型组合体投影图的画法，画图步骤如下所述。

1. 形体分析

所谓形体分析，就是将组合体看成是由若干个基本形体组成的。在分析时将其分解成单个基本形体，并分析各基本形体之间的组合形式和相邻表面间的位置关系，判断相邻表面是否处于相交、平齐或相切的位置。如图2-31所示，该组合体由三部分组成，A是一个四棱柱，B是一个五棱柱，C是一个三棱柱。三部分以叠加的方式组合，A在下面，B、C在A的上面，各组成部分相邻表面间的位置关系见图2-31。

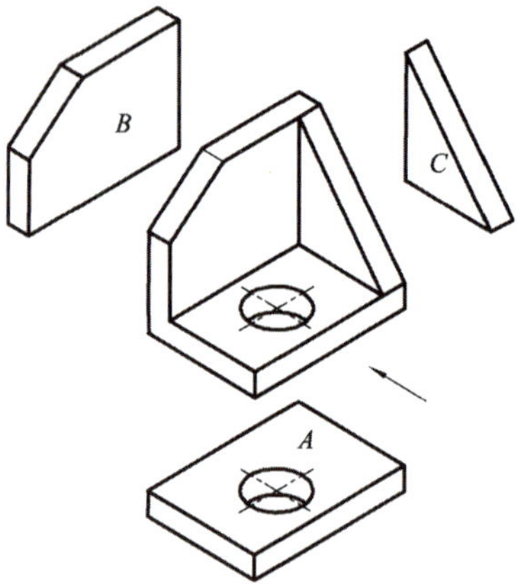

2. 确定投影图的数量

选择投影图时，通常先将组合体安置成自然位置，即它的正常使用位置，然后选择正立面图的方向并确定还需画几个投影图。

图2-31 形体分析和正面投影方向

选择正立面图的原则是：该方向最能反映组合体的形状特征和各组成部分之间的相对位置，并使投影图中的虚线尽量少。现选择图2-31中的箭头方向作为正立面图的投影方向，也就选择了正立面图。

正立面图确定后，平面图、左侧立面图的投射方向即已确定。但投影图的数量应由组成组合体的基本形体所需投影图的数量来确定，原则是尽量用最少的投影图完整、清晰地表达物体。如图2-31所示的组合体中，A应选择水平投影图和正面投影图来表达，B应选择正面投影图和水平投影图来表达，C应选择侧面投影图和正面投影图来表达。所以，综合分析该组合体应由正面投影、水平投影、侧面投影三面投影图来表达。

3. 绘制组合体三面投影图

确定了画哪几个投影图后，即可使用绘图仪器和工具开始画投影图。绘图步骤如下：

选比例，定图幅。根据组合体尺寸的大小确定绘图比例，再根据投影图的大小确定图纸幅面，然后画出图框和标题栏。

画底稿、校核。画底稿前，应根据图形大小以及预留标注尺寸的位置合理布置图面。绘制底稿的顺序是：先画作图基准线，如投影图的对称中心线和底面或端面的积聚投影线等，

以确定各投影图的位置；然后用形体分析法按主次关系依次画出各组成部分的三面投影图。注意各组成部分的三面投影图应同时画出，并应先画出反映其形状特征的投影。

当底稿画完后，必须进行校核，改正错误并擦去多余的图线，清理图面，用铅笔加深。加深完成后，还应再作复核，如有错误，必须进行修正，即完成全图，如图 2-32 所示。

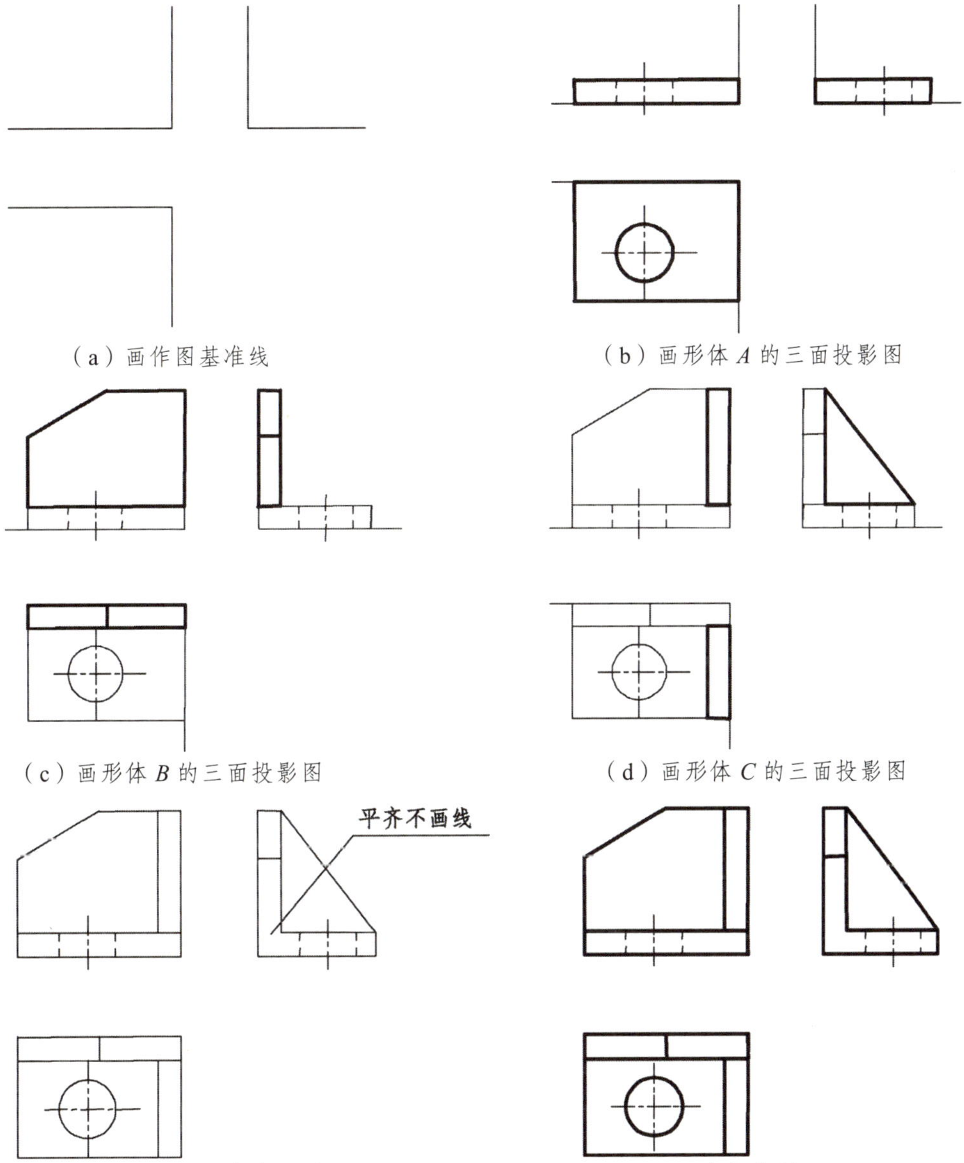

（a）画作图基准线　　　　　　（b）画形体 A 的三面投影图

（c）画形体 B 的三面投影图　　　（d）画形体 C 的三面投影图

（e）校核、修改图形　　　　　　（f）加深

图 2-32　组合体投影图的画法

二、应用斜面分析法，分析物体并画图

以图 2-33 所示涵洞翼墙构造为例，说明挖切型组合体投影图的画法，画图步骤如下所述。

1. 斜面分析

对于挖切型的组合体，首先应用形体分析法分析基本体的原始几何形状，然后着重分析物体上一些由于切割形成的新表面，特别是那些空间位置处于倾斜的表面，要对其斜面的形状作出细致正确的判断，然后依据面的投影特性完成该面的三投影，进而完成整个组合体的投影图。如图 2-33 所示，首先进行形体分析，涵洞翼墙是棱柱形基础和上部端墙、翼墙组成，基础是一个五棱柱体，端墙是一个直角梯形端面的四棱柱体；翼墙表面是由斜面围拢而成的，翼墙墙头是一个平行四边形斜面侧挡土墙面与端墙墙面结合成一个直角梯形斜面，向后下方倾斜，翼墙前部有一个三角形护坡斜面。

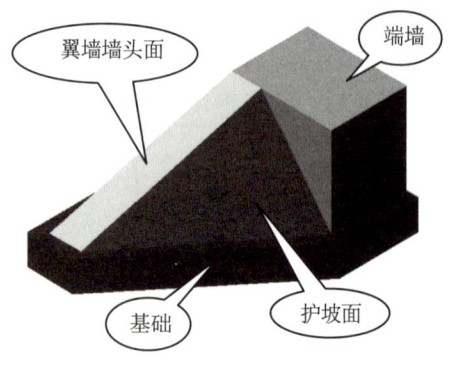

图 2-33 涵洞翼墙构造

2. 确定投影图的方向

通常先将组合体安置成自然位置，即它的正常使用位置，然后选择正立面图的方向。将涵洞翼墙构造安置成左底右高的位置，翼墙护坡置于前部。这样能充分体现各个斜面的位置特点，同时也符合构造在施工图中的设置要求。应用三面正投影图才能完整地表达物体的组成与局部斜面构造。

3. 绘制涵洞翼墙构造的三面投影图

先绘制基础，在水平投影图中绘制五棱柱的底面五边形，其他两投影图中按对应关系绘制并列矩形框。

再绘制端墙，在侧立投影图中绘制四棱柱的端面直角梯形，其他两投影图中按对应关系绘制矩形框。

逐一完成翼墙的各个斜面、翼墙墙头的平行四边形斜面，在正立投影图中是一条左低右高的直线，其他两投影图中按对应关系绘制平行四边形；翼墙后侧挡土墙面与端墙墙面结合成的直角梯形斜面，在侧立投影图中是一条向后下方倾斜的直线，其他两投影图中按对应关系绘制直角梯形框；翼墙前部的三角形护坡斜面，在三个投影图中都绘制成三角形，如图 2-34 所示。

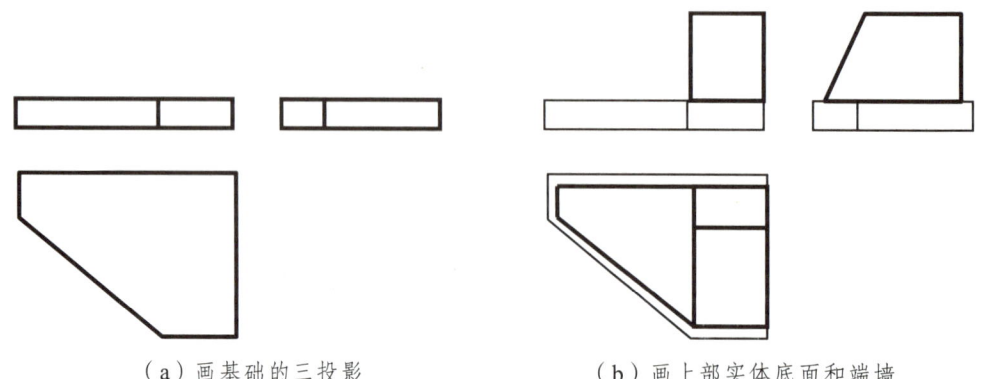

（a）画基础的三投影　　　　（b）画上部实体底面和端墙

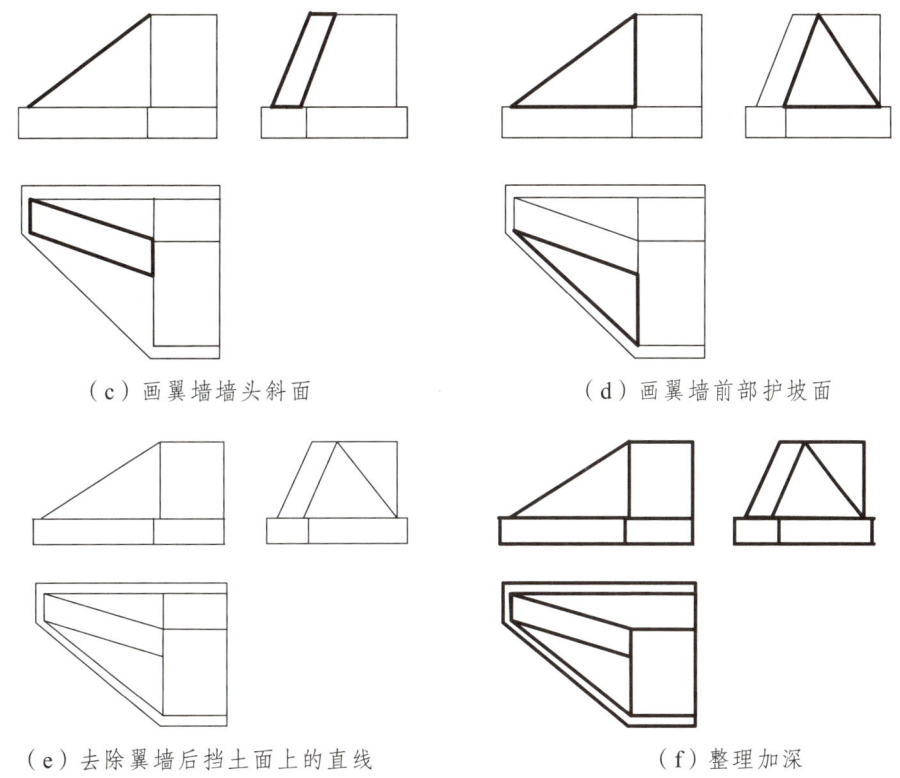

(c) 画翼墙墙头斜面　　　　　　(d) 画翼墙前部护坡面

(e) 去除翼墙后挡土面上的直线　　　(f) 整理加深

图 2-34　涵洞翼墙构造的三投影图绘制

画图时，一般都是先画底稿。画底稿时，图线按各种线型都用细线线宽清晰、轻淡地画出，底稿全部完成后，再校核，如有错误即行修正。底稿校核无误后，清理图面，全部按规定的图线描深。

阅读图 2-35 所示隧道洞口处翼墙顶排水沟的三视图，注意分析物体表面的斜面，了解隧道翼墙顶排水沟的构造。

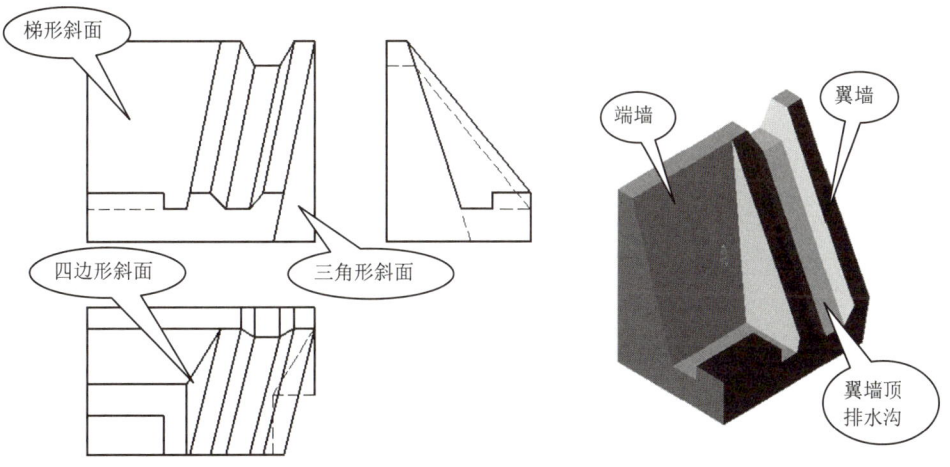

图 2-35　隧道洞口处翼墙顶排水沟

知识点 6：组合体的尺寸标注

一、尺寸种类

以形体分析法为基础，标注出组合体各组成部分的大小尺寸——定形尺寸，各组成部分相对于基准的位置尺寸——定位尺寸及组合体的总长、宽、高尺寸——总体尺寸。

尺寸基准：欲标注组合体的定位尺寸必须确定尺寸基准，即标注尺寸的起点。组合体需要长、宽、高三个方向的尺寸基准，才能确定各组成部分的左右、前后、上下关系。组合体通常以其对称面、底面、端面、回转体的轴线和圆的中心线作为尺寸基准，如图2-36所示。

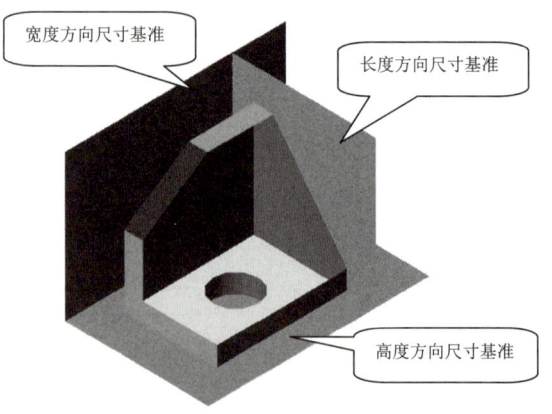

图 2-36　组合体尺寸标注的基准

二、标注尺寸的顺序

（1）首先标注出定形尺寸，如图2-37中40，35，10，70，24等。
（2）再标注定位尺寸，如图2-37中孔的定位尺寸40，30。
（3）最后标注总体尺寸，如图2-37中的70，60，50。

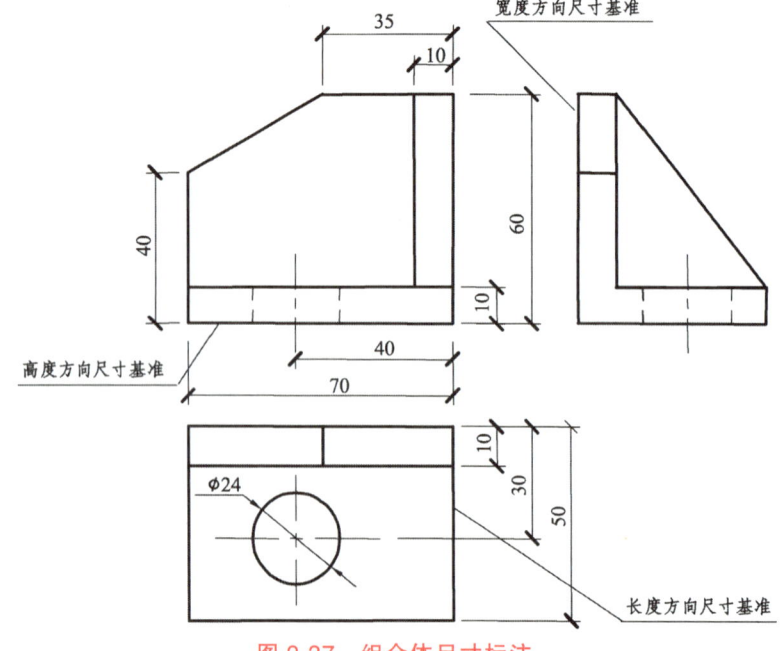

图 2-37　组合体尺寸标注

三、尺寸标注注意事项

（1）尺寸标注要求完整、清晰、合理。

（2）各基本形体的定形、定位尺寸宜标注在反映该形体形状、位置特征的投影上，且尽量集中排列。尺寸一般标注在图形外和图形之间，便于读图。

（3）以形体分析为基础，逐个标注各组成部分的定形、定位尺寸，不能遗漏。

分析双圆孔涵洞构造并标注尺寸，见图 2-38 和图 2-39。

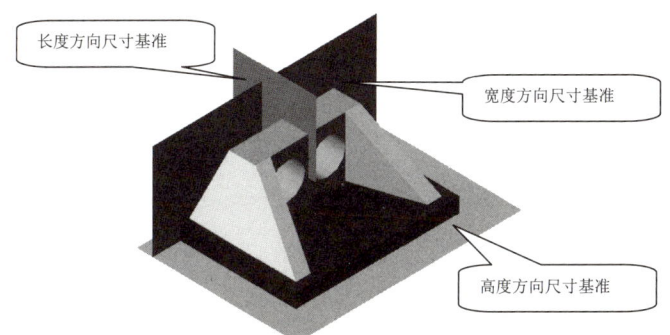

图 2-38 双圆孔涵洞构造与尺寸基准分析

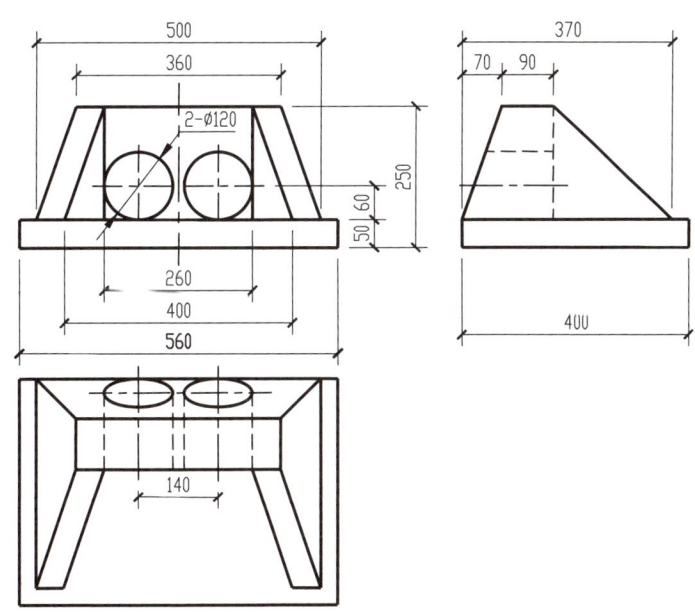

图 2-39 双圆孔涵洞尺寸标注

实践训练：

项目二 实践训练答案

项目二：工程构筑物构造图识读与绘制

学号：　　　　　姓名：

2-1：形体三视图和构造图识读与绘制

三视图的形成

三视图学习填空：

1. 三视图的投射方向分别是：
   正面图（即＿＿＿视图）是从＿＿＿投射所得的视图；
   平面图（即＿＿＿视图）是从＿＿＿投射所得的视图；
   侧面图（即＿＿＿视图）是从＿＿＿投射所得的视图。

2. 三视图之间的轮廓（即＿＿＿尺寸，构造与构造的对应关系为：
   前视图与俯视图（即＿＿＿面图与＿＿＿面图）＿＿＿；
   前视图与左视图（即＿＿＿面图与＿＿＿面图）＿＿＿；
   俯视图与左视图（即＿＿＿面图与＿＿＿面图）＿＿＿。

3. 前视图反映物体的＿＿＿四个方位，＿＿＿重叠在一起；
   左视图反映物体的＿＿＿四个方位，＿＿＿重叠在一起；
   俯视图反映物体的＿＿＿四个方位，＿＿＿重叠在一起。

4. 在三视图中，填写物体的方位：

5. 投影法分为＿＿＿投影法和＿＿＿投影法两大类，我们绘图时使用的是＿＿＿投影法。当投射线互相＿＿＿时，物体在投影面上的投影叫正投影。

6. 立体分为＿＿＿和＿＿＿两种，常见物体立体有＿＿＿等，表达物体的形状。

7. 当平面平行于圆柱轴线截切时，截交线的形状是＿＿＿；当平面垂直于圆柱轴线截切时，截交线的形状是＿＿＿；当平面倾斜于圆柱轴线截切时，截交线的形状有＿＿＿等，常见的回转体有＿＿＿等。

8. 组合体的组合形式分为＿＿＿和＿＿＿三种，形体表面结合形式有＿＿＿和＿＿＿三种。

9. 轴测图是单面投影图，同时反映物体的长、宽、高三个方向的形状。轴测投影根据投影方向与投影面角度不同，分为＿＿＿和＿＿＿两大类。正等轴测图的轴间角为＿＿＿和＿＿＿，它们的各轴向伸缩系数为＿＿＿和＿＿＿，斜轴测图的轴间角分为＿＿＿和＿＿＿，轴向伸缩系数为＿＿＿。

10. 基本视图一共有＿＿＿个，它们的名称分别为：＿＿＿。

11. 断面图用来表达构件的＿＿＿形状，可分为＿＿＿和＿＿＿两种。表达物体的内部或被遮挡的构造要用剖视图，剖视图可分为＿＿＿和＿＿＿。

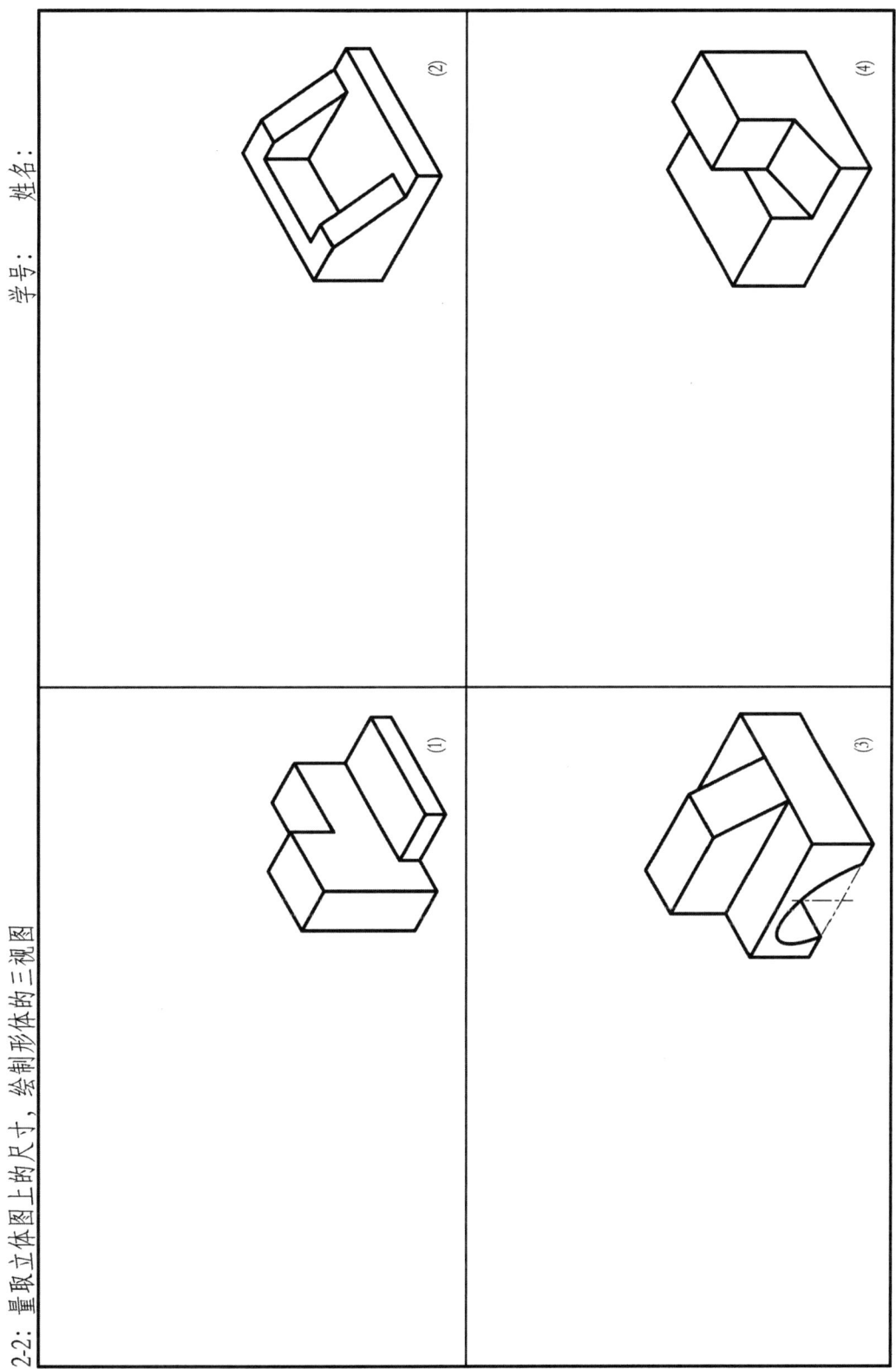

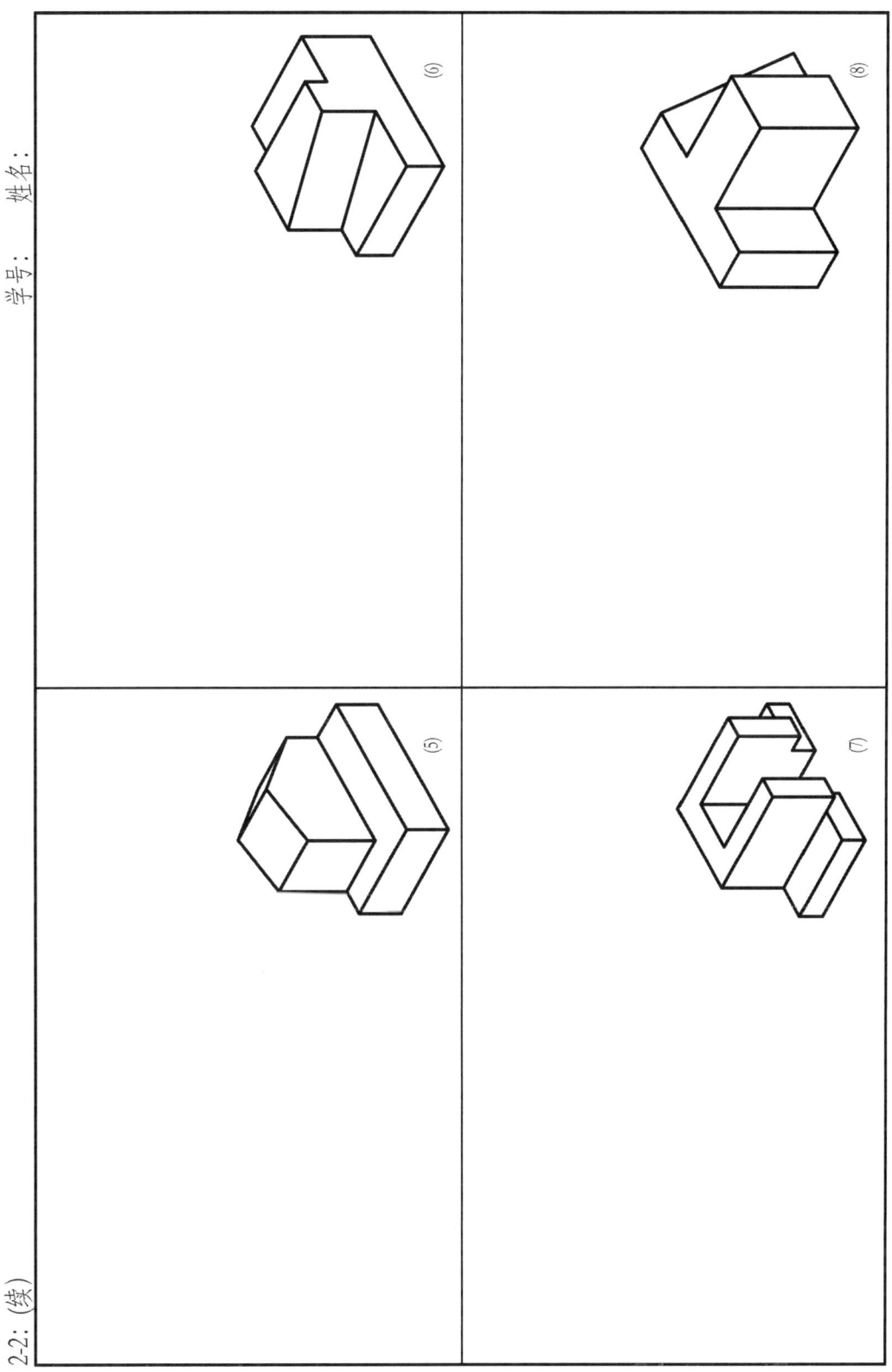

2-3：按给出的条件作基本体的三视图　　　　　　　　　　　　　　　　　　　　　　学号：　　　姓名：

1. 凹棱台，高20 mm。

2. T形梁，长20 mm。

3. 正三棱锥，高20 mm。

4. 拱形栏洞，长20 mm。

5. 回转体。

6. 平台，高10 mm。

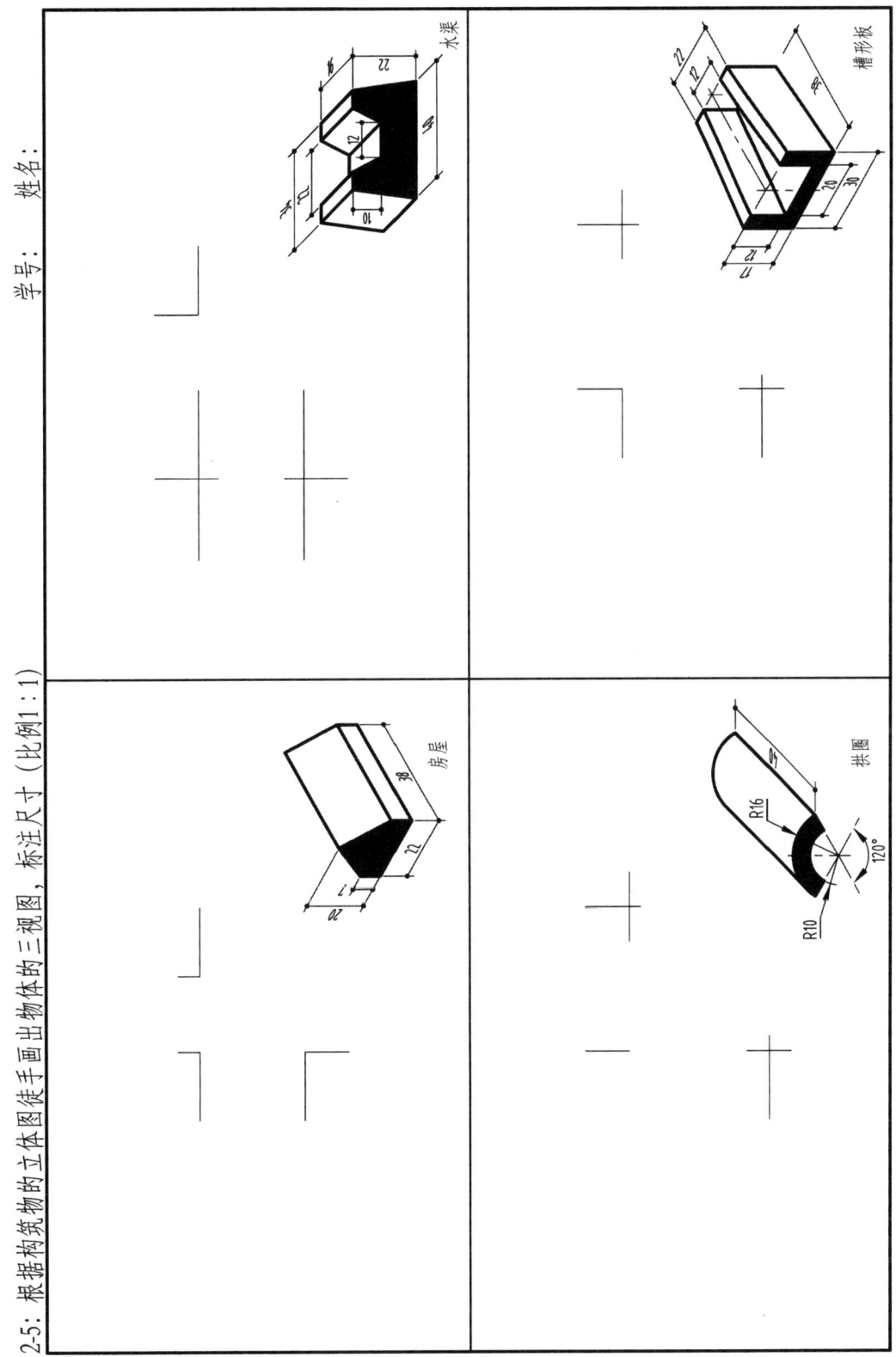

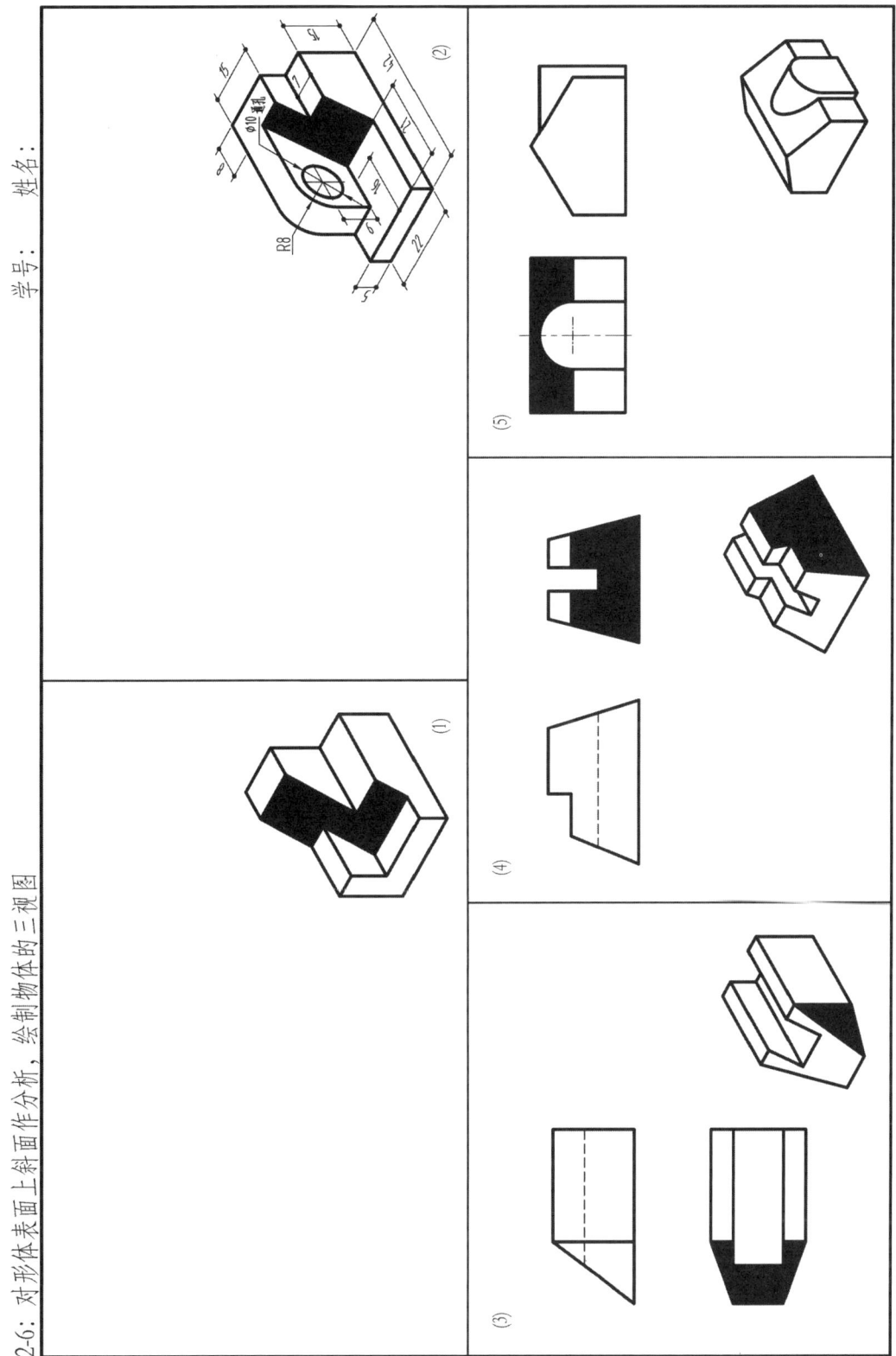

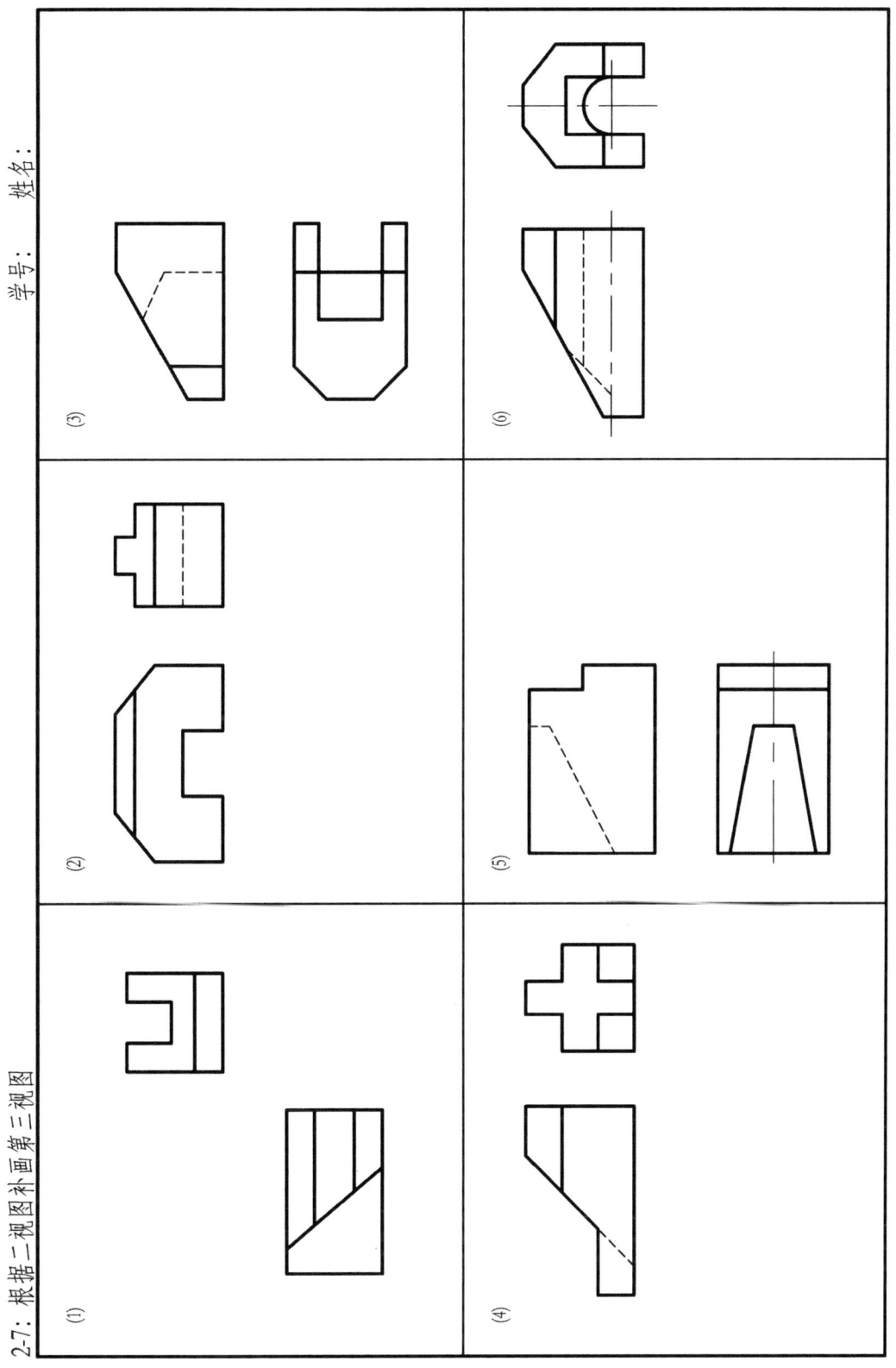

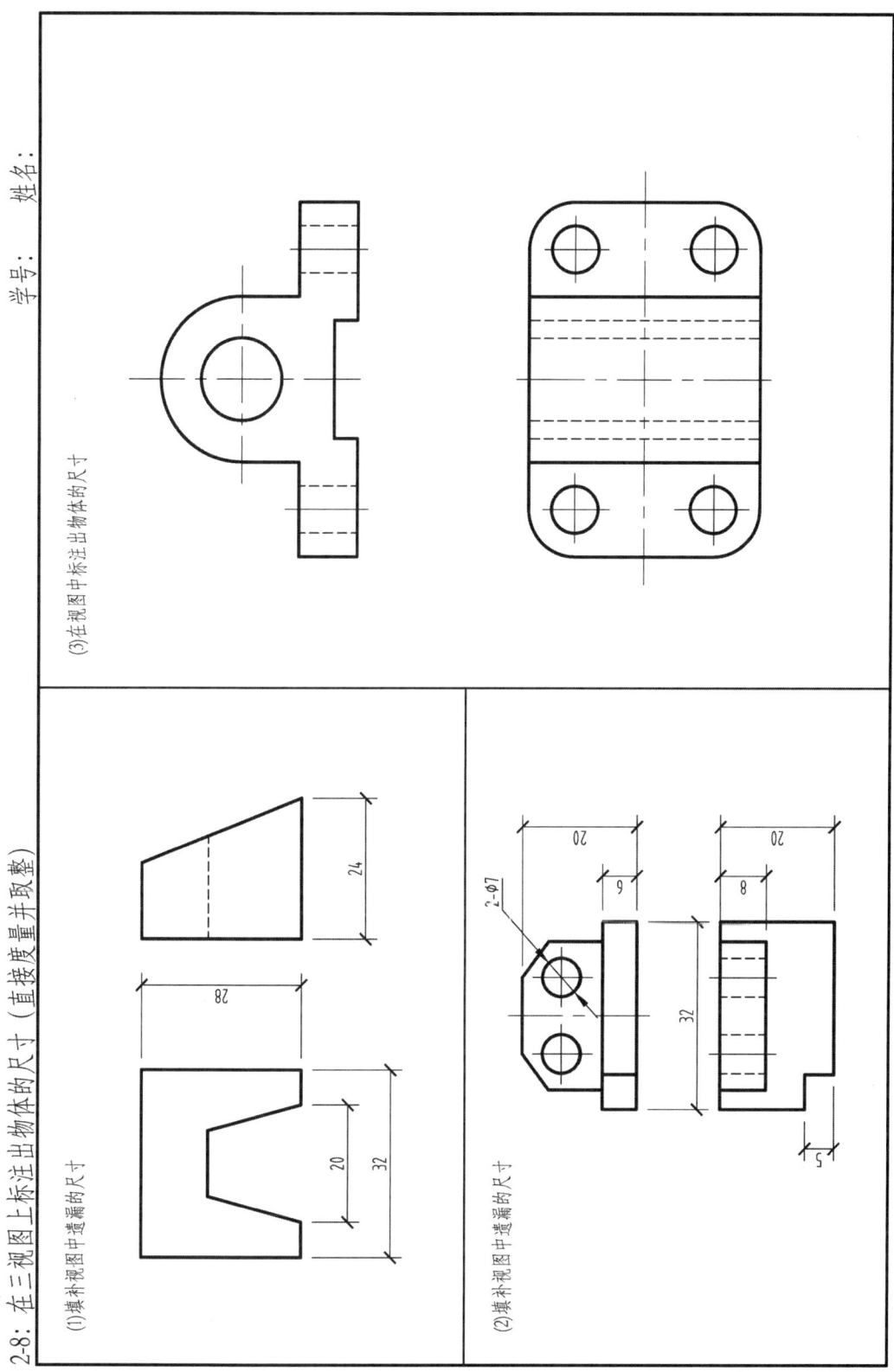

学习任务二：形体轴测图绘制

用语言描述图 2-40 所示构筑物的构造组成，并完成构筑物的轴测图。

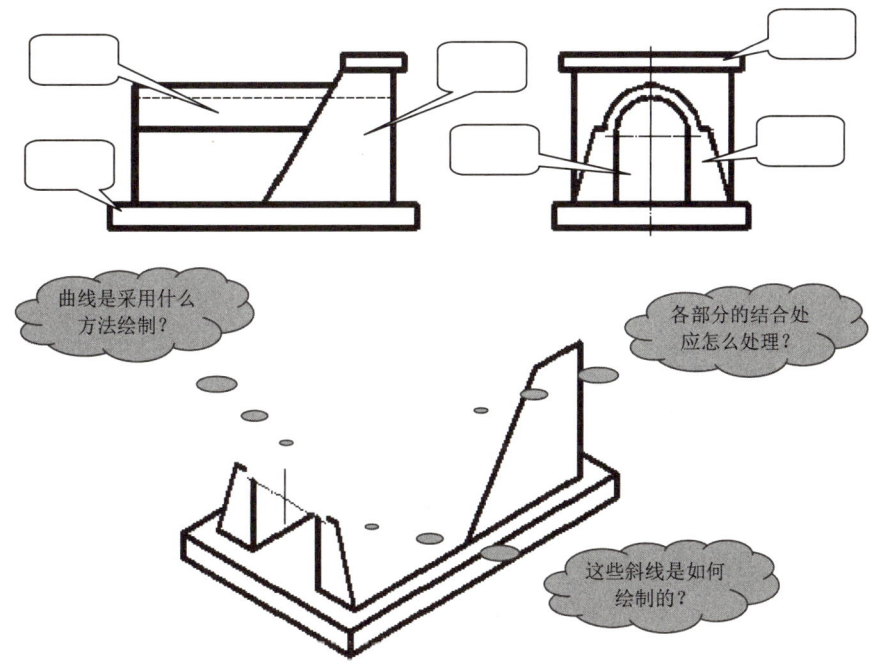

图 2-40　构筑物轴测图分析与绘制

（1）轴测图是用什么投影方法形成的？
（2）轴测图的种类有哪些？各自的特点是什么？
（3）这个构筑物是什么？由几部分组成？填写各部分的名称。
（4）构筑物的端墙斜面在俯视图中是什么形状？
（5）构筑物的立体图是采用什么轴测投影绘制的？
（6）洞口处的拱圈是什么曲线？在轴测图上采用什么方法绘制？
（7）端墙斜线和边墙斜线是如何绘制的？
（8）端墙与拱圈的结合处会形成什么曲线？如何绘制？
（9）在轴测图上对于被遮挡住的轮廓线怎么处理？

（10）轴测图的绘制要领有哪些？

知识点1：轴测投影图

观察与理解

正投影图能准确、完整地表达形体的形状和大小，且作图简便、度量性好，所以在工程上广泛采用。但是，正投影图中的每个视图只能表达形体在长、宽、高三个方向中的两个方向的尺寸，因此缺乏立体感，不易读懂。所以工程上常用具有立体感的轴测图作为辅助图样，以便能更直观地了解工程建筑物的结构形状。如图2-41（b）所示的图形就是图2-41（a）所示的正投影图所表达形体的轴测图。

轴测图讲解

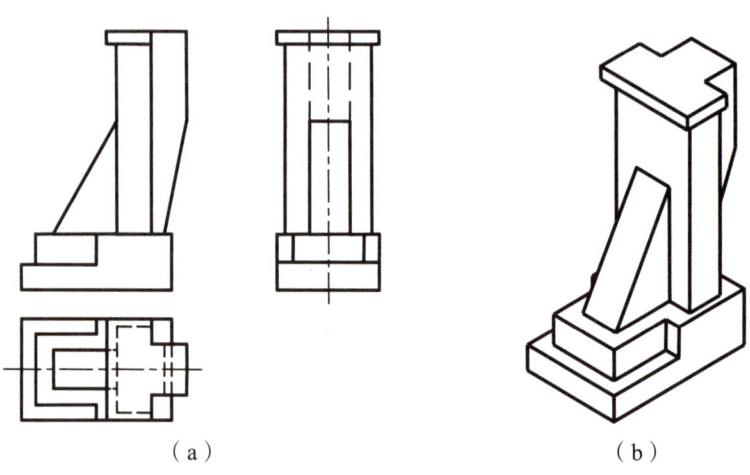

（a）　　　　　　　　　　（b）

图2-41　正投影图与轴测图

一、轴测投影的基本知识

1. 轴测投影的形成

如图2-42所示，将物体连同确定形体的长、宽、高方向的空间直角坐标系，沿不平行于任一坐标平面的方向S，用平行投影法将其投影在投影面P上所得到的图形，称为轴测投影；应用这种方法绘出的投影图称轴测投影图，简称轴测图。

- 轴测投影面：P面。
- 轴测轴：空间直角坐标系OX、OY、OZ在轴测投影面P上的投影O_1X_1、O_1Y_1、O_1Z_1。
- 轴间角：相邻两轴测轴之间的夹角$\angle X_1O_1Y_1$、$\angle X_1O_1Z_1$、$\angle Y_1O_1Z_1$。
- 轴向伸缩系数：轴测轴上的线段与坐标上的对应线段的长度比。X轴、Y轴、Z轴的轴向伸缩系数分别为p、q、r表示，即：

$$p = \frac{O_1X_1}{OX}, \quad q = \frac{O_1Y_1}{OY}, \quad r = \frac{O_1Z_1}{OZ}$$

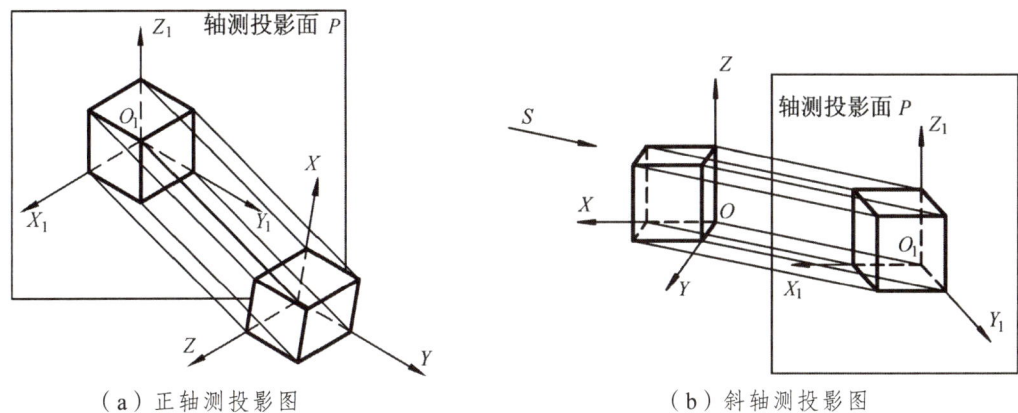

(a)正轴测投影图　　　　　　　(b)斜轴测投影图

图 2-42　轴测投影的形成

2. 轴测投影的种类

轴测图按投影方向不同，轴测投影可分为两类：
- 正轴测投影：将形体上的三向坐标轴均倾斜于轴测投影面 P，用正投影法进行投影。
- 斜轴测投影：将形体上的某一坐标面平行于轴测投影面 P，用斜投影法进行投影。

3. 轴测投影的基本性质

由于轴测投影采用的是平行投影的性质，因此，轴测投影必定具备平行投影的特性。
- 平行性——形体上相互平行的线段，其轴测投影平行；与空间坐标轴平行的线段，其轴测投影与相应的轴测轴平行。
- 定比性——形体上平行于坐标轴的线段，其投影的变化率与相应轴测轴的轴向变化率相同；形体上成比例的平行线段，其轴测投影仍成相同比例。

由此，凡与坐标轴平行的线段，其轴测投影不但与相应的轴测轴平行，而且可直接度量尺寸，与坐标轴不平行的线段，则不能直接量取尺寸。

二、正等轴测投影图

1. 轴间角和轴向伸缩系数

- 轴间角

正等轴测图中，要使三个轴向变形系数都相等，必须使确定物体空间位置的三个坐标轴与轴测投影面的倾角都相等，如图 2-43 所示，投影后，轴间角 $\angle X_1O_1Y_1 = \angle X_1O_1Z_1 = \angle Y_1O_1Z_1 = 120°$。

- 轴向伸缩系数

正等轴测图各轴的轴向伸缩系数都相等，有理论证明可知：$p = q = r \approx 0.82$。为了方便作图，通常采用简化的轴向伸缩系数 $p = q = r = 1$，即作图时，沿各轴向量取的长度等于物体上相应轴向线段的实长。这样画出的正等轴测图，沿各轴向长度都较物体的真实投影放大了 1.22 倍（1∶0.82≈1.22），这

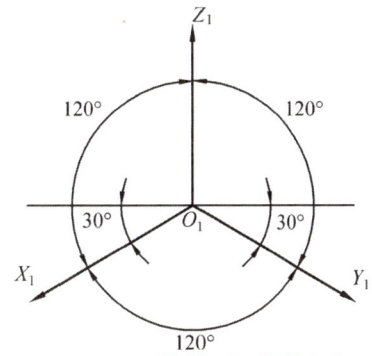

图 2-43　正等轴测图的轴间角

并不影响物体的形状。

2．正等轴测图的画法

（1）平面体正等轴测图的画法：

● 坐标法

画平面体轴测图的基本方法是坐标法，据平面体各角点的坐标或尺寸，沿轴测轴，按简化的轴向伸缩系数，逐点画出，然后依次连接即得到平面体的轴测图。

【案例】

画 2-44 图所示正六棱柱的正等轴测图。

【分析】

由于六棱柱的前后、左右都有对称轴线，故可把原点设在顶面的中心处。

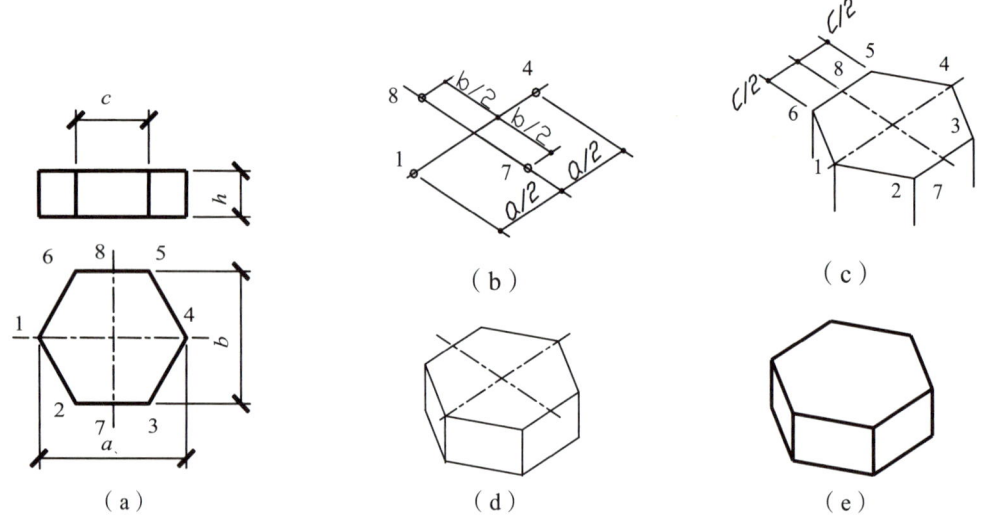

图 2-44　六棱柱的正等轴测图

【作图】

a）在六棱柱的三面投影图上选定坐标轴，取顶面中心作为坐标原点，如图 2-44（a）所示。

b）作正等轴测轴，在 X_1、Y_1 上定出相应的点 1、4 和 7、8，如图 2-44（b）所示。

c）分别过 7、8 作 X_1 轴的平行线，定出点 2、3 和 5、6，并画出可见的高度线，如图 2-44（c）所示。

d）量取高度 h，画底面的可见轮廓，如图 2-44（d）所示。

e）加深，如图 2-44（e）所示。

因轴测图一般只用作正投影图的辅助图，所以在轴测图中，不可见的轮廓线一般不予画出。

● 切割法

对于能从基本形体切割得到的物体，可以先画出基本形体的轴测投影，然后在轴测图中把应该切去的部分去掉，从而得到所需的图形。

【案例】

作出图 2-45 所示木榫子的轴测图。

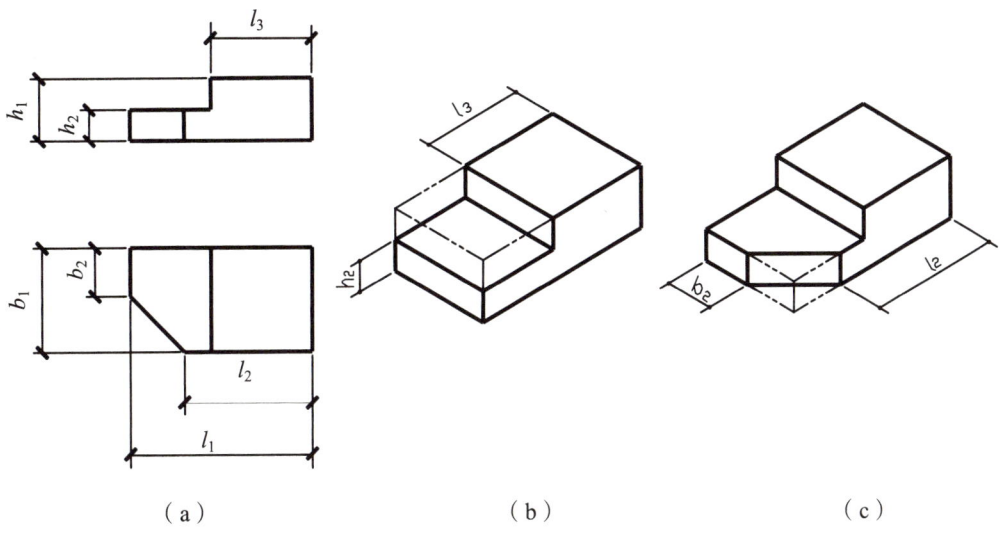

图 2-45　木榫子的正等轴测图

【分析】

此物体可视为一长方体被切去某些部分形成。画轴测图时，可采用切割法。

【作图】

a）在给定的正投影图上选定坐标原点和坐标轴，如图 2-45（a）。

b）根据尺寸 l_1、b_1、h_1 作出完整的长方体的轴测图，如图 2-45（b）。

c）根据尺寸 l_3、h_2，应用"平行性"，完成立体左上部切去一块的轴测图，如图 2-45（b）。

d）根据尺寸 l_2、b_2，画出切去左前一角的轴测图，如图 2-45（c）。

e）擦去多余的线，加深可见轮廓线，完成木榫子的正等轴测图。

● 叠加法

若组合体是叠加而成，画此形体的轴测图时，应将其分为几个部分，并先后画出各部分的轴测投影。

【案例】

作出图 2-46（a）所示挡土墙的正等轴测图。

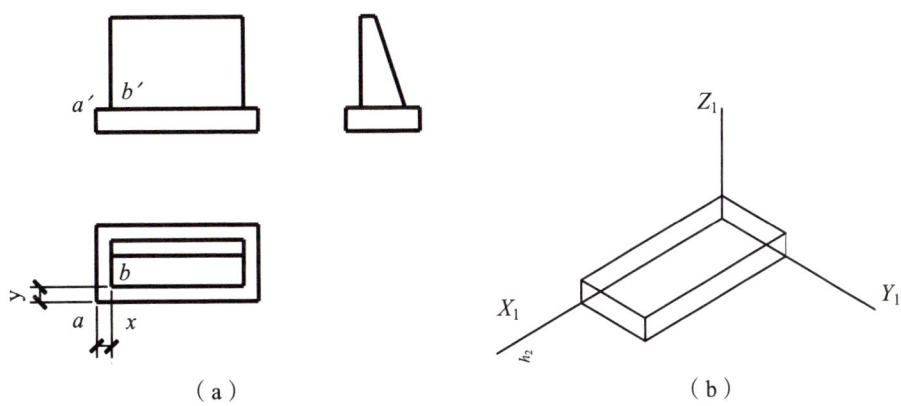

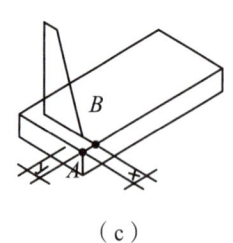
（c）

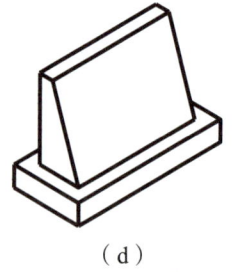
（d）

图 2-46　挡土墙的正等轴测图

【分析】

挡土墙可分为基础和墙身两部分。

【作图】

a）画出基础（长方体的轴测投影），如图 2-46（b）所示。

b）画墙身，根据基础上的一点 A，确定墙身上一点 B 的位置，如图 2-46（c）所示。

c）根据 B 点作出墙身端面的轴测投影，然后画出墙身。

d）擦去多余图线，加深可见轮廓线，完成挡土墙的轴测投影，如图 2-46（d）所示。

（2）曲面体正等轴测图的画法：

曲面体与平面体正等轴测图的画法基本相同，只是由于其上多有圆或圆角，所以，只要掌握圆或圆角正等轴测图的画法，就能画出曲面体的正等轴测图。

● 圆的正等轴测图

与投影面平行的圆和圆弧，在正等轴测图中成为椭圆或椭圆弧。由于三个坐标平面与轴测投影面倾角相等，因此，三个方向的椭圆作法相同。工程上常用辅助菱形法（四心圆弧近似画法）作圆的轴测图。

先以水平圆为例，说明圆的正等轴测图的画法。

如图 2-47 所示，先画出圆的外切正方形的正等轴测图——菱形 $abcd$，连接两锐角顶角 a、c，从钝角顶点 b 向对边中点 3、4 连线，与 ac 交于 O_3、O_4。b、d、O_3、O_4 即为椭圆近似画法的 4 个圆心。先以 b、d 为圆心，$b3$ 为半径，分别作圆弧 34 和圆弧 12；再以 O_3、O_4 为圆心，$O_3 4$ 为半径，分别作圆弧 14 和圆弧 23，这就是所求的近似椭圆。

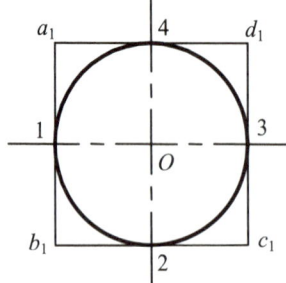
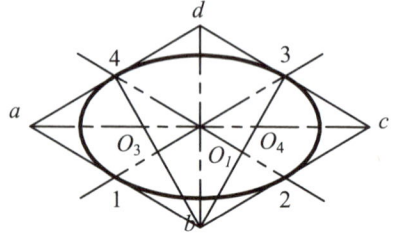

图 2-47　近似画法

图 2-48 所示为平行于不同坐标面圆的正等测圆。由图可知：椭圆的长轴都在菱形的长对角线上，短轴都在短对角线上。长轴的方向分别垂直于与该坐标面垂直的轴测轴（如平行于 $X_1 O_1 Y_1$ 面内椭圆的长轴垂直于 $O_1 Z_1$ 轴），而短轴分别与相应的轴测轴平行。在近似椭圆中，

长轴≈1.22d、短轴≈0.7d（d 为圆的直径）。

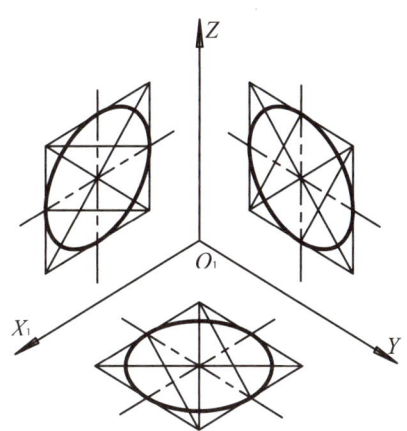

图 2-48　平行于各坐标面的圆的正等轴测图

- 圆柱、圆台的正等轴测图

直立圆柱的顶面和底面都是直径为 d 的水平圆，圆柱体的高度为 h。故确定圆柱顶面圆的圆心 O 为坐标原点，坐标轴如图 2-49（a）所示。

作图方法和步骤如下：

a）画出轴测轴，并通过圆心 O_1 在轴测轴 X_1Y_1 上量取圆的直径 d，然后作菱形，画出顶圆的正等测椭圆，如图 2-49（b）所示。

b）将画顶面椭圆的四个圆心沿轴测轴 Z_1 方向分别往下移动圆柱高 h 的距离，即得画底面椭圆的四个圆心 1_1、2_1、3_1、4_1。用同样的方法画出圆柱底面的椭圆，如图 2-49（c）所示。

c）作两椭圆的公切线。

d）如图 2-49（d）所示，擦去多余的图线，并将可见的轮廓线加深，完成圆柱体的正等轴测图。

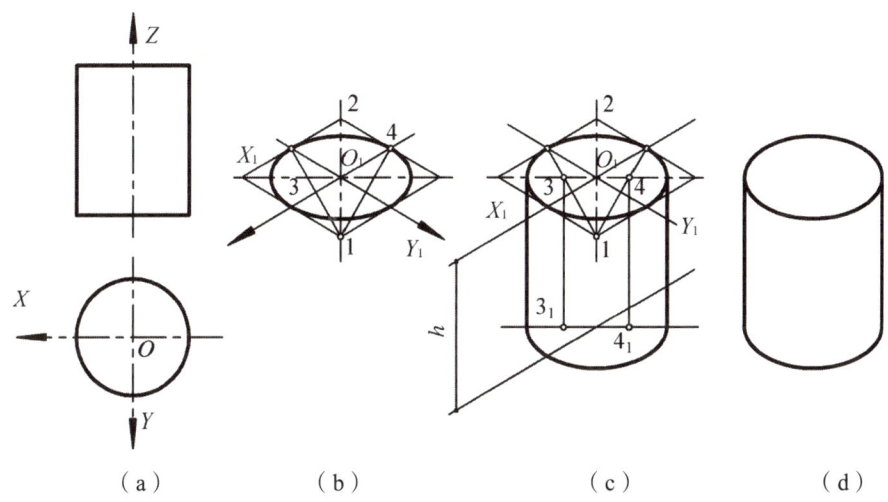

（a）　　　（b）　　　（c）　　　（d）

图 2-49　圆柱体的正等轴测图画法

圆台的作图方法及步骤如下：

a）定坐标轴，如图 2-50（a）所示。

b）作位于 YOZ 坐标内的左、右两底的轴测图（椭圆），如图 2-50（b）所示。

c）作椭圆的公切线，如图 2-50（c）所示。

d）整理，加深，如图 2-50（d）所示。

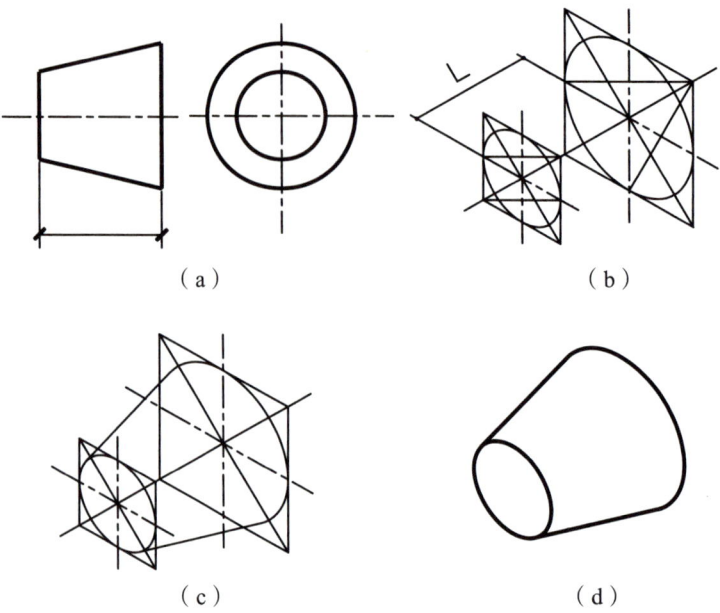

图 2-50　圆台的正等轴测图

● 圆角的正等轴测图

如图 2-51 所示，带有圆角的底板，其圆角的正等轴测图的作图方法及步骤如下。

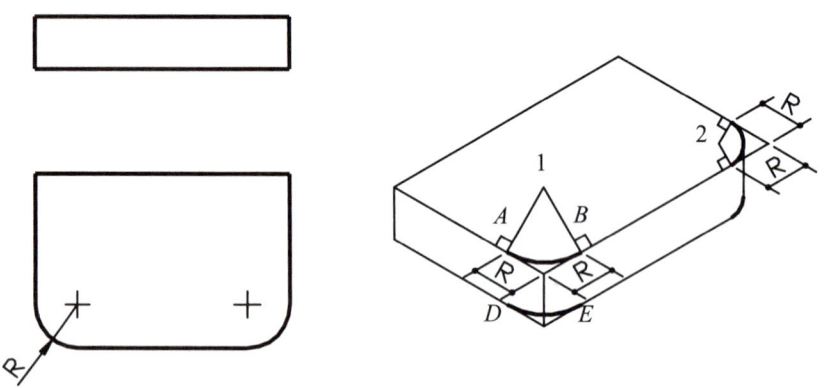

图 2-51　圆角的画法

a）画出不带圆角底板的轴测图，然后从顶点 C 向两边量取半径 R，得切点 A、B。

b）过 A、B 点作边线的垂线，交点即为圆心 1，以圆心至切点的距离为半径，作弧便是圆角的轴测图。

c）画底板下表面的 DE 弧，可将圆心和切点向下移到底板厚度画出。

d）右边圆角画法与左边相同，但是须注意半径的变化。

三、斜轴测投影图

不改变形状对投影面的位置，而使投影方向与投影面倾斜，即得到斜轴测投影图，简称斜轴测图。

1. 立面斜轴测图

以 V 面或 W 面作为轴测投影面所得到的斜轴测图，称为立面斜轴测图。

在立面斜轴测投影中，当使空间坐标轴 OX 和 OZ 平行于轴测投影面时，不论投影方向如何，两坐标轴本身就是轴测轴 O_1X_1 和 O_1Z_1，因此，轴间角 $\angle X_1O_1Z_1=90°$，轴向伸缩系数 $p=r=1$。而空间坐标轴 OY 的投影，则因投影方向的变化而不同，其轴间角与轴向伸缩系数也无制约关系。考虑到作图方便，一般取 O_1Y_1 轴与水平线成 45°（或 30°、60°）角，其轴向伸缩系数取 1 或 1/2。当 $q=1$ 时，则称正面斜等测投影；当 $q=1/2$ 时，则称立面斜二测投影，如图 2-52 所示。

【案例】

已知 T 形梁的三面投影图，作其立面斜等测图。

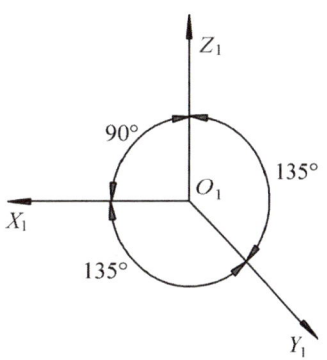

图 2-52　立面斜轴测图的轴间角

【分析】

梁体为棱柱体，采用正面斜等测投影，T 形端面反映实形，既反映形体的特征，又作图简便。

【作图】

a）画出 T 形梁前端的实形（在 XOZ 平面内）。

b）自各角点作 Y_1 轴的平行线，再在各平行线上量取各梁长。

c）画出 T 形梁后端面，完成全图，如图 2-53 所示。

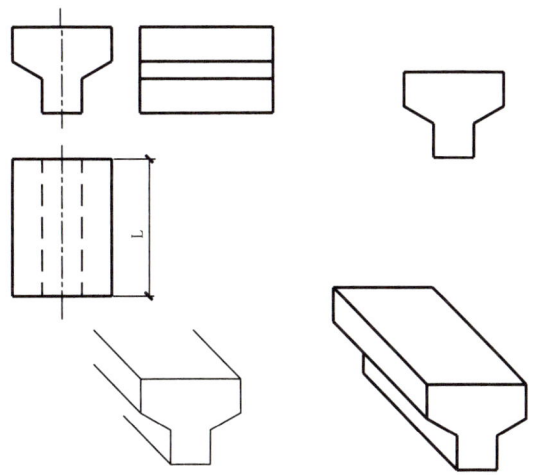

图 2-53　T 形梁斜二测图画法

当圆平行于坐标面 XOZ 时，其立面斜轴测图仍为圆。当圆平行于另外两坐标面时，其正面斜轴测图为椭圆，按坐标定点法可作出椭圆。

【案例】

画出图 2-54（a）所示钢箍的立面斜二测图。

【分析】

钢箍也为柱类体，采用立面斜二测投影，既反映形体的特征，又将端面反映实形且作图简便。

【作图】

将坐标面 XOZ 设在钢箍的前端面上，原点设在圆心处，这样钢箍上所有的圆都平行于坐标面 XOZ，其立面斜轴测图均为圆。作图方法如图 2-54（b）所示。

由此可见，绘制某一方向上有较多圆弧的物体时，采用斜轴测投影作图比较简单。

比较图 2-30 和图 2-54 可以看出，斜等轴测图的 y 方向显得过宽，所以常采用直观性效果更强的斜二测图。

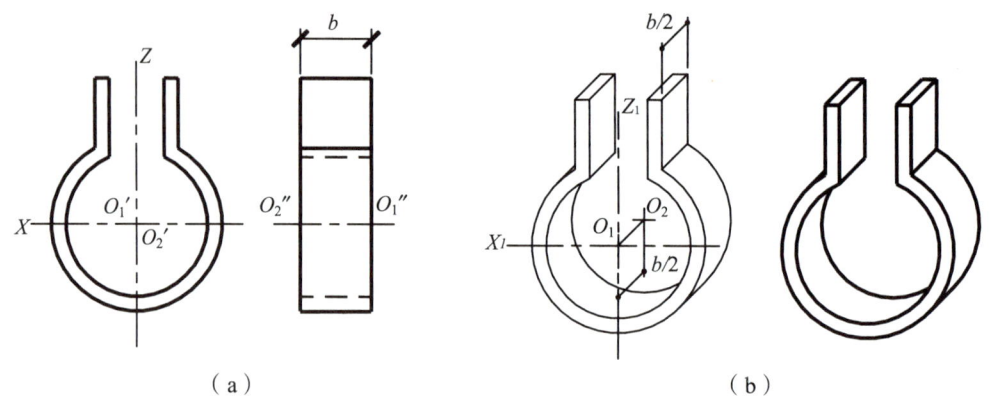

图 2-54　钢箍立面斜二测图

2. 水平斜轴测图

以 H 面为轴测投影面时，使坐标轴 OX 和 OY 平行于 H 面，则轴间角 $\angle X_1O_1Y_1 = 90°$。一般将 O_1Z_1 轴放置成竖直位置，O_1Z_1 轴的轴向伸缩系数可采用 1 或 1/2，当采用 $p = q = r = 1$ 时，称水平斜等测投影；当采用 $p = q = 1$，$r = 1/2$ 时，称水平斜二测投影。水平斜轴测轴的轴间角如图 2-55 所示。

由于水平斜轴测图能反映水平面的实形，故特别宜于表现建筑群。

图 2-56 所示为建筑群的水平斜轴测图，其作图步骤为：

a）根据建筑群特点，将其水平投影旋转 30°（60°）。

b）过各个房屋水平投影的转折点向上作垂线，使之等于房屋的高度。

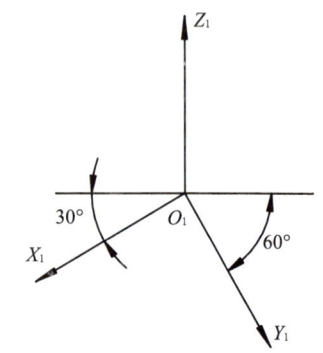

图 2-55　水平斜等轴测图轴间角

c）连接相应端点，去掉不可见线，即得建筑群的水平斜轴测图。

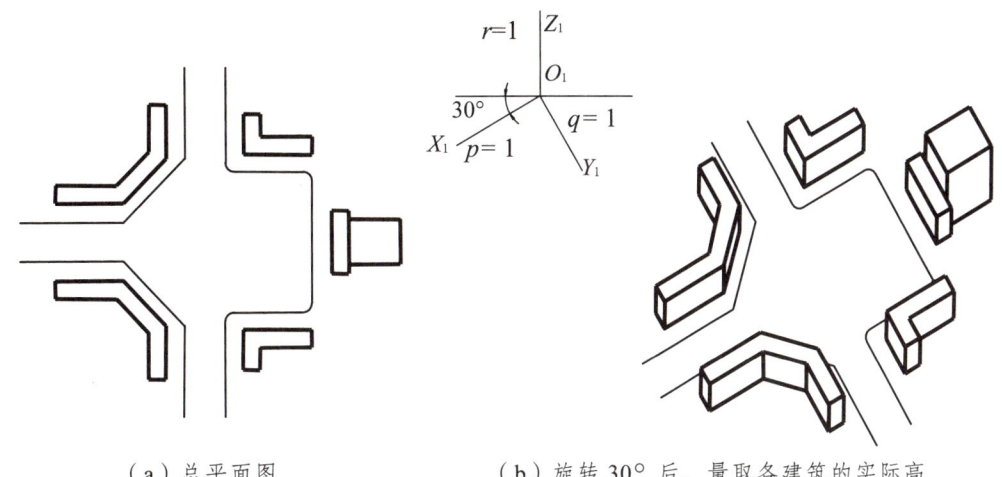

（a）总平面图　　　　　　（b）旋转30°后，量取各建筑的实际高

图 2-56　建筑群的水平斜等轴测图

模仿与应用

识读如图 2-57 涵洞洞口的三面投影，完成其轴测图。

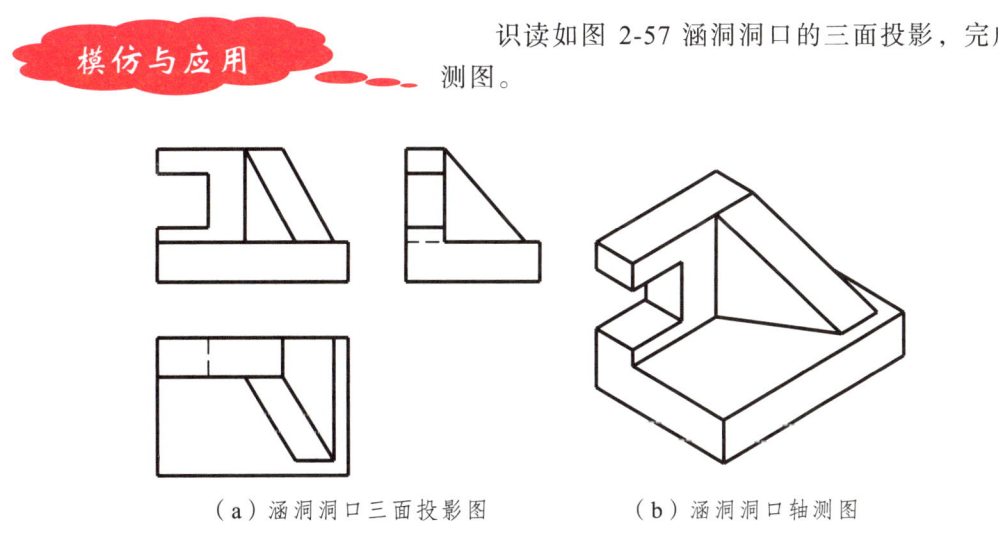

（a）涵洞洞口三面投影图　　　　　（b）涵洞洞口轴测图

图 2-57　涵洞洞口

实践训练：

　　用尺规可以绘制出端正美观的图形，操作电脑可以绘制出严谨精美的图形，徒手绘图可以快速展示设想的形体，请进行一些这样的训练，全面提升绘图能力。

　　徒手绘图时，铅笔与纸面间的倾斜角度要尽量小，将铅笔置于手掌的虎口处，掌心处要打开点，好像能握住一个鸡蛋似的，手掌下部与水平桌面的纸张贴合，这样绘制图线时会平稳，绘制比较长的线段时易于控制方向。

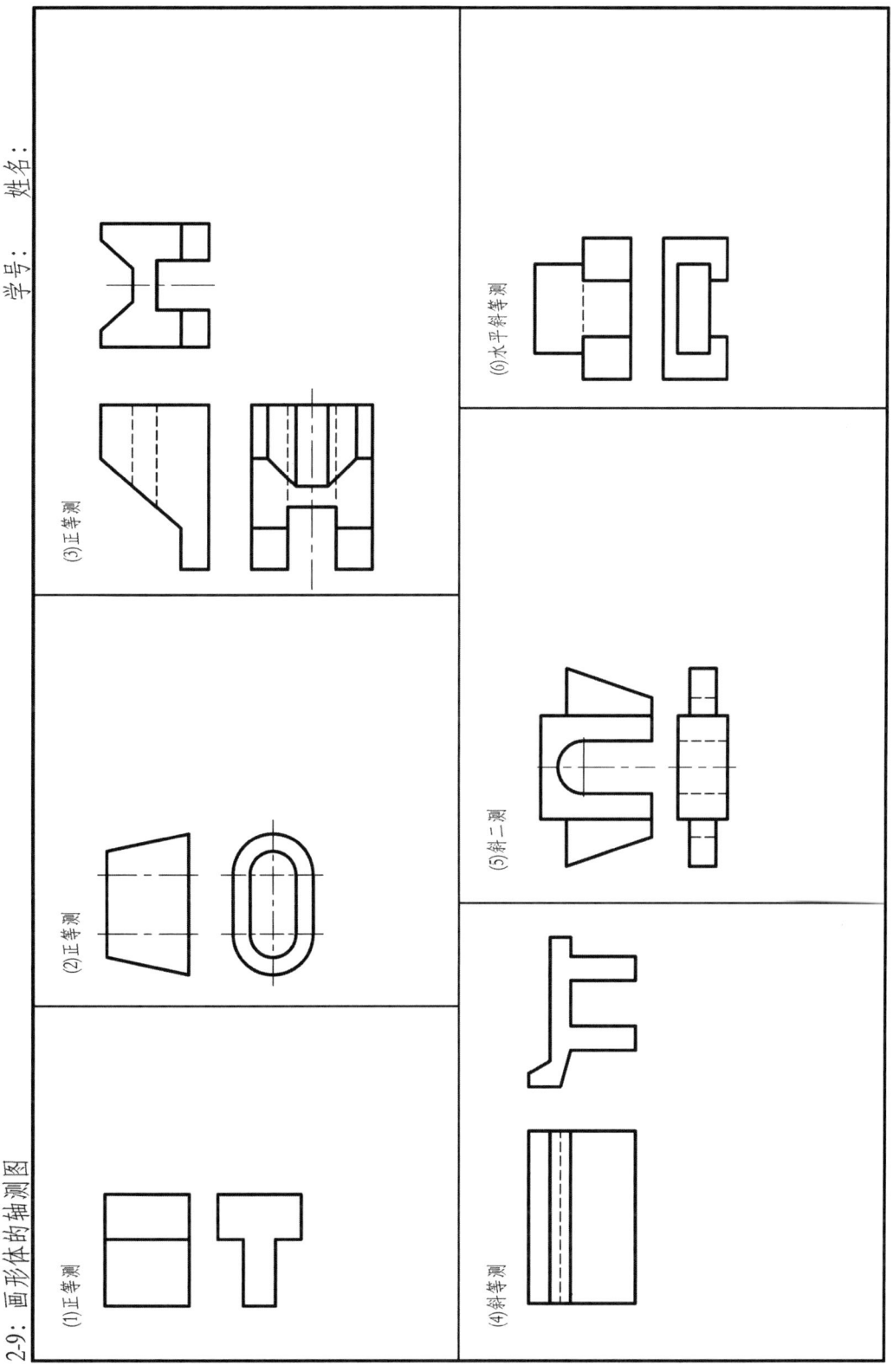

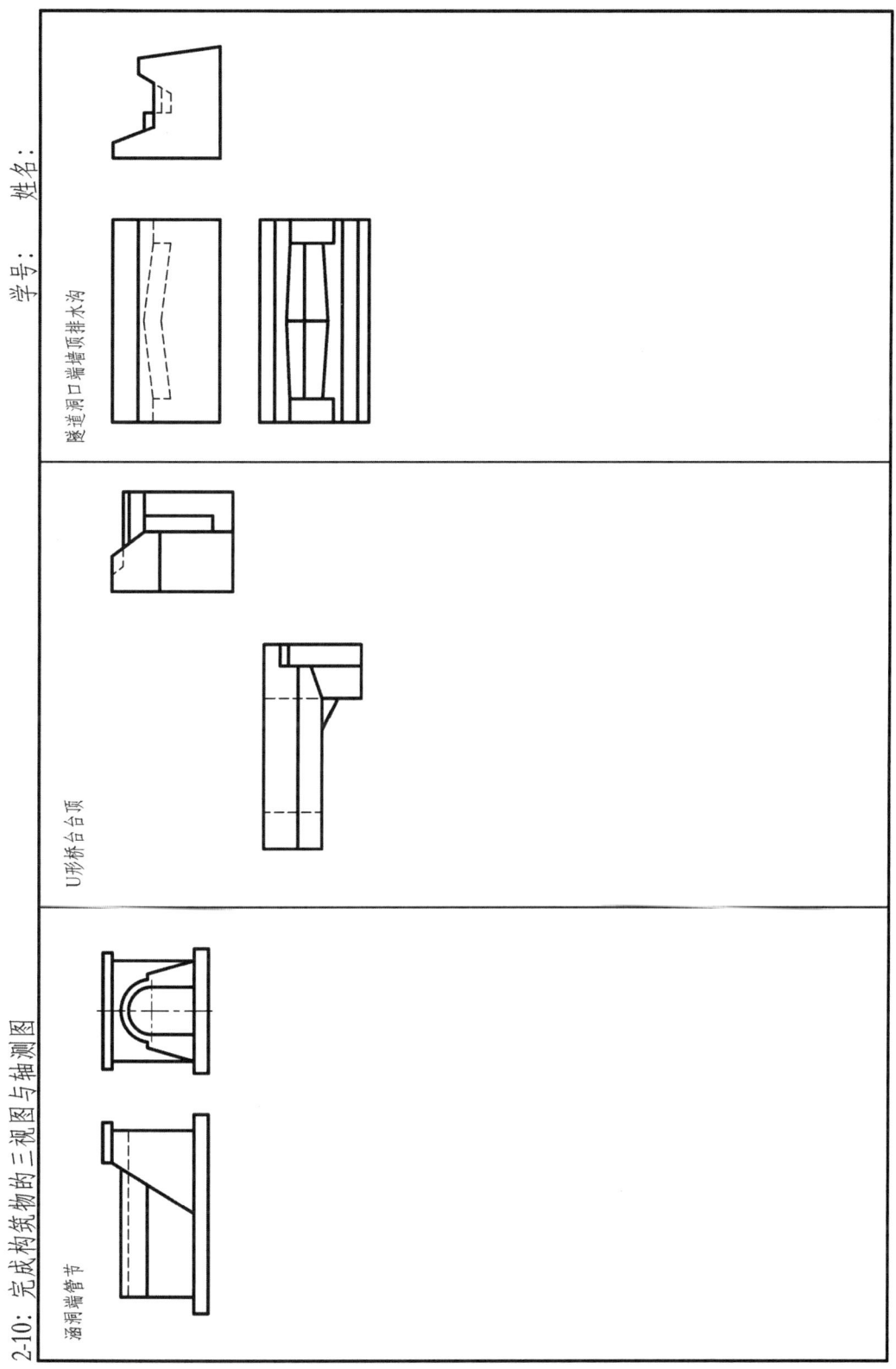

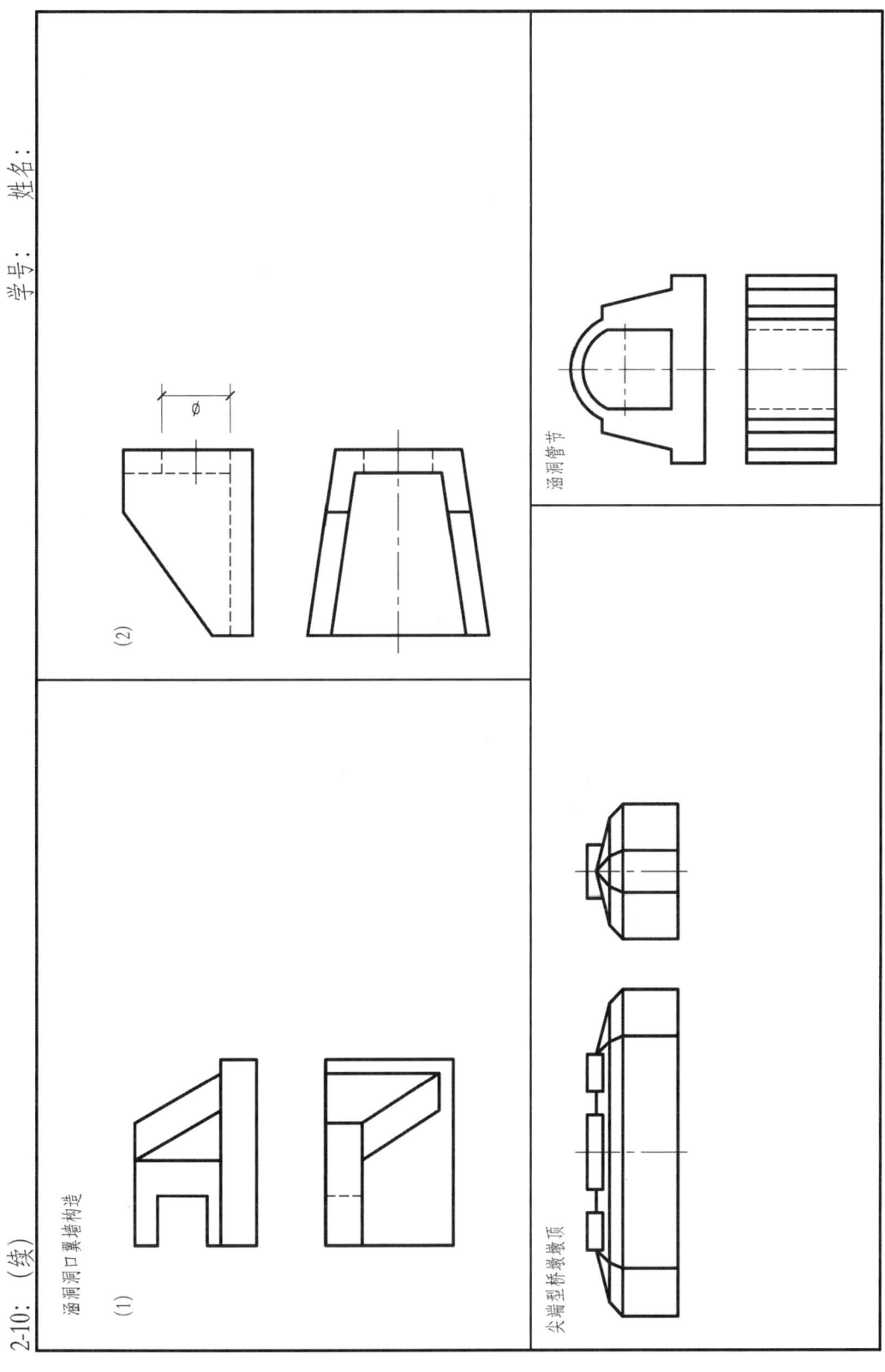

学习任务三：工程构筑物构造图识读

阅读图2-58所示双腹板梁体构造图，认识图样的表达手法，思考梁体的构造组成。

（1）梁体构造图采用了一些什么表达手法？各自表达的目的是什么？
（2）梁体构造由几部分组成？各部分构造名称是什么？
（3）梁体的双腹板有什么特点？从哪儿阅读出来的？
（4）梁体的桥面板有什么特点？从哪儿阅读出来的？
（5）梁体的道砟槽由几侧墙围拢而成？各个墙体有什么特点？
（6）梁体下部的横隔板有几处？与腹板是怎么连接的？
（7）尝试着绘制出双腹板梁体的轴测图。
（8）单腹板梁体与双腹板梁体有什么不同？

车站是城市轨道交通路网中一种重要的建筑物，它是供旅客乘降、换乘和候车的场所，应保证旅客使用方便、安全、迅速地进出车站，并有良好的通风、照明、卫生、防火设备等，给旅客提供舒适、清洁的环境。车站应容纳主要的技术设备和运营管理系统，从而保证城市轨道交通的安全运行。地铁车站里的辅助设备包括自动扶梯、直升电梯、卷帘门、防洪门、旅客引导、照明、售检系统、车站设备自控系统等。根据需要还可设置屏蔽门和防核辐射门等。车站又是城市建筑艺术整体的一个有机部分，一条线上各车站在结构和建筑艺术上，应既要有共性，又要有各自的个性。

图2-59地铁车站设计效果图就很清晰地展示了地铁车站的层状构造，以及车站设施的布置状况。效果图采用了一种剖切手法，将地铁车站竖向剖切开来，掀去地表覆盖层，将地下楼层构造与地上街道规划展示得很直观。图样的表达手法具有多样性。

图2-59　地铁车站设计效果图

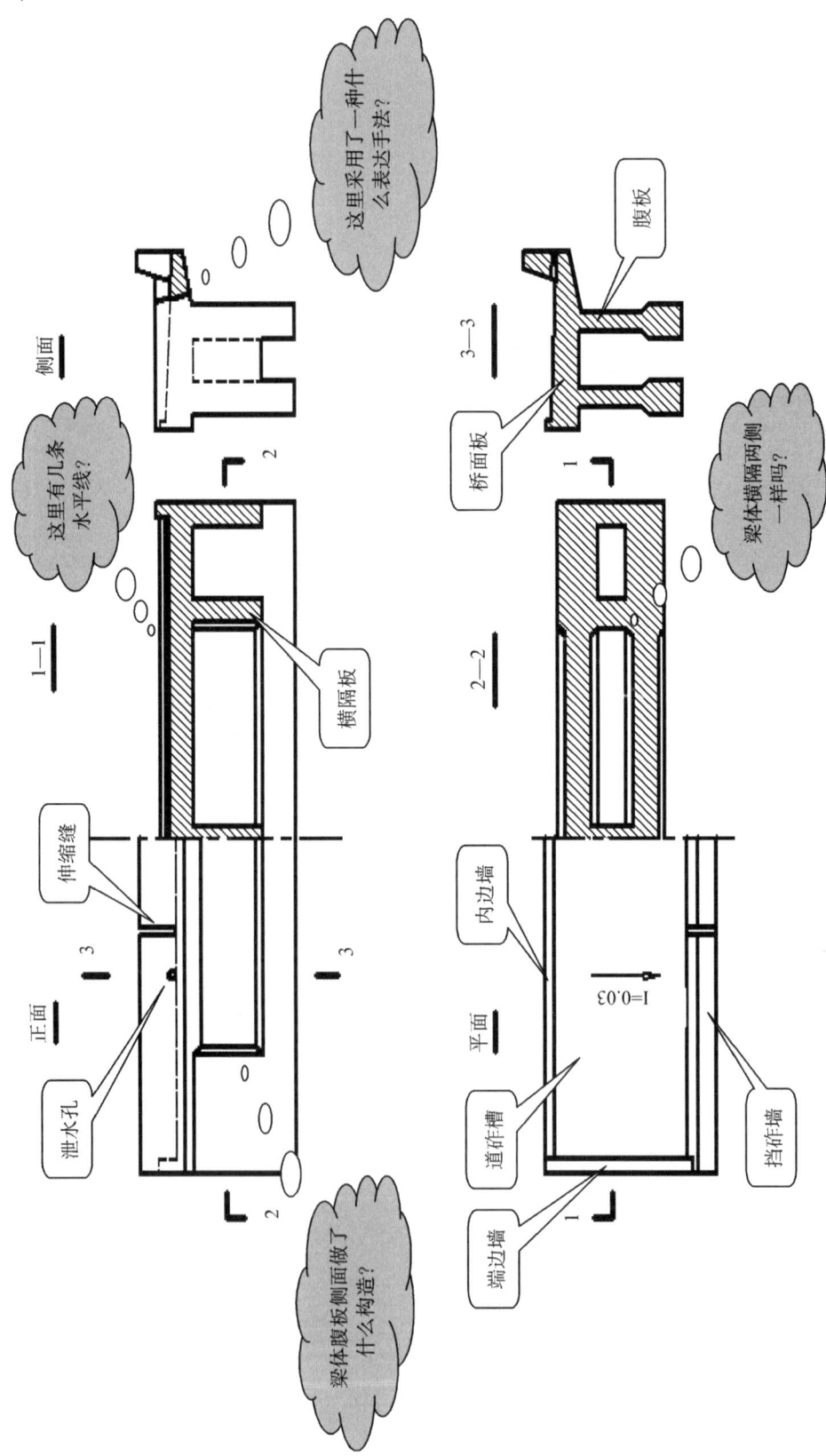

图 2-58 双腹板梁体构造图

前面介绍了正投影的基本原理及用三视图表达物体的方法。但在工程生产实际中，物体的形状结构是千变万化的，有的物体外形、内部都比较复杂，仅用前面讲的三视图，还不能准确、完美、清晰地把它们表达出来。为了满足工程用图的需要，国家标准规定了工程形体的图样画法。

视图主要用来表达建筑形体的外部结构形状。视图分为基本视图和辅助视图两大类，而辅助视图包括局部视图、斜视图、镜像视图等。

知识点1：视图

图样表达手法讲解

一、基本视图

当物体的形状比较复杂时，它的六个面的形状可能都不相同。为了清晰地表达物体的六个面的形状，需要在已有的三个投影面基础上再增加三个投影面，构成一正方体的六个投影面，称为基本投影面。

当物体正放在正方体空盒中时，将物体分别向基本投影面进行投射，如图2-60所示，所得到的投影称为基本视图。

将六个基本视图按图2-61所示的方法展开。

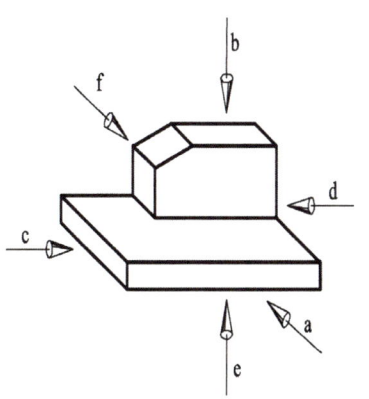

图 2-60　基本投射方向

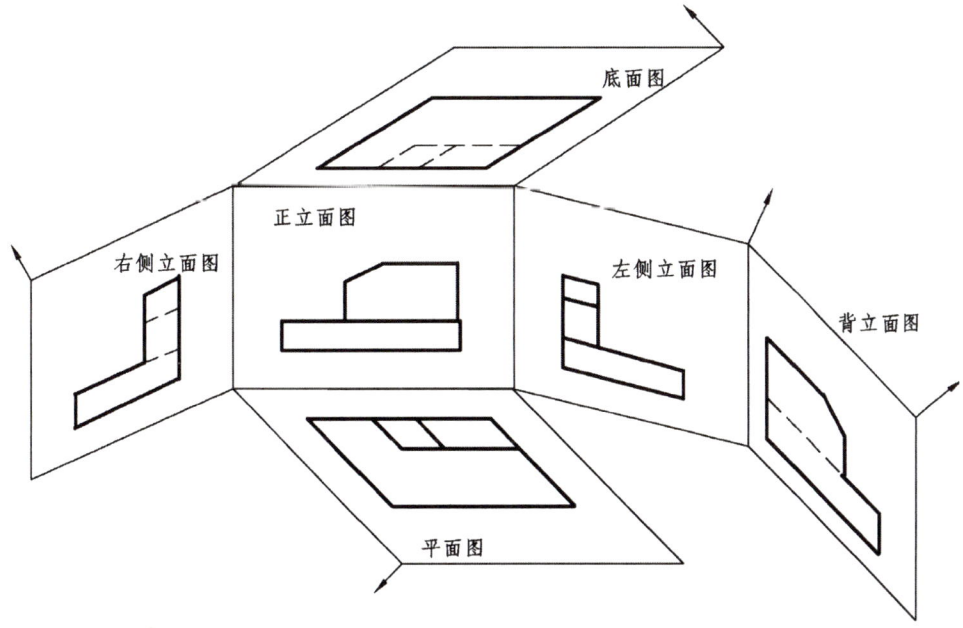

图 2-61　六个基本视图

这六个基本视图，在土建施工图中更习惯于称为：正立面图（主视图）、平面图（俯视图）、左侧立面图（左视图）、右侧立面图（右视图）、底面图（仰视图）、背立面图（后视图）。

应把表示物体信息量最多的那个视图作为正立面图。通常应在物体处于工作位置、加工位置或安装位置的情况下选定正立面图，然后根据实际需要选用其他视图。在清楚表述物体的前提下，应使视图数量越少越好；尽量避免使用虚线表达物体的轮廓和棱线，并应避免不必要的细节重复。六个视图的投影对应关系及配置关系如图 2-62 所示。

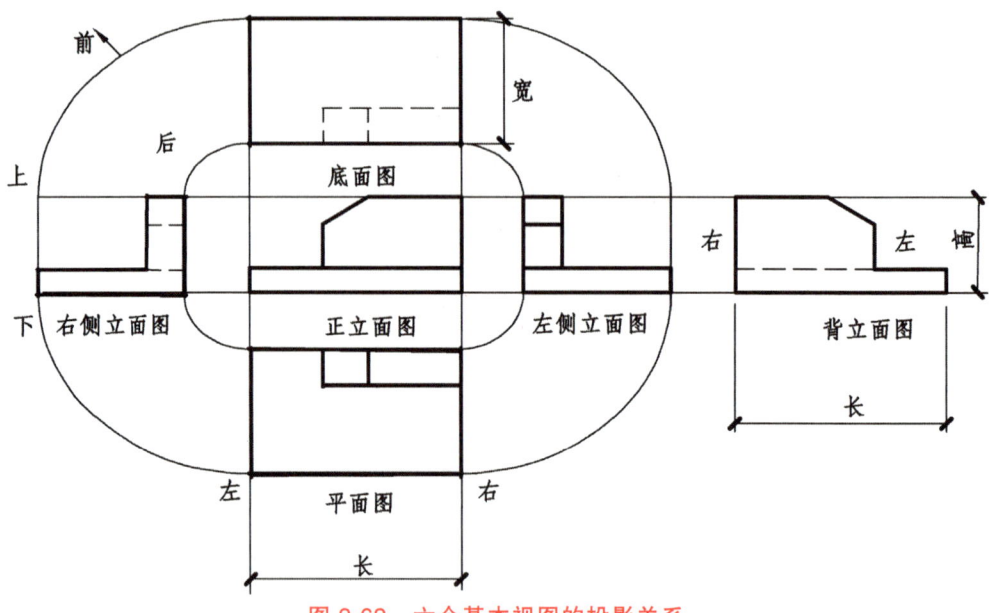

图 2-62　六个基本视图的投影关系

● 六个视图的度量对应关系，仍保持"三等"关系，即：主、左、后、右视图等高；左、右、俯、仰视图等宽；主、后、俯、仰视图等长。

● 六个视图的方位对应关系，除后视图外，其他视图"远离主视图"的一侧，均表示物体的前面部分。

二、辅助视图

1. 局部视图

如果物体的主要形状已在基本视图上表达清楚，而在某个方向尚有部分形状未表达出来，此时没有必要画出整个视图，只需在基本投影面上画出没有表达清楚的局部图形，这种将物体的某一部分向基本投影面投射所得的图形称为局部视图，如图 2-63 所示。

画局部视图时应注意以下几点：

（1）局部视图的范围可用波浪线或双折线表示；但当表示的局部结构是完整的，且外轮廓线又成封闭时，则波浪线或双折线可以省略不画。

（2）局部视图可按基本视图的配置形式配置。

（3）在局部视图中，表示投射方向的箭头一般应垂直于需要表示的平面。

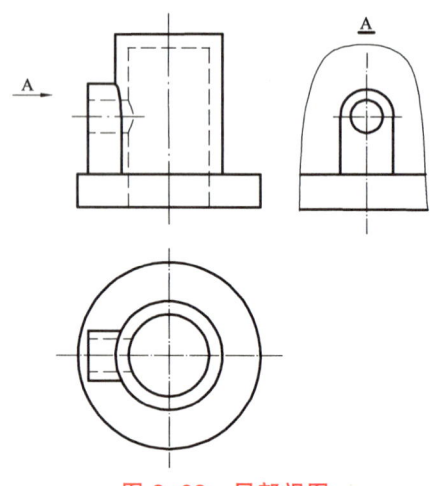

图 2-63　局部视图

（4）表示视图名称的大写英文字母应正写。

2. 斜视图

当物体的表面与基本投影面成倾斜位置时（见图 2-64 中弯板倾斜部分），在基本视图上就不能反映表面的真实形状。这时，可设立一个与倾斜表面平行的辅助投影面 P，并正对着此投影面进行投射，则在该辅助投影面上得到反映倾斜部分真实形状的图形。这种将物体向不平行于任何基本投影面的平面投射所得的视图称为斜视图

图 2-64 中的视图 A，表示了弯板倾斜部分的真实形状。

画斜视图时应注意以下几点：

（1）斜视图只要求表达倾斜部分的局部形状，其余部分不必全部画出，可用波浪线或双折线表示其断裂边界。

（2）斜视图通常按投影方向配置并标注，如图 2-64 所示。必要时允许将斜视图旋转配置，该视图名称的大写英文字母应靠近旋转符号的箭头端，如图 2-65 所示。

（3）表示视图名称的大写英文字母应正写。

3. 镜像视图

假想将一镜面放置在形体的下方，代替水平的 H 投影面，形体在镜面中反射得到正投影图，称之为"平面图（镜像）"。如图 2-66 所示，用镜像投影法绘制的平面图应在图名后只写"镜像"二字。

镜像视图可用于房屋的室内装饰工程图，如吊顶平面图等。

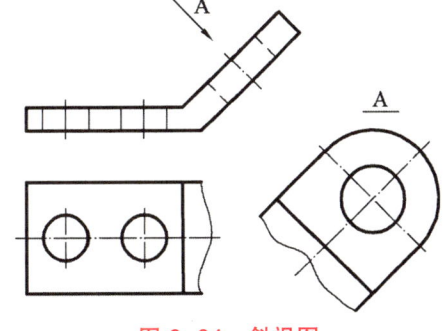

图 2-64 斜视图

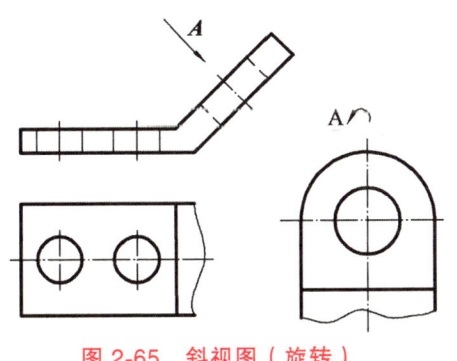

图 2-65 斜视图（旋转）

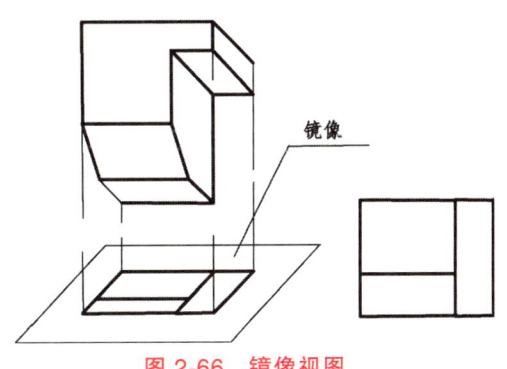

图 2-66 镜像视图

知识点 2：剖视图

一、剖视图的形成

在画物体的图样时，看得见的轮廓线画成实线，看不见的画成虚线。当物体的内部结构

复杂或被遮挡的部分较多时，图上就会出现较多的虚线，形成在图形中因虚、实线交错而混淆不清，给看图和标注尺寸增加困难。为了解决这一问题，工程上常采用作剖视的方法，即假想将物体剖开，使原来看不见的内部结构成为可见。假想用一个剖切面把物体分割成两部分后，移去观察者和剖切面之间的部分，而将剩余部分向投影面投射，所得的投影就叫剖视图，简称剖视。

如图 2-67（a）所示，假想用平面 P 将杯形基础切开，移去平面 P 前面的部分，画出剩余部分的投影，就得到了杯形基础的剖视图，如图 2-67（b）所示。

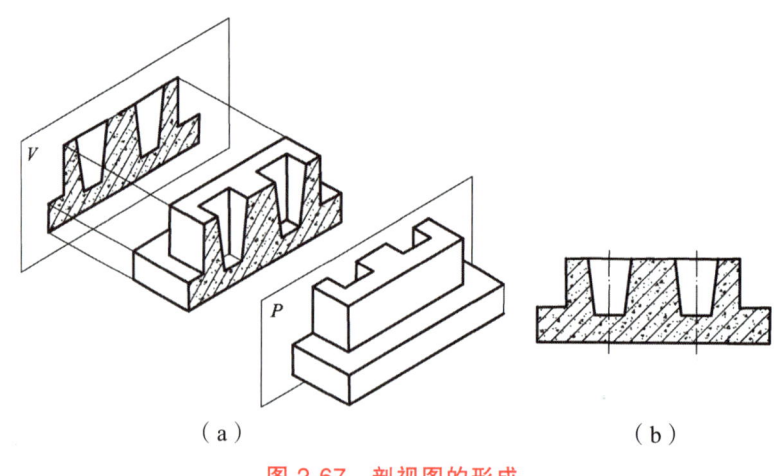

图 2-67　剖视图的形成

二、剖视图的画法

1. 剖切位置

剖视图的剖切平面位置应根据需要确定，在一般情况下应平行于某一投影面，使截面的投影反映实形。剖切平面要通过物体的孔、槽等不可见部分的中心线，使其内部形状得以清楚表达。如果物体有对称平面，一般将剖切平面选择在对称平面处，如图 2-67（a）所示。

2. 剖视标注

作剖视图时需要进行剖视的标注，这包括画出剖切符号、注写编号和书写剖视图的名称。剖切符号由剖切位置线和投射方向线组成，剖切位置线表明剖切面的起讫和转折位置，用粗短线表示，长度宜为 6～10 mm；投射方向线指明剖切后投射的方向，在建筑工程图中用粗短线表示，长度宜为 4～6 mm。如图 2-68 所示，绘制时，剖视图的剖切符号不宜与图形中的其他图线相接触。

剖视图剖切符号的编号宜采用阿拉伯数

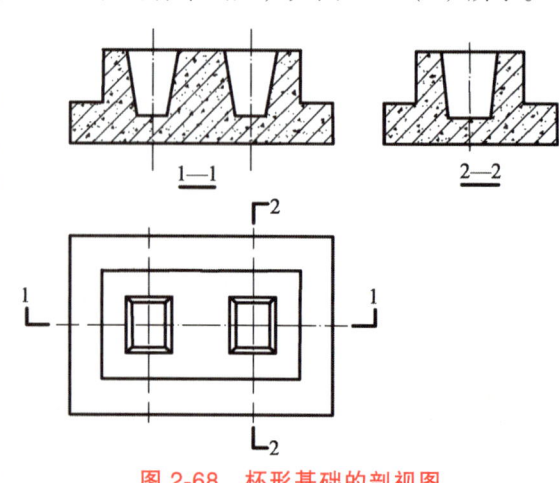

图 2-68　杯形基础的剖视图

字,并注写在投射方向线的端部,如图 2-68 所示。

需要转折的剖切位置符号,在转折处为避免与其他图线发生混淆,应在转角的外侧加注与该符号相同的编号,如图 2-72 所示。

剖视图的名称,用相应的编号注写在相应剖视图的下方,如图 2-68 中的 1—1、2—2。

3. 材料图例

为了使剖视图层次分明,除剖视图中一般不画出虚线外,被剖切到的实体部分(称为剖面区域)应画出与该物体相应的材料图例,如图 2-68 所示。常用的建筑材料图例见表 2-1。图例中的斜线一律画成与水平成 45° 角的细实线。

表 2-1 常用建筑材料图例

名　称	图　例	说　明
自然土壤		包括各种自然土壤
夯实土壤		
普通砖		① 包括砌体、砌块 ② 当断面较窄不易绘出图例线时可涂红
混凝土		① 本图例指能承重的混凝土及钢筋混凝土 ② 包括各种强度等级、骨料添加剂的混凝土
钢筋混凝土		③ 在剖面图上画出钢筋时,不要画图例线 ④ 断面图形小,不易画出图例线时,可涂黑
饰面砖		包括铺地砖、马赛克、陶瓷棉砖、人造大理石等
沙、灰土		靠近轮廓线绘较密的点
毛　石		
金　属		① 包括各种金属 ② 图形小时可涂黑
木　材		① 上图为横断面,上左图为垫木、木砖或木龙骨 ② 下图为纵端面
防水材料		构造层次多或比例较大时,采用上面图例
塑　料		
粉　刷		本图例采用较稀的点

当不指明物体的材料时,可采用通用剖面线表示。通用剖面线可按普通砖的图例画出。

同一物体的各个剖面区域,其剖面线或材料图例的画法应一致。相邻物体的剖面线必须以不同的方向或以不同的间隔画出。

允许在剖面区域内用点阵或涂色代替通用剖面线,也允许沿着大面积的剖面区域的轮廓画剖面线、布点或涂色。

4. 同一物体各剖视图的画法

由于剖切是假想地进行的，实际上物体并没有被剖开，所以，当把一个投影画成剖视图后，其他投影仍按物体的完整形状画出，如图 2-68 中的平面图。此外，作 1—1 剖视图时，是假想把物体的前半部分剖去后画出的；在作 2—2 剖视图时，是把物体的左半部分剖去后画出的。这就是说，作同一物体不同的剖视图时，剖切方法互不影响。

三、常用的剖切方法

1. 用一个剖切平面剖切

这种剖切方法适用于这类物体：被一个平面剖切以后，就能把其内部构造表达清楚。如图 2-69 所示的洗手池，采用通过洗手池内孔的中心且分别与 V 面和 W 面平行的两个剖切平面对它进行剖切，从而得到 1—1 和 2—2 两个剖视图。这种剖视图称为全剖视图。

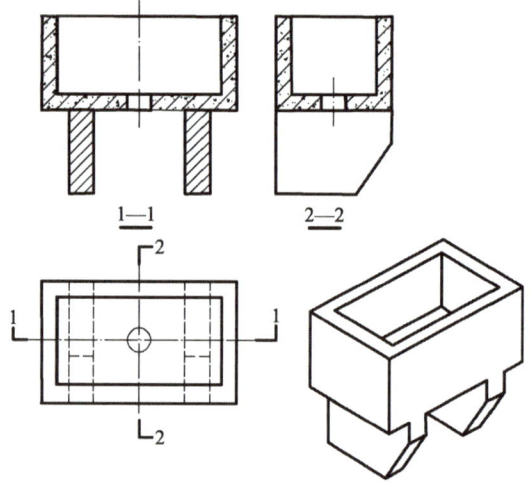

图 2-69 全剖视

在对称的视图上画剖视图时，也可以以对称轴线为界，一半画外形图，一半画剖视图，如图 2-70 所示。这种剖视图称为半剖视图。这时外形图上可不画出虚线。

2. 用两个或两个以上平行的剖切平面剖切

当物体内部结构层次较多，用一个平面剖切不能将该物体的内部形状表达清楚时，可用两个或两个以上相互平行的剖切平面按需要将该物体剖开，画出剖视图，如图 2-71 所示。习惯上把这种剖视图称为阶梯剖视。

在画这种剖视图时应注意，剖切平面的转折

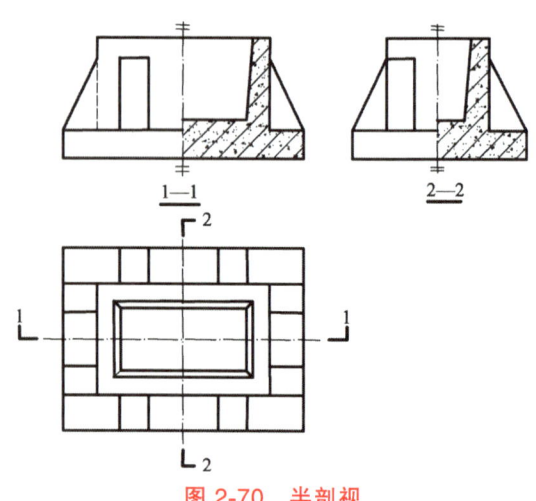

图 2-70 半剖视

处,在剖视图上规定不画线。平行平面的数量根据所需表达的内容而定。需要转折的剖切位置线,应在转角的外侧加注与该剖视剖切符号相同的编号,如图2-71所示。

3. 用两个或两个以上相交的剖切平面剖切

用两个相交且交线垂直于基本投影面的剖切平面对物体进行剖切,并将物体中倾斜的部分旋转到与投影面平行的位置,再进行投射,所得的剖视图习惯上称为旋转剖视。这时,旋转剖视图的图名后面应加上"展开"二字,如图2-72中所示2—2(展开)。

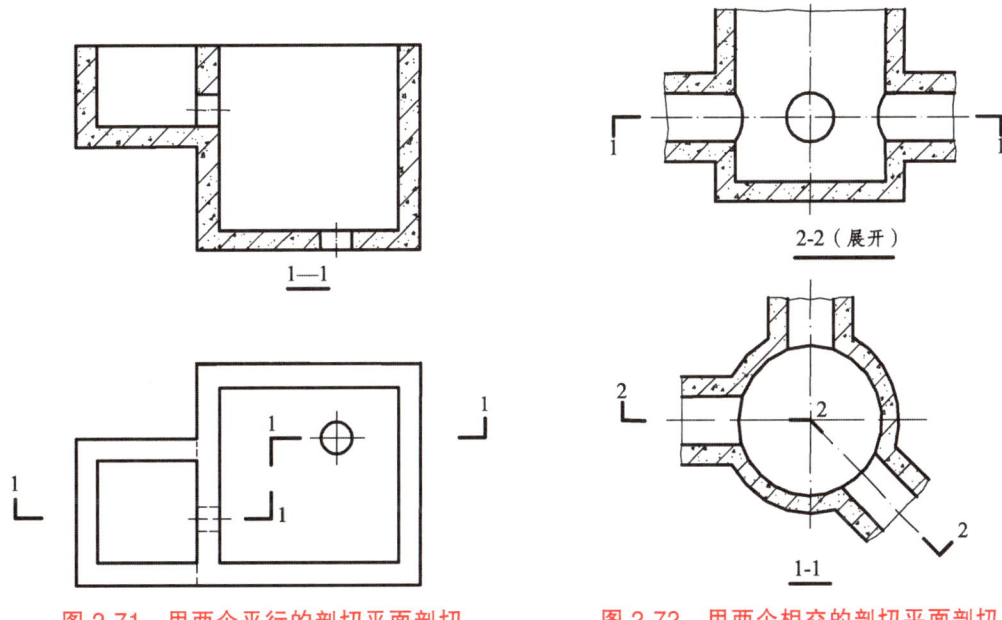

图2-71 用两个平行的剖切平面剖切　　图2-72 用两个相交的剖切平面剖切

4. 局部剖切和分层剖切

当物体的局部内部构造需要清楚表达时,可采用局部剖切的方法。这时所获得的剖视图称为局部剖视图。在如图2-73所示的杯形基础的平面图中将其局部画成剖视图,从而表明了基础内部钢筋的配置情况。表明钢筋配置的局部剖视图,可不画材料图例。

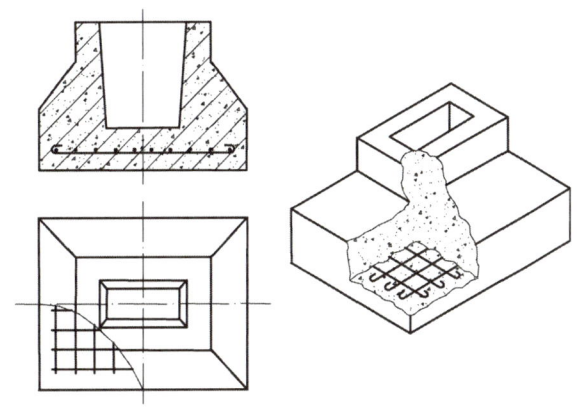

图2-73 局部剖切

图 2-74 是用分层剖切的方法表示粉刷顶棚的构造做法和所用材料的情况，这种方法多用于反映地面、墙面、屋面等处的构造。用分层剖切法画出的剖视图称为分层剖视图。

画局部视图和分层剖视图时，外形与剖视部分以及剖视部分相互之间，是以波浪线为分界线的，波浪线既不能超出轮廓线，也不能与图上其他线条重合。局部剖视图和分层剖视图不需要进行剖视的标注。

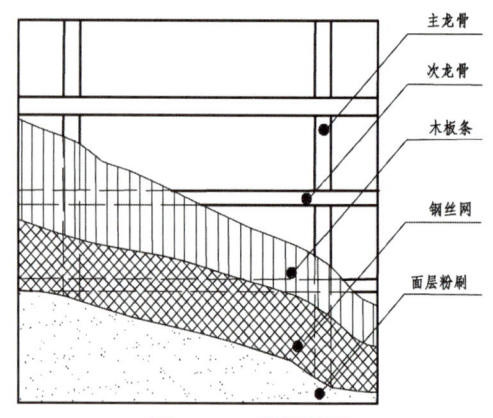

图 2-74 分层剖切

知识点 3：断面图

一、断面图的形成

假想用剖切平面将形体上需要表达的位置切断后，仅把截断面投射到与之平行的投影面上，所得到的图形称为断面图，简称断面，如图 2-75 所示。

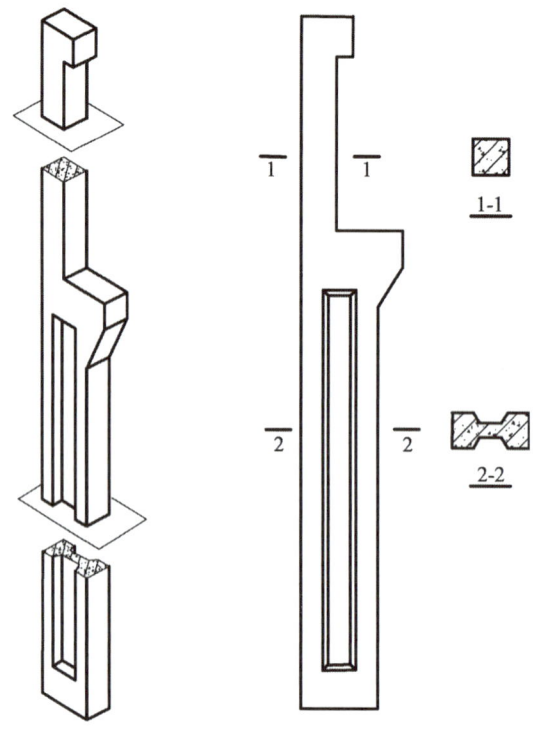

图 2-75 断面图

断面图与剖视图的区别是：

（1）断面图只画出形体上断面的投影，而剖视图除了要画出形体上的断面外，还要画出形体上断面后的可见部分。

（2）断面图表示的是平面，而剖视图表示的是立体。

二、断面图的种类

1. 移出断面图

将断面图画在视图之外，称为移出断面图。如图 2-76 所示为钢筋混凝土梁的移出断面图，图中用正面投影和若干个断面图表达出了梁的形状和内部情况。当物体有多个断面图时，断面图应按剖切顺序排列。

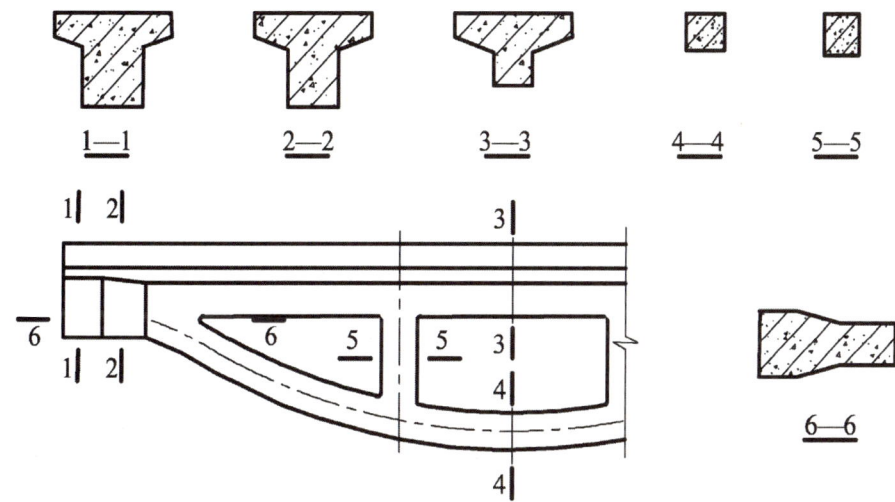

图 2-76 空腹鱼腹式吊车梁

2. 重合断面图

直接将断面图画在视图以内，称为重合断面图。图 2-77 所示为厂房屋面的重合断面图，它将断面图（图中涂黑部分）画在了平面图上。该重合断面图是假想用一个侧平面剖切屋面后，再将截断面旋转 90°后形成的。

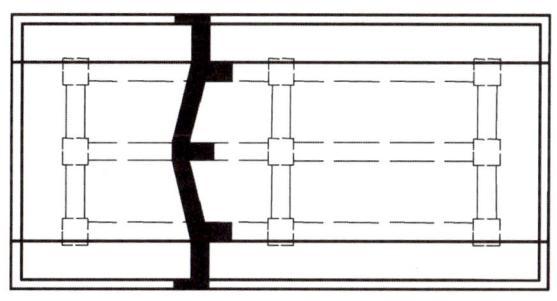

图 2-77 厂房屋面的断面图

3. 中断断面图

将断面图画在形体（如杆件）的中断处，称为中断断面图。中断断面图常用来表达杆件结构的形体。图 2-78 为工字钢的中断断面图，它是假想把工字钢的中间断开，然后将断面图画于其中断处，从而非常清楚地表达出了工字钢的形状和所用材料。

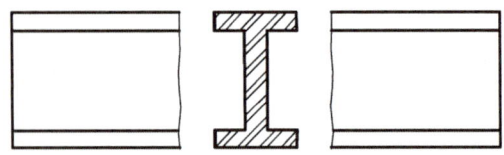

图 2-78　工字钢的中断断面图

三、断面图的标注

（1）断面图在假想剖切平面位置用两段粗实线表示断面符号，其长度宜为 6~10 mm。

（2）断面图的剖切方向用断面编号的注写位置表示。当断面编号注写在剖切位置线左侧时，表示向左投影；当断面编号注写在剖切位置线下方时，表示向下投影，如图 2-75 所示。

（3）对于重合断面图和中断断面图，如果在图上断面的情况已表达清楚，可以不加任何标注，如图 2-77、2-78 所示。

知识点 4：图样的简化画法

一、对称图形的简化画法

当物体的视图是具有对称性的图形时，可只画该图形的一半，并画出对称符号，如图 2-79 所示；图形也可以超出对称线，此时则不需画对称符号，如图 2-80 所示。

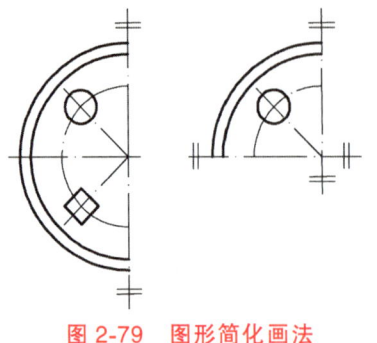

图 2-79　图形简化画法

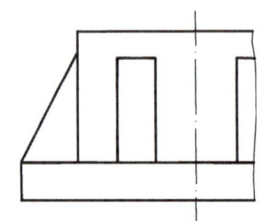

图 2-80　超出对称图形的一半

二、折断省略画法

当只需表达物体某一部分的形状时，可以只画出该部分的图形，其余部分折去不画，并在折断处画上折断线，如图 2-80、2-81 所示。

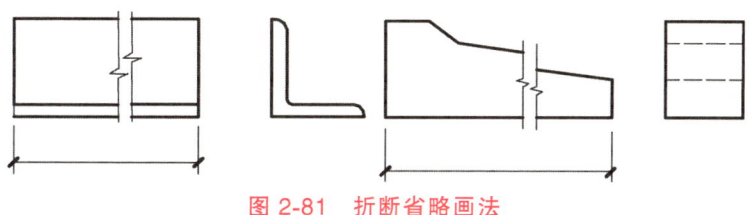

图 2-81　折断省略画法

对于较长且横断面形状不变或按一定规律变化的物体，可假想将物体中间一段去掉，两端靠拢后画出，在断开处应以折断线表示，如图 2-82 所示。应当注意的是：虽采用了断开的画法，在标注尺寸时仍应标注物体的真实长度。

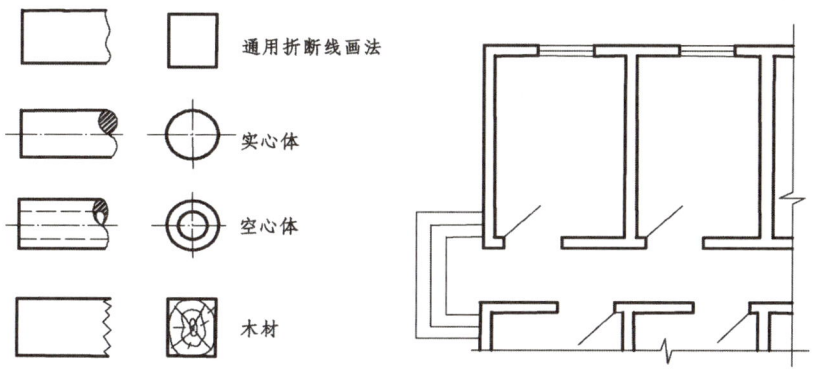

图 2-82　断开画法

三、相同要素的省略画法

当物体内有多个完全相同且连续排列的结构要素时，可只在两端或适当的位置画出这些要素的完整形状，其余的用中心线或中心线交点来表示，如图 2-83 所示。

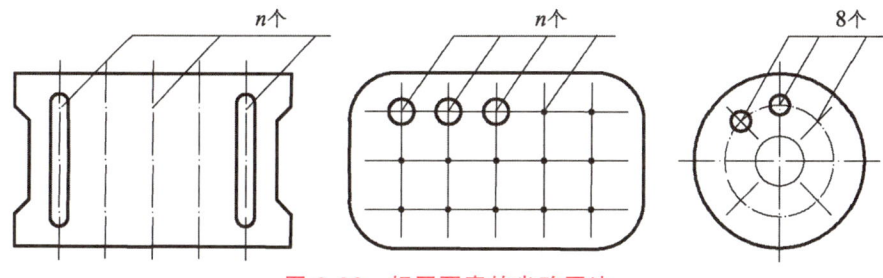

图 2-83　相同要素的省略画法

实践训练：

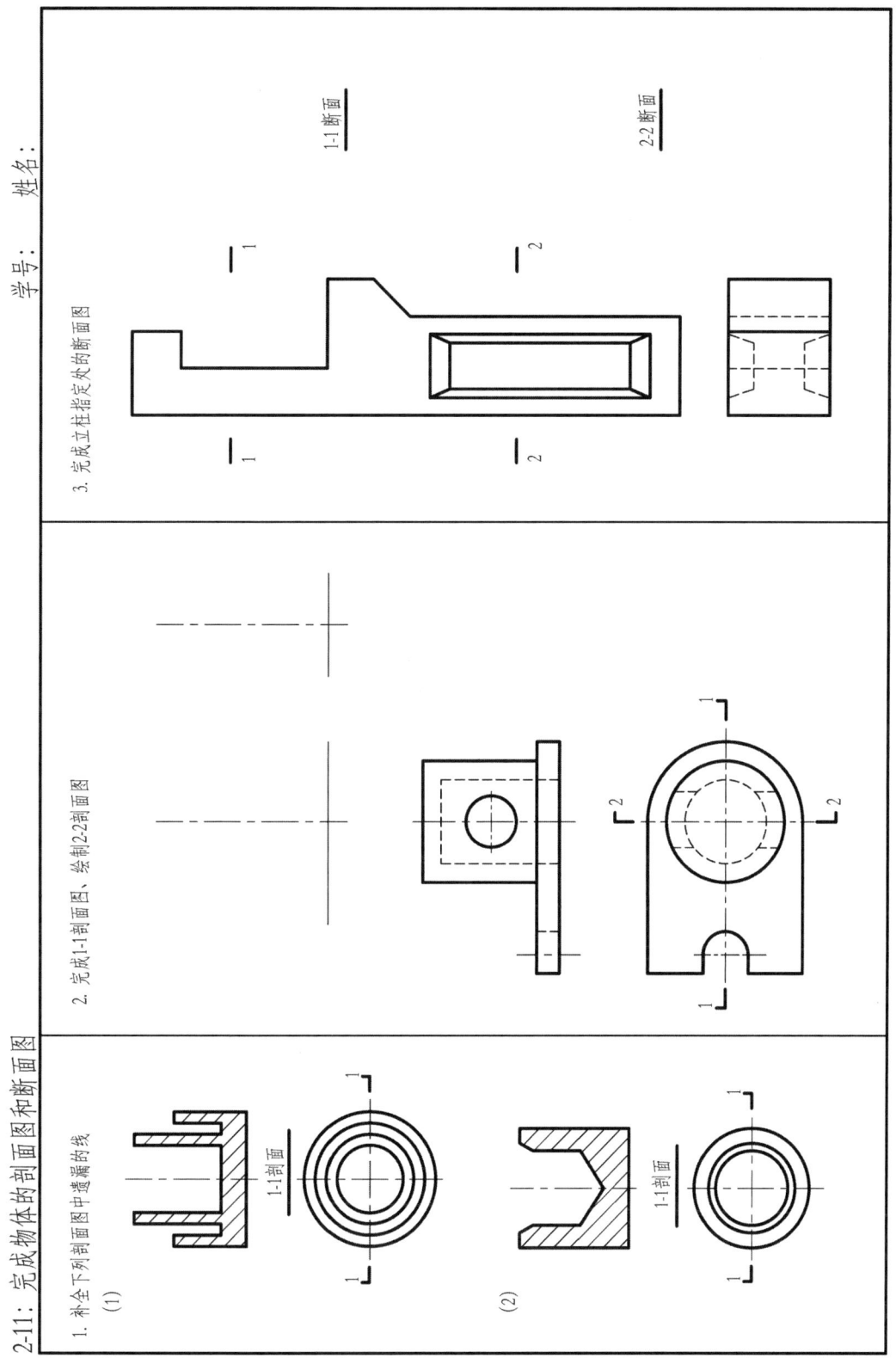

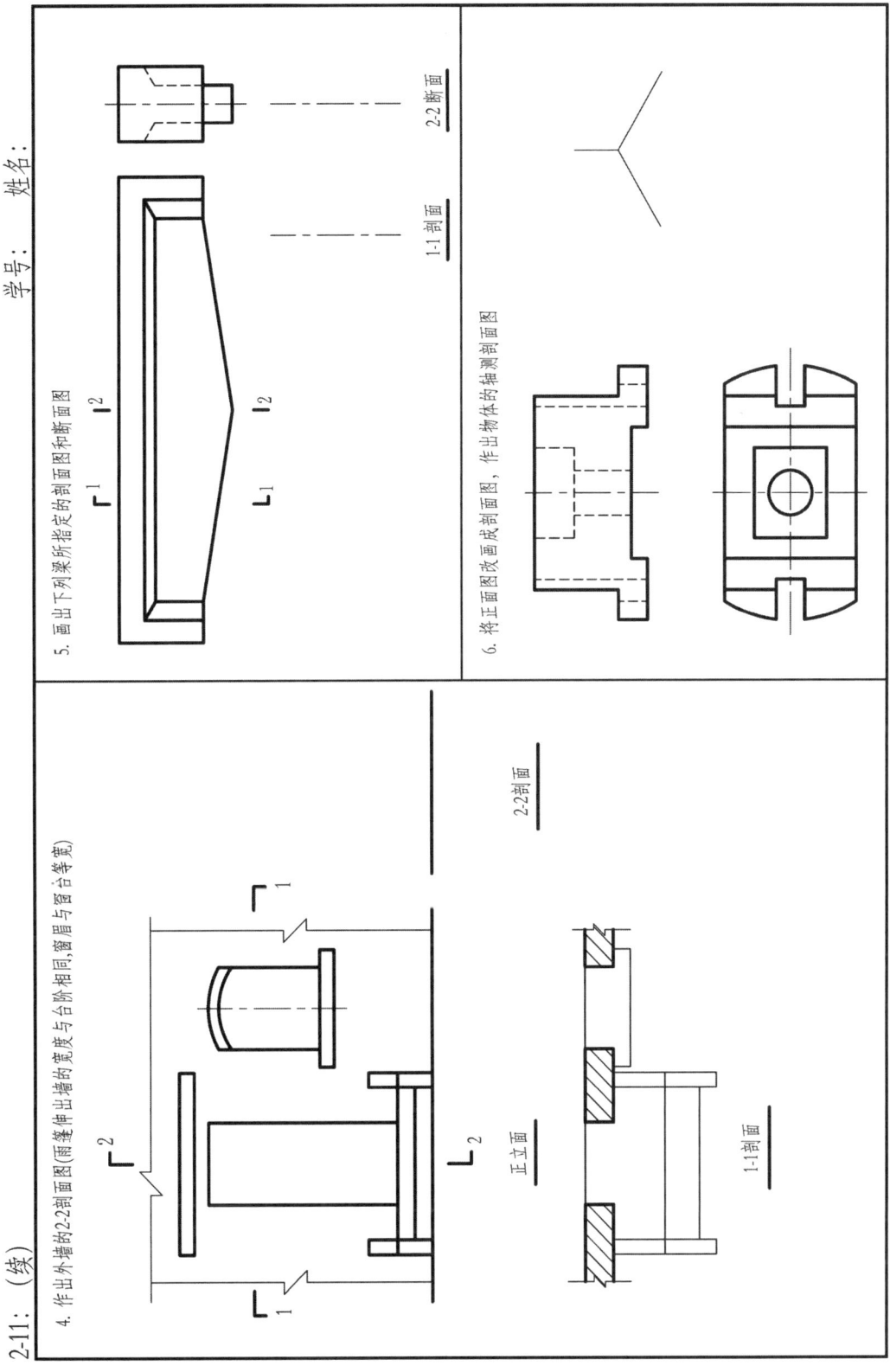

学习任务四：工程构筑物构造图 CAD 绘制

桥墩造型

用 CAD 绘制一张图 2-84 所示的 A3 图样，内容为两个构筑物的三视图与轴测图，并将其打印出图。

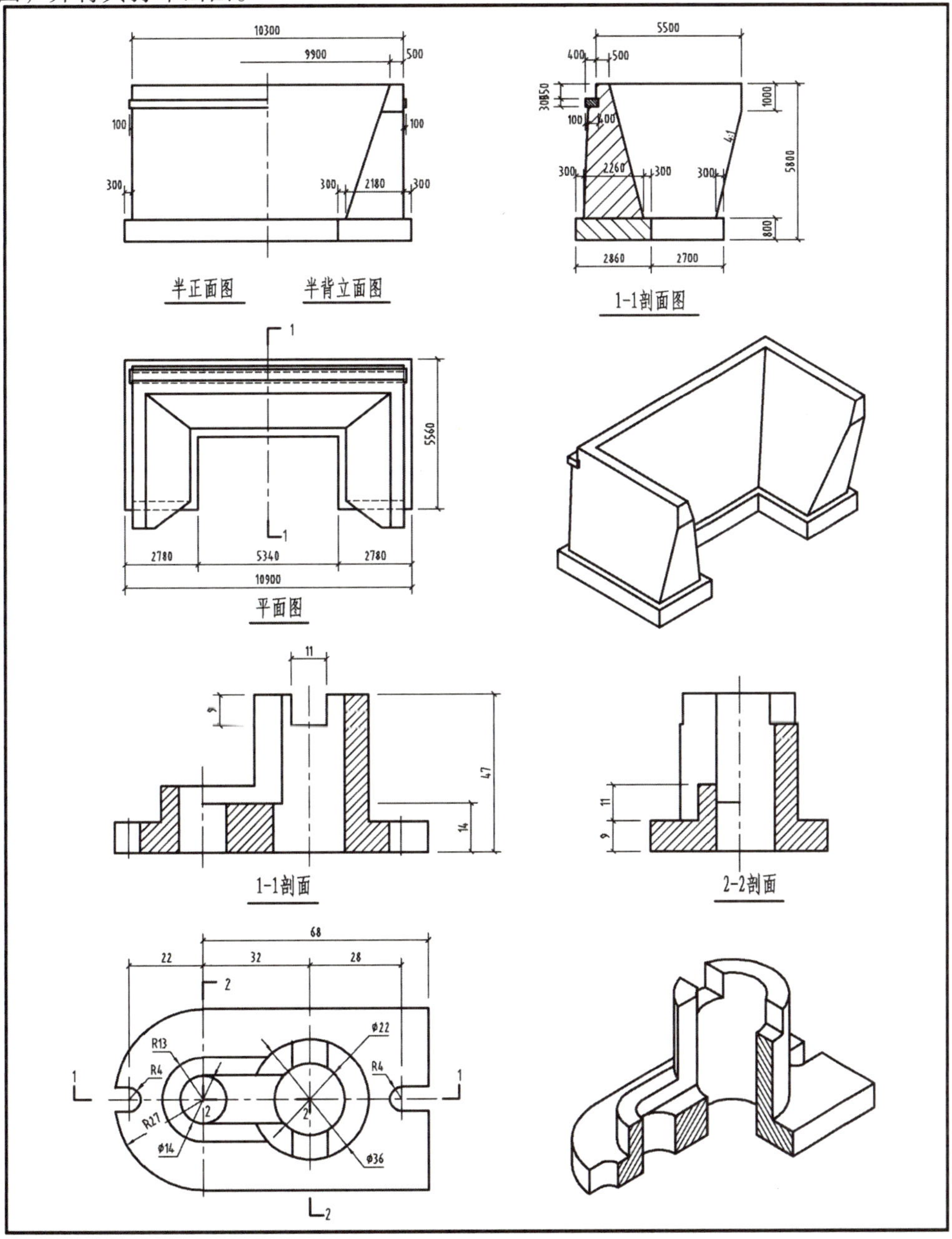

图 2-84　构筑物的三视图与轴测图

 引 导：

（1）两个物体的内部构造各有什么特点？
（2）两个物体的表达都采用了什么图样手法？
（3）用 CAD 完成形体的三视图与轴测图有如下两种方法：
① 二维绘制：完全在二维平面下，采用二维绘图与修改命令完成。
② 三维提取：在三维空间下，采用三维操作与实体编辑命令做出形体的实体造型，通过在各个视图方向下进行实体轮廓设置，得到三视图与轴测图的基本轮廓，将它们组合到同一个平面下，进行图样修改与处理，最终形成物体的三视图与轴测图。
（4）形体三视图 CAD 的绘图要领如下：
三视图之间要满足"长对正、高平齐、宽相等"，熟练应用"极轴、对象捕捉、对象追踪"三种状态设置与操作，在完成第三视图时，要先将俯视图或者左视图复制并旋转到某一位置，然后合理使用双向追踪手法满足"宽相等"这一对应要求。
（5）形体轴测图 CAD 的绘图要领如下：
首先需要启用极轴追踪，对象捕捉追踪设置为用所有极轴角设置追踪，并且将极轴增量角设置为 30°，然后在用二维绘制图线时，要观察极轴角的显示以配合数据输入。
在绘制平行于不同坐标面的圆时，要及时用 F5 功能键进行坐标面间的转换，配合椭圆命令完成物体曲面上曲线的轴测绘制。
（6）图样 CAD 绘制的步骤如下：
① 进行绘图环境设置：图形界限、绘图单位、图层设置、文字样式设置以及尺寸标注样式设置等，选取标准的图纸并进行格式绘制。
② 依照实体尺寸进行三视图、轴测图绘制；将实体造型进行轮廓设置，对提取后的图形进行修正与补充。
③ 将图形按一定的比例放置在标准的图框内，然后进行图样尺寸标注，集中处理尺寸标注数据，进行线性比例的调整。
④ 进行图形中物体材料设计表达，进行图案填充操作。
⑤ 进行图样中文字注写、符号表达以及图样说明书写等。进行图样打印设置，预览后进行打印出图。
（7）形体的造型与提取步骤如下：
① 进行实体造型环境设置。
② 实体造型的途径有两种：一是直接应用实体中的各种基本体命令造型；二是借助于二维绘图命令进行封闭图形绘制，将其转换成面域，然后应用拉伸和旋转命令生成实体。
③ 利用实体造型编辑命令进行复杂形体间的拼装组合。
④ 在布局空间下，对实体进行各个视图方向下的轮廓设置而提取。
⑤ 在模型空间下，利用对齐及旋转命令将提取好的视图排布在二维平面图纸上。

知识点：AutoCAD 三维建模

一、三维建模创建

形体的三维建模，Auto CAD 提供了一些相应的简单易学好操作的命令。对基础形体进行三维建模由两个方法，方法一是直接选用建模命令区中的各种实体命令，命令包括：长方体、圆柱体、圆锥体、球体、棱锥体、楔体和圆环体，如图 2-85 所示；方法二是应用二维绘图命令绘制出准确的平面二维封闭图形，将其作成面域，然后选用建模命令区中的生成实体命令，命令包括：拉伸、放样、旋转和扫掠，如图 2-86 所示。

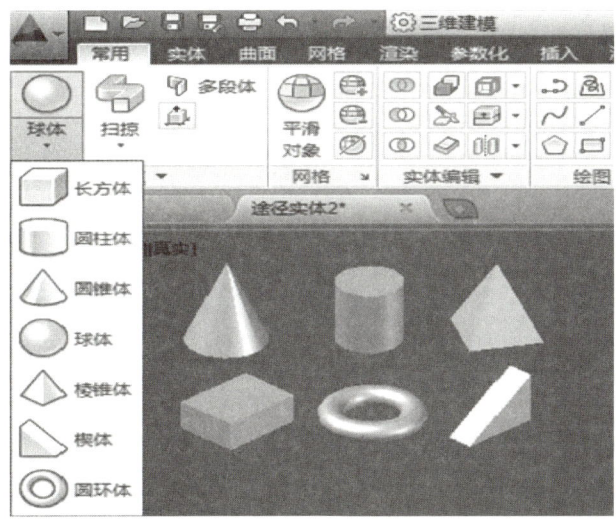

图 2-85　AutoCAD 实体建模命令

图 2-86　AutoCAD 利用面域生成实体模型

二、三维建模的编辑

当基础形体初步创建后，可以应用三维建模编辑类命令将各个组成部分进行拼合，调转方向、处理棱角等，形成构造更为复杂的物体。三维建模编辑类命令包括三维移动、三维旋转、三维阵列、三维镜像、三维对齐、三维实体倒角、三维实体圆角、抽壳三维实体、剖切三维实体等命令。如图 2-87 所示。

（a）三维矩形阵列　　　（b）三维环形阵列　　　（c）三维镜像

图 2-87　三维建模编辑类命令

当基础形体初步创建后，应用三维布尔运算类命令也可以作出更为复杂多样的实体。三维布尔运算类命令包括并集命令，差集命令、交集命令。如图 2-88 所示。

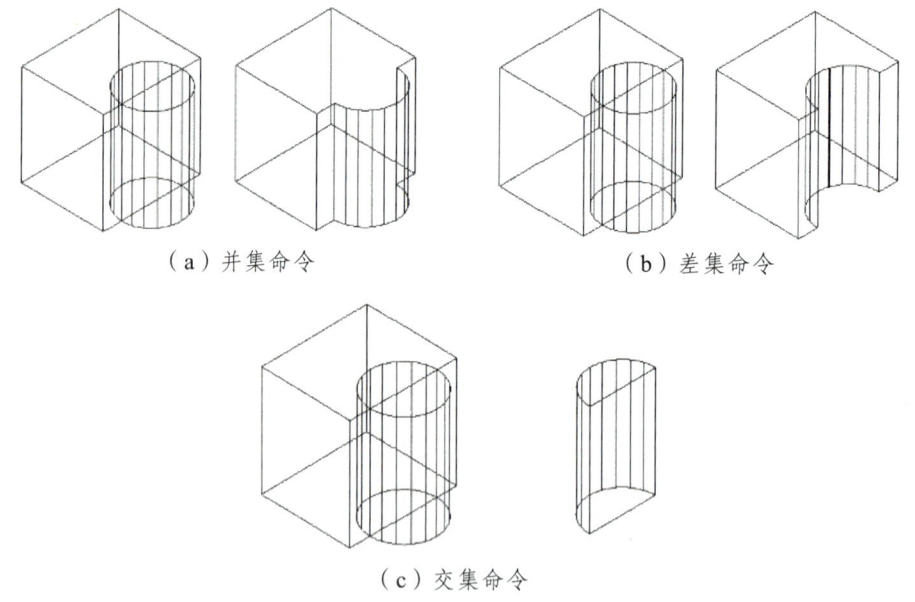

（a）并集命令　　　　　　　（b）差集命令

（c）交集命令

图 2-88　布尔运算类命令

2-12：工程构筑物构造图 CAD 绘制

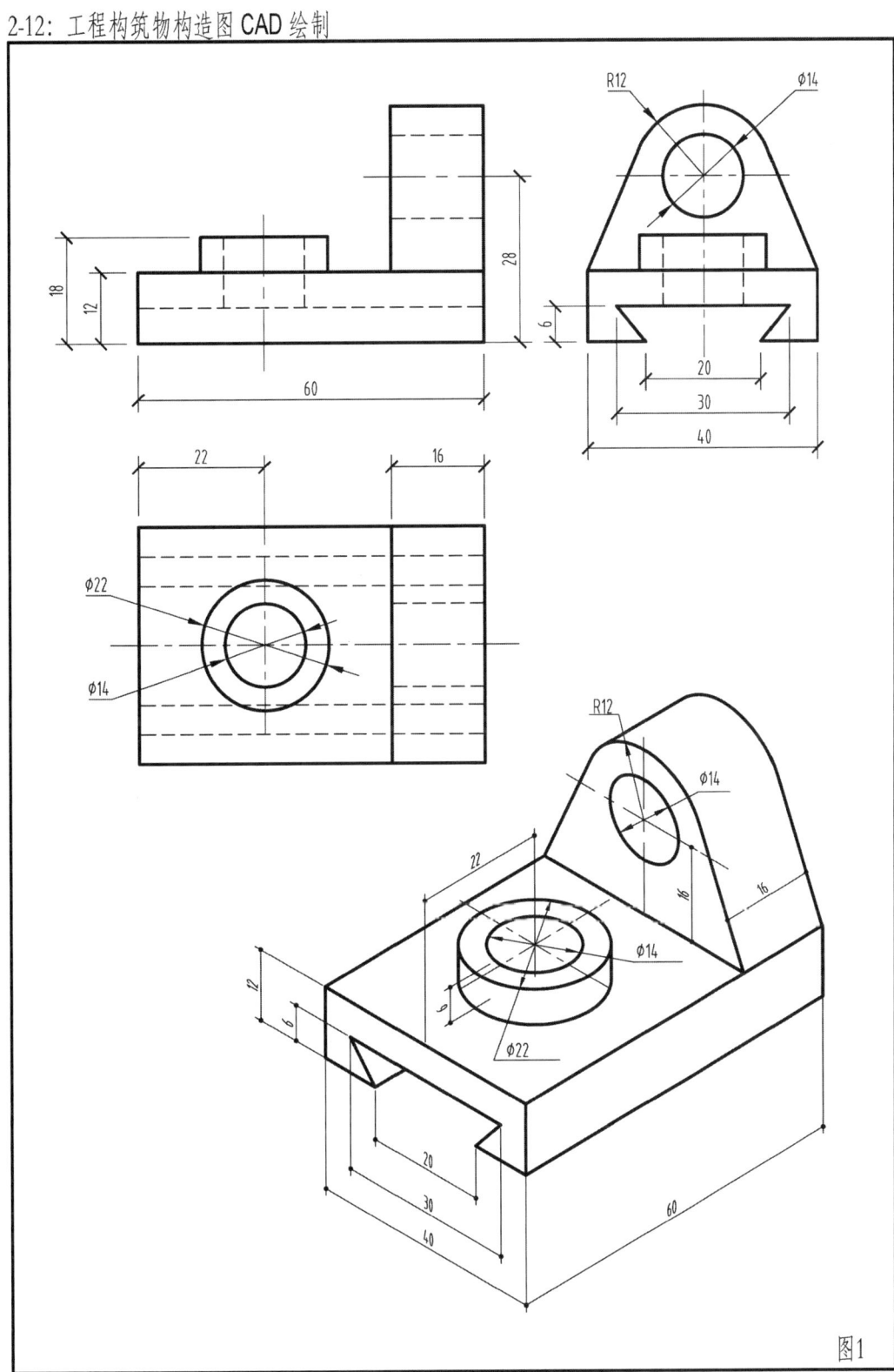

图1

2-12:（续）

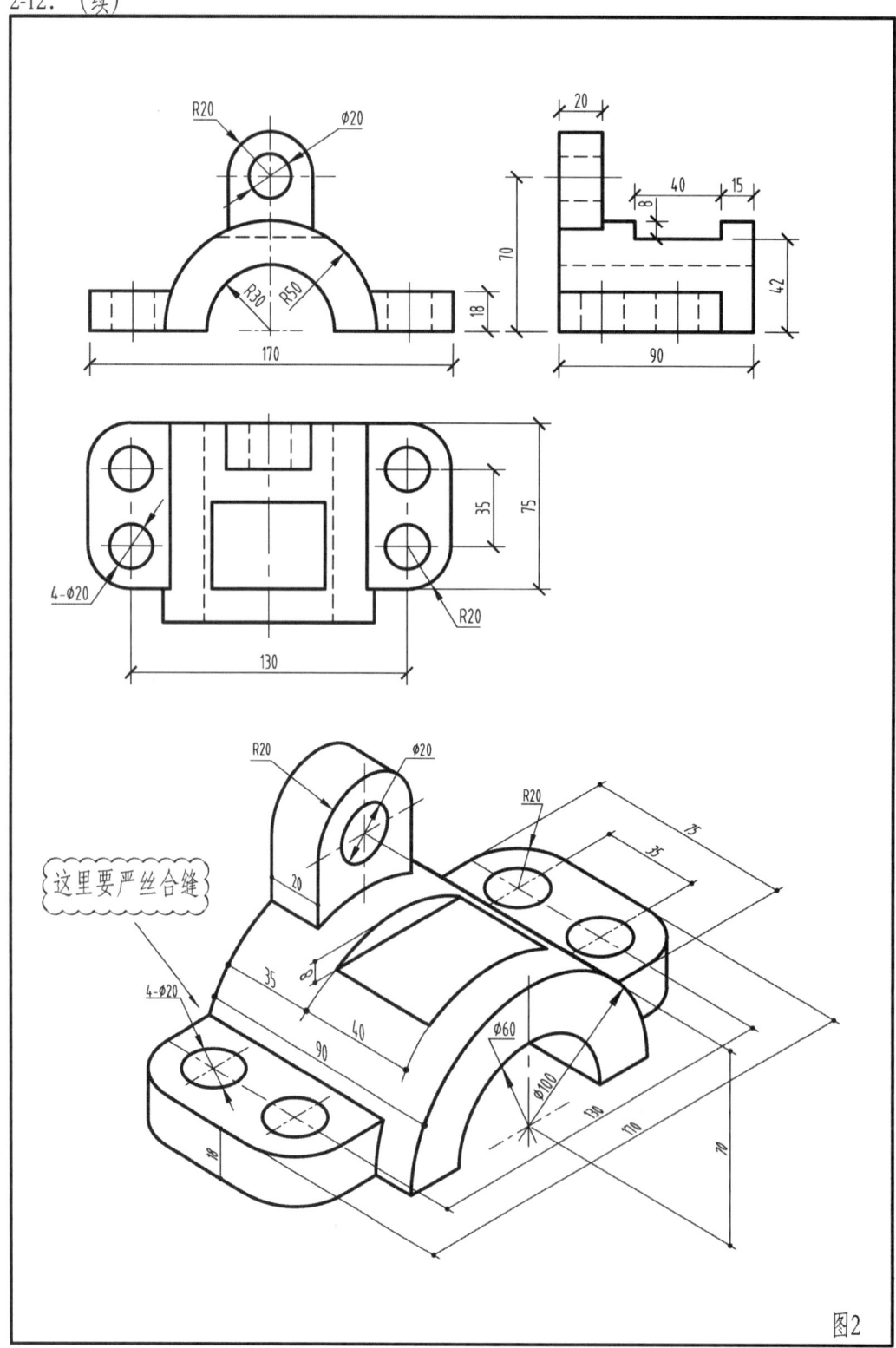

图2

2-12：（续）

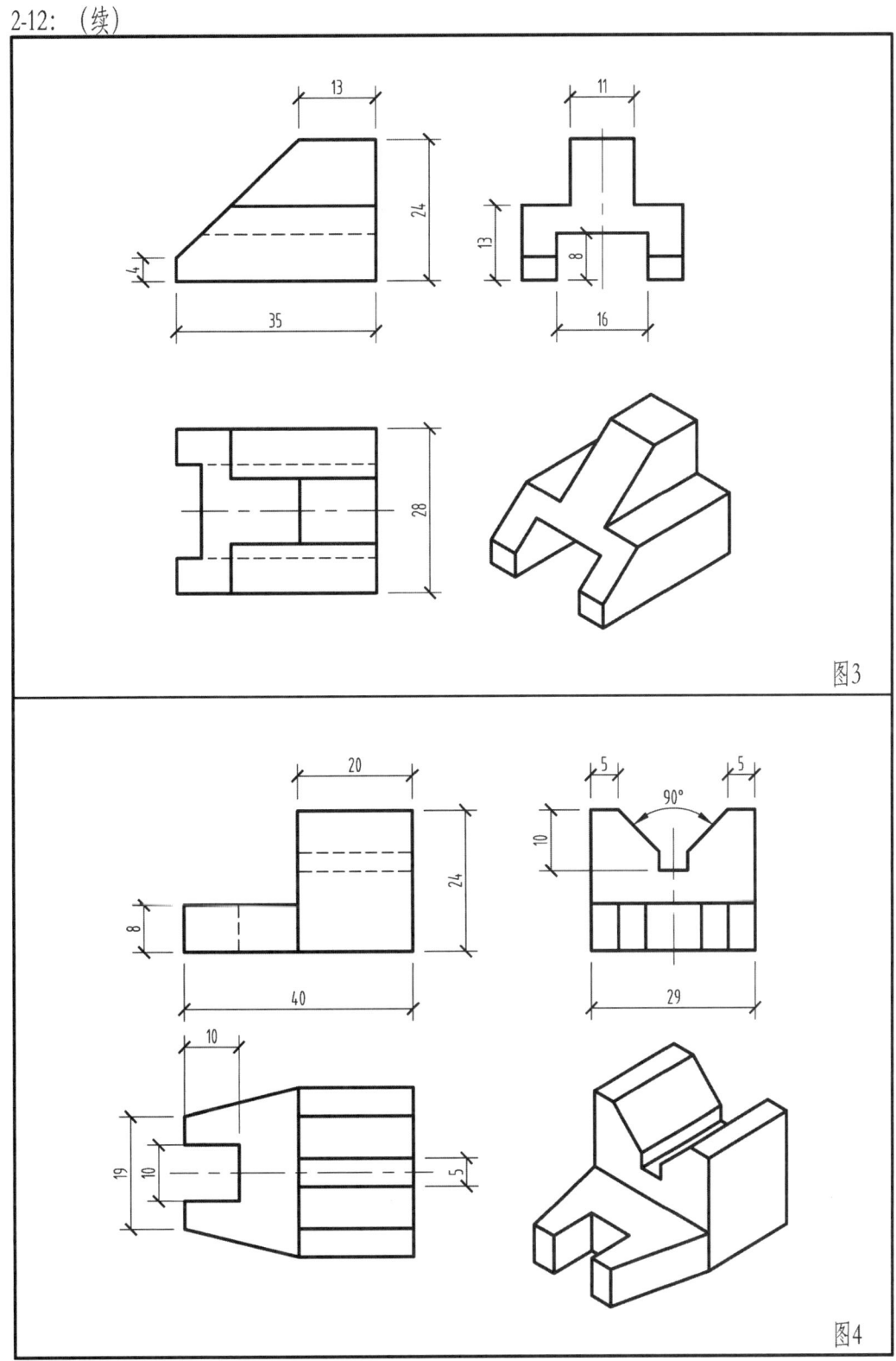

图3

图4

2-12：(续)

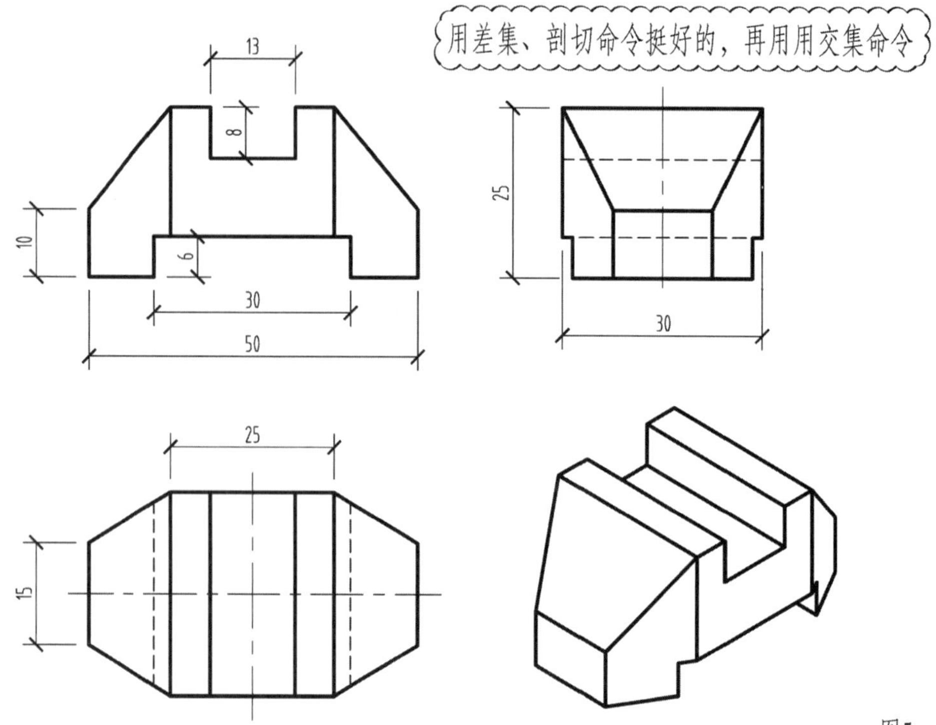

用差集、剖切命令挺好的，再用用交集命令

图5

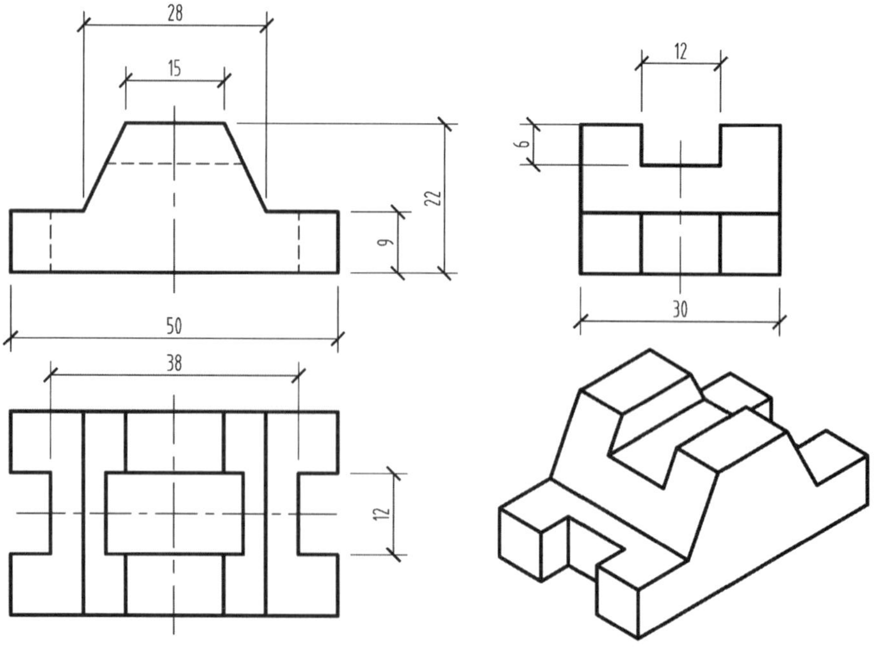

图6

2-12：（续）

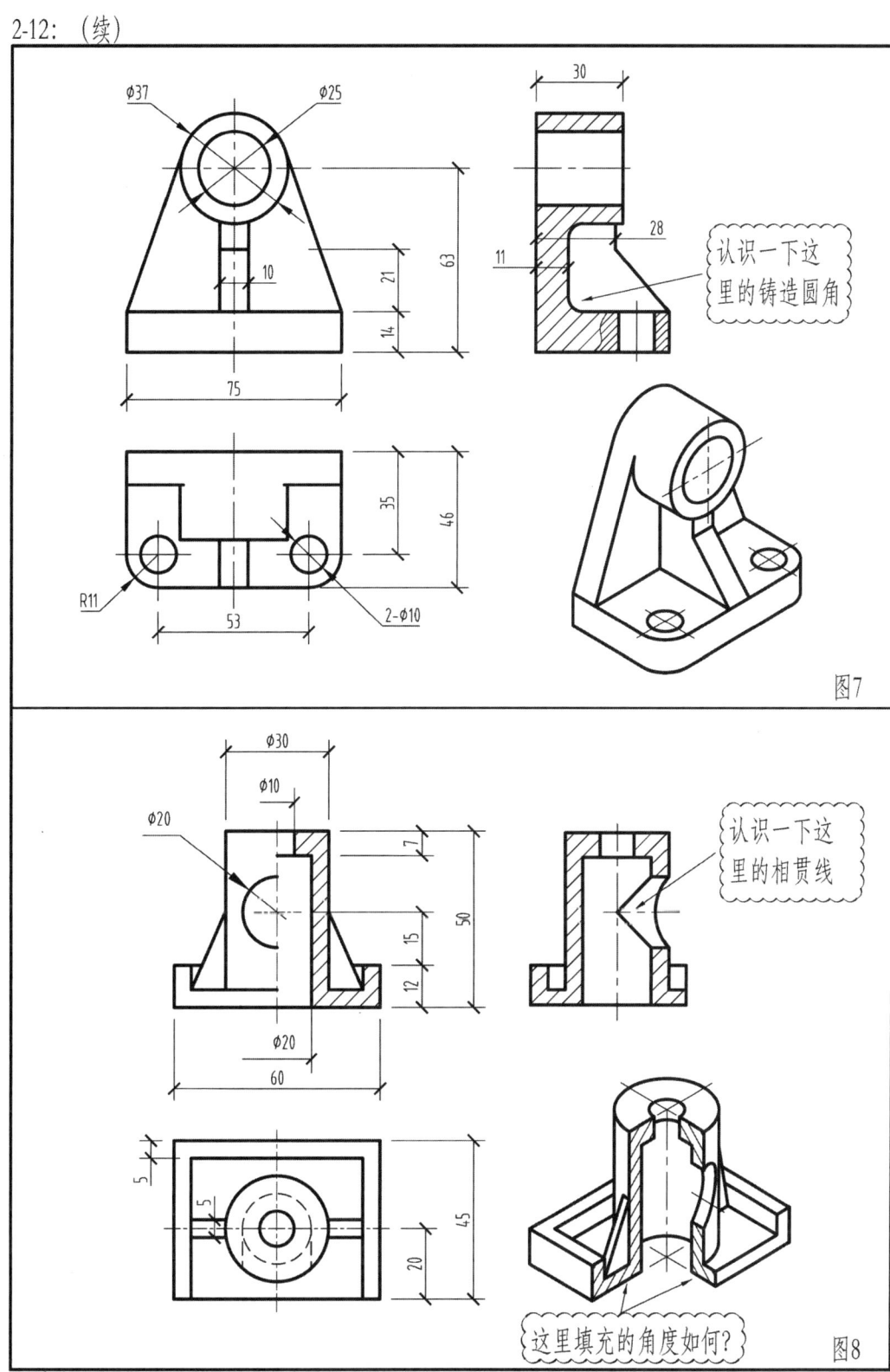

图7

图8

2-12：（续）

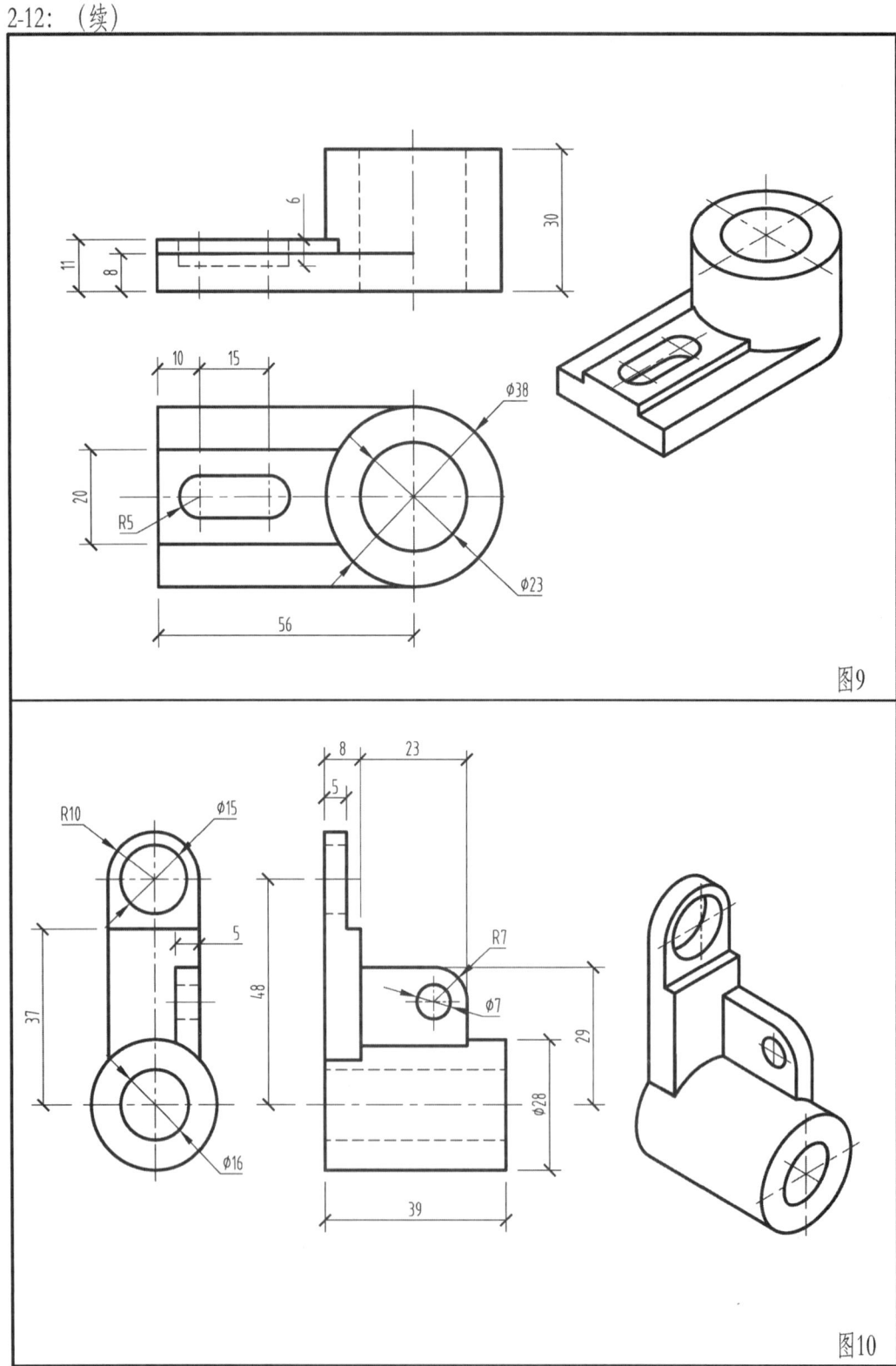

图9

图10

2-12：（续）

绘制密封盖零件

(1)

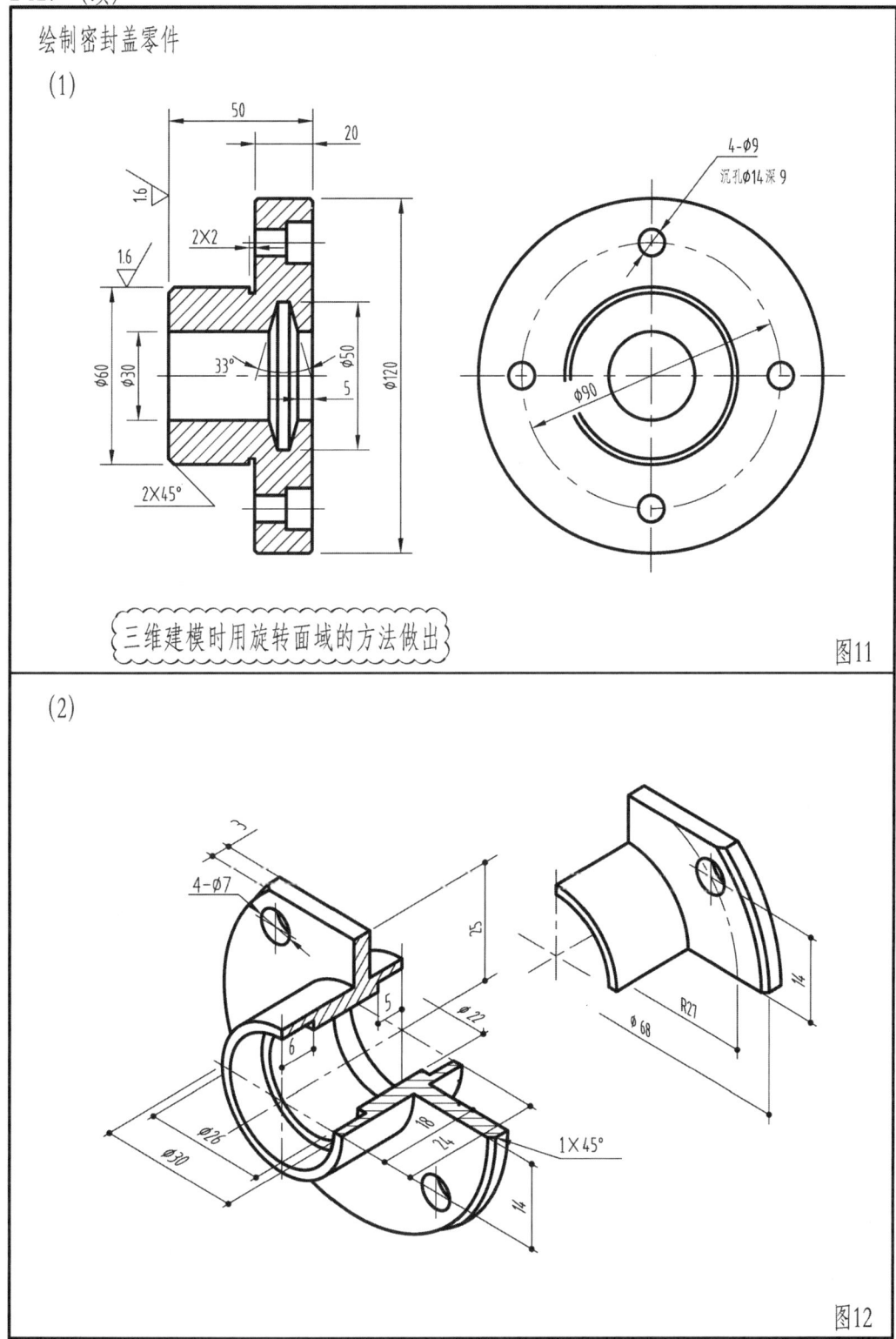

三维建模时用旋转面域的方法做出

图11

(2)

图12

2-12：（续）

绘制折板类零件
(1)

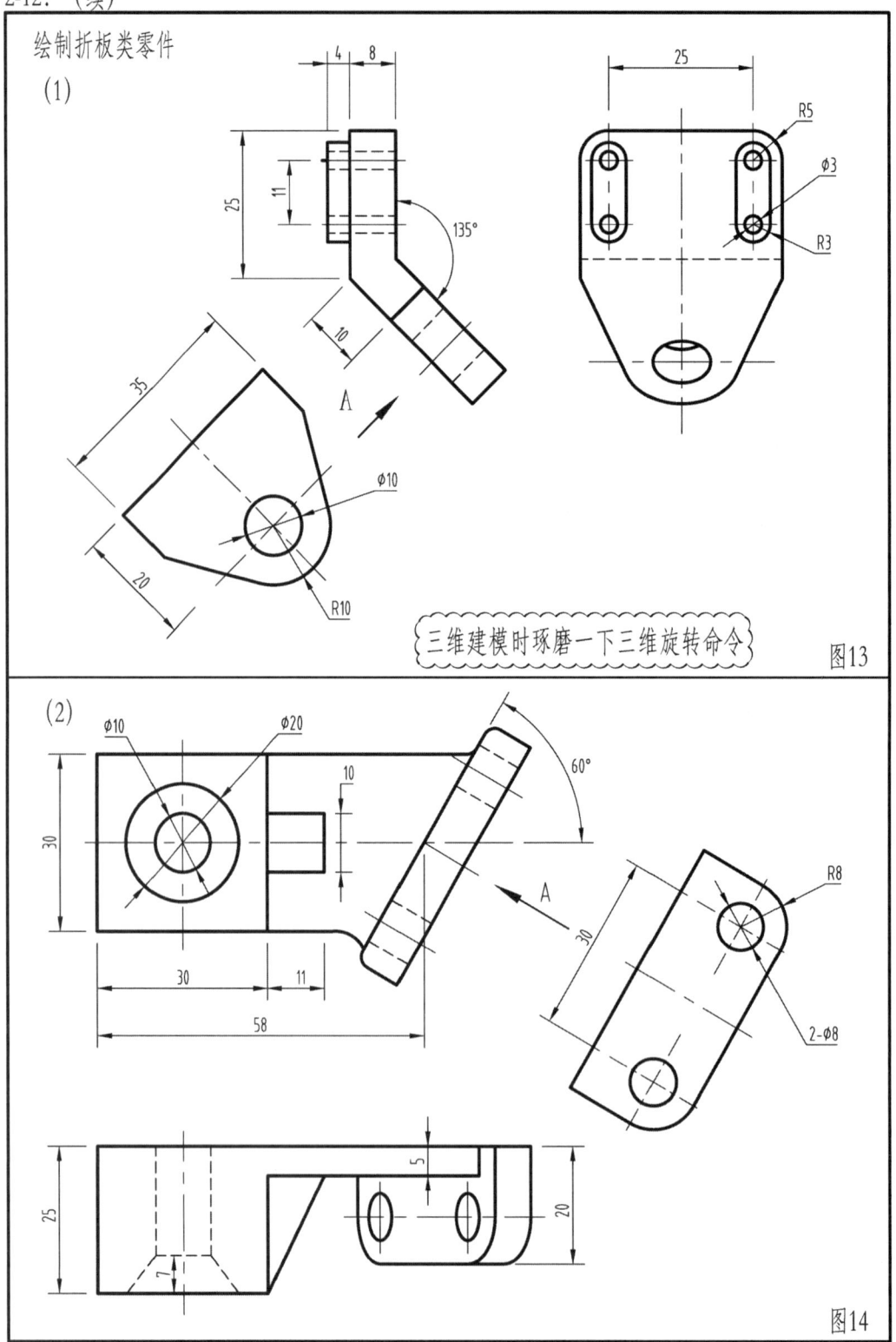

图13

(2)

图14

2-12：（续）

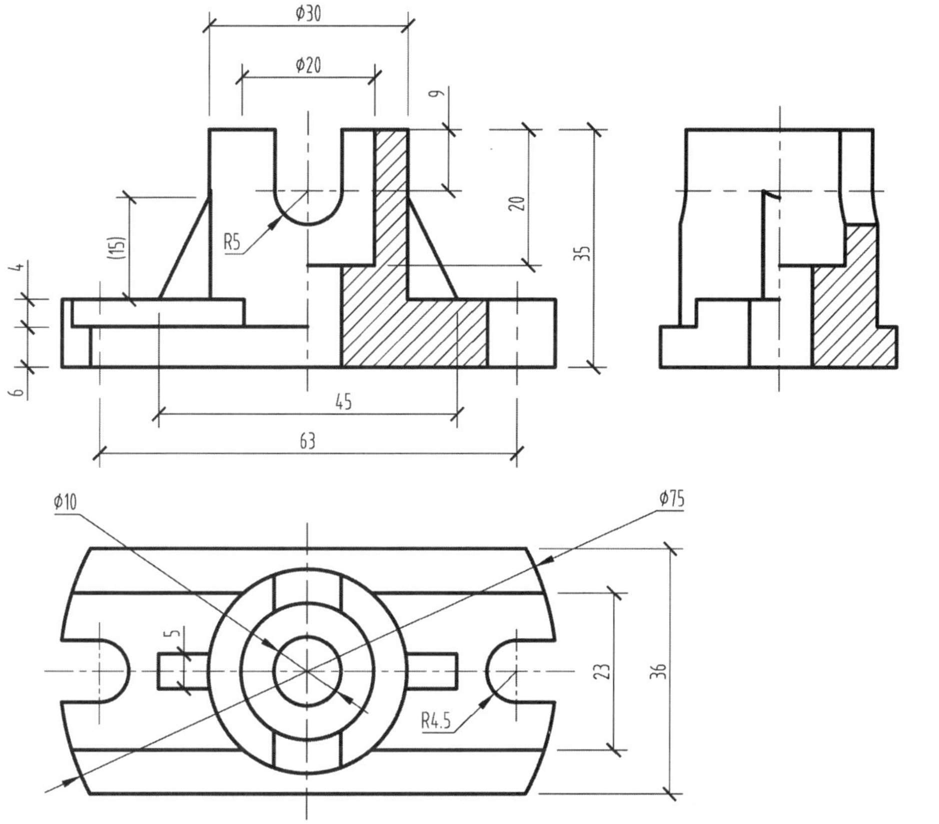

图15

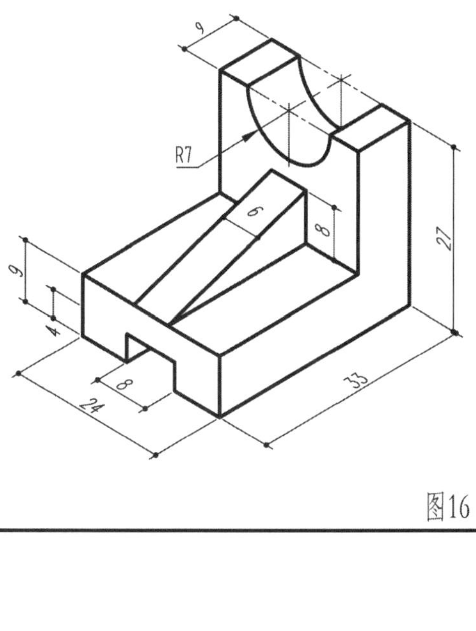

图16

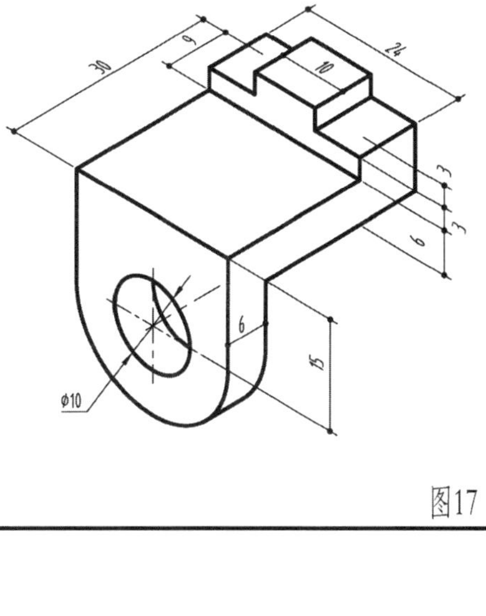

图17

2-12：（续）

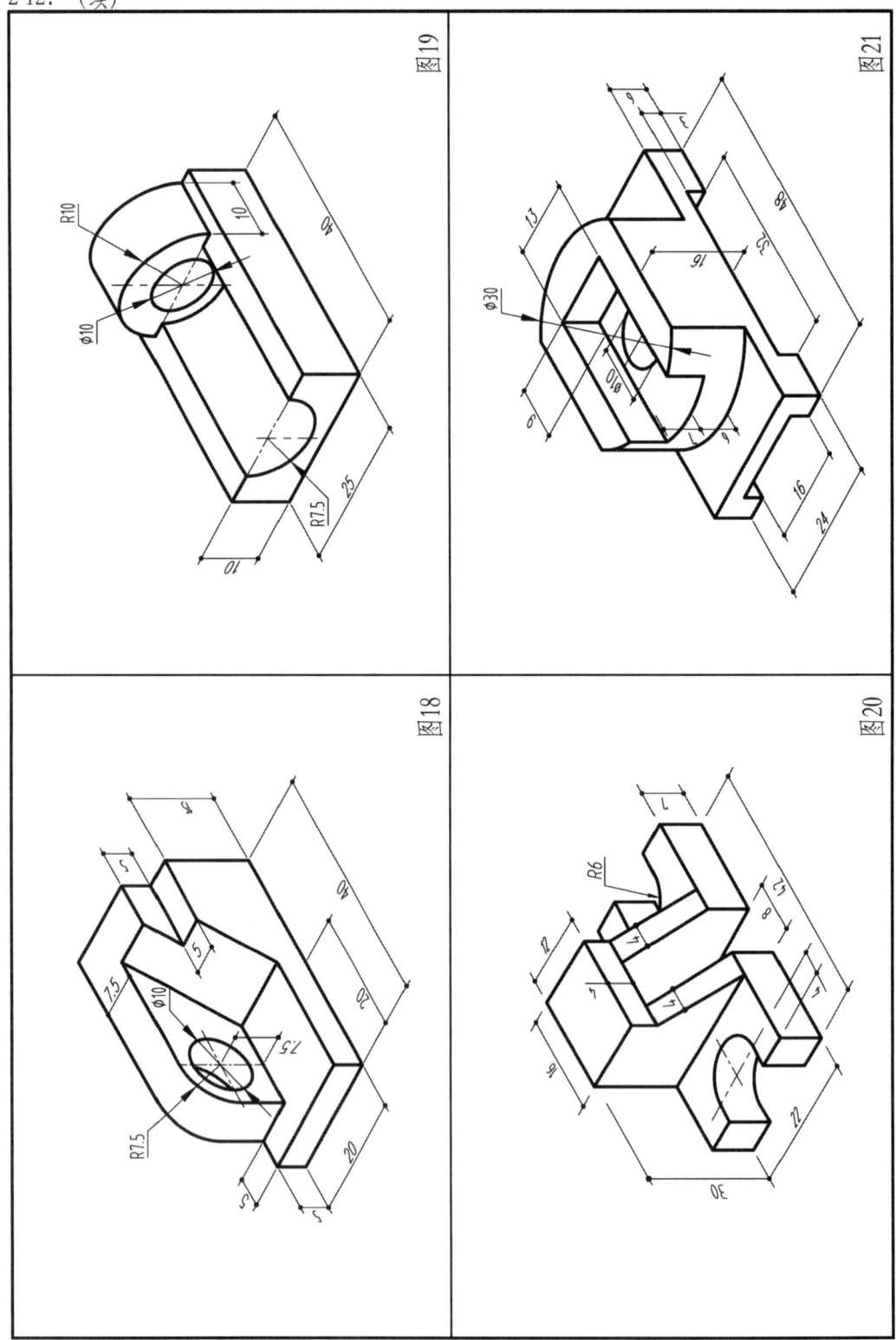

2-12：（续）

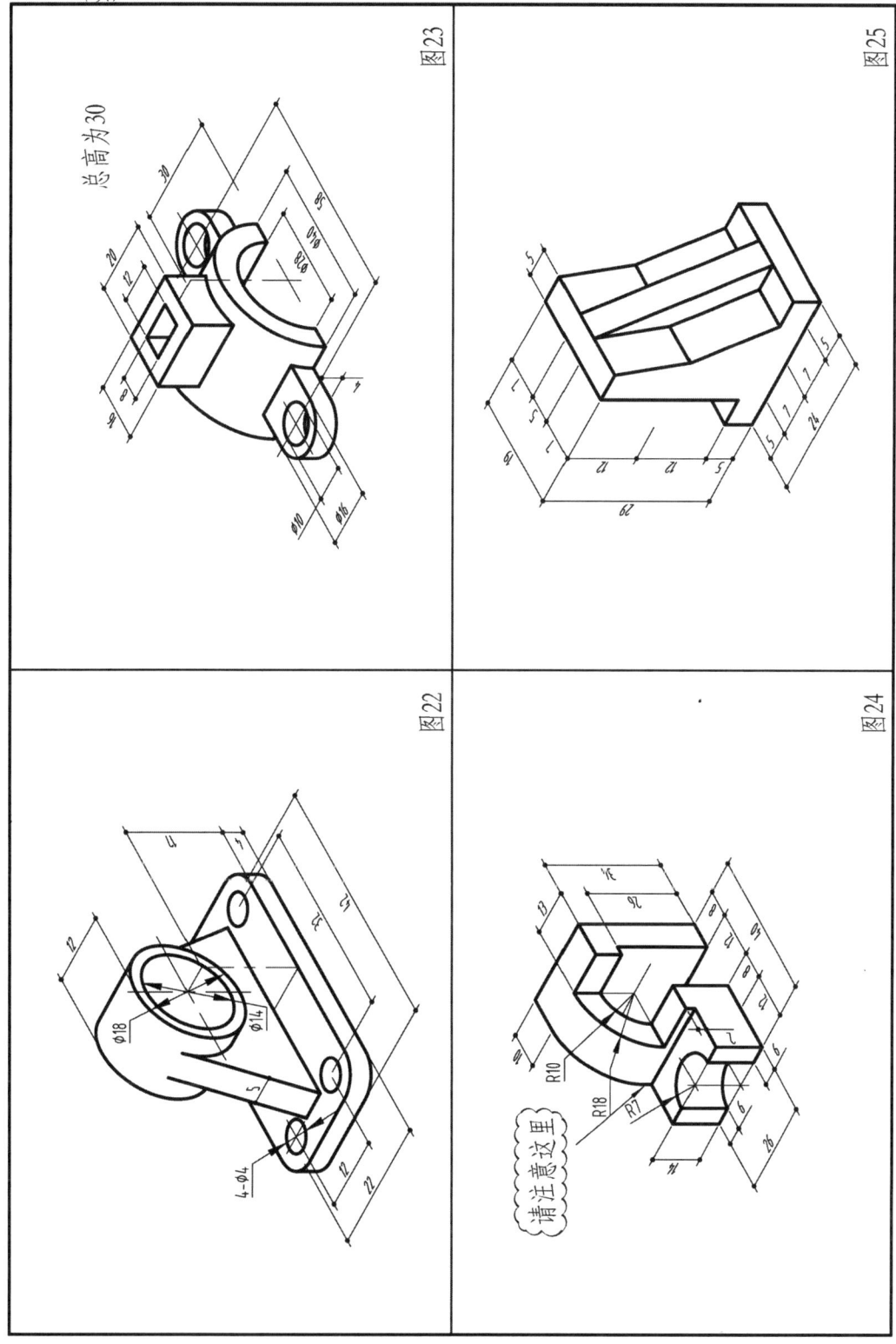

2-12：（续）

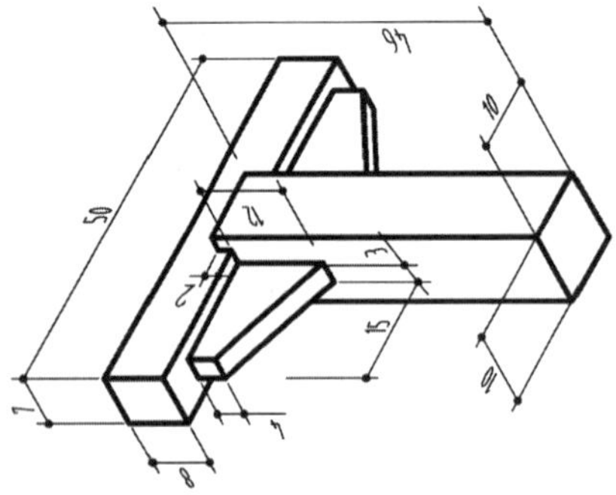

图27

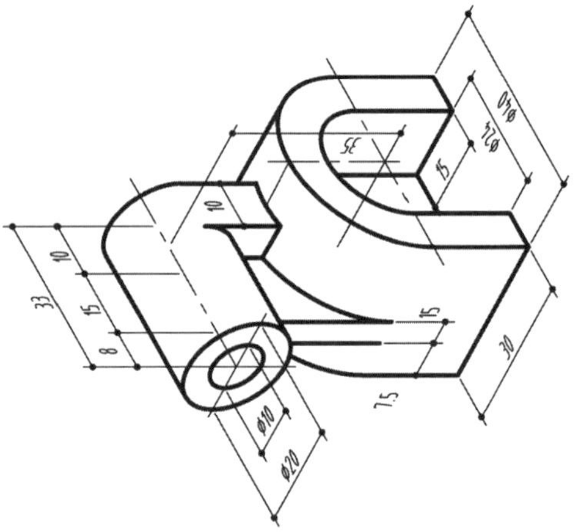

图29

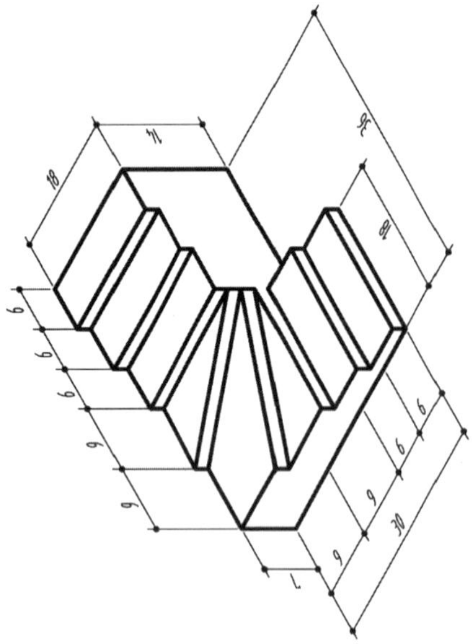

图26

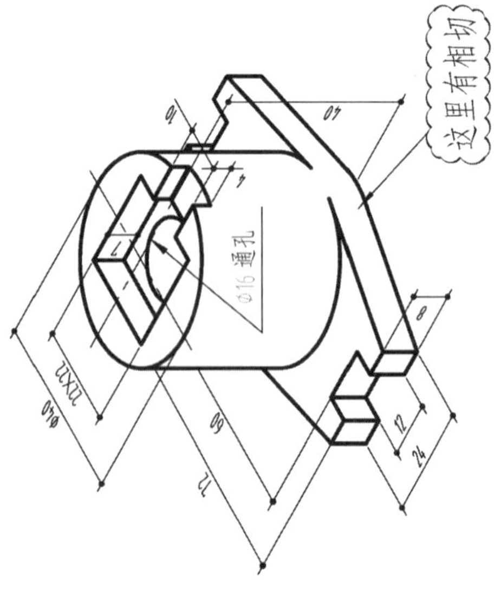

图28 这里有相切

2-12:（续）

2-12：（续）

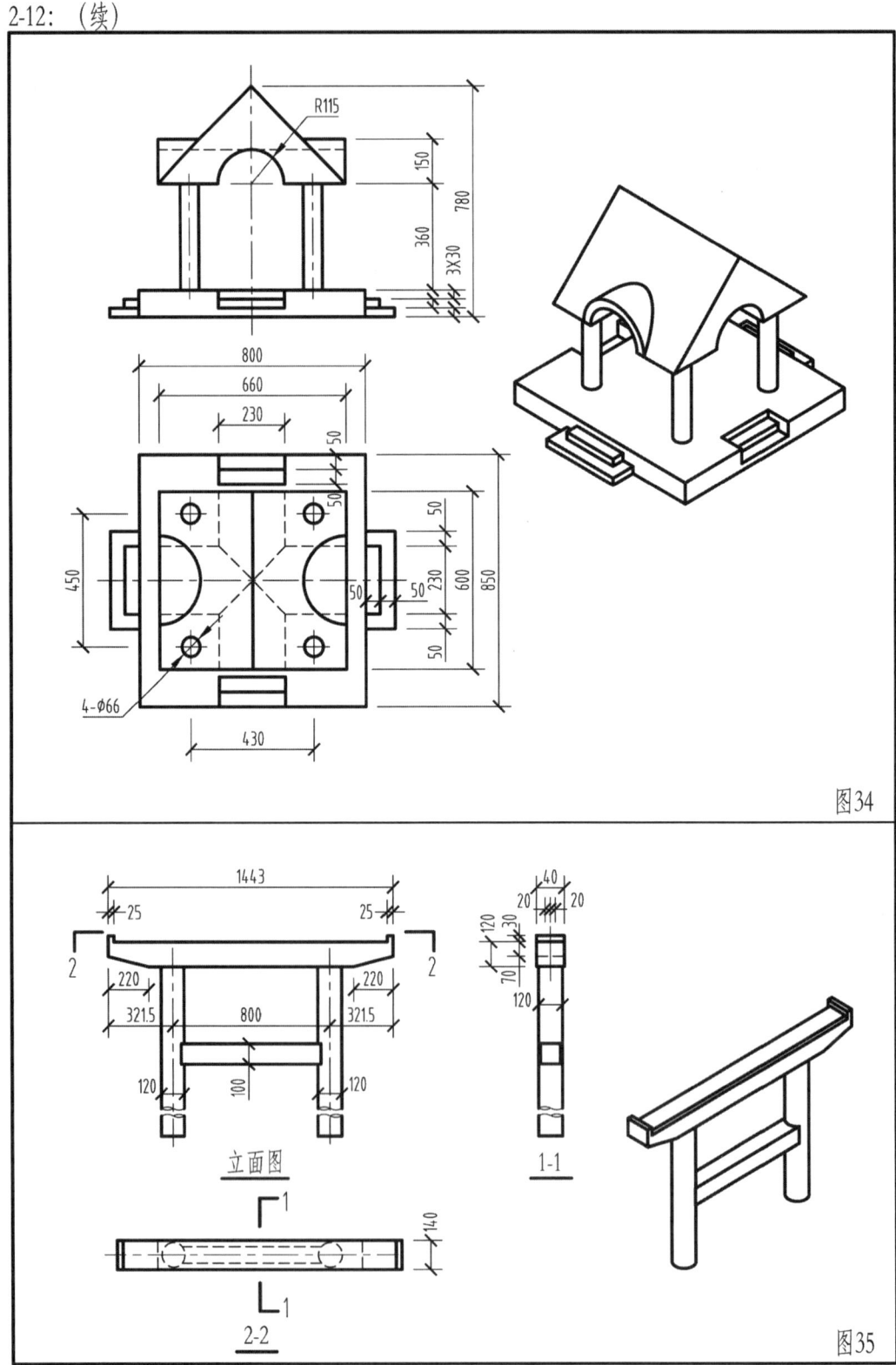

图34

图35

 **项目小结：**

（1）按照投影中心距离投影面的远近程度或投影线的特点，投影分为中心投影和平行投影。平行投影在投影过程中有显实性、积聚性和类似性等特点。

（2）三面正投影可以比较完整地表达出物体的构造组成与轮廓形状。三面投影图间应满足长对正、高平齐、宽相等的投影规律。在三投影图中空间方位的上下左右四项，与图纸方向一致，前后两项在水平与侧面投影图中应当用"远离正面图为前"的规则来判定。

（3）组成复杂物体的基本体一般包括柱类、锥类、台类和球状物体，各类基本体的三投影图都有规律性特点，在表达和阅读投影图时应加以应用。

（4）复杂的工程构筑物通过简单体组合后，表面的形式有平齐面、非平齐面和相切过渡面三种形式，在绘制过程中要处理细致。

（5）组合体通常有叠加、挖切等组合形式；叠加体识图时，先分析清楚物体由几部分组成，然后分析各组成部分的形状和相对位置，最后注意结合表面的特点将其组合到一起。挖切体识图时，首先分析物体的主体部分是什么基本体，着重分析物体被斜坡、斜坎、斜面切割的部分，分析透斜面的位置和形状，最后按照斜面的投影特点完成切割构造的绘制与阅读。

（6）组合体尺寸标注要清晰、完整、正确、合理。要标注出组合体全部尺寸，标注顺序可以按照先确定三个方向尺寸的基准面，再标注组合体各个组成部分的定形和定位尺寸，最后标注总体尺寸。

（7）轴测投影图是用平行投影法表达出的具有立体效果的图样，轴测图有正轴测和斜轴测两类。轴测图即"沿轴测量"所画的图，要特别注意：凡与空间坐标轴平行的线段可以直接用该轴的伸缩系数度量尺寸，而不与坐标轴平行的线段，则不能直接量取尺寸。作图的要领是：先根据轴测图的类型，画出正确的轴测轴（注意轴间角的度数），然后根据形体的结构特点选择恰当的方法，如坐标法、叠加法、切割法等。

（8）工程图样的表达手法比较多样，最常用的表达手法有：各向视图、剖面图、断面图和图样的简化画法等。其中选择视图的数量要根据物体的复杂程度确定，剖断面手法是一种假想剖切，图样表达是按照剖切后绘制，而物体并未被真实剖切。

（9）剖面图可以全面地表达出物体内外部构造和材料状况，应根据物体的构造特点合理选择下面一些剖面图手法：全剖面图、半剖面图、阶梯剖面图、展开剖面图、局部剖面图等。

（10）断面图可以很简洁地表达出梁、板、柱、轴、管、套等类型物体的主体特征和材料状况，根据断面图绘摆放的位置可分为移出断面图、中断断面图、重合断面图。

（11）用CAD完成三视图与轴测图的两种方法：二维绘制与三维提取。两种方法要配合使用处理会更快更准。要熟练进行三种状态设置，应用双向追踪手法完成二维三视图与轴测图的绘制。通过提取三维实体造型在各个视图方向下的轮廓设置，利用对齐及旋转命令将三视图与轴测图排布在二维平面图纸上。

（12）用 CAD 绘制工程构筑物的三视图与轴测图的步骤要合理，采用以下步骤进行：

进行绘图环境设置→依照实体尺寸形成构筑物的三视图与轴测图→按一定的比例将图形布置在标准的图框内→进行图样尺寸标注→通过调整尺寸线性比例集中处理尺寸标注数据→进行图案填充操作→进行图样中文字注写、符号表达以及图样说明书写等→进行图样打印设置，预览后进行打印出图。

（13）形体的三维建模，AutoCAD 有两个方法，方法一，是直接选用建模命令区中的实体命令，方法二，是绘制出平面二维封闭图形，将其作成面域，然后选用建模命令生成实体。

项目三：线路工程图识读与绘制

 学习目标：

知识要点	能力与素养目标	相关知识
线路平面图的识读	1. 能够识读线路平面图 2. 能够绘制简单线路平面图 3. 了解我国高速公路的快速发展，培养学生的家国情怀，认识党的路线、方针、政策	1. 线路设计中图例知识 2. 线路平面图的表达方法和读图方法
线路纵断面图的识读	1. 能够识读线路纵断面图 2. 能够绘制简单线路纵断面图 3. 学习青藏铁路建设，培养自身敢于吃苦，不怕困难的宝贵品质	线路纵断面图的表达方法和读图方法
路基横断面图的识读	1. 能够识读路基横断面图 2. 能够绘制简单路基横断面图 3. 通过海报汇报活动，提升设计提问、突破重点的能力，建立善于倾听的品格	1. 路基横断面的形式 2. 路基横断面图的表达方法和读图方法 3. 路基横断面图的绘制要领
线路工程图CAD绘制	1. 能够用CAD绘制线路工程图 2. 提高查漏补缺的能力，培养遵守图示规范、优化操作规范的能力	1. CAD中多段线命令的应用 2. CAD中文字注写与编辑命令的应用 3. CAD中块定义、插入及编辑命令的应用

学习任务一：线路工程图识读

 工作任务：

阅读线路工程图的相关资料，提取专业关键词，制作学习海报，进行小组学习汇报。

引 导：

（1）观察铁路线路、公路线路、城市道路的修建组成，参观土木工程构造模型室，查询收集有关线路工程的信息，了解认识线路以及线路上的工程构筑物的形式与构造。

（2）阅读线路工程图相关学习资料，从提取资料中的关键词入手，认识专业术语，了解线路工程图的图样组成、图样内容、图样表达手法，掌握与工程施工相关的专业基础知识与技能。

（3）认识铁路线路、公路线路、城市道路工程图的相同点与不同之处。

（4）以小组为单位（6~7人），将学习线路工程图过程中的关键词，应用4~6个进行设计，提取出一个主题，做成海报，然后进行学习总结汇报。海报主题要鲜明、版面设计有创意、易于观展；汇报要观点明确、语言组织流畅、思路结构新颖清晰。

（5）小组成员要制定出任务完成计划，分工合作、相互学习，要形成自行检验、相互检验工作进程的习惯，提高合作成效，提升个人素质。

铁路是一种供火车行驶的带状结构物，它主要由路基、桥梁、涵洞、隧道等部分组成。铁路线路是指线路沿长度方向的轨道中心线。由于地形、地物和地质条件的限制，铁路线路的线型在平面上由直线和曲线段组成，在纵面上由平坡和上、下坡段组成。因此从整体上看，铁路线路是一条空间曲线。图3-1所示为铁路中的一段线路。

图3-1　铁路线路

【青藏铁路】

青藏铁路由青海省西宁市至西藏自治区拉萨市，全长 1 956 km，其中：西宁至格尔木段 814 km，1984 年建成运营。格尔木至拉萨段，自青海省格尔木市起，沿青藏公路南行，经纳赤台、五道梁、沱沱河、雁石坪，翻越唐古拉山，再经西藏自治区安多、那曲、当雄、羊八井，进入拉萨市，全长 1 142 km。建设工期为 6 年，设计年输送能力为客车 8 对，货流密度 500 万吨。新线于 2001 年 6 月 29 日开工，2006 年 7 月投入运营。图 3-2 所示为青藏铁路线路格尔木至拉萨段平面图。

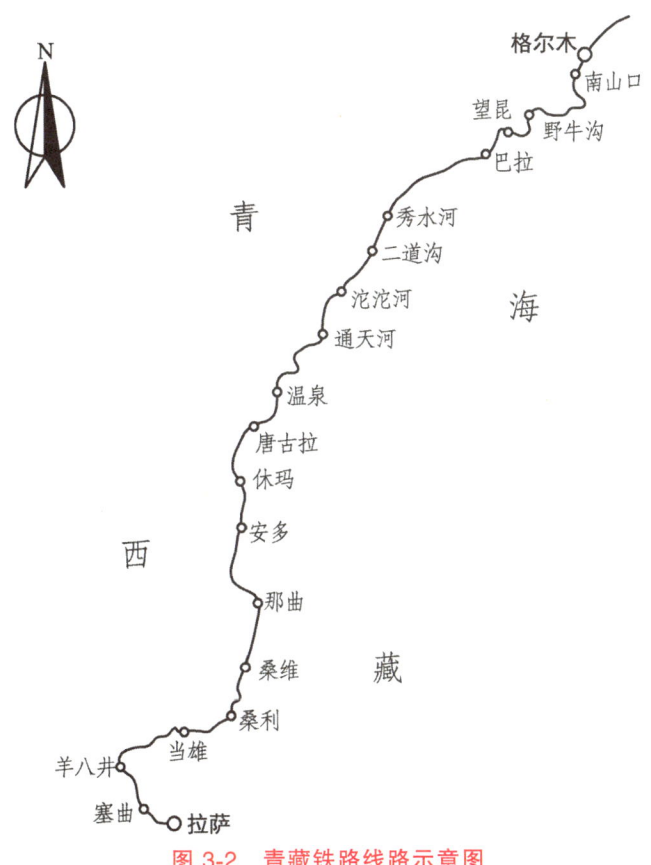

图 3-2 青藏铁路线路示意图

青藏铁路是世界上海拔最高、线路最长的高原铁路。翻越唐古拉山的铁路最高点海拔 5 072 m，经过海拔 4 000 m 以上地段 960 km，连续多年冻土区 550 km 以上。沿线地质复杂，滑坡、泥石流、地震、雷击等灾害严重，多年冻土、高寒缺氧、生态脆弱是青藏铁路建设的"三大难题"。

青藏铁路被列为"十五"四大标志性工程之一，名列西部大开发 12 项重点工程之首。青藏铁路"是有史以来最困难的铁路工程项目"，成为"世界上最壮观的铁路之一"。

随着这条 1 142 km 长的"天路"从格尔木成功铺轨至拉萨，世界铁路建设史、中国作为统一多民族国家的发展史以及青海西藏两省区人民的生活史都掀开了新的一页。

【京津城际铁路】

京津城际铁路是中国《中长期铁路网规划》的一条重要快速通道，是中国率先建成的第一条时速 300 km 的城际铁路。该工程连接北京、天津两大直辖市，线路全长 120 km。工程建成后，北京、天津之间火车全程直达运行仅需 30 min，列车最小行车间隔 3 min，对加快京津区域经济一体化进程，促进环渤海地区的经济交流和人员往来具有十分重要的作用。

京津城际铁路作为我国铁路建设标志性工程将永载史册。它的成功修建，让中国真正跻身于世界高铁俱乐部，实现了我国 20 多年来的高铁梦想。

图 3-3　京津城际铁路

知识点 1：铁路线路工程图

道路工程图讲解

铁道线路工程具有组成复杂、长宽高三向尺寸相差悬殊、形状受地形影响大和涉及学科广的特点。由于以上特点，铁道线路工程的图示方法与一般工程图样不尽相同，它是以地形图为平面图、以纵向展开断面图为立面图、以横断面图为侧面图，并且大都各自画在单独的图纸上。

铁路线路工程图包括线路平面图、线路纵断面图和路基横断面图。它们是铁路设计的基本文件，在各个设计阶段都有编制要求不同、用途不同的平面图和纵横断面图，其比例尺、项目内容和详细程度均不相同。

各种平面图、横纵断面图都有标准的格式和要求，绘制时，应遵照《铁路工程制图标准》（TB/T 10058—1998）中的有关规定。

一、线路平面图

线路平面图是指在绘有初测导线和经纬距的大比例带状地形图上，设计出线路平面和标出有关资料的平面图。其作用是表达线路的方向、平面线型、沿线两侧一定范围内的地形、地物情况以及结构物的平面位置，将线路中心线用加粗粗实线（1.4b～2.0b）画在地形图上来表示设计线路的水平状况及长度里程，地形用等高线来表示，地物用图例来表示，如图 3-4 所示（见书后插页），为某铁路 DK184+672 至 DK185+950 段的线路平面图。

1. 线路平面图图示内容

（1）地形部分：

● 比例。为清楚地表达线路及地形、地物状况，通常根据地形起伏变化程度的不同，图样采用不同的比例。一般山岭地区采用 1∶2 000，丘陵和平原区采用 1∶5 000。

● 指北针或坐标网。为表示地区的方位和线路的走向，也为拼接图纸时提供核对依据，地形图上需画出指北针或坐标网。

指北针的绘制要求如前所述。坐标网要用沿东西及南北方向的间距相等的两组平行细实线画成互相垂直的方格网，也可只画方格网节点处的十字线，并在靠近节点处平行网线标注纵横坐标数值，数值单位是 m，南北方向轴线代号注写为 E，向东则为坐标值增大的方向，东西方向轴线代号注写为 N，向北则为坐标值增大的方向。

● 地形、地物。地形的起伏变化及其变化程度是用等高线来表示的。相邻 2 条等高线之间的高差为 2 m，每隔 4 条较细的等高线就应有一条较粗的等高线，称为计曲线（本例只显示计曲线），高程数值就标注在计曲线上，其字头朝向上坡。在线路平面图中，地物用统一的图例来表示，常用的图例如表 3-1 所示。

由图 3-4 线路平面图可看出，图的右下方有座山峰，上方有雅鲁藏布江流过，左下方地势较平坦，有大片旱田。在图的中部拟建铁路上方有国道 318 沥青公路，贯穿平面图有一条高压电力线和一条电信线路。图中还示出了房屋、大车道、小路、桥梁、涵洞、隧道、立体交叉以及沙滩的位置。

表 3-1 线路平面图中的常用图例

名 称	符 号	名 称	符 号	名 称	符 号
房 屋		涵 洞		公 路	
大车路		桥 梁		通 道	
小 路		隧 道		水准点	
堤 坝		电信线		高压电力线低压电力线	
旱 田		草 地		养护机构	
河 流		沙 滩		人工开挖	

（2）线路部分：

● 线路的走向。线路平面图所采用的比例较小，铁路的宽度无法按实际尺寸画出，因此铁路线路是用加粗粗实线或粗虚线（穿越隧道时）沿着线路中心表示的。从图 3-4 中可以看出，线路从东北端 DK184+672 m 处隧道中延伸过来，右转 22°57′出圣殿山隧道，穿过恰桑 4 号中桥向西端而去。

● 里程桩号。为表示线路的总长度及各路段的长度，在线路上从线路的起点到终点沿前进方向的左侧每隔 1 km 垂直线路设一公里桩，并注写公里数值，如 DK185 即 185 km。沿前进方向的右侧在公里桩中间，每隔 100 m 以垂直线路的细短线设百米桩，数字写在短细线端部且字头朝向上方。

● 曲线表。线路的平面线形有直线形和曲线形。在铁路转弯处，要标注线路转折的顺序编号，即交角点编号，按设计要求在转弯处需设有平曲线。平曲线有时是圆弧曲线，在线路平面图中对曲线还需标出曲线起点 ZH（直缓）、HY（缓圆）、中点 QZ（曲中）、YH（圆缓）和终点 HZ（缓直）的位置。

在图中还需列出各平曲线的要素：交角点 JD 号、转角或偏角 α（α_Z 为左偏角，α_Y 为右偏角，它是沿线路前进方向向左或向右偏转的角度）、圆曲线设计半径 R、切线长 T、曲线总长 L、外矢距 E 以及缓和曲线长 l，如图3-5所示。

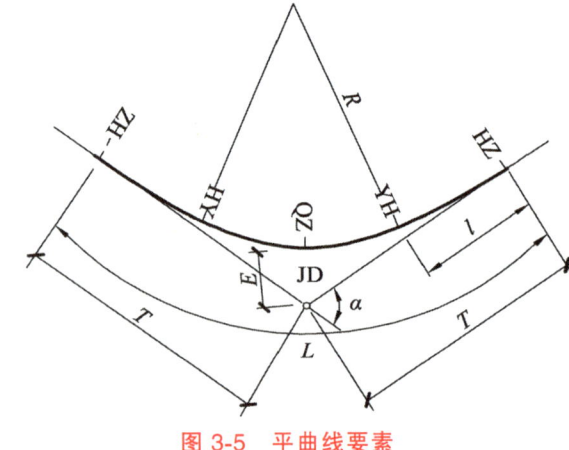

图 3-5 平曲线要素

● 构筑物和控制点。在线路平面图上还须标示出铁路沿线的构筑物和控制点，如桥梁、隧道、涵洞、通道、立交和水准点等。根据表 3-1 图例，我们可以从图 3-4 中了解到铁路沿线构筑物的位置、类型和分布情况以及控制点的坐标和高程。如在里程为 DK185+440 处有一中桥；图中有一水准点 BM103，高程为 3 784.68 m。

● 水准点。沿线路每隔一段距离设有水准点，如"$\frac{BM103}{3784.68}$"表示第 103 号国家水准点，其高程为 3 784.68 m。

2. 画线路平面图的注意事项

（1）先画地形图，等高线按先粗后细步骤画出，要求线条顺畅。

（2）然后画路线中心线，路线中心线用绘图仪器按先曲线后直线的顺序自左向右绘制。为使中心线与等高线有显著的区别，一般以两倍左右于计曲线（粗等高线）的粗度画出。

（3）平面图的植被图例，应朝上或向北绘制。

（4）由于铁路线路很长，不可能将整个线路平面图画在一张图纸上，通常需分段绘制在若干张图纸上，使用时再将各张图纸拼接起来。平面图中线路的分段宜在整数里程桩处断开，断开的两端均应画出垂直于线路的点画线作为接图线。相邻图纸拼接时，线路中心对齐，接图线重合，并以正北方向为准。

二、线路纵断面图

线路纵断面图是表达线路中心纵向设计坡度、竖曲线、地面起伏状况、地质情况和沿线设置构筑物概况的工程图。

线路纵断面图是通过铁路中心线用假想的铅垂面进行剖切展开后获得的。由于铁路中心线是由直线和曲线所组成的，因此剖切的铅垂面既有平面又有柱面。为清楚地表达线路纵断面情况，特采用展开的方法将断面展成一平面，然后进行投影，形成了线路纵断面图。

线路纵断面图的水平方向表示线路的长度，竖直方向表示高程，如图 3-6 所示。

主要技术标准

铁路等级	Ⅰ级
正线数目	单线
限制坡度	12.5‰
最小曲线半径	一般1200m 困难800m
牵引种类	内燃
机车类型	NJ2
到发线有效长度	650m (850m)
闭塞方式	自动

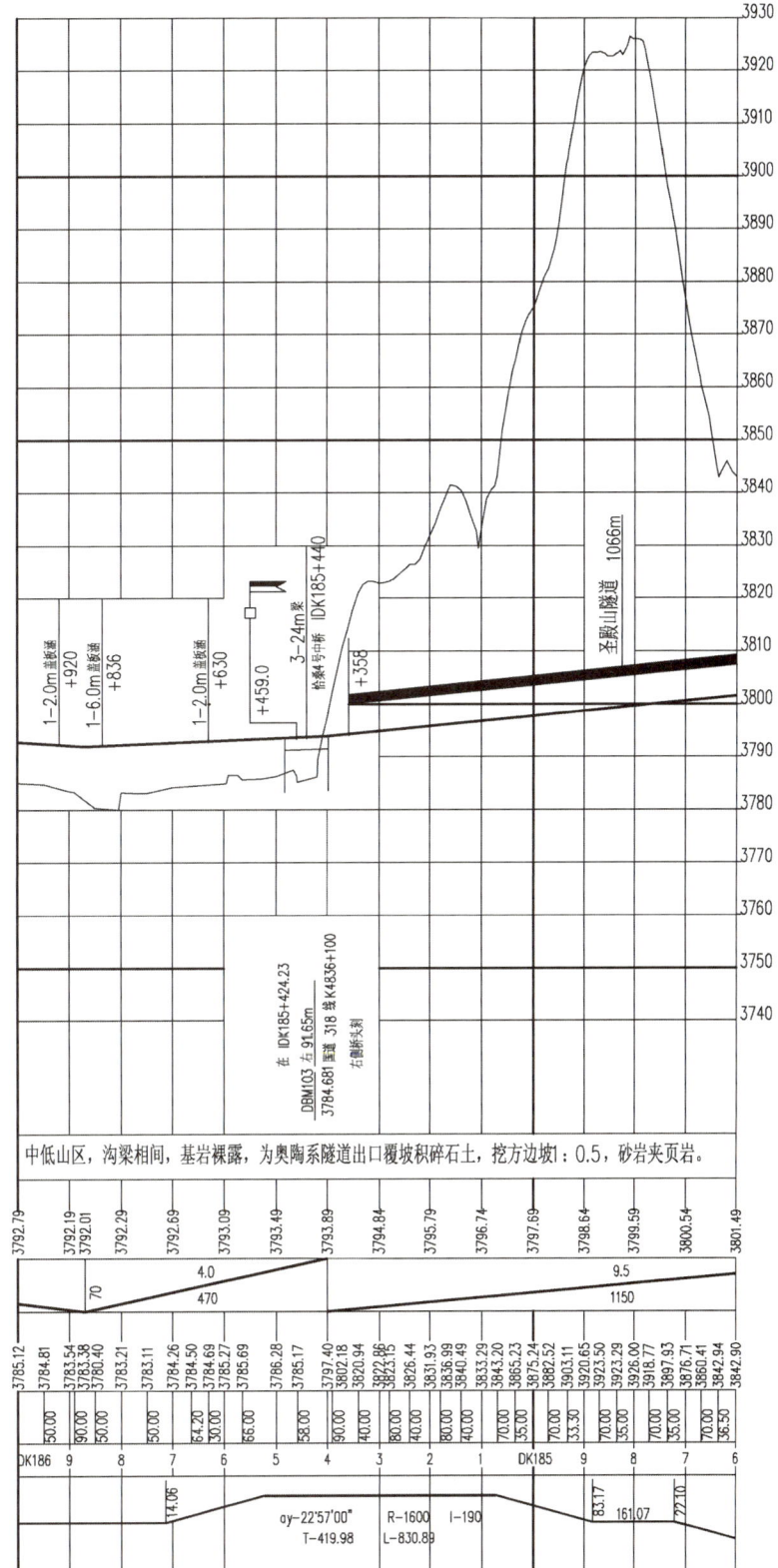

图 3-6　线路纵断面图

1. 纵断面图

● 比例。由于线路纵断面图是用展开剖切方法获得的断面图,因此它的水平横向长度就表示了线路的里程,铅垂纵向高度表示地面线及设计线的高程。由于线路和地面的高差比线路的长度小得多,为清晰显示垂直方向的高差,因此,规定垂直方向的比例按水平方向的比例放大 10 倍。这样画出的地面线和设计线虽然不符合实际,但它能清楚地显示地面线的起伏和设计线纵向坡度的变化。

● 地面线。图样中不规则的细折线表示设计中心线处的纵向地面线,它是根据一系列中心桩的地面高程连接而成的。

● 路肩高程线。图样中的粗实线为铁路纵向路肩高程线,它表示路肩的设计高程。比较路肩高程线与地面线的相对位置,可决定填挖地段和填挖高度。

● 主要技术标准。纵断面示意图的左侧上方应标出线路的主要技术标准。

● 桥涵构筑物。图样中还应标出桥梁、涵洞、立体交叉、养护机构和通道等人工构筑物。当线路上有桥涵时,应在地面线上边和路肩高程线下边,对正桥涵的中心桩号,用符号"┬┬"和"○"表示桥梁和涵洞,同时应在路肩高程线的上方空白处对准桥涵的中心位置,用细实线画竖直引出线,并注写桥涵的名称、规格和中心里程桩号。

● 水准点。沿线设置的水准点,都应按其所在位置,在设计线上方或下方的适当位置画细竖直引出线,并标注水准点的桩号、编号、里程,以及水准点与路线的相对位置。

2. 线路资料和数据表

该部分内容标注在图的下方,自下而上的顺序为:

● 线路平面。它是表示线路平面的示意图。凸起部分表示右转曲线,凹下部分表示左转曲线。凸起与凹下部分的转折点依次为 ZH、HY、YH、HZ 点。在 ZH 和 HZ 点处要注上距前一百米标的距离。曲线要素注于曲线内侧,两相邻曲线间的水平线为直线段,要标注其长度。

● 百米标与加标。在整百米标处标注百米标数,对于平、竖曲线的各特征点、水准点、桥隧涵中心点以及地形突变点等,还需增设加桩,加标处应标注距前一百米的距离。

● 地面高程。各百米标和加标处应填写地面高程。在地形图上读取高程时,精度为 1/10 的等高线距;外业测得的高程,精度为 0.01m。

● 设计坡度。向上或向下的斜线表示上坡道或下坡道,水平线表示平道;线上数字表示坡度的千分数,线下数字表示坡段长度(m)。

● 路肩设计高程。图上应标出各变坡点、百米标和加标处的路肩设计高程,精度为 0.01 m。

● 工程地质特征。扼要填写沿线各路段重大不良地质现象、主要地层构造、岩性特征、水文地质等情况。

3. 画线路纵断面图的注意事项

(1)路线纵断面图宜画在透明方格纸的反面,以防止擦线时把方格线擦掉。方格纸上的格子一般纵横方向按 1 mm 为单位分格,每 5 mm 处印成粗线。用方格纸画,既可减少使用比例尺,提高绘图速度,又便于进行检查。

(2)先画纵横坐标,左侧纵坐标表示标高尺,横坐标表示里程桩。

(3)地面线是剖切面与原地面的交线,点绘时将各里程桩处的地面高程点到图样坐标中,用细折线连接各点即为地面线。

（4）路肩高程线是剖切面与设计线路的交线，绘制时将各里程处的路肩高程点到图样坐标中，用粗实线拉坡即为路肩高程线。

三、路基横断面图

铁路路基的横断面图是利用假想的剖切平面，垂直于路中心线剖切而得到的，其作用是表达线路各中心桩处路基横断面的形状和横向地面高低起伏的状况。

工程上要求，在线路的每一中心桩处，应根据实测资料和设计要求，画出一系列的路基横断面图，用以计算施工土石方量和作为路基施工的依据。

1. 路基横断面图的形式

在铁路线路工程中，路基有下面几种形式：

● 路　堤

当铺设轨道或路面的路基面高于天然地面时，路基以填筑方式构成，这种路基称为路堤，如图 3-7（a）所示。

● 路　堑

当铺设轨道或路面的路基面低于天然地面时，路基以开挖方式构成，这种路基为路堑，如图 3-7（b）所示。

● 半路堤

当天然地面横向倾斜，路堤的路基面边线和天然地面相交时，路堤体在地面和路基面相交线以上部分无填筑工程量，这种路堤称为半路堤，如图 3-7（c）所示。

● 半路堑

当天然地面横向倾斜，路堑路基面的一侧无开挖工作量时，这种路基称为半路堑，如图 3-7（d）所示。

● 半路堤半路堑

当天然地面横向倾斜，路基一部分以填筑方式构成而另一部分以开挖方式构成时，这种路基称为半路堤半路堑，如图 3-7（e）所示。

● 不填不挖路基

当路基的路基面和经过清理后的天然地基面平齐，路基无填挖土方时，这种路基称为不填不挖路基，如图 3-7（f）所示。

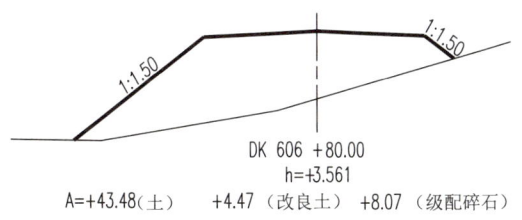

（a）路堤断面

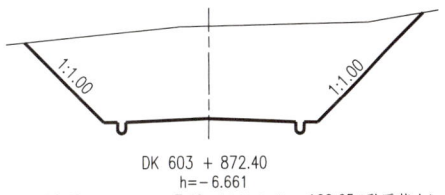

（b）路堑断面

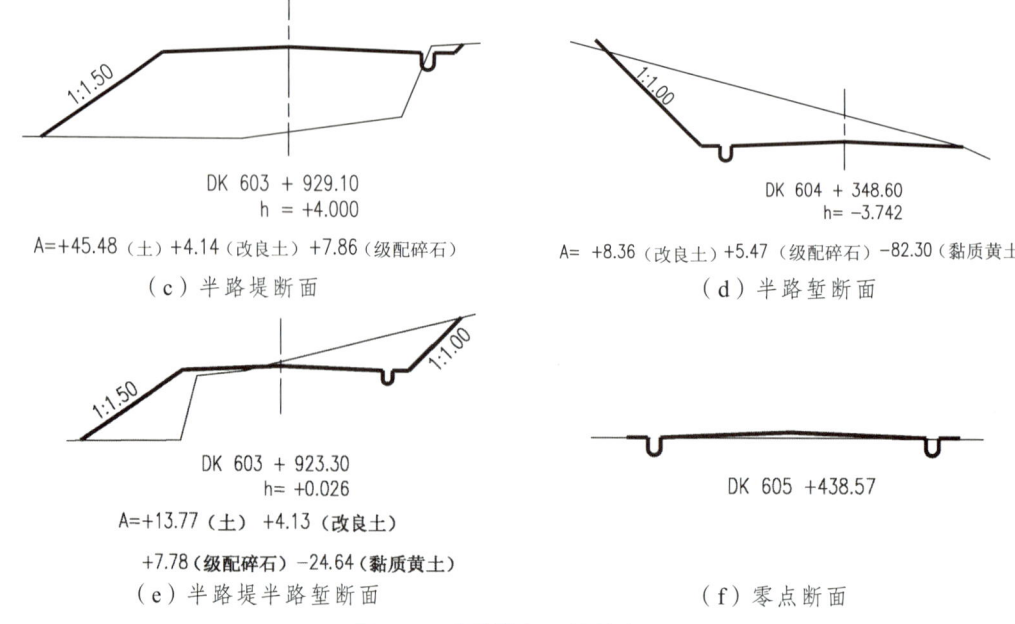

图 3-7　路基横断图的基本形式

图 3-7 中，填方边坡一般为 1∶1.5，挖方边坡一般为 1∶1。在每个横断面图下注有该断面的里程桩号、中心线处的填挖方高度 h（m）以及该断面的填挖方面积 A（m^2）。

2. 画路基横断面图的注意事项

（1）画路基横断面图应使用透明方格纸，以便于计算断面的填挖方面积，便于施工放样。

（2）路基横断面图的纵横方向采用同一比例。一般用 1∶200，也可用 1∶100 和 1∶50。按横断面的桩号顺序自下而上，从左至右依次画出。地面线画细实线，设计线画粗实线，如图 3-8 所示。

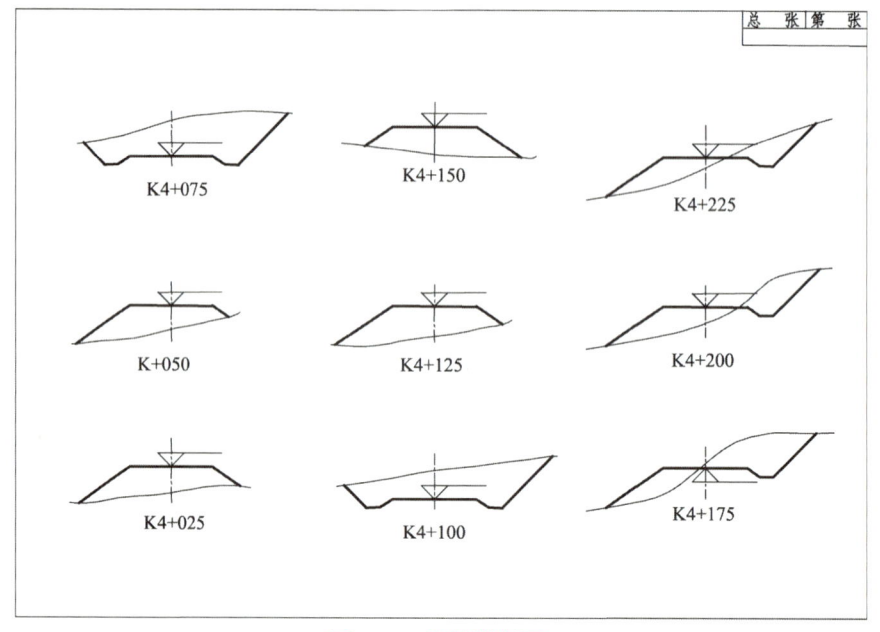

图 3-8　路基横断面

（3）每张路基横断面图的右上角应写明图纸序号及总张数。在最后一张图的右下角绘制图标。

知识点2：城市道路路线工程图

在城市里，沿街两侧建筑红线之间的空间范围为城市道路用地。城市道路一般由机动车道、非机动车道、人行道、分隔带、绿化带、交叉口和交通广场以及各种设施组成，在交通高度发达的现代化城市，还建有架空高速道路、地下道路等。图3-9所示为城市道路。

图3-9 城市道路

根据国家《城市规划定额指标暂行规定》的有关规定，道路还可划分为四级。

一级道路（设计车速为60~80 km/h），机动车的车行道不少于4条，每条宽3.75 m。非机车的车行道宽度不小于6~7 m。机动车与非机动车的车行道之间必须设分隔带。道路总宽度为40~70 m。

二级道路（设计车速为40~60 km/h），机动车的车行道路不少于4条，每条宽3.5 m。非机动车的车行道宽度不少于5 m。机动车与非机动车的车行道之间一般应设分隔带。道路总宽度为30~60 m。

三级道路（设计车速为30~40 km/h），机动车的车行道不少于2条，每条宽3.5 m。非机动车的车行道宽度不少于5 m。机动车与非机动车的车行道之间可设分隔带。在设分隔带时，非机动车道的宽度不少于3 m。道路总宽度为20~40 m。

四级道路（设计车速为30 km/h以下），机动车的车行道不少于2条，每条宽3.5 m。机动车与非机动车的车行道之间可设分隔带，道路总宽度为16~30 m。

城市道路的线形设计结果也是通过平面图、纵断面图和横断面图表达的。它们的图示方法与公路路线工程图相同，但由于城市道路所处的地形一般比较平坦，且城市道路的设计是在城市规划与交通规划的基础上实施的,交通性质和组成部分比公路复杂,尤其是行人和各种非机动车较多,各种交通工具和行人的交通问题都需要综合考虑予以解决,因此体现在横断面图上的设计比公路复杂。

一、横断面图

城市道路横断面图是道路中心线法线方向的断面图。城市道路横断面由车行道、人行道、绿化带和分离带等部分组成。

1. 城市道路横断面布置的基本形式

根据机动车道和非机动车道不同的布置形式,城市道路横断面的布置有以下四种基本形式。

● "一块板"断面。把所有车辆都组织在同一车行道上行驶,但规定机动车在中间,非机动车在两侧,如图3-10(a)所示。

● "两块板"断面。用一条分隔带或分隔墩从道路中央分开,使往返交通分离,但同向交通仍在一起混合行驶,如图3-10(b)所示。

● "三块板"断面。用两条分隔带或分隔墩把机动车和非机动车交通分离,把车行道分隔为三块:中间为双向行驶的机动车道,两侧为方向彼此相反的单向行驶非机动车道,如图3-10(c)所示。

● "四块板"断面。即在"三块板"断面的基础上增设一条中央分隔带,使机动车分向行驶,如图3-10(d)所示。

四种形式的横断面都有它们各自的优缺点和适用条件,必须根据具体情况,结合地区特点、交通性质、占地和拆迁等因素综合考虑,反复研究及技术经济比较后才能选定。另外,随着城市交通的不断发展和变化,城市道路横断面形式也应随之发生相应的变化。

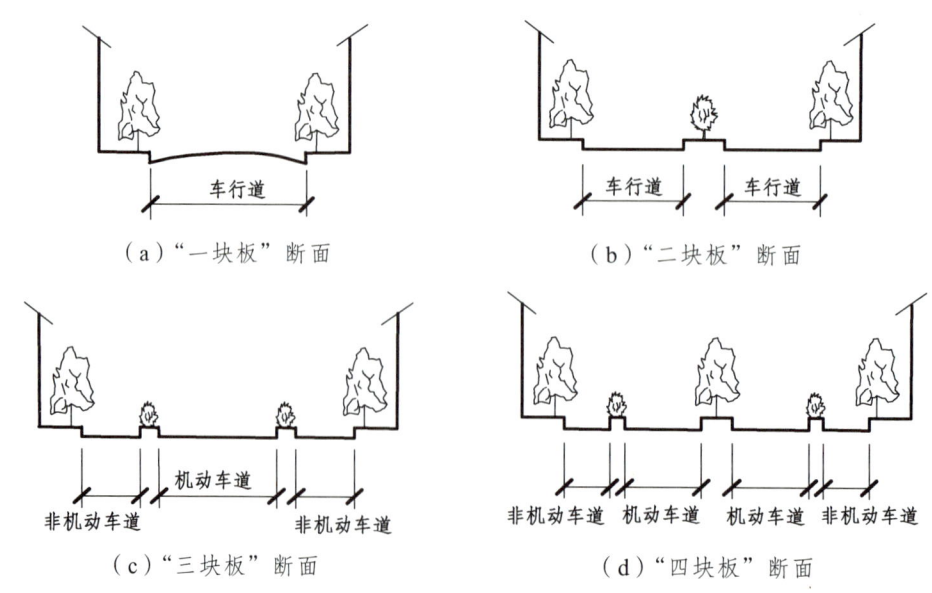

图 3-10 城市道路横断面布置的基本形式

2. 横断面图的内容

横断面设计的最后成果用标准横断面设计图表示。图中要表示出横断面各组成部分的位置和宽度，以及排水方向和横坡等。

图 3-11 为广州市林和庄路近期标准横断面设计图。为清楚表示高差变化情况，高度方向（纵向）采用 1∶50，水平方向（横向）采用 1∶200 的绘图比例。由图可知该路段采用的是"四块板"断面形式，使机动车与非机动车分道单向行驶。两侧为人行道，中间有五条绿带。图中还表示了各组成部分的宽度以及结构设计要求。

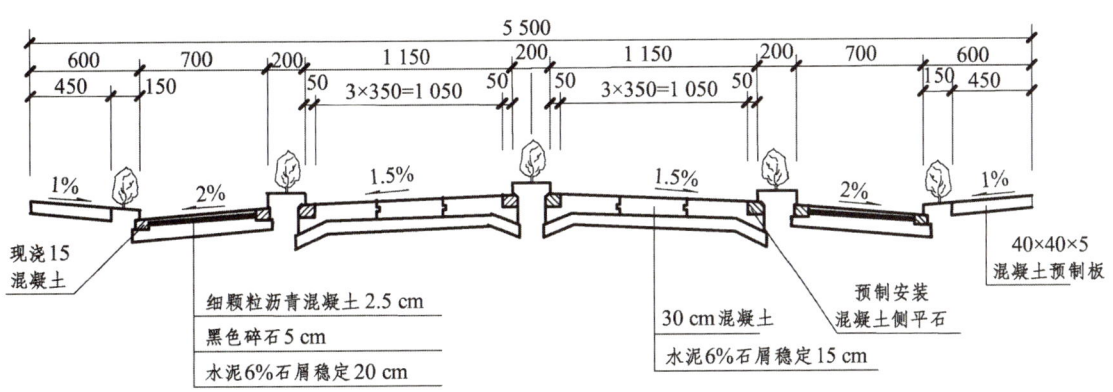

图 3-11　标准横断面设计图

除了需绘制近期标准横断面设计图之外，对分期修建的道路还要画出远期规划标准横断面设计图。为了便于土石方量计算和施工放样，与公路横断面图相同，需绘出各个中线桩的现状横断面图，并加绘设计横断面图，标出中线桩的里程和设计高程，称为施工横断面图。

二、平面图

城市道路平面图与公路路线平面图相似，它是用来表示城市道路的方向、平面线形和车行道布置以及沿路两侧一定范围内的地形和地物情况。

如图 3-12 所示，为广州市带有环形平面交叉口的一段城市道路平面图。

它主要表示了环形交叉口和西段东莞庄的平面设计情况。

城市道路平面图的内容可分为道路和地形、地物两部分。

1. 道路情况

（1）道路中心线用点画线表示。为了表示道路的长度，在道路中心线上标有里程桩号。图中可以看出：西段道路是将西段道路中心线与东段道路中心线的交点作为西段道路里程的起点。

（2）道路的走向，可用坐标网或指北针来确定。本图是用坐标网来确定的。西段道路的走向随着里程增加为西偏南方向。

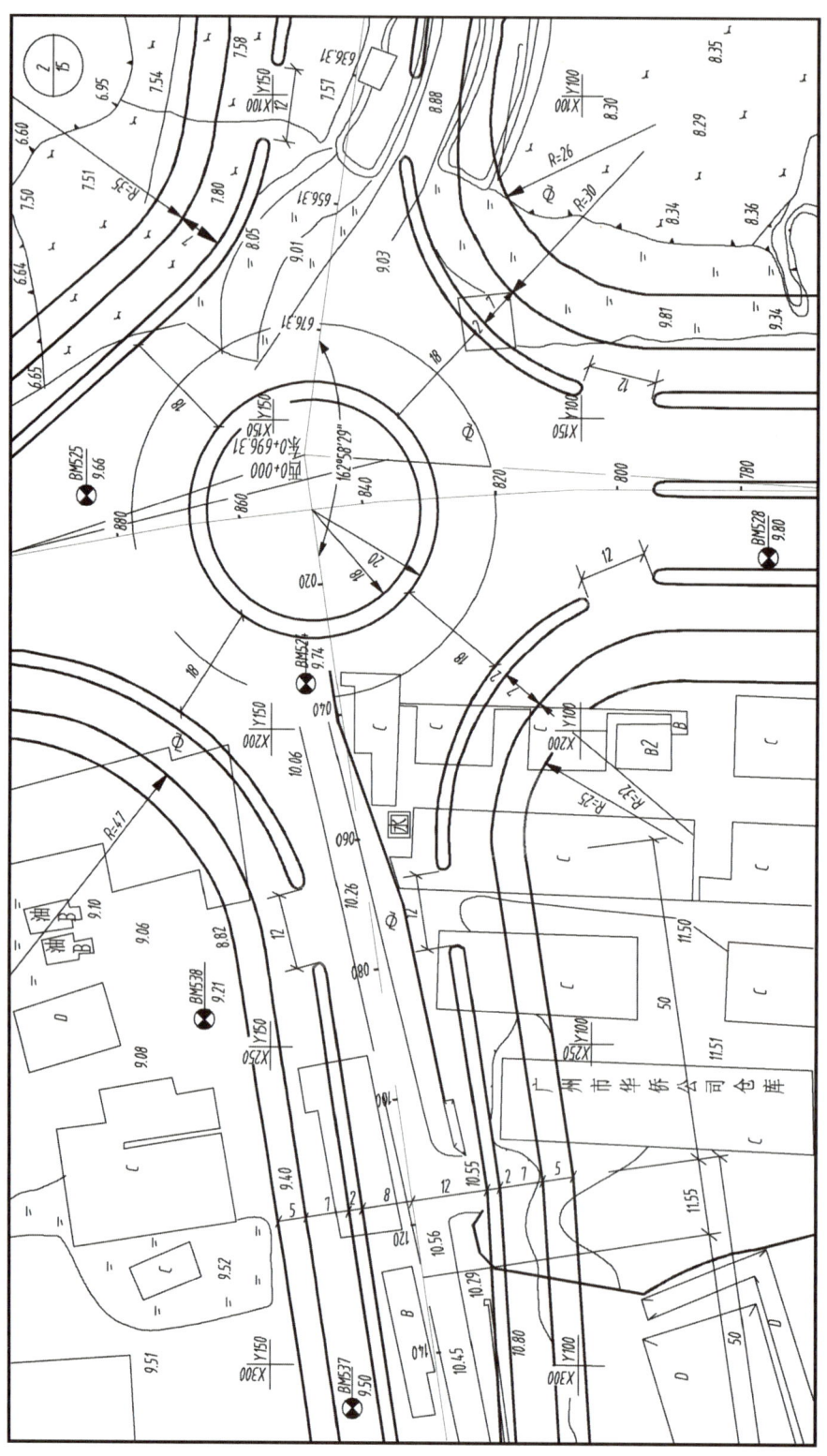

图 3-12 广州市东莞庄路某交叉口平面图

（3）城市道路平面图所采用的绘图比例较公路路线平面图大，本图采用1：500，因此，车、人行道的分布和宽度可按比例画出。由图可看出，在交叉口西段50 m长的道路中，机动车道宽度为12 m加8 m，非机动车道宽度为7 m，人行道为5 m，中间有两条分隔带，宽度为2 m。所以该路段为"三块板"断面布置形式。

（4）从图中可以看出，自机动车道为12 m加8 m处始向西50 m路段，机动车道宽度逐渐变小。说明此路段为宽度渐变段，道路的平面线型为折线形。

（5）图中还画出了用地线的位置，它是表示施工后的道路占地范围。为了控制道路高程，图中还标出了水准点的位置。

2. 地形和地物情况

城市道路所在的地势一般比较平坦。地形除用等高线表示外，还用大量的地形点表示高程。

北段道路是新建道路，因此占用了沿路两侧的一些工厂用地。该地区的地物情况可在表3-1和表3-2平面图例中查得。

表 3-2　道路工程图常用地物图例

名　称	图　例	名　称	图　例	名　称	图　例
只有屋盖的简易房	⊏ ⊐	石棉瓦房	D	贮水池	▭
砖石或混凝土结构房屋	B	围　墙	⊢⊣	下水道检查井	◎
砖瓦房	C	非明确路边线	− − −	通信杆	⌽

三、纵断面图

城市道路纵断面图也是沿道路中心线的展开断面图。其作用与公路路线纵断面图相同，其内容也是由图样和资料表两部分组成，如图3-13所示。

1. 图样部分

城市道路纵断面图的图样部分完全与公路线路纵断面图的图示方法相同。如绘图比例竖直方向较横向方向放大10倍来表示等（本图水平方向采用1：500，则竖直方向采用1：50）。

2. 资料表部分

城市道路纵断面图的资料表部分基本上与公路路线纵断面图相同，不仅与图样上下对应，而且还标注有关的设计内容。

城市道路除作出道路中心线的纵断面图之外，当纵向排水有困难时，还需作出街沟纵断面图。对于排水系统的设计，可在纵断面图中表示，也可单独设计绘图。

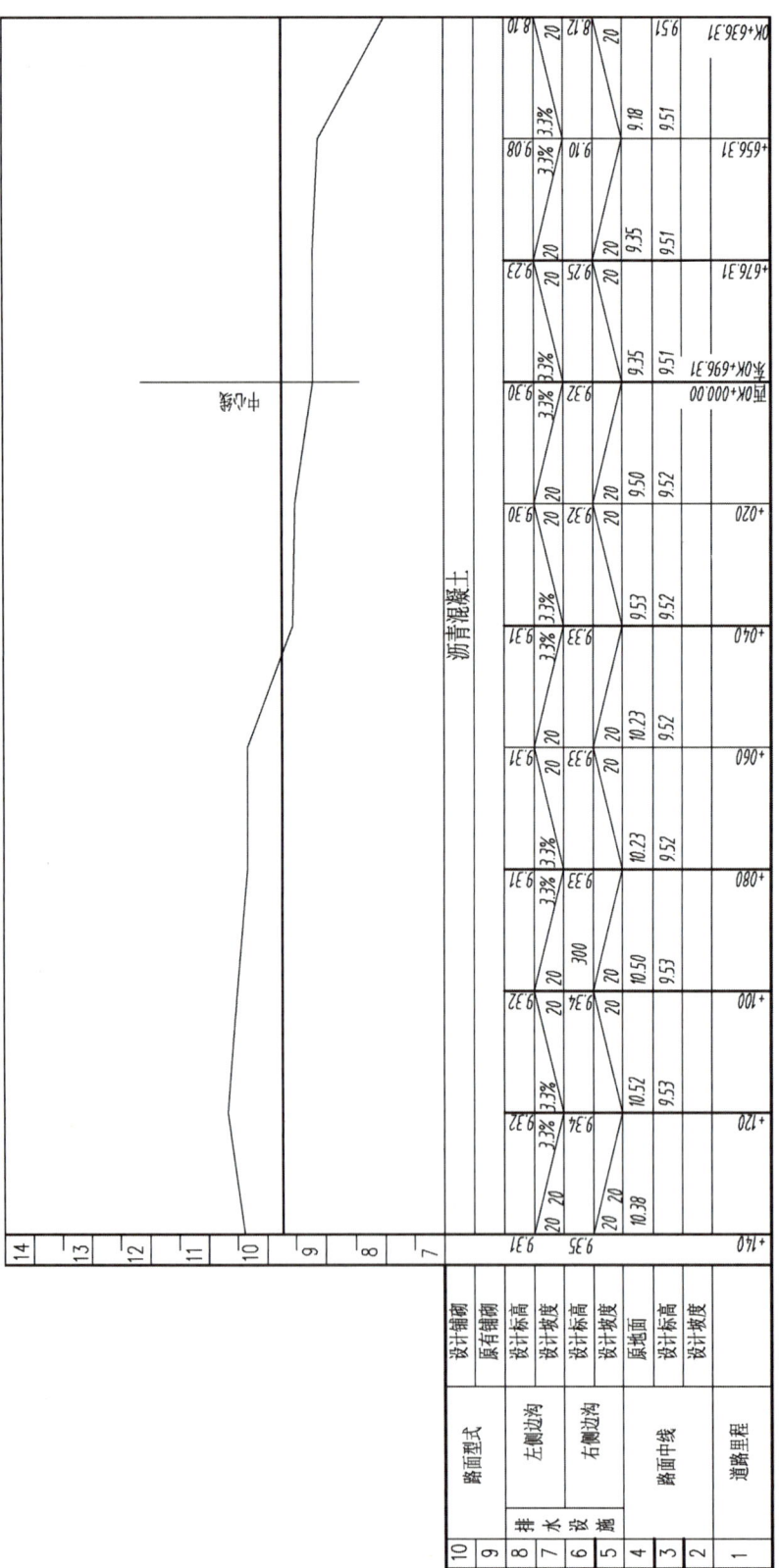

图 3-13 广州市东莞庄路某交叉口纵断面图

观察与理解

西汉高速公路是国家高速公路网 G5 京昆高速在陕西境内的一段,是陕西省"米"字形公路主骨架的重要组成部分。该公路北起西安户县涝峪口,南止汉中勉县元墩。路线主线全长 258.65 km,全线采用双向四车道高速公路标准建设,根据地形条件分级设计计算行车速度 60～100 km/h,路基宽度 20～26 m,全封闭,全立交。图 3-14 所示为西汉高速公路高架桥路段。

西汉高速公路穿越秦岭主山脉,山大沟深,地形条件复杂,桥梁隧道众多,工程技术要求高,施工难度极大,一次性开工里程 255 km,投资 135 亿元人民币,项目投资之大和工程任务之艰巨名列当时全国高速公路项目之首。全线设计主要工程量为:路基土石方 3 089.9 万立方米,桥梁 147 264.785 延米/723 座;隧道单洞总长

图 3-14 西汉高速公路高架桥路段

97 413.5 延米/151 座;互通式立交 15 处,分离式立交 28 处;涵洞 653 道,通道 236 道。全线设管理处 1 个,管理所 4 处,收费站 15 处,服务区 5 处,养护工区 4 处。线路穿越秦岭,途经佛坪大熊猫自然保护区、洋县鸟类保护区,绕行洋县汉江南岸,串联起古汉台等历史文化遗址,有效保护"地质博物馆""国家公园"和"文化遗产",构筑了一条原始生态绿色环境保护走廊,全线每 50 km 处设立一处服务区,并在此基础上建设依山傍水的景观休息区 5 处。"车在路上行,人在画中游",充满人性化的公路景观设计为高速公路增添色彩。

在西汉高速公路七亩坪服务区,一个总长 260 m、宽 6 m、最高 8.5 m 的大型黄花岗岩雕塑群《华厦龙脉》引人注目。雕塑群运用 18 个历史典故,展现了秦岭的 5 条古栈道及现代的西汉高速公路,彰显人文理念。图 3-15 所示为西汉高速公路服务区雕塑群。

汉中历史悠久,是国家级历史文化名城。这里保留下许多"两汉三国"时的历史遗产:汉高祖刘邦以汉中为基地,明修栈道,暗度陈仓,逐鹿中原,完成统一大业,建立汉王朝;三国时期诸葛亮屯兵汉中,

图 3-15 西汉高速公路服务区雕塑群

六出祁山,成败皆在汉中;我国第一个走出国门的张骞的故里和东汉造纸术发明家蔡伦的封地、葬地均在这里。曹操、杜甫、陆游等许多历史名人都曾留下了诗词墨宝。知名的景点有:褒斜道石门、古汉台、拜将坛、武侯墓祠、张良庙等。另外,汉中资源丰富,物华天宝,被誉为"西北小江南"和"秦巴聚宝盆"。汉中独特的地质地貌,孕育出独特的山水风光,国家设立的大熊猫自然保护区、朱鹮自然保护区驰名中外。

美丽的西汉高速给过往的人带来的是美不胜收的愉快旅程。

模仿与应用

阅读图 3-16 公路线路平面图。

图中的上方有两座山峰,山峰之间有一条石头溪向南流入小清江。西面、南面和东南面地势较平坦,有旱田和水稻田。路线从北端 K2+800 m 山坡上向南偏东直线下坡,左转 43°向东偏南直线通过桥梁过小河,然后右转 25°10′顺山根直线至宋家屯,再右转 36°31′向南直线通过桥梁过小清江。

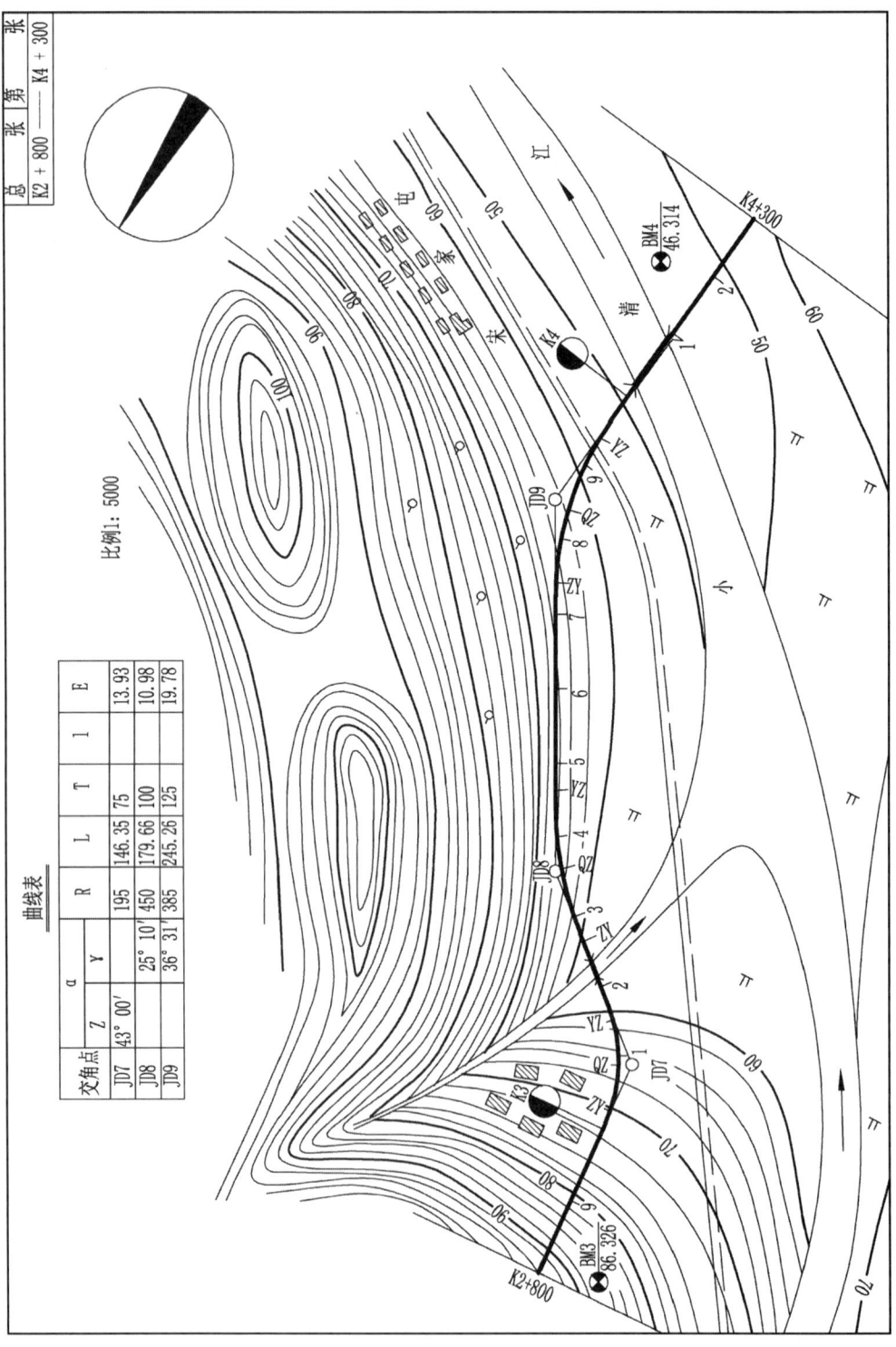

图 3-16 公路线路平面图

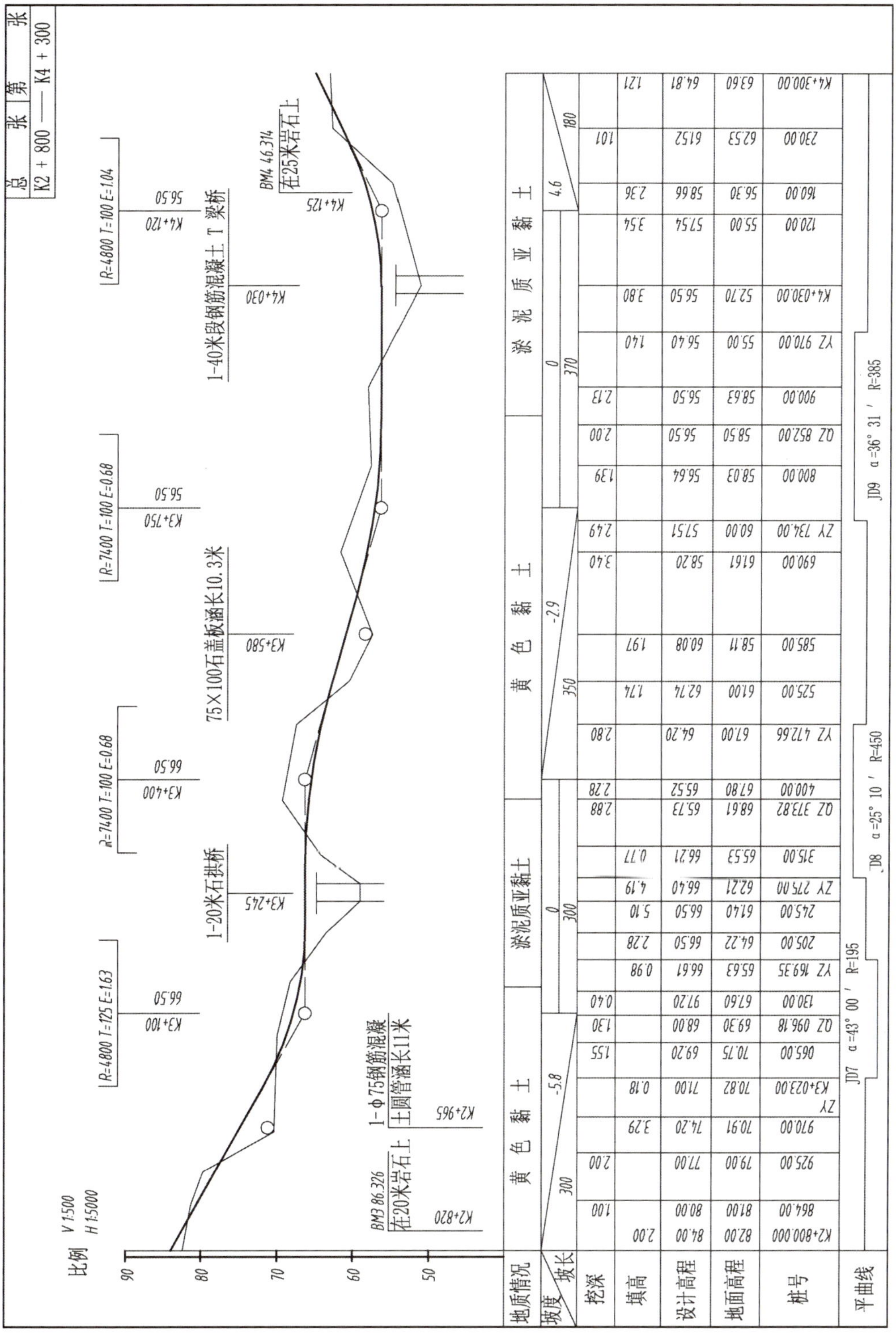

图 3-17 公路线路纵剖面图

请继续了解线路走向、线路区间范围、里程标志的图示规则、平曲线设计状况和控制点的注写、线路构筑物设计构型与位置、测绘水准点位置，以及线路周围地形地物状况等，用文字书写下来吧。

_____
_____
_____

请填空：
1. 找出线路平面图中的桩标志，线路的起点和终点桩号分别是_____和_____。
2. JD8 的平曲线半径是_____m，转折角为_____，向____方向偏转，切线长为____m。
3. 图中有____个水准点，编号分别为_____、_____，它们的高程分别为_____、_____。
4. 图中相邻等高线的高差是_____m。

请继续阅读图 3-17 所示的上述公路线路的纵剖面图，了解线路起伏状况与坡度，了解竖向曲线设计、各桩号处土石方状况、线路构筑物设置、测绘水准点位置等，描述一下线路的整体状况吧。

_____
_____
_____

请填空：
1. 该段线路有____个变坡点，其高程分别为_____m。
2. 线路中 1-20 m 石拱桥的桩号为_____，该桥梁共____跨，跨径为____m，桥面（有/无）纵坡。
3. K3+400 处是_____（凸/凹）曲线，其中点的高程为_____m，曲线半径为_____m，切线长度为_____m，外距为_____m。
4. K2+400 至 K3+750 段的坡度为_____，坡长为_____m。

请继续阅读实践训练中的桥址图，了解线路走向、线路区间范围、里程标志等，了解桥梁的基本信息、墩台桩号等，了解周围地形、地物、地质状况等，用文字书写下来吧，并思考如何用CAD进行绘制。

_____
_____
_____

请填空：
1. 该桥梁线路段的起点里程是_____，终点里程是_____。
2. 线路中桥梁的桩号为_____，该桥梁长度是_____m。
3. 了解线路周围的地形情况，桥墩与桥台之间的地形高差最大有_____m。
4. 地质钻孔有_____处。

学习任务二：线路工程图 CAD 绘制

阅读线路纵剖面图，思考绘制该图样的要领与方法，并用 CAD 绘制与出图打印。

（1）线路纵剖面图中的地面线绘制，要结合桩号与高程数据来完成。

（2）线路纵剖面图中的路面设计线，可以采用"多段线"命令绘制，要结合桩号、高程以及曲线半径数据完成。

（3）在线路纵剖面图中，垂直方向的高差比例是水平方向的里程比例的 10 倍。因而绘制图样部分时，首先按实际尺寸绘制线路纵剖面图，然后用"创建块"命令将图形定义成块，再编辑块的 X 与 Y 方向的比例，最后形成清楚地显示地面线的起伏和设计线纵向坡度变化的图样。

（4）图中大量出现的符号标注、文字说明、数据注写要在"编辑多行文字"命令下进行注写或修正。

输入字体的渠道有下列几种：

① 输入替代码。CAD 标注中直径符号"φ"的替代码是"%%C"；度数符号"°"的替代码是"%%D"；标高符号"±"的替代码是"%%P"。

② 输入字符映射表中的文字与符号。如"¼、$、&、☺、✌、📖、✂、☎"等。

③ 采用"堆叠"命令形成特殊符号。如"$\frac{3}{4}$"、"$56m^2$"、"N_{2-1}"等。

④ 利用输入法工具条中的软键盘输入各种文字与符号。如"Ⅱ、Ⅵ、α、β、π、δ、∠、⊥、≤、≠、×、÷、∧、∑、∥、①、②、㈣、㈤、‰、№"等。

（5）在线路平面图中，文字、数字及符号的注写必须符合线路制图标准，可以应用"旋转"命令来处理。文字、数字及符号的注写方向有如下要求：

① 平曲线设计中，交角点代号、水准点代号必须水平书写。

② 平曲线设计中，曲线控制点符号、线路起点桩号、线路终点桩号的注写方向应与线路前进方向一致。

③ 线路中千米桩的注写方向应与线路走向垂直，线路中百米桩的注写方向应水平放置。

④ 地形表面的的高程数据标注在等高线上，字头朝向上坡。

⑤ 植物、车道等地物图例的绘制，应注意地理的南北方向。

项目三　实践训练答案

3-1：阅读桥梁的桥址图，并用CAD进行绘制

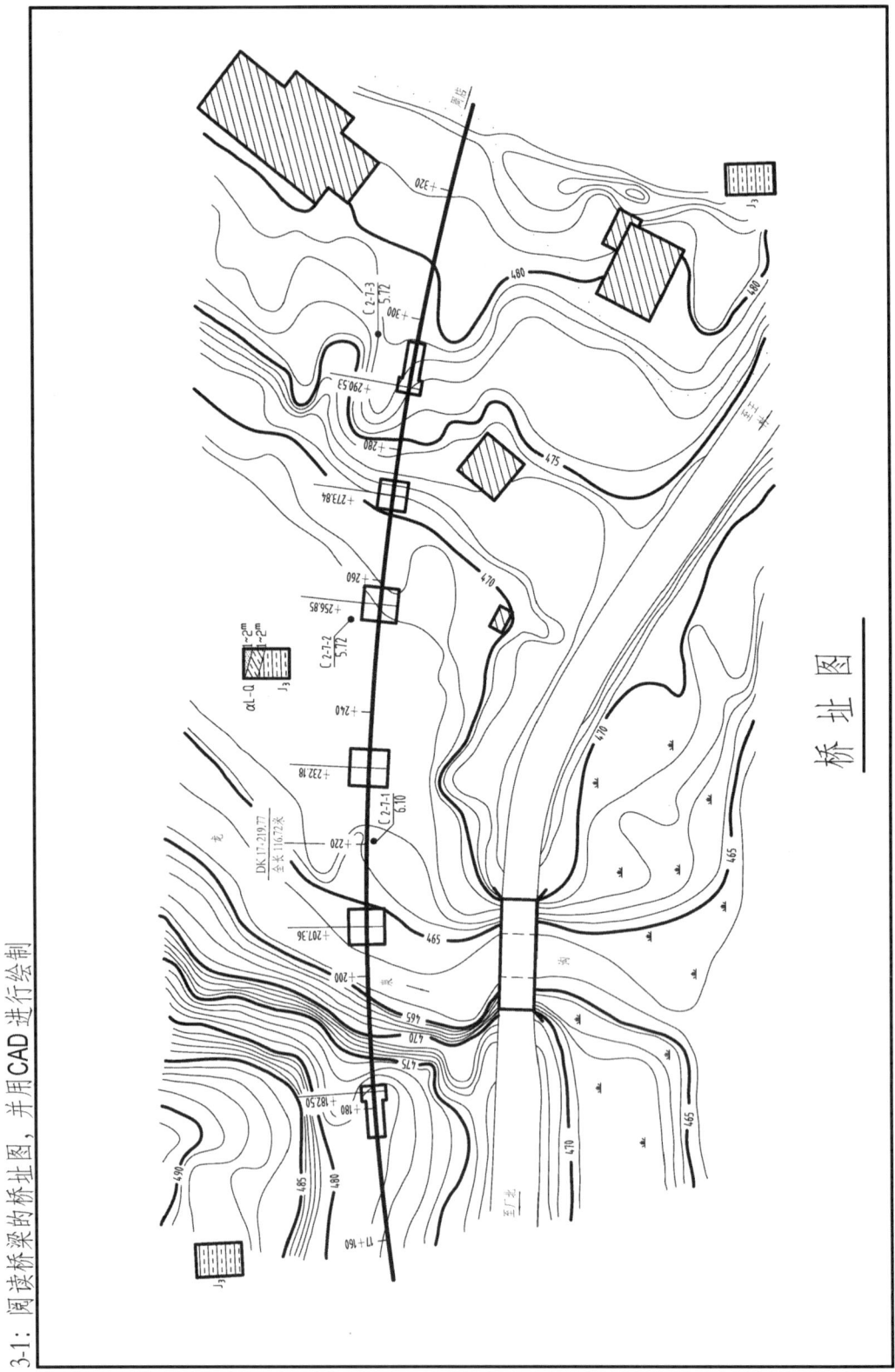

桥 址 图

 **项目小结：**

（1）线路是依照线路走向结合地势变化而设计的立体线型，它一般是由路基、桥涵隧道构筑物以及线路两侧附属工程组成。线路工程图包括线路平面图、线路纵断面图和路基横断面图。

（2）线路平面图是用等高线表示地形，用各种图例表示地物，用指北针或坐标网来表示方向，用加粗的粗实线表示线路，并注明线路的里程和曲线的参数，用一定的比例将其绘制出来。其作用是表达线路的走向、平面曲线设计、沿线两侧一定范围内的地形地物情况、构筑物的平面位置以及线路高程测绘信息等。

（3）线路纵断面图是表达线路中心纵向高低起伏设计坡度、竖曲线设计、地面起伏状况、地质情况和沿线设置构筑物概况的工程图，由纵断面示意图和资料表两部分组成。示意图主要绘制出地面线、路肩高程线及桥涵构筑物的位置；资料表则表达各个桩号处的参数信息。

（4）路基的横断面图是利用假想的剖切平面，垂直于路中心线剖切而得到的，其作用是表达线路各中心桩处路基横断面的形状和横向地面高低起伏的状况。路基横断面图有路堤、路堑、半路堤、半路堑、半路堤半路堑和不填不挖路基六种基本形式，在图中注明边坡的坡度、填挖方的面积及填挖方的高度等内容。

（5）线路平面曲线和竖向曲线设计中的桩号代码及数据信息在阅读时要详细了解。

（6）CAD绘制线路工程图时，要利用"编辑多行文字"命令，选取多种手法解决符号标注、文字说明、数据注写的内容。同时在注写文字、符号、数据时，要注意它们的位置和方向必须符合线路制图标准，可以灵活应用"旋转"命令来处理。

（7）在线路纵剖面图中，垂直方向的高差比例是水平方向的里程比例的10倍。可以应用"创建块"命令将线路纵剖面图绘出，再编辑块的X与Y方向的比例，最后形成清楚地显示地面线的起伏和设计线纵向坡度变化的图样。

（8）在线路工程图中可以大量应用"块"命令，来完成一些图例的绘制。如：水准点图例、标高符号、指北针图案、养护机构标志、千米桩百米桩、桥梁涵洞符号、凸曲线凹曲线图例等。

项目四：桥梁工程图识读与绘制

 学习目标：

知识要点	能力与素养目标	相关知识
全桥布置图	1. 能阅读全桥布置图的主体内容和其他信息 2. 解读全桥布置图的图示方法 3. 能描述桥梁的桥型、跨径、截面形式 4. 能描述出桥梁工程图纸的组成 5. 介绍我国经典桥梁的科学原理和工程智慧，建立工程思维和创新意识	1. 工程图样的表达方法 2. 桥梁的形式与基本组成
桥梁构造图识读	1. 能介绍桥梁的组成与构造名称 2. 能介绍桥墩、桥台、梁的形式与构造组成 3. 能阅读桥墩、桥台总体与局部构造详图 4. 打好坚实的专业基础、实现个人更好的发展，为实现中国梦做出自己的贡献	1. 形体的投影知识与阅读方法 2. 桥墩、桥台、梁体的构造组成 3. 桥梁构造图的图示特点
梁体结构图的识读	1 了解钢筋混凝土结构的基本知识 2. 能描述钢筋布置图的表达特点和内容 3. 能够阅读各种梁、板、柱结构的钢筋布置图 4. 钢筋虽然短小，只要齐心协力就有力量，培养团队合作的职业素养	1. 钢筋混凝土基本知识 2. 钢筋布置图的图示特点 3. 阅读钢筋布置图的方法与步骤
桥梁工程图CAD绘制	1. 能够运用CAD绘制桥梁构造图 2. 能够运用CAD绘制简单的钢筋混凝土结构图 3. 用CAD形成桥墩、桥台构造的立体效果图 4. 体会施工人的粗犷与绘图过程的精益求精，让学生们体会工程人的"力与美" 5. 绘图过程不断引用 CAD 基本命令，让学生体会"大道至简"的哲学思想	1. CAD中绘制三视图的要领 2. CAD中有关钢筋形状绘制的命令、钢筋位置表达的要求 3. 用CAD进行实体造型的命令

学习任务一：全桥布置图识读

从下面对飞云江大桥的介绍，并根据学到的理论知识，能得出什么结果？

飞云江大桥，位于 104 国道 1949K+594～1951K+313 处，南北横跨飞云江，北岸为瑞安市隆山乡三圣门村，南岸为瑞安市孙桥乡浦口村。全桥长 1 720.79 m，为预应力混凝土简支 T 形梁桥。行车道宽 10 m，两侧人行道各 1.5 m。全桥共 37 孔，主航道 5 孔，每孔跨径 62 m，其余 18 孔跨径各 51 m，14 孔跨径各 35 m。下部结构为单排双柱式桥墩。

（1）桥梁由几部分组成，每部分又包括哪些？
（2）根据结构形式，桥梁分为哪几种类型？
（3）桥梁的常用尺寸有哪些？
（4）什么是桥梁的全桥布置图，它包含哪些内容？
（5）对桥梁的描述以及数据信息应如何展示在桥梁的全桥布置图上？
（6）桥梁全桥布置图的阅读方法。

桥梁是跨越障碍物（河流、沟谷、其他道路、铁路等）的结构物，是交通路线上的重要组成部分。

二十大报告指出，要增强中华文明传播力影响力，坚守中华文化立场，讲好中国故事、传播好中国声音，展现可信、可爱、可敬的中国形象，推动中华文化更好走向世界。下面讲两个中国桥梁的故事。

【赵州桥】

赵州桥坐落在河北省赵县洨河上，建于隋代大业年间（公元 605—618 年），由著名匠师李春设计和建造，距今已有 1 400 多年的历史，是当今世界上现存最早、保存最完善的古代敞肩石拱桥，创造了世界之最。

赵州桥又名安济桥，1991 年美国土木工程师学会将安济桥选定为第 12 个"国际历史土木工程的里程碑"。桥长 50.82 m，跨径 37.02 m，券高 7.23 m，两端宽 9.6 m，中间略窄，宽 9 m。因桥两端肩部各有 2 个小孔，不是实的，故称敞肩型（没有小拱的称为满肩或实肩型），是当今世界上跨径最大、建造最早的单孔敞肩型石拱桥。

图 4-1　赵州桥

赵州桥经历了 10 次水灾、8 次战乱和多次地震，但依然没有被破坏。赵州桥这样古老的大型敞肩石拱桥，在世界上相当长的时间里是独一无二的。在欧洲，公元 14 世纪时，法国泰克河上才出现类似的敞肩型的赛雷桥，比赵州桥晚了 700 多年，而且早在 1809 年这座桥就毁坏了。

【武汉天兴洲大桥】

武汉天兴洲大桥位于武汉火车站北端，是世界上第一座按四线高速铁路修建的双塔三索面三主桁公铁两用斜拉桥，正桥全长 4 657 m，也是目前世界上最大的公路铁路两用桥，公铁合建部分长 2 842 m，上层为 27 m 宽的 6 车道公路桥，下层铁路为 4 线，其中两线一级干线、两线客运专线。

武汉天兴洲公铁两用长江大桥用钢量达到

图 4-2　武汉天兴洲大桥

46 000 t，超过国际体育馆"鸟巢"的用钢量，在世界同类型桥梁中创造了 4 项世界第一：主跨 504 m，在世界同类桥梁中为第一；可满足列车 250 km 的运行时速，在世界已运行的大型桥梁中为第一；可同时承载 20 000 t 的荷载，在世界同类桥梁中为第一；主桁宽度 30 m，在世界同类桥梁中为第一。该桥成为继武汉、南京、九江、芜湖长江大桥之后中国桥梁建设史上第五座里程碑。

知识要点：

桥涵及隧道工程图是桥涵、隧道施工的重要技术依据，其中，桥梁工程图包括：桥位图、全桥布置图、桥墩图、桥台图、桥跨结构图以及钢筋布置图，有时还有桥上附属设备图、桥下附属工程图等。

桥梁工程图讲解

一、桥梁的组成

桥梁由上部结构、下部结构、支座系统和附属设施组成，如图 4-3 所示。

上部结构：在线路中断时跨越障碍的主要承重结构，是桥梁支座以上跨越桥孔的总称。

下部结构：桥梁解决高度空间以及传递荷载的构造，包括桥墩、桥台、基础。

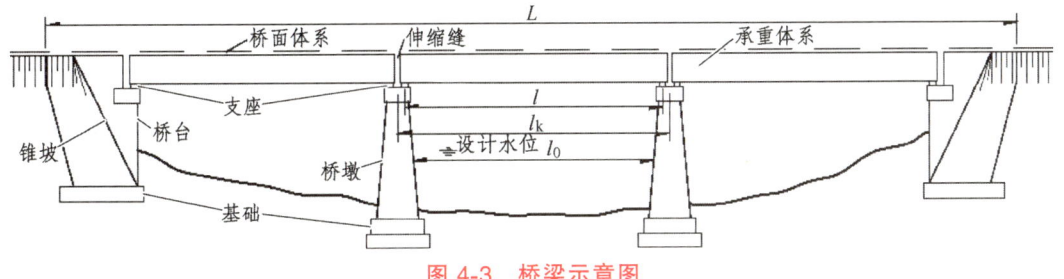

图 4-3　桥梁示意图

支座系统：设在墩台顶，用于支承上部结构的传力装置。
附属设施：桥面系、伸缩缝、桥梁与路堤衔接处的桥头搭板和锥形护坡。

二、桥梁的常用尺寸

计算跨径（l）：设支座桥梁，相邻支座中心的水平距离；不设支座的桥梁，上下部结构的相交面的中心的水平距离。

净跨径（l_0）：设计洪水位上相邻两个桥墩（或桥台）之间的净距。

标准跨径（l_k）：两桥墩中线之间桥中心线长度，或桥墩中线与桥台台背前缘线之间桥中心线长度为准。

桥梁全长（L）：有桥台，两岸桥台翼墙尾端间的距离；无桥台，桥面系行车道长度。

桥梁的跨度，公路桥一般指标准跨径，铁路桥一般指计算跨径。

三、桥梁的分类

按使用性分：公路桥、铁路桥、公铁两用桥、人行桥等。

按桥梁全长和跨径分：特大桥、大桥、中桥和小桥，见表4-1。

表4-1 桥梁分类

桥梁分类	特大桥	大 桥	中 桥	小 桥
多孔桥全长 L/m	$L>1\,000$	$100 \leqslant L \leqslant 1\,000$	$30<L<100$	$8<L<30$
单孔跨径 l_k/m	$l_k>150$	$40 \leqslant l_k \leqslant 150$	$20 \leqslant l_k<40$	$5 \leqslant l_k<20$

按结构体系分：梁式桥、拱式桥、刚架桥、悬索桥、斜拉桥、组合体系桥，见图4-4。

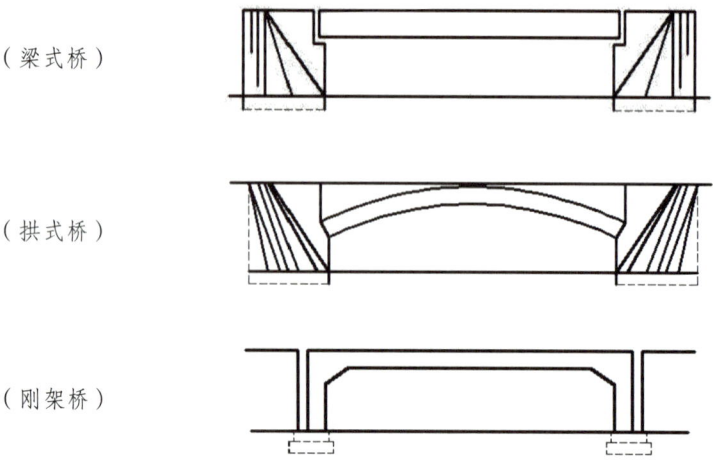

（梁式桥）

（拱式桥）

（刚架桥）

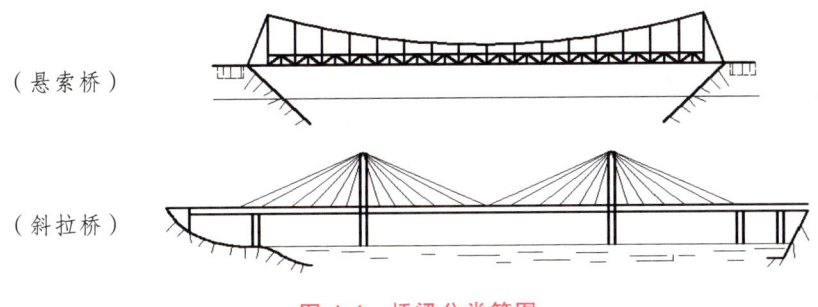

图 4-4 桥梁分类简图

知识点1：桥梁工程图识读的基本知识

一、桥梁工程图的图示特点

（1）桥梁工程图中各图样都是采用正投影法绘制的。

（2）由于桥梁是一个带状结构物，所以采用缩小的比例绘制。且同一图形在纵向和横向上所用的比例有时是不同的。另外，同一构筑物的平面、立面图和侧面图所用比例也往往不同。

二、桥梁工程图识读的注意事项

（1）看图必须由大到小、由粗到细。

识读桥梁施工图时，应先看桥梁设计说明和桥位平面图、总体布置图，并且与梁的纵断面和横断面图结合起来看，然后再看构造图、钢筋图和详图。

（2）仔细阅读设计说明或附注。

凡是图样上无法表示而又直接与工程密切相关的一些要求，一般会在图样上用文字说明表达，因此读图前仔细阅读说明。

（3）牢记常用符号和图例。

（4）注意尺寸标注。

桥梁工程图图样上的尺寸单位一般有 3 种：m、cm、mm。标高和桥位平面图一般用 m，桥梁各部分结构尺寸一般用 cm，钢筋直接用 mm。要了解具体尺寸信息需阅读图样的附注说明。

知识点2：全桥布置图

图 4-5 全桥布置图，主要表示全桥的概貌及有关技术资料，它是简化了的全桥主要轮廓的投影图，由立面图和平面图组成。立面图是由线路的垂直方向向桥孔投影而得到的，它最能反映桥的全貌。平面图是由上向下投影，并假想将桥跨及其以上的设备全部去除后得到的，因此，它只能反映出桥墩、桥台的位置及其主要轮廓。

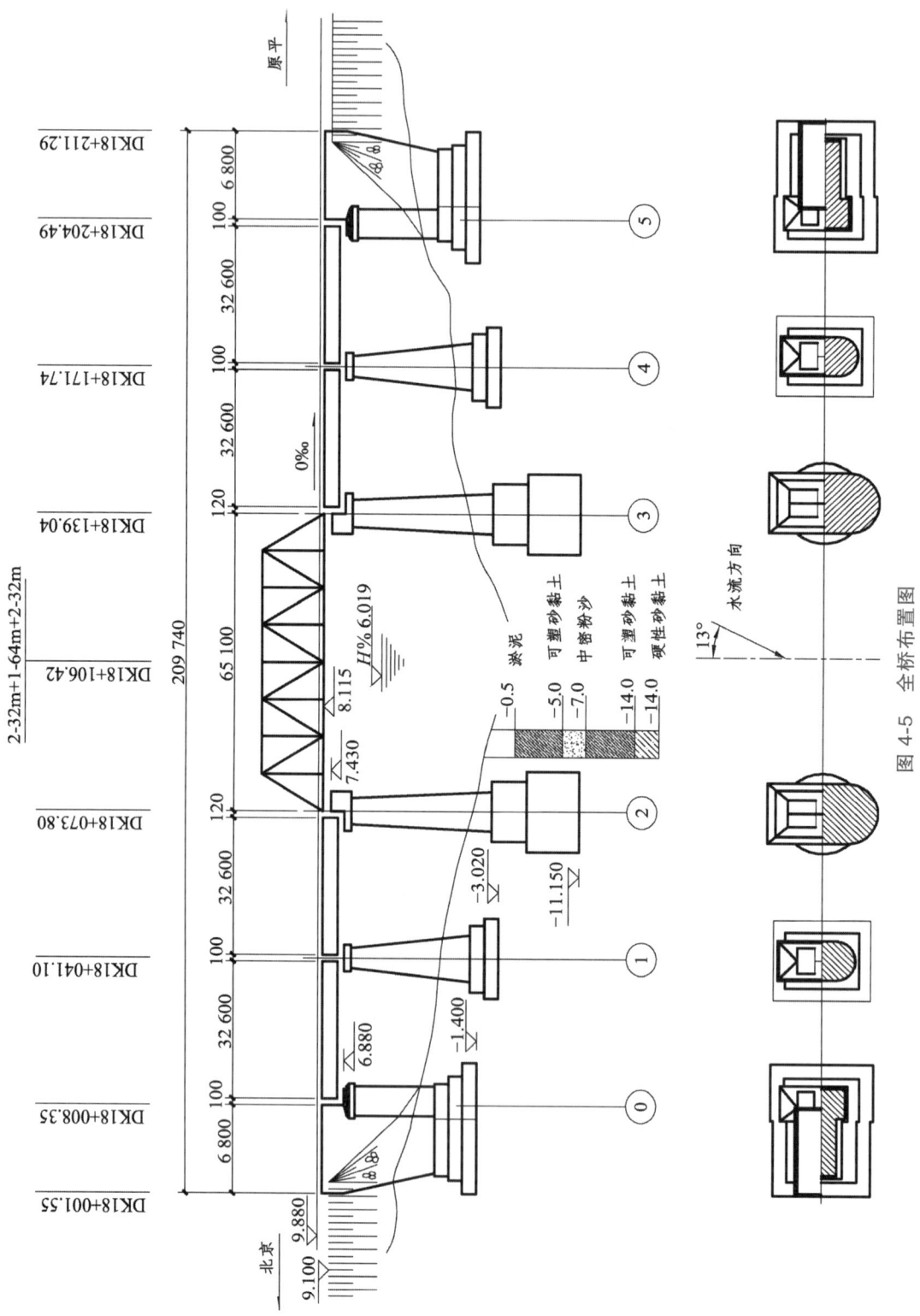

图 4-5 全桥布置图

从立面图可知，该桥是 5 孔，中跨是 64 m 的钢桁梁，边跨度为 32 m 的预应力混凝土梁，中心里程为 DK18＋106.42。图中还标出了全桥各主要部位的高程及河床横断面，这些都表示出桥梁各部分在竖直方向的位置关系。

图中的 6.019 m 是按平均百年一遇的最高水位而定的设计水位。

桥的全长是指两桥台背间距离，立面图上所标的 209.740 m 即是桥长。为了校核桥的全长，可用桥终点里程 DK18＋211.29 减去起点里程 DK18＋001.55，也可根据梁长、孔数、梁缝、桥台长度进行换算：

桥全长 = 4 × 32 600 + 4 × 100 + 2 × 120 + 65 100 + 2 × 6 800 = 209 740（mm）。

桥台通常按其位置命名，如在北原线上可以称北台、原台。

由平面图可知该桥河水的流向、桥墩桥台的位置以及墩台类型。桥墩为圆端形，桥台为"T"形，桥台均采用扩大基础。

桥的地质资料是通过钻探得到的，在线路中心里程 DK18＋088 附近有一个钻孔，钻探结果在立面图上的"地质柱状图"中表示，通过该图可以看出地层的土质情况及每层的深度。

学习任务二：桥梁构造图识读

1. 用语言描述桥墩、桥台的构造组成及其作用。
2. 根据桥墩、桥台的构造图，手工制作模型。

（1）桥墩、桥台由哪些基本体构成？
（2）桥墩与桥台图的表达手法有什么相同之处？

桥墩和桥台：支承上部结构并将其传来的恒载和车辆等活载再传至基础的结构物。通常设置在桥两端的称为桥台，设置在桥中间部分的称为桥墩。桥台除了上述作用外，还与路堤相衔接，并抵御路堤土压力，防止路堤填土的坍落。桥墩和桥台底部的奠基部分，称为基础。

知识点 1：桥墩构造图识读

桥墩分为重力式和轻型两大类。图 4-6（a）为重力式桥墩，图 4-6（b）为轻型桥墩。

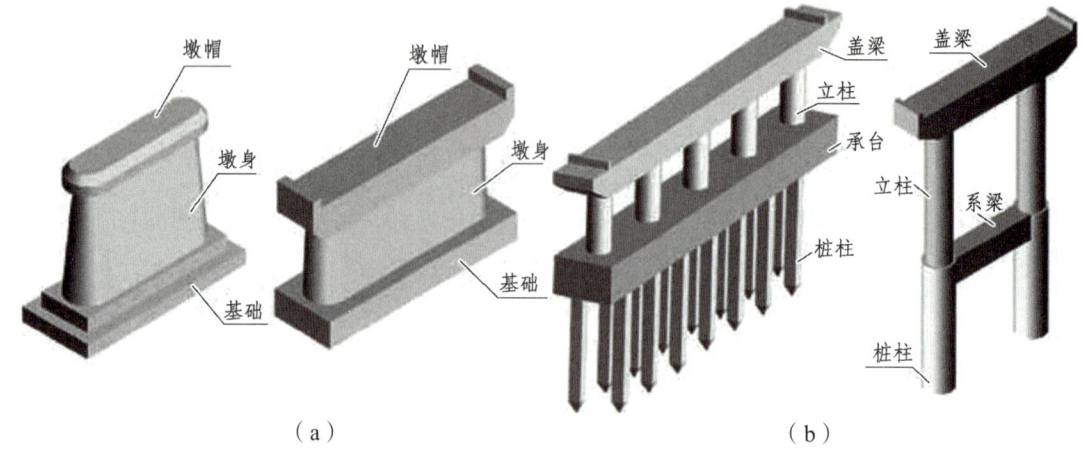

图 4-6　桥墩的分类

对于重力式桥梁，一般以墩身的断面形状来分，常用的有圆端形桥墩（见图 4-7）、矩形桥墩、尖端形桥墩（见图 4-8）等。

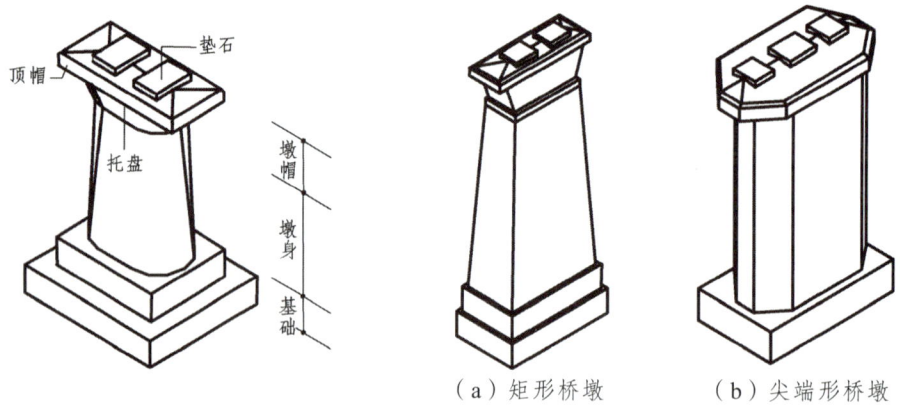

图 4-7　圆端形桥墩构造　　　　图 4-8　桥墩类型

一、桥墩的构造

桥墩由基础、墩身和墩帽三部分组成，如图 4-7 所示。墩身是桥墩的主体；墩帽在桥墩的上部，由顶帽和托盘两部分组成，顶帽的顶面为斜面，作排水用，为了安放桥梁支座，其上有两块支承垫石。

二、桥墩的图样表达

表示桥墩的图样有桥墩图、墩帽图和墩帽钢筋布置图。

1. 桥墩图

图 4-9 是圆端形桥墩图，由正面图、平面图和侧面图组成，三个图都是半剖视图。

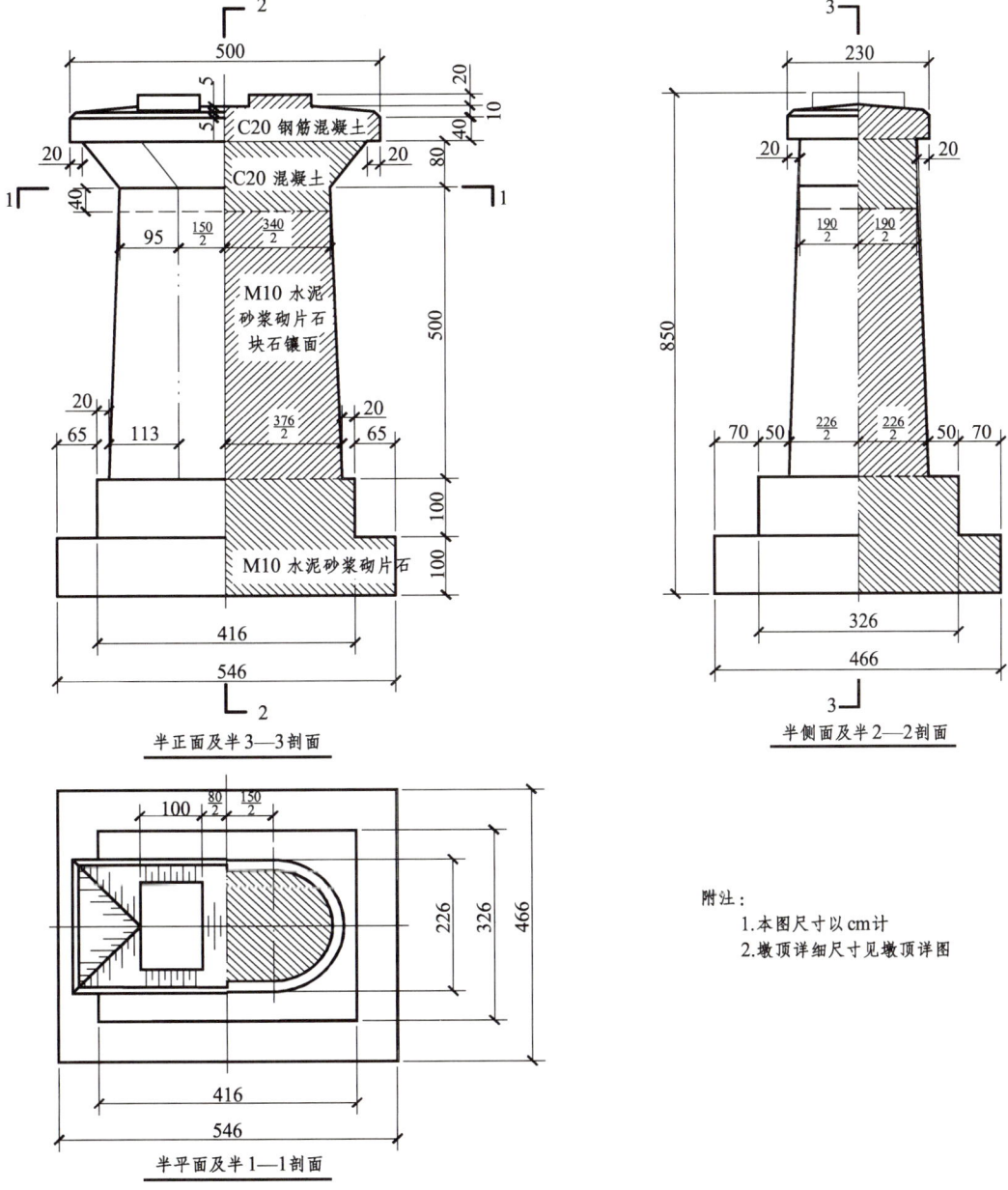

图 4-9 圆端形桥墩图

（1）正面图：

在桥墩图中，顺着路线方向投影而得到的图形称为正面图。正面图的左半部分是桥墩的外形图，它表示桥墩的正面形状和尺寸，其中点画线是平面与曲面的分界线（在标准图中用粗实线表示这种分界线）；右半部分是 3—3 剖视图，其剖切位置和投影方向表示在侧面图中，主要用来表示桥墩各部分所用的材料，不同材料的分界线画成虚线。

（2）平面图：

平面图的左半部分是外形图，主要表示桥墩的平面形状和尺寸。顶帽的排水坡倾斜于水平面，用示坡线表示。示坡线是长短相间的细实线，图线密的一边高，示坡线方向是倾斜面的最大坡度线方向。右半部分是1—1剖视图，剖切位置和投影方向表示在正面图中，它表示墩身的顶面、底面与基础的平面形状和尺寸。

（3）侧面图：

侧面图是一个半外形和半2—2剖视图，剖切位置和投影方向表示在正面图中。侧面图表示桥墩侧面的形状和尺寸以及桥墩各部分所用的材料。

2. 墩帽图

由于桥墩图比例较小，墩帽部分的细节及尺寸表示不清楚，所以用较大的比例画出墩帽图，如图4-10所示。

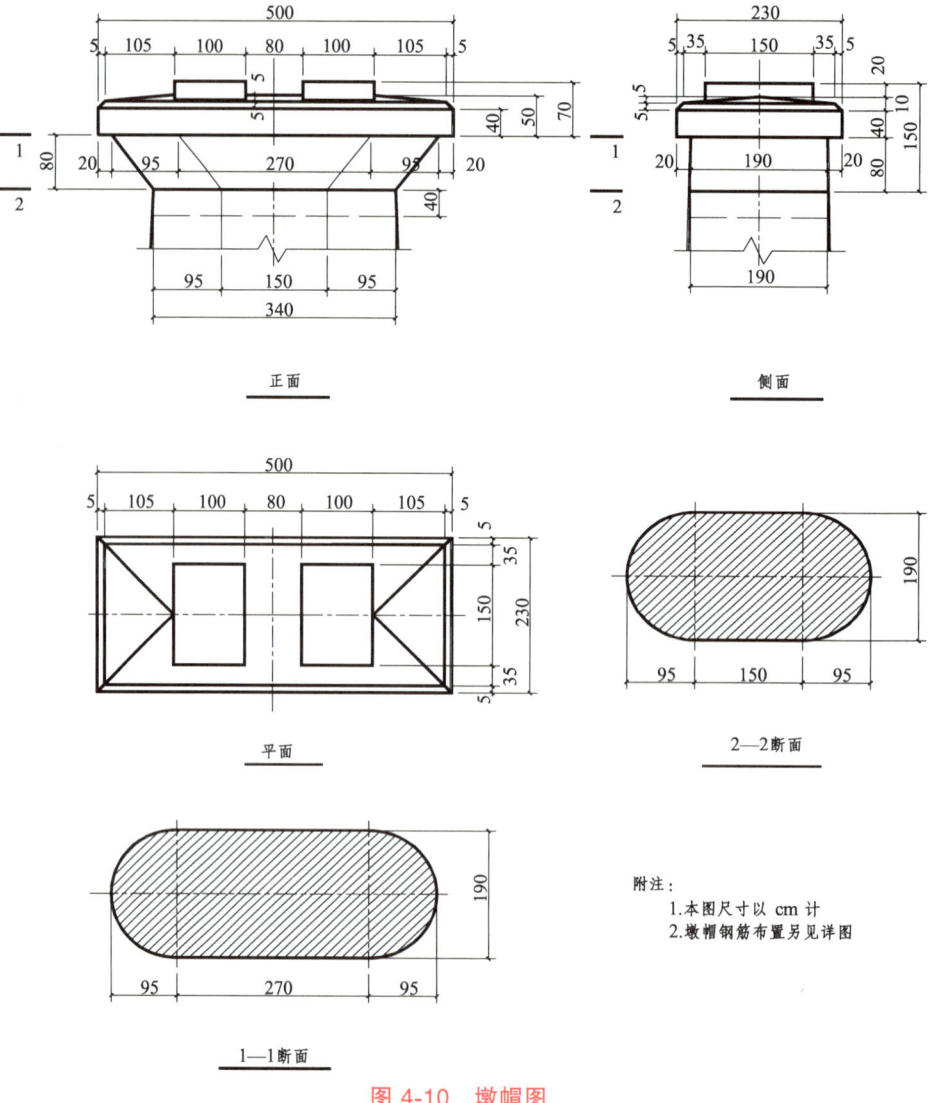

图4-10　墩帽图

墩帽图一般由 5 个投影组成，其中正面图、平面图和侧面图是外形图，主要表示顶帽的形状和尺寸、托盘的宽度和长度。另外，两个断面图主要表示托盘的顶面和底面的形状及尺寸。

三、桥墩图的阅读

从图 4-9 所示的桥墩图中，可以了解桥墩的形状和各部分尺寸大小。读图时，首先要看标题栏和附注说明，从标题栏中可知桥墩的名称、比例、桥墩的类型等，从说明中可得知桥墩的尺寸单位、技术施工要求等，则可知该图表示的是圆端形桥墩，图内尺寸单位是 cm。要清楚安排了哪些视图，按照投影关系及形体分析方法，逐步读懂各部分的形状、尺寸大小及所用材料等。

读图时，可把桥墩分为基础、墩身和墩帽三部分。

1. 基　　础

对照图 4-9 的 3 个投影可知，基础分层，底层尺寸是 546 cm × 466 cm × 100 cm，上层尺寸是 416 cm × 326 cm × 100 cm。两层在前后左右方向对称放置。

2. 墩　　身

由半 1—1 剖视图可知，墩身的底面和顶面都是圆端形，两圆端形的中心距均为 150 cm；由正面及侧面图得知，顶面圆端半径为 95 cm，底面圆端半径为 113 cm，墩身高为 500 cm。由上述各部分尺寸并结合视图可知，墩身是由两端的半圆锥台和中间的梯形柱组合而成，如图 4-11 所示。

墩身所用的材料，顶部 40 cm 部分为 C20 级混凝土，内放少量钢筋以便加强与墩帽连接，其余部分均为 M10 水泥砂浆浆砌片石，整个墩身以块石镶面。

图 4-11　墩　身

3. 墩　　帽

由图 4-10 中的正面图和侧面图可知，墩帽由托盘和顶帽两部分组成。垫石顶面高于顶帽的排水坡。

（1）托盘：

由 1—1 及 2—2 断面可知，托盘的上下表面均为圆端形，上表面两个半圆的中心距为 270 cm，下表面两个半圆的中心距为 150 cm，上下半圆半径均为 95 cm，由正面图及侧面图可知托盘高度为 80 cm。

由上述各部分尺寸并结合视图可知，托盘是由两端的半斜圆柱和中间的梯形柱组合而成，如图 4-12 所示。托盘材料为混凝土。

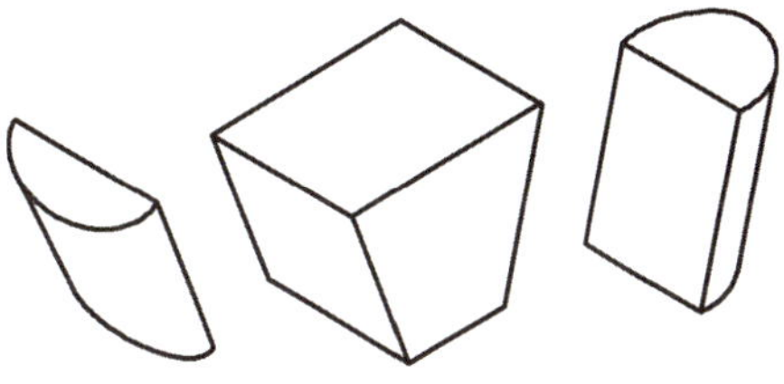

（2）顶帽：

由图 4-10 的正面图、平面图及侧面图可知，顶帽是矩形板，长 500 cm、宽 230 cm，上表面是四面排水的倾斜平面，中间最厚处是 50 cm，顶帽板上

图 4-12　托　盘

边缘四周有 5 cm 的抹角。其他详细尺寸都表示在 3 个基本的投影图内。

由图 4-10 的 3 个基本的投影图可知，在顶帽上部有两块垫石，各长 100 cm，宽 150 cm，上表面高出顶帽 20 cm。整个顶帽形状如图 4-13 所示，顶帽材料为钢筋混凝土。

由图 4-9 的 3 个基本的投影图可知，桥墩的各组成部分在前后、左右方向是对称的。综合以上各部分，即可得出整个桥墩的形状。

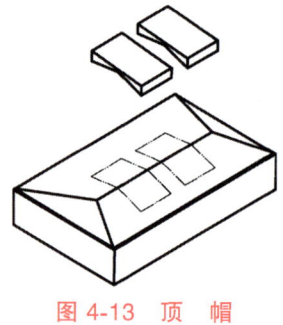

图 4-13 顶 帽

四、土建工程图尺寸标注的特点

土建工程图样上的尺寸标注，除了组合体尺寸基本注法外，还有一些特殊要求。

1. 重复尺寸

为了施工时看图方便，希望各部分尺寸不通过计算就能够直接读出，同时也要求在一个投影图中将物体尺寸尽量标注全，这样图中尺寸就会出现重复，如图 4-9 中桥墩的基础尺寸（长、宽）均标注 2 次。

2. 测量需要的尺寸

施工时，测量的尺寸一般都要直接注出，以便施工时不再另行计算，如图 4-10 中墩帽顶面各细部尺寸，托盘部分平面与曲面交线的尺寸等。

3. 特殊要求的尺寸

特殊要求的尺寸即建筑物与外界联系的尺寸，常用的如高度，它以高程的形式标注，如图 4-5 中梁底高程、支承垫石高程等，它们以 m 为单位。

4. 对称尺寸

对称部分的图形，往往只画一半，如图 4-9 中的平面图，它采用半平面及半基顶剖视图，为了将全部尺寸表示出来，常用 1/2 的形式示出，如 80/2，说明其全距离为 80，而图中只标注其一半。

知识点 2：桥台构造图识读

桥台有重力式和轻型桥台两大类。图 4-14（a）为重力式桥台，图 4-14（b）、（c）为轻型桥台。常见的重力式桥台有 T 形桥台、U 形桥台、耳墙式桥台，如图 4-15 所示。

一、桥台的构造

虽然桥台的形式不同，但都是由基础、台身和台顶（包括顶帽、墙身和道砟槽）所组成。现以图 4-15 所示的 T 形桥台为例，介绍其组成和构造。

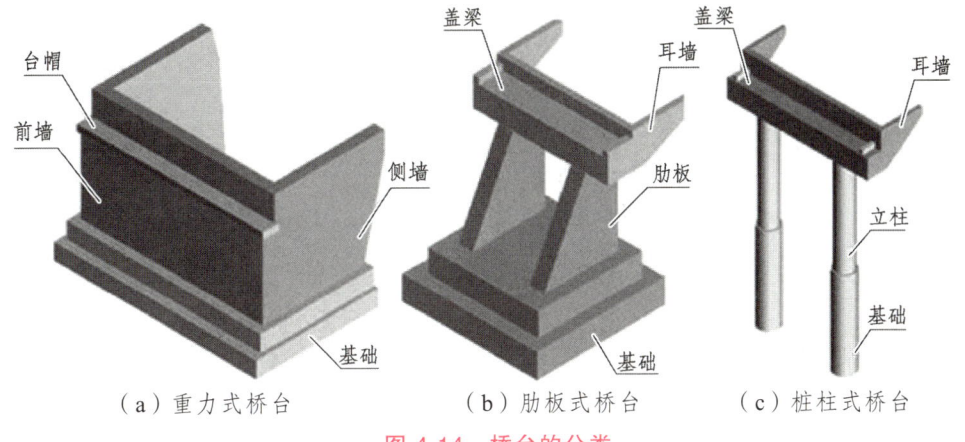

图 4-14 桥台的分类

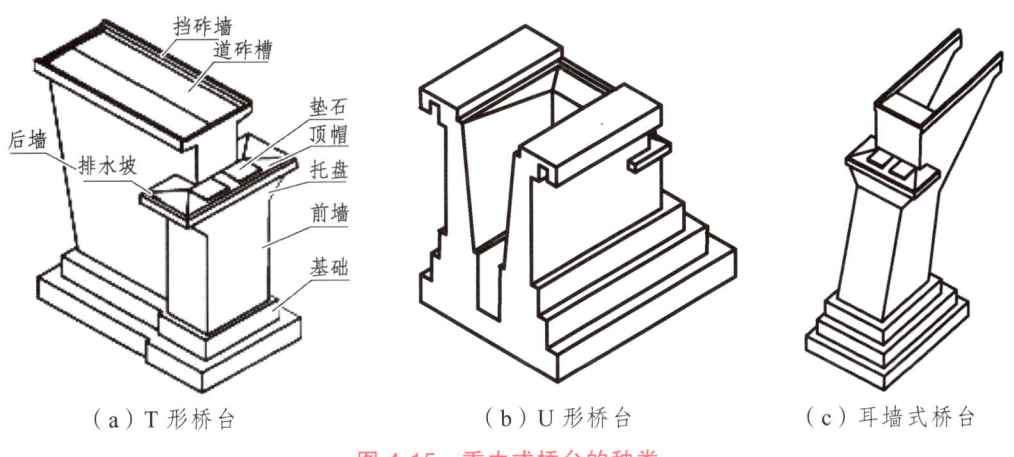

图 4-15 重力式桥台的种类

1. 基 础

基础在桥台最下面，共 3 层，由 3 块大小不等的 T 形板叠加而成。

2. 台 身

台身在基础上面，由前墙、后墙及托盘组成。托盘是用来承托台帽的。

3. 台 顶

台顶是在桥台的上部，由顶帽、墙身和道砟槽三部分组成。顶帽是在前墙托盘上面，在其顶面有两块支承垫石。墙身是后墙的延续部分。整个桥台最上面为道砟槽。

如图 4-16 所示：道砟槽两边最高的是挡砟墙，内侧有凹进去的斜防水层槽；两端是较低的端墙，其内侧也有凹进去的防水层槽。道砟槽中部是一个凹槽，在槽底的水平面上填有混凝土垫层，垫层做成中间向两边倾斜的平面，垫层上面铺设防水层，防水层四边嵌入防水层槽内。在挡砟墙内放置 100 mm 直径的泄水管，以便将道砟槽内积水排至桥台以外。

附属工程，这里主要指保护桥头填土不至受河水冲刷的锥体护坡。它与桥台紧密相连，其实际形状相当于 2 个 1/4 个椭圆锥体，分设于桥台两侧。台身的大部分都为它所覆盖和包容。

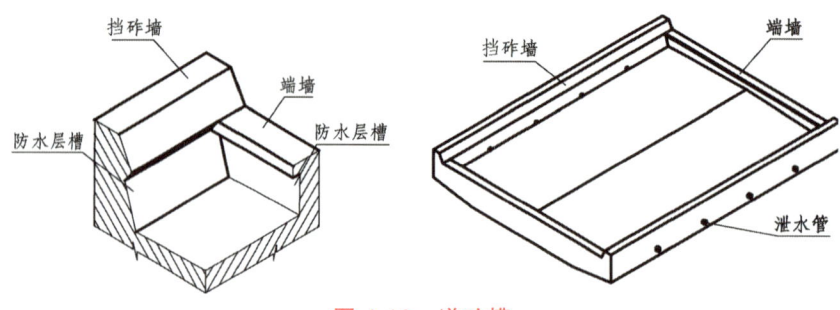

图 4-16 道砟槽

二、桥台图样的表达

桥台图一般由桥台总图、台顶构造图及钢筋布置图等图样来表示。图 4-17 是一 T 形桥台的桥台总图，它由侧视图、半平面和半基顶剖视图、半正面和半背立面图所组成。

习惯上，把与线路垂直方向的称为桥台的侧面，从桥孔顺着线路方向的称为桥台的正面，从路基顺线路方向的称为桥台的背面。

1. 侧面图

它是从桥台侧面与线路垂直的方向投影而得到的。它能较好地表达桥台的外形特征，并反映出钢轨底面及路肩的高程，因而将其安排在正立面图的位置。图中应注明轨底、路肩、地面线的高程，还应标注线路的中心里程（图中未示），从而确定桥台的位置。坡度为 1∶1 的细实线表示桥台两侧锥体护坡与台身的交线，锥体护坡本身则未表示，以显露桥台的形状。前墙内的虚线表示材料分界线。

2. 半平面和半基顶剖视图

半平面主要表示道砟槽和顶帽的平面形状及尺寸。半基顶剖面图是沿基础顶面剖切而得到的剖视图，剖切位置在图中用文字写明，不再在图中标注。它主要表示台身底面和基础的平面形状及尺寸。

3. 半正面和半背立面图

它是从桥台的正面和背面进行投影，两个方向所看到的情况不同。但同一桥台的正面和背面其桥台的高度、宽度总是相同的，所以各画一半，组合在一起，中间用点画线分开，这种图叫组合图，它们主要表示桥台正面和背面的形状和尺寸。

三、桥台图的阅读

识读 T 形桥台图（见图 4-17、4-18）的方法、步骤如下所述。

1. 看标题栏及附注说明

首先读标题栏、标注，从中了解桥台类型、图样比例、尺寸单位、各部分使用的材料等，然后根据各图形间的投影关系，分析研究桥台各部分的形状和大小。从附注说明中可知台顶部分另有详图。

2. 看桥台总图是由哪些视图组成及它们的表示方法、作用

图 4-17 是由侧面图、半平面及半基顶剖视图、半正面和半背立面图组成。

3. 分析桥台各部分结构形状

按照投影规律，并根据桥台的各组成部分，逐步分析并读出它们的形状和大小。

（1）基础：

图 4-17 基本投影可知，桥台基础共有 3 层，每层 100 cm 厚。基础的平面形状是 T 形，底层总长 980 cm，最宽处为 740 cm。从图中可读出其他详细尺寸。

（2）台身：

台身分为前墙、后墙和托盘三部分，前、后墙下表面形状可由半基顶剖视图看出，高度可由正面图和侧面图看出。如前墙的左右尺寸为 220 cm，前后尺寸为 340 cm，高度为 428 cm，110 cm 为托盘高度；后墙的前后尺寸为 220 cm，底部左右尺寸为 430 cm，后墙在台尾端有坡度为 5∶1 的斜面至高度 700 cm 处，后墙顶部长 680 cm。

（3）台顶：

台顶由顶帽、墙身、道砟槽三部分组成。

为了便于读图，将台顶部分用较大比例画出，如图 4-18 所示为 T 形桥台台顶构造图。

台顶构造图共有 3 个基本视图和 2 个详图，即中心纵剖视图、半正面和半 2—2 剖视图、平面图和 A 详图、B 详图。

● 顶　帽

顶帽在托盘上面，在中心纵剖视和平面图中表示得很清楚，顶帽为 1 块 260 cm × 600 cm × 45 cm 的长方体，其顶部还做有高 5 cm，向四面倾斜的排水坡，顶面上有 2 块 100 cm × 120 cm 的矩形支承垫石（呈直角三棱柱体）。

● 墙　身

墙身是后墙的延伸部分，其形状在中心纵剖视图中反映得较清楚。它是一棱柱体，后表面有一斜面与后墙斜表面相接，前下角有一切口与顶帽连接。

● 道砟槽

道砟槽在桥台的最上面，该部分的结构形状比较复杂。由图 4-10 中的半 2—2 剖视图，并结合中心纵剖视图和平面图得知，左右两边最高部分是道砟槽的挡砟墙外形。在挡砟墙下部设有排水管，排水管距离两边外表面各为 150 cm，中间排水管等距离布置；挡砟墙底中间高，两边低，形成两面坡，坡度为 3.5%，以便排水；挡砟墙内侧表面由 3 个倾斜平面组成，排水管设在最下边一个倾斜平面内，见 B 详图。

从 A 详图看到，胸墙顶部是一个水平面，它与挡砟墙上部内侧斜面形成开口槽。该槽为安放与梁连接处的盖板，并起防水挡砟作用。由图 4-17 可知，道砟槽总长 680 cm，宽 390 cm，高为 52 + 13 = 65 cm，槽底上面有中间高 6 cm 向前后倾斜的混凝土垫层。其他详细尺寸可从 A 详图和 B 详图中查出。将桥台的各部分结构形状搞清楚后，总结、归纳形成整体概念，这样对整个桥台结构形状也就清楚了。

关于各组成部分的材料，可从图 4-17 的说明及图 4-18 中得知。

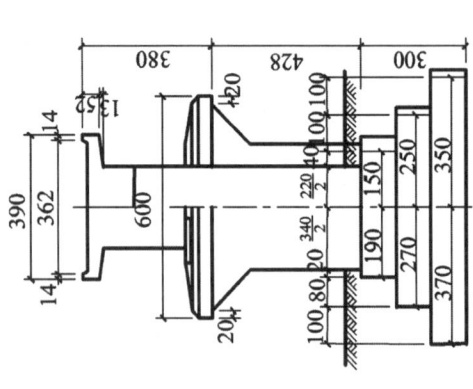

说明：
1. 本图尺寸单位除标高以 m 计外，其余均以 cm 计
2. 桥台的台顶构造间台顶构造详图
   基础为 M10 水泥砂浆砌片石
   台身为 M10 水泥砂浆砌片石
3. 托盘为 C20 混凝土
   顶帽及道砟槽为 C20 钢筋混凝土

图 4-17 T 形桥台总图

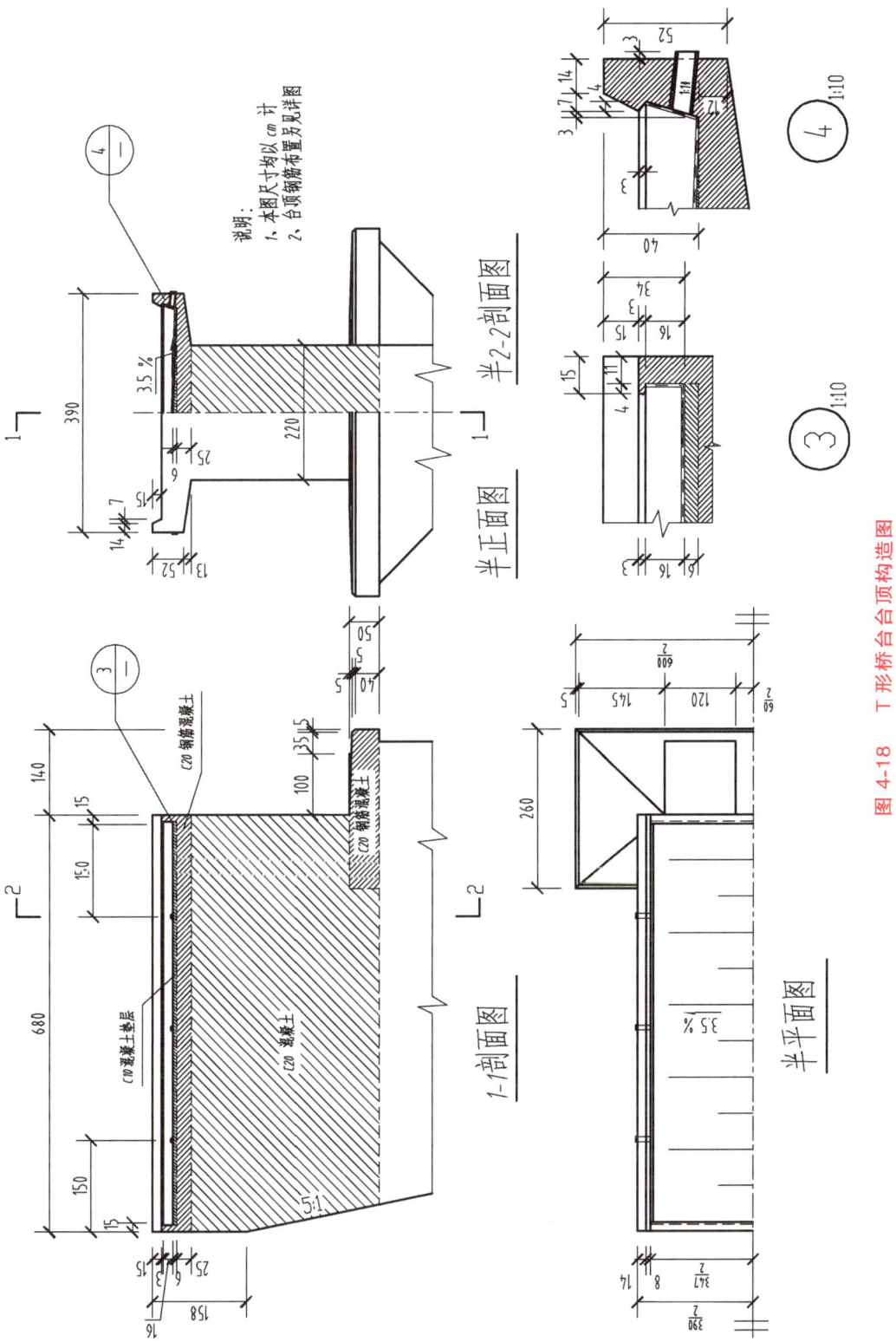

图 4-18 T 形桥台台顶构造图

学习任务三：桥梁构造图 CAD 绘制

阅读图 4-9 所示的圆端型桥墩构造图，用 CAD 进行桥墩实体造型，形成桥墩构造总图，在 A3 图纸上同时打印出桥墩工程图与桥墩实体造型图。

（1）阅读圆端型桥墩构造图，想象桥墩的构造组成，分析出每一构造组成部分是什么几何形体，为 CAD 做实体造型做准备。

（2）思考桥墩的各个组成部分在 CAD 中应采用什么方式进行实体造型。

（3）在 CAD 中应用"轮廓设置"命令对实体进行三视图的提取。

（4）分别采用"三维旋转"命令将三视图轮廓放置在同一平面图纸上，并保证三视图满足"长对正、高平齐、宽相等"对应关系。

（5）用"分解"命令将三维实体轮廓转换成二维平面图线，并进行图层整理，以保证图中的图线、图示手法满足工程图制图国家标准。

（6）书写图中的文字，工程图中图样名用 5 号字，图样中的文字注解用 3.5 号字，尺寸数字用 2.5 号字。

（7）对工程图样进行尺寸标注，符号注写，这些都应符合工程图制图国家标准。

① 使用"连续标注"命令可以整齐地标注出大量线性尺寸。

② 可以应用"尺寸编辑"命令打开文字编辑器，应用"堆叠"手段形成对称半标注尺寸。

③ 标高尺寸标注中的标高符号要符合制图国家标准，符号的高度为 3 mm，应为等腰直角三角形。可以将标高符号做成块，方便其他地方使用。

④ 剖切符号要符合制图国家标准，剖切位置线长度为 6 mm，剖切方向线长度为 4 mm，都为粗实线。

（8）应用布局打印方式将桥墩工程图与桥墩实体造型图同时打印在 A3 图纸上。

布局设置与打印过程按以下步骤进行：

① 在布局空间设置打印设备，选取合适的纸张（A3 图纸竖向布置）。

② 设计多个视口，以满足不同方向的投影。视口可以用绘制、转换、复制、删除等命令操作。需要表达尺寸的视口要注意视口比例的设置，不需要表达尺寸的视口比例具有随意性。视口内容为二维线条的应采用二维线框表达，视口内容为三维造型的应采用体着色方式表达。

在模型空间下，将 A3 图纸的图框用"定义块"命令做成块，在布局空间下用"插入块"命令将图框布置在 A3 图纸上。

知识点1：AutoCAD 桥墩的三维建模

一、基础建模

由图 4-9 圆端型桥墩图可知，基础分层，各层为 T 形棱柱体，底层尺寸是 546 cm×466 cm×100 cm，上层尺寸是 416 cm×326 cm×100 cm。两层在前后左右方向对称放置。

激活西南等轴测视口，将空间坐标系（UCS）设置成默认的"世界"模式；直接选用建模命令区中的"长方体"命令生成实体；或者激活俯视视口，绘制矩形封闭图形，做成面域，应用建模命令区中的"拉伸"命令来生成实体；共生成两层基础平台，按照前后左右对称布置，上下叠放。如图 4-19 所示。

图 4-19　基础建模

二、墩身建模

由图 4-9 圆端型桥墩图可知，墩身的底面和顶面都是圆端形，两圆端形的中心距均为 150 cm；顶面圆端半径为 95 cm，底面圆端半径为 113 cm，墩身高为 500 cm。墩身是由两端的半圆台和中间的梯形棱柱组合而成。

激活前视视口，绘制一个直角梯形封闭图形，作成面域，应用建模命令区中的"旋转"命令来生成圆台实体；将圆台实体用"剖切"命令切开为左右两部分，移动之后左右圆心相距 150 cm；在半圆台实体的侧立面表面绘制二维立面等腰梯形，做成面域，应用建模命令区中的"拉伸"命令来生成墩身中间的梯形棱柱实体。如图 4-20 所示。

图 4-20　墩身建模

三、托盘建模

由图 4-9 圆端型桥墩图可知，托盘的上下表面均为圆端形，上表面两个半圆的中心距为 270 cm，下表面两个半圆的中心距为 150 cm，上下半圆半径均为 95 cm，托盘高度为 80 cm。托盘是由两端的半斜圆柱和中间的梯形棱柱组合而成。

激活俯视视口，绘制一个半圆封闭图形，作成面域，在空间绘制路径直线，应用建模命令区中的"拉伸"命令，采用沿"路径"拉伸方式来生成半斜圆柱实体；应用三维镜像命令生成托盘圆端对称的另一半；在两个半斜圆柱实体的前侧立面表面，绘制二维立面等腰梯形，做成面域，应用建模命令区中的"拉伸"命令来生成托盘中间的梯形棱柱实体。如图 4-21 所示。

图 4-21　托盘建模

四、顶帽建模

由图 4-10 墩帽图可知，顶帽是矩形板，长 500 cm、宽 230 cm，上表面是四面排水的倾斜面，中间最厚处是 50 cm，板的上侧四边有抹角，宽与高都为 5 cm。在顶帽上部有两块垫石，各长 100 cm，宽 150 cm，上顶面高出顶帽 20 cm。

直接用长方体命令建模，形成一个长度为 500 cm，宽度为 230 cm，高度为 45 cm 的顶帽板，然后应用修改命令区中的"倒角"命令，形成顶帽板四周的抹角构造。

直接用长方体命令建模，形成一个长度为 490 cm，宽度为 220 cm，高度为 5 cm 的四棱柱，然后应用实体编辑命令区中的"剖切"命令，形成顶帽板上部的排水坡构造。

直接用长方体命令建模，形成一个长度为 100 cm，宽度为 150 cm，高度为 30 cm 的四棱柱，然后应用修改命令区中的"移动"命令，将支承垫石板置于顶帽板上准确的位置，再应用修改命令区中的"三维镜像"命令，形成另一半对称的支承垫石体。如图 4-22 所示。

最后按照桥墩图中尺寸移动各部分到正确的位置后执行并集命令，完成桥墩三维实体，如图 4-23 所示。

图 4-22　顶帽建模

图 4-23　桥墩三维实体

知识点 2：工程图的形成

知识要点：

工程图的形成，有两种方式。方式一，直接在模型空间下，用二维绘图与编辑命令进行操作，完成工程图的轮廓绘制、文字注写、尺寸标注、材料图例填充以及符号注写等。方式二，将桥墩模型生成好，然后进行实体轮廓提取，这一操作需要在布局空间里解决，只有激活布局空间的视口，才能进行实体轮廓提取，如图 4-24 所示，提取所得到的是不同方向的实体轮廓，如图 4-25 所示，还需要通过三维旋转命令或对齐命令进行空间状态的处理，最终将各个视图铺平到同一平面上；然后用二维操作命令进行编辑处理，形成符合制图国家标准要求的桥墩工程图。

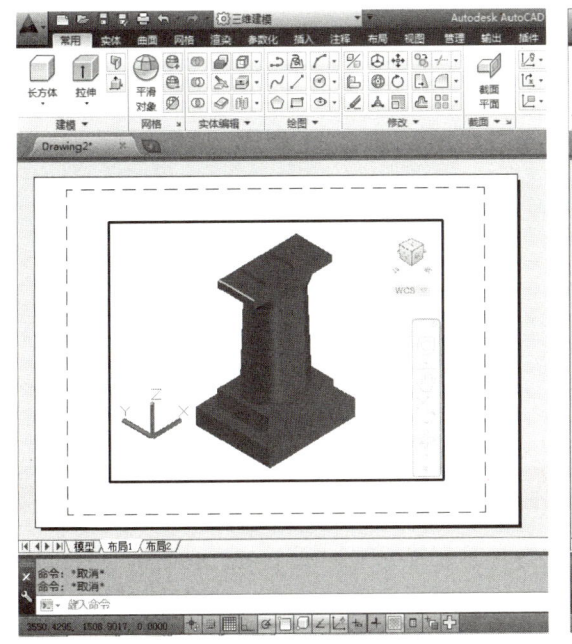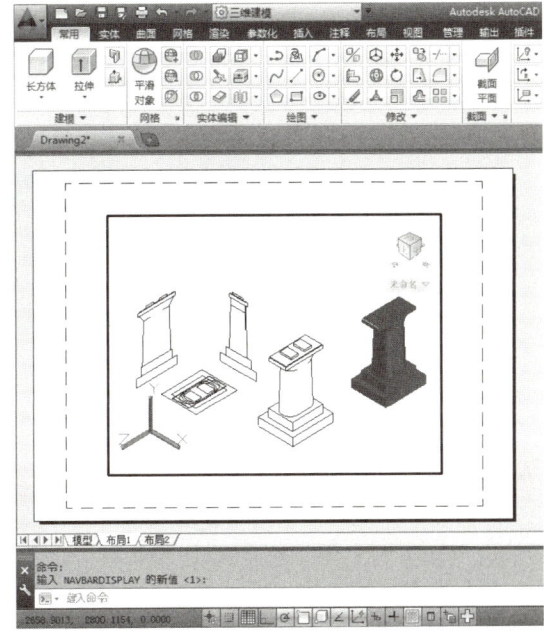

图 4-24　桥墩模型　　　　　　　　图 4-25　桥墩实体轮廓提取

下面以第二种方式为例进行桥墩工程图的提取及规范出图的操作。

一、提取视图

AtuoCAD 提供了由实体模型生成多向视图以及形体几何轮廓的工具，用于形成图样中的视图，提取形体轮廓必须在布局空间下操作，激活布局中的视口，浏览到已经造型好的桥墩模型，分别将视口的显示方向设置成"前视"、"俯视"、"左视"、"西南等轴测"，点击"建模"命令区中"实体轮廓"命令，可以进行各个方向的实体轮廓提取。

二、对正视图

Atuo CAD 提取出来的各个视图在空间不处于同一平面上，需要通过三维旋转或对齐命令将它们放置在俯视方向的同一水平面上，这样有利于工程图的后期整理与打印。

回到 Atuo CAD 的模型空间下，浏览到已经提取好的桥墩模型和各个视图，观察它们的空间姿态。点击"修改"命令区中"三维旋转"命令，将前视轮廓和左视轮廓旋转至水平状态。也可以在各个视口下，将实体轮廓先"复制"再"粘贴"的操作，将三个视图放置在"俯视"下的同一水平面上。

设置模型空间为俯视状态，将三个视图通过二维旋转和移动命令放置对正，满足三视图间的三等关系："长对正、高平齐、宽相等"。如图 4-26 所示。将"西南等轴测"视图轮廓，应用"对齐"命令，在二维俯视状态下放置成等轴测图形位置。如图 4-27 所示。

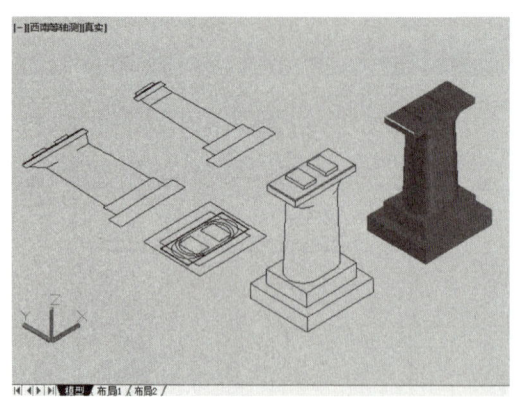
图 4-26 对正视图

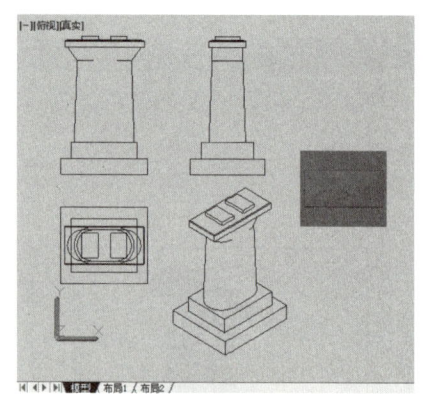
图 4-27 对各个视图整合

三、规范视图

在布局空间下提取出来的视图轮廓，它的的特性是三维元素，因而在模型空间下需要将这些轮廓分解，使它们成为二维元素，然后按照二维管理要求进行整理，应用上图层设置管理、文字设置管理和尺寸标注设置管理等，使之成为满足应用需求的桥墩工程图。

四、桥墩图尺寸标注

应用二维尺寸标注命令对桥墩的各个视图进行尺寸标注，多应用连续标注和基线标注手法，注意对称半标注形式的尺寸编辑，将尺寸标注注写的位置合理、尺寸数据清晰、数值准确无误。

如果按照实际大小呈现三视图，尺寸标注时应修正标注全局比例因子；如果按照在标准的 A3 图纸上呈现三视图，尺寸标注时应修正标注线性比例。

五、桥墩图文字注写

应用文字注写命令对桥墩的各个视图中出现的文字进行注写，注意字号的大小，图样名称用 5 号字，图样中的文字注写用 3.5 号字，在完成尺寸标注和文字注写之后，再进行构筑物各部位的材料图例的填充，材料填充图案的比例要恰当。

转到布局空间下进行图样的排版，完成输出打印。

学习任务四：梁体结构图识读

阅读下面构件的配筋图，如图 4-28 所示，解决以下问题：

（1）能准确说出该构件的长度以及截面形式的相关尺寸。
（2）能说出该构件包含的钢筋种类，以及每种钢筋的根数。

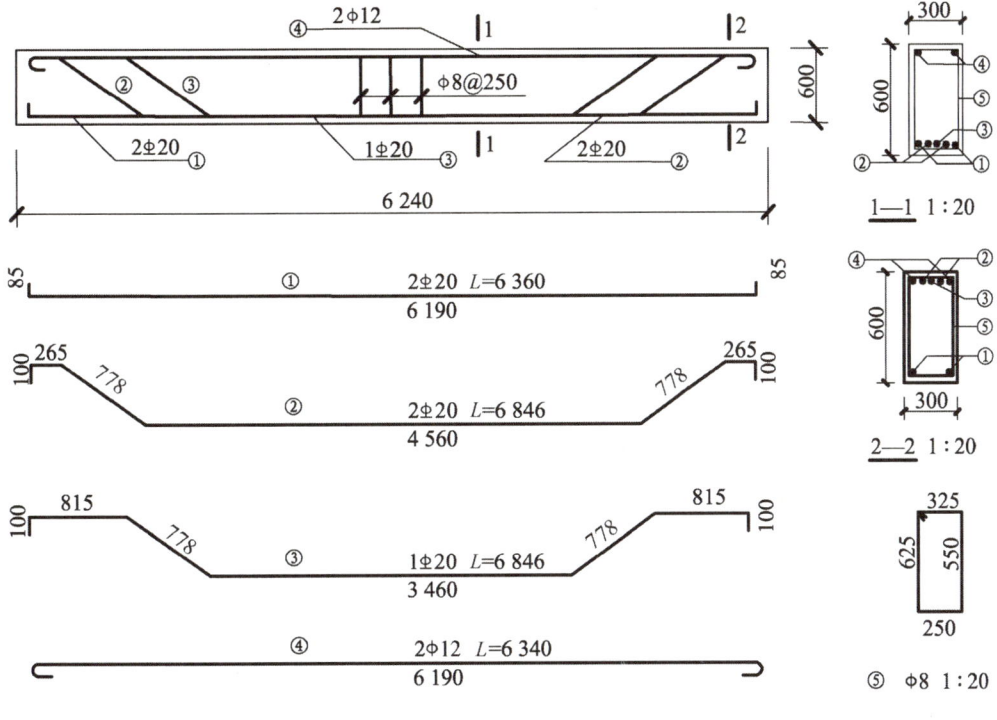

图 4-28　钢筋混凝土简支梁结构图

（1）应用物体三视图表达方法，了解梁体的构造尺寸。
（2）结合钢筋的标注方法，认识每一种钢筋的相应数据信息。
（3）关注两个断面图表达的内容以及图示手法。

桥跨或称桥孔结构，是桥梁中跨越桥孔的、支座以上的承重结构部分。按受力不同，分为梁式、拱式、刚架和悬索等基本体系，并由这些基本体系构成各种组合体系。它包含主要承重结构（梁）、纵横向联结系、拱上建筑、桥面构造和桥面铺装、排水防水系统、变形缝以及安全防护设施等部分。

常见的铁路桥梁桥跨承重结构（梁）有：钢筋混凝土T形梁、钢筋混凝土箱形梁、钢桁架梁等。本节以T形梁为例介绍主梁的构造。

知识点 1：梁体构造图识读

钢筋混凝土结构图讲解

一、梁体的构造

T 形梁指横截面形式为 T 形的梁。T 形上部构造类似于 T 形桥台道砟槽。其上部两侧挑出部分称为翼缘，翼缘板又兼做桥面，桥面上部沿道路方向外侧设置的为挡砟墙、内侧为内边墙，垂直于道路方向的为端边墙，下部中间部分称为梁肋，是主要的承重结构。如图 4-29 所示。

箱形梁指横截面形式为箱形的梁。当桥梁跨度较大时，箱形梁是最好的结构形式，它的闭合薄壁截面抗扭刚度很大，对于弯桥和采用悬臂施工的桥梁尤为有利。顶底板都具有大的面积，能有效地抵抗正负弯矩并满足配筋需要，具有良好的动力特性和小的收缩变形。如图 4-30 所示。

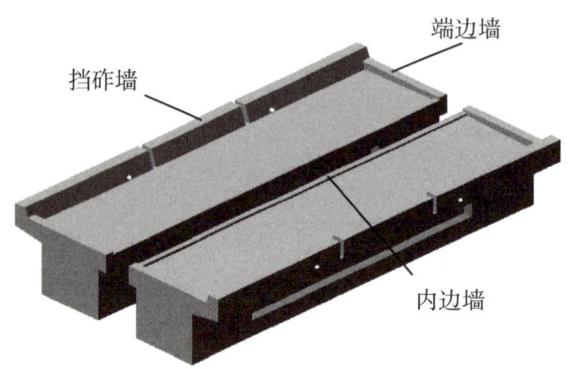
图 4-29 T 形梁

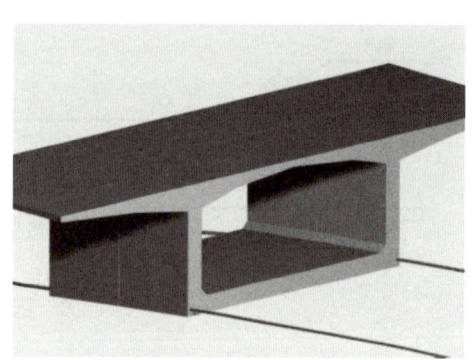
图 4-30 箱形梁

二、梁体构造图样的表达

梁体图一般由梁体的构造图和梁体的结构图组成，梁体的构造图主要表达的是梁体的各部分组成及其轮廓造型，梁体的结构图主要表达梁体的钢筋配置状况。

梁体的构造图一般由正面图、平面图、剖断面图等组成，图 4-31 为钢筋混凝土 T 形梁（见书后插页）。它由半平面半梁肋剖视图、半正面半中心剖视图、端立面图和局部大样图所组成。

1. 半平面半梁肋剖视图

半平面主要表示单片梁道翼缘板的平面形状及尺寸。3—3 剖面图是沿着梁肋上部，水平剖切而得到的剖视图，它主要表示梁肋的平面形状和尺寸。

2. 半正面半中心剖视图

它是从梁的侧面观察，垂直于线路方向进行投影得到的。正面图表达了轨底位置，挡砟墙外侧面、梁肋侧面的形状轮廓与尺寸，2—2 剖面图是沿着两片梁的装配缝处剖开，从中间向外侧投影得到的，其中虚线主要表示梁体道砟槽底的混凝土垫层。

3. 1—1 剖面图、端立面图

端立面图是沿着道路延伸方向投影得到的，它较好地表达了 T 形梁的特征，1—1 剖视是在梁的端部垂直于道路方向进行剖切得到的，它和端立面图一起展示出两片梁的拼接位置关系及各部分构造尺寸。这里可以清楚地看到梁地挡砟墙断面和内边墙断面，双点画线表示的是铁路路线上铺设的轨枕位置轮廓，由此可以看出，这是单线路双片 T 形铁路梁。

4. 局部大样图

端边墙大样图以 1∶5 的比例清楚地展示出端边墙的构造尺寸。

内边墙大样图以剖断面形式表达了内边墙的形状尺寸、垫层的厚度尺寸以及它们的材料状况。

从挡砟墙大样图可以看出，它类似于 T 形桥台的挡砟墙。

三、梁体构造图的阅读

从图 4-31 所示的桥梁图中，可以了解梁的形状和各部分尺寸大小。读图时，首先要看标题栏和附注说明，从标题栏中可知梁的名称、比例等，从说明中可得知图样的尺寸单位、技术施工要求等。

该图表示的是钢筋混凝土 T 形梁，图内尺寸单位是 mm。根据各个视图，按照投影关系及对梁体构造进行分析，逐步读懂各部分的形状、尺寸大小及所用材料等。

读图时可把 T 梁桥分为梁肋和翼缘板，翼缘板上部外侧为挡砟墙，内侧为内边墙，垂直于道路方向的为端边墙。

总体来看，从端立面图和 1—1 剖视图可以看出，该铁路路线的桥梁由两片 T 形梁组成，总长度 6 500 mm，总宽度 3 900 mm，总高度 1 200 mm。轨枕宽 2 500 mm，高出端边墙 350 mm。其中单片梁梁宽为 530 + 20 + 1 000 + 20 + 350 = 1 920 mm，两片梁接缝为 60 mm，从平面图中可以看出两片梁接缝上方盖有钢筋混凝土盖板。

1. 梁　肋

从端立面和 1—1 剖视图中可以看出，梁肋断面为梯形，下底面宽 1 000 mm，上底面宽 1 040 mm，高度 500 mm，从平面图中可以看出梁肋长度 6 500 mm。

2. 翼缘板

从 1—1 剖视图可以看出，翼缘板外侧挑出 530 mm，下底面倾斜高差为 40 mm，内侧挑出 350 mm，下底面倾斜高差为 20 mm。

（1）挡砟墙：

类似于桥台道砟槽中的挡砟墙，从挡砟墙大样图中看到其宽度为 25 + 80 + 140 = 245 mm。高度 300 mm，滴水檐高度 122 mm。从正面图中可以看出挡砟墙泄水管距离梁端部 2 050 mm，直径 100 mm。

（2）内边墙和端边墙：

内边墙较简单，墙宽 120 mm，上沿宽 150 mm，厚 20 mm。端边墙墙宽 70 mm，上沿宽 100 mm，厚度 20 mm。

(3)垫层：

从内边墙大样图和 1—1 剖视图中可以看出翼缘板上部垫层从内边墙处 60 mm 厚度向外倾斜降低，直到挡砟墙。

知识点 2：钢筋混凝土结构图识读

知识要点：

土木工程中的许多构件都是用钢筋混凝土（见图 4-32 所示）来制作的，如梁、板、柱、桩、桥墩、隧道衬砌等。

因此，除了学会识读表达桥梁轮廓的构造图，我们还需要学习表达构件内部钢筋断料、加工、绑扎、焊接、布置等情况的钢筋结构图。

钢筋结构图，简称结构图。它应包括钢筋布置图、钢筋编号、尺寸、规格、根数、钢筋成型图和钢筋数量表及技术说明等。

图 4-32　钢筋混凝土结构

一、钢筋混凝土构件及混凝土的强度等级

混凝土，简称为"砼"：由胶凝材料将集料胶结成整体的工程复合材料的统称。混凝土是用水泥、砂、石子和水按一定的比例拌和硬化而成的一种人造石料。将混凝土灌入定型模板中，经振捣密实和养护凝固后就形成坚硬如石的混凝土构件了。混凝土的抗压强度较高，抗拉强度较低，抗拉强度一般仅为抗压强度的 1/10～1/20，混凝土按其抗压强度分为不同的等级，普通混凝土分 C7.5、C10、C15、C20、C25、C30、C35、C40、C45、C50、C55、C60 十二个等级，数字越大，混凝土的抗压强度越高。

由于混凝土的抗压强度较高，抗拉强度较低，容易因受拉而断裂，为了提高混凝土构件的抗拉能力，常在混凝土构件的受拉区内加入一定数量的钢筋，使两种材料黏结成一个整体，共同承受外力，这种配有钢筋的混凝土称为钢筋混凝土，如图 4-33 所示为钢筋混凝土简支梁受力示意图。用钢筋混凝土制成的板、梁、桥墩和桩等构件组成的结构物，叫作钢筋混凝土结构。为了提高构件的抗裂性，还可以制成预应力钢筋混凝土构件。

钢筋混凝土构件有现浇和预制两种。现浇是在建筑

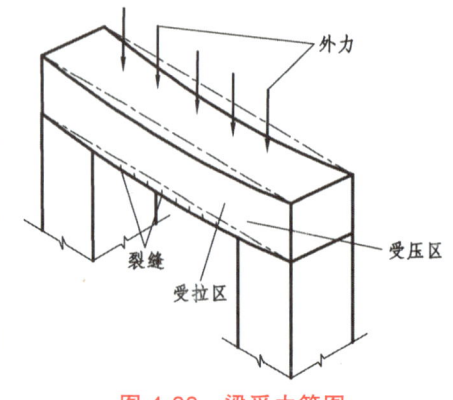

图 4-33　梁受力简图

工地现场浇注，预制是在预制品工厂先浇注好，然后运到工地进行吊装，有的预制构件也可在工地预制，然后吊装。

二、钢筋的种类、符号与分类

1. 钢筋的种类、符号

钢筋分为普通钢筋和预应力钢筋两类，普通钢筋是指用于钢筋混凝土结构中的钢筋和预应力混凝土构件中的非预应力钢筋，普通钢筋的种类、符号、直径范围见表4-2所示。

表4-2 钢筋混凝土用普通钢筋的种类、符号、材料和直径

种 类	符 号	材 料	直径范围 d/mm	说 明
HPB235		Q235	8~20	热轧光圆钢
HRB335	Φ	20MnSi	6~50	热轧带肋钢筋
HRB400	Φ	20 MnSiV, 20 MnSiNb, 20 MnTi	6~50	热轧带肋钢筋
RRB400	Φ^R	K20 MnSi	6~40	余热处理带肋钢筋

预应力钢筋主要有钢绞线（ϕ^S）、消除应力钢丝（光面、螺旋肋、刻痕钢丝的符号分别为ϕ^P、ϕ^H、ϕ^I）和热处理钢筋（ϕ^{HT}），它们的直径可以查《混凝土设计规范》（GB 50010—2002）。

2. 钢筋的分类

根据钢筋在钢筋混凝土结构中的不同作用，可分为下面几种，如图4-34所示。

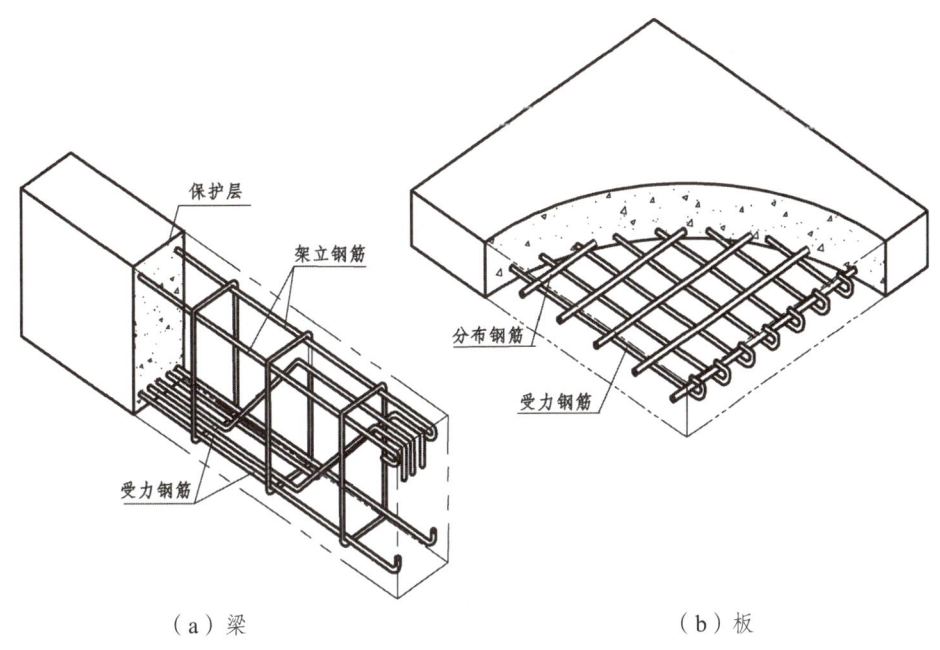

（a）梁　　　　　　　　　　　（b）板

图4-34 梁、板的配筋示意图

（1）受力钢筋（主筋）：用来承受主要拉力或者压力的钢筋，在梁、板、柱等各种混凝土构件中都有。

（2）架立钢筋：固定受力钢筋位置，形成钢筋骨架，一般只用于钢筋混凝土梁中。

（3）钢箍（箍筋）：用来固定钢筋的位置，并承受部分斜拉力，一般用于梁和柱内。

（4）分布钢筋：用以固定受力钢筋位置，使荷载分布于受力钢筋，并防止混凝土因收缩和温度变化出现裂缝，一般用于钢筋混凝土板中。

（5）其他钢筋：为了起吊安装或构造要求而设置的预埋或锚固钢筋等。

三、钢筋的弯钩和弯起

1. 钢筋的弯钩

为了提高钢筋和混凝土的黏结力，对于光圆外形的受力钢筋，在钢筋的端部做成弯钩；带肋钢筋与混凝土的黏结力强，两端可不作弯钩。弯钩的标准形式有半圆弯钩（180°）和直弯钩（90°）两种。根据需要，钢筋实际长度要比端点长出 $6.25d$，$4.25d$，这时钢筋的长度要计算其弯钩的增长数值。带弯钩的钢筋断料长度应为设计长度加上其相应弯钩的增长数值。在图 4-35 中用双点画线表示出了弯钩弯曲前的下料长度，它是计算钢材用量的依据。

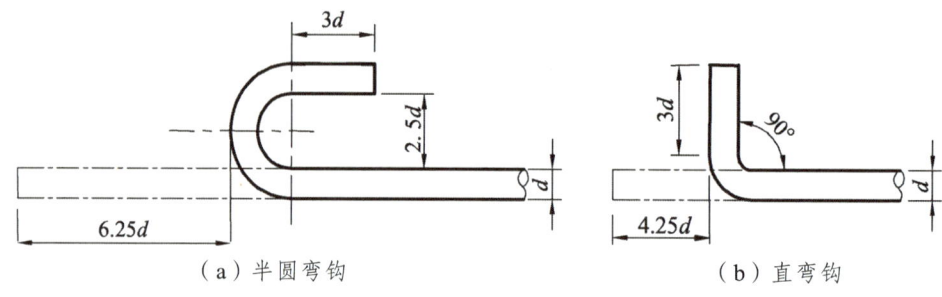

(a) 半圆弯钩　　(b) 直弯钩

图 4-35　钢筋的弯钩

当弯钩为标准形式时，图中不必标注其详细尺寸；若弯钩或钢筋的弯曲是特殊设计的，则在图中必须另画详图表明其形式和详细尺寸。

2. 钢筋的弯起

根据结构受力要求，有时需要在梁内将部分受力钢筋向上弯起，这时弧长比两切线之和短些，其计算长度应减去折减数值，如图 4-36 所示。

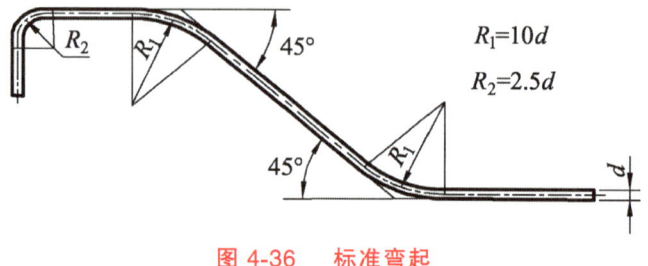

图 4-36　标准弯起

四、钢筋的保护层

为了保护钢筋，防止钢筋锈蚀及加强钢筋与混凝土的黏结力，钢筋必须全部包在混凝土中，因此，钢筋边缘至混凝土表面应保持一定的厚度，称为保护层，此厚度距离称为净距（见图 4-34）。保护层的最小厚度见表 4-3。

表 4-3 钢筋混凝土的保护层最小厚度

钢筋	构件种类		保护层厚度/mm
受力筋	板		15 或 20
	梁		25 或 30
	柱		30
	基础	有垫层	40
		无垫层	70
钢箍	梁和柱		15
分布筋	板		10

五、钢筋混凝土结构图的表示方法

1. 钢筋的图示方法

钢筋的表示方法应符合《建筑制图标准》（GB/T 50105—2001），如表 4-4 所示。

表 4-4 钢筋的表示方法

序号	内容	表示方法	序号	内容	表示方法
1	钢筋横断面	●	7	无弯钩的钢筋搭接	
2	端部无弯钩的钢筋		8	在平面图中配双层钢筋时，底层钢筋弯起应向上或向左，顶层钢筋则向下或向右	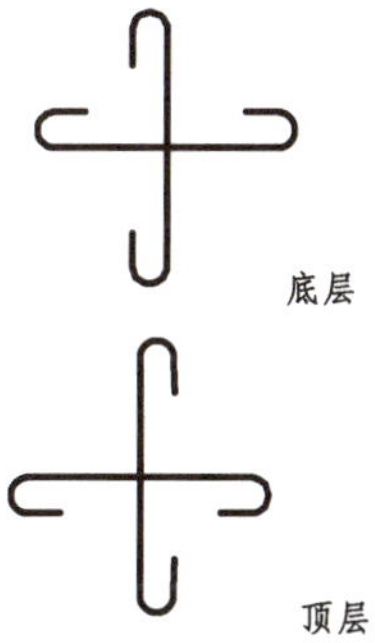
3	带半圆弯钩的钢筋				
4	带直弯钩的钢筋				
5	带丝扣的钢筋				
6	带直弯钩的钢筋搭接				

钢筋混凝土结构图主要包含配筋图和成型图。配筋图主要表示构件内部钢筋的配置情况，成型图主要表示各钢筋的形状尺寸，如图 4-19 所示为钢筋混凝土简支梁的配筋图和成型图。

2. 钢筋结构图的图示特点

（1）为突出构件中钢筋的配置情况，把混凝土假设为透明体，结构外形轮廓画成细实线。

（2）钢筋纵向画成粗实线，其中箍筋较细，可画为中实线；钢筋横断面用黑圆点表示，不论钢筋实际粗细为多少，在图面中用直径 1 mm 的小黑点表示。

（3）在钢筋结构图中为了区分各种类型和不同直径的钢筋，要求对不同类型的钢筋加以编号并在引出线上注明其规格和间距，编号用阿拉伯数字表示。

（4）钢筋的弯钩和净距的尺寸都比较小，画图时不能严格按照比例画，以免线条重叠，要考虑适当放宽尺寸，以清楚为度，此称为夸张画法。同理，在立面图中遇到钢筋重叠时，亦要放宽尺寸，中间应留有空隙，使图面清晰。

（5）画钢筋结构图时，三面投影图不一定都画出来，而是根据需要来决定，例如画钢筋混凝土梁的钢筋结构图，一般不画平面图，只用立面图和断面图表示。

（6）除在钢筋成型图中标注钢筋的形状尺寸，还要注意在钢筋混凝土结构图中标注钢筋混凝土的外形尺寸及钢筋的位置尺寸。

3. 钢筋的编号和尺寸标注方式

为了区别构件中的钢筋类别（直径、钢材、长度和形状），应将钢筋编号。编号次序可按钢筋的主次及直径大小进行编写。如先编主、次部位的主筋，后编主、次部位的构造筋。编号的方法有引注法和列表法。

（1）引注法：

编号标注在引线右侧细实线圆圈（6 mm）内或写在 N 字之后，如图 4-37（a）所示。其中：N 代表钢筋编号；n 代表钢筋根数；φ 是钢筋直径符号，也表示钢筋的等级(Ⅰ级)；d 代表钢筋直径的数值，单位为 mm；l 代表每根钢筋的断料长度，单位为 cm；@ 是钢筋中心间距符号；s 代表钢筋间距的数值，单位为 cm。

如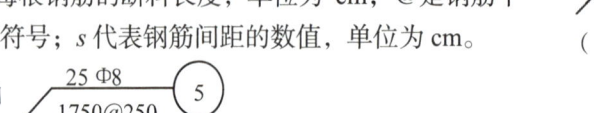

其中：⑤ 表示编号为 5 的钢筋；25φ8 表示直径为 8 mm 的 HPB235 钢筋共 25 根；1 750 表示每根钢筋的断料长度为 1 750 mm；@250 表示钢筋轴线之间的距离为 250 mm。

（2）列表法：

钢筋排列过密时可采用列表法，如图 4-37（b）图所示其中小黑点对应的数字就是钢筋的编号。

4. 钢筋成型图

在钢筋结构图中，为了能充分表明钢筋的形状以便于配料和施工，还必须画出每种钢筋的加工成型图，如图 4-38 所示钢筋混凝土简支梁各钢筋成型图。

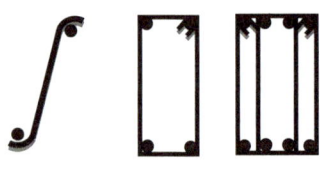

图 4-38　箍筋的形式

箍筋的肢数是看梁、柱同一截面内在高度方向箍筋的根数。采用单肢箍即类似于一个S钩。一般的单个封闭箍筋，在高度方向就有2根钢筋，属于双肢箍。截面宽较大的同一截面采用2个封闭箍并相互错开设置，高度方向就有4根钢筋，属于四肢箍。如图4-29所示。

图上应注明钢筋的符号、直径、编号、根数、弯曲尺寸和断料长度等。有时为了节省图幅，可把钢筋成型图画成示意略图放在钢筋数量表内。

为制造钢筋混凝土构件，先将不同直径的钢筋，按照需要的长度截断，根据设计要求进行弯曲（叫作钢筋成型或钢筋大样），再将弯曲后的成型钢筋组装。

钢筋组装成型，一般有两种方式。一种是用细铁丝绑扎钢筋骨架；另一种是焊接钢筋骨架，先将钢筋焊成平面骨架，然后用箍筋联结（绑或焊）成立体骨架形式。

5．钢筋数量表

在钢筋结构图中，一般还附有钢筋数量表，内容包括钢筋的编号、直径、根数、每根长度、总长及质量等，如表4-5所示为图4-28钢筋混凝土简支梁的钢筋数量表。

表4-5 钢筋数量表

编号	简 图	钢筋型号	直径/mm	长度/mm	个数	总长/m
①		Φ	20	6 360	2	12.72
②		Φ	20	6 846	2	13.69
③		Φ	20	6 846	1	6.85
④		ϕ	12	6 340	2	12.72
⑤		ϕ	8	1 750	25	44.38

六、梁体结构图的阅读

梁是桥跨结构中主要的承重构件，其钢筋配置图是重要的施工依据。本节以图4-39 T形梁结构图为例（见书后插页），介绍梁体的钢筋配置。

从图4-39所示的桥梁结构图中，可以了解T形梁的各种钢筋的类型、直径、长度、根数以及它们的配置位置。读图时，首先要看标题栏和附注说明，从标题栏中可知梁的名称、比例等，从说明中可得知尺寸单位、技术施工要求等，则可知该图表示的是钢筋混凝土T形梁的钢筋结构图，图内尺寸单位是mm。读图时要结合图4-31钢筋混凝土T形梁的构造图，利用钢筋混凝土结构图的图示特点，校核各种钢筋的类型、直径、数量、长度以及配置位置。

从1—1剖视图和2—2剖视图可以看出：

1~7号钢筋为梁内主筋，平行于道路路线方向布置，1号钢筋和2号钢筋略高于其余钢筋，钢筋根数可以从图下方钢筋编号表中得到；从梁梗中心剖面图中可以看出，除7号钢筋外，其余钢筋都从不同位置弯起。

16 号钢筋为挡砟墙上 U 型螺栓内的分布钢筋，依据该钢筋的长度 3 205 mm，结合梁的总长 6 500 mm 以及图 6-17 正面图中的断缝，可以分析得出，单片梁中有 2 根。

18 号钢筋为挡砟槽板钢筋，从 3—3 剖视图和 4—4 剖视图中看到半片梁中 14 根，一片梁中 28 根。

19 号钢筋为挡砟墙处翼缘板内钢筋，垂直于线路方向并延伸布置于梁体桥面板板面上，从 3—3 剖视图中看到一片梁中有 9 根。

29、30 号钢筋为梁端部翼缘板内特设钢筋，从 3—3 剖视图和 4—4 剖视图中数出半片梁有 29 号钢筋 15 根，一片梁中 30 根，由图样说明中可知 30 号钢筋的间距与 29 号钢筋相同。

50、51 号钢筋为梁中部翼缘板挑出钢筋，从 3—3 剖视图和 4—4 剖视图中可以看出，每半片梁就有 50 号钢筋 7 根，一片梁中就有 14 根。由图样说明中可知 51 号钢筋的间距与 50 号钢筋相同。

21 号钢筋是梁肋箍筋，又叫腹板钢筋，从 1—1 剖视图中看到每排 6 个，从梁梗中心剖视图中看到半片梁就有 10 个间距（不再考虑保护层）11 排钢筋，总共有 $6 \times 22 = 132$ 根。

34 号钢筋为梁内架立钢筋，从 1—1 剖视图或 2—2 剖视图中可以看到每片梁中有 7 根。布置在道砟槽上表面位置。

52 号钢筋的示意图对应的是挡砟墙位置，它是挡砟墙内箍筋，从 3—3 剖视图中看到，它排列间距在不同位置不一样，半片梁合计有 18 个间距（不再考虑保护层），19 根钢筋，一片梁就有 38 根。

53 号钢筋是两侧翼缘板内的分布筋，从 1—1 剖视图或 2—2 剖视图结合该钢筋长度，可以看出每片梁中 12 根，平行于道路方向。

54 号钢筋为挡砟墙和内边墙的分布钢筋，虽然从 1—1 剖视图中看到每片梁中只有 4 个点，结合该钢筋示意图给出的长度，以及在阅读 4-22 构造图时就知道梁中部有个伸缩缝，因此该钢筋实际布置 8 根。

61 号钢筋和 64 号钢筋都是端边墙钢筋，从 4—4 剖视图中看到梁的一端有 2 个 61 号钢筋，两端都布置，合计 4 根。64 号钢筋间距 200 mm，每端放置 9 根，两端共 18 根。

阅读耳墙式桥台构造总图，如图 4-40 所示。了解桥台的造型，分析桥台基础、台身和台顶的构造组成，了解各组成部分的形状、尺寸和材料状况，特别是顶帽和道砟槽处的构造状况，构想一下整个耳墙式桥台的立体形状。

阅读耳墙式桥台顶帽配筋图，如图 4-41 所示。认识台顶处帽石和支承垫石内钢筋的布置情况，校核并填写耳墙式桥台顶帽钢筋数量表，试着动手用简单的工具和材料绑扎一下台顶的钢筋网架吧。

项目四　实践训练答案

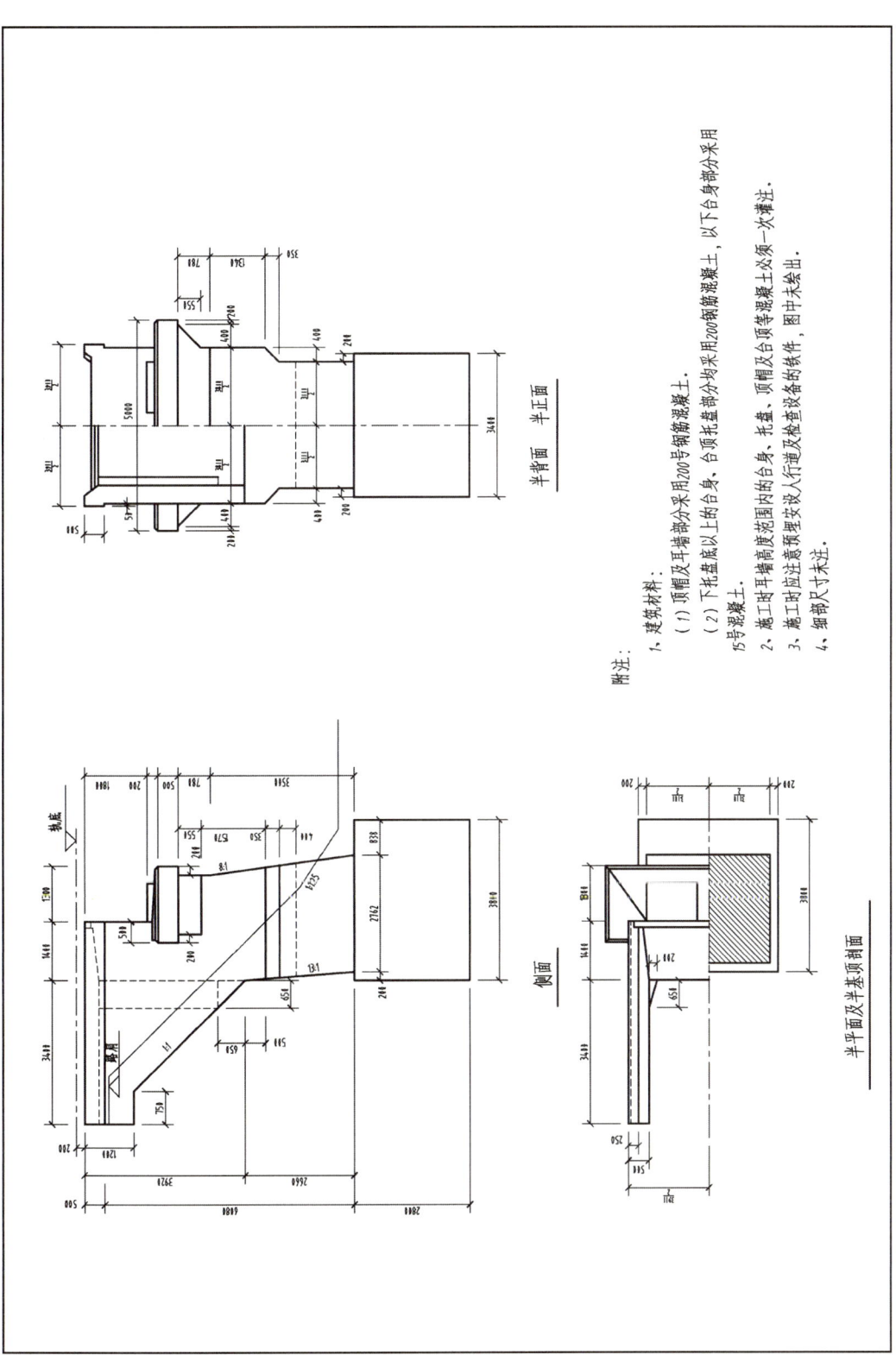

图 4-40　耳墙式桥台构造总图

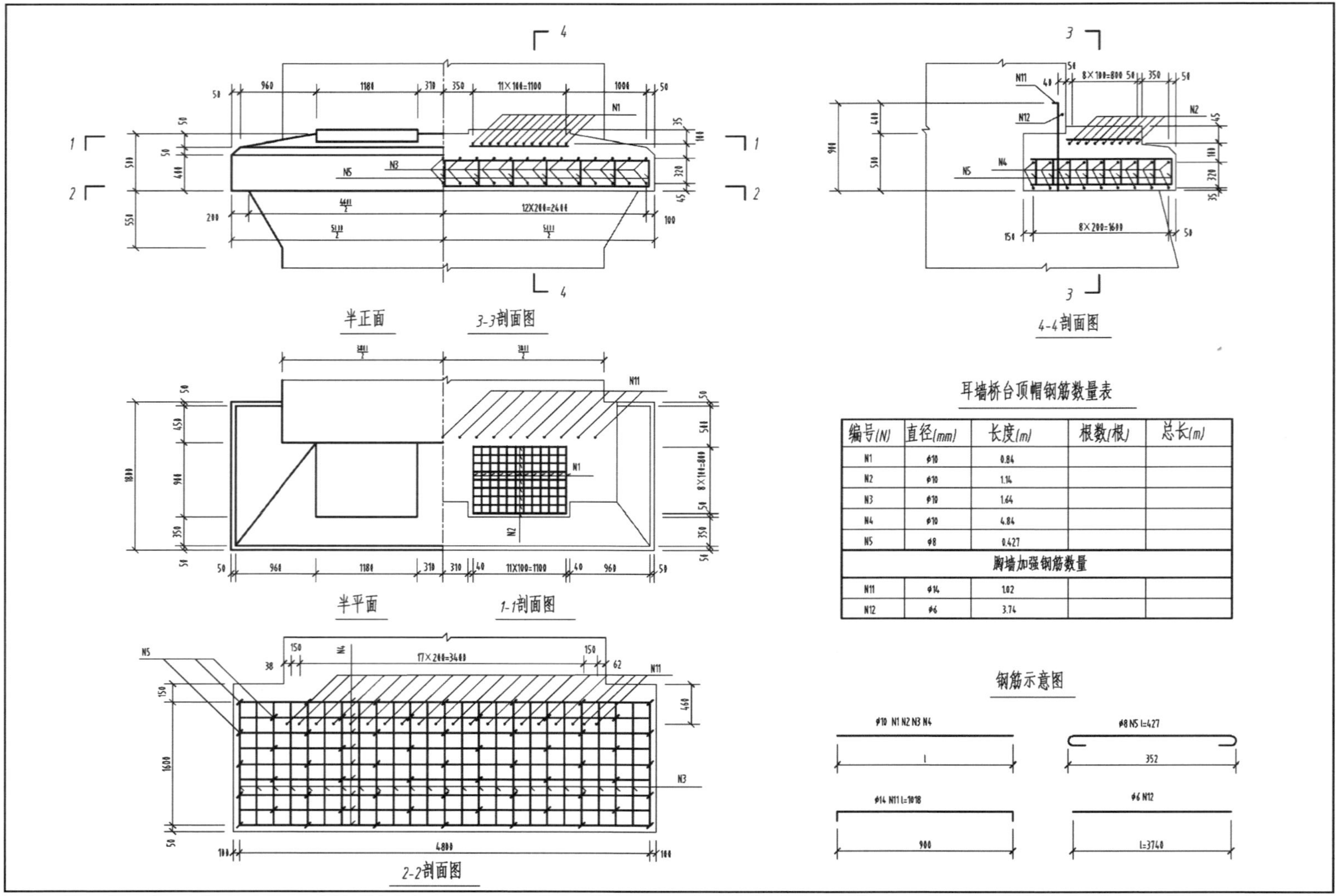

耳墙桥台顶帽钢筋数量表

编号(N)	直径(mm)	长度(m)	根数(根)	总长(m)
N1	φ10	0.84		
N2	φ10	1.14		
N3	φ10	1.64		
N4	φ10	4.84		
N5	φ8	0.427		
胸墙加强钢筋数量				
N11	φ14	1.02		
N12	φ6	3.74		

图 4-41　耳墙式桥台顶帽配筋图

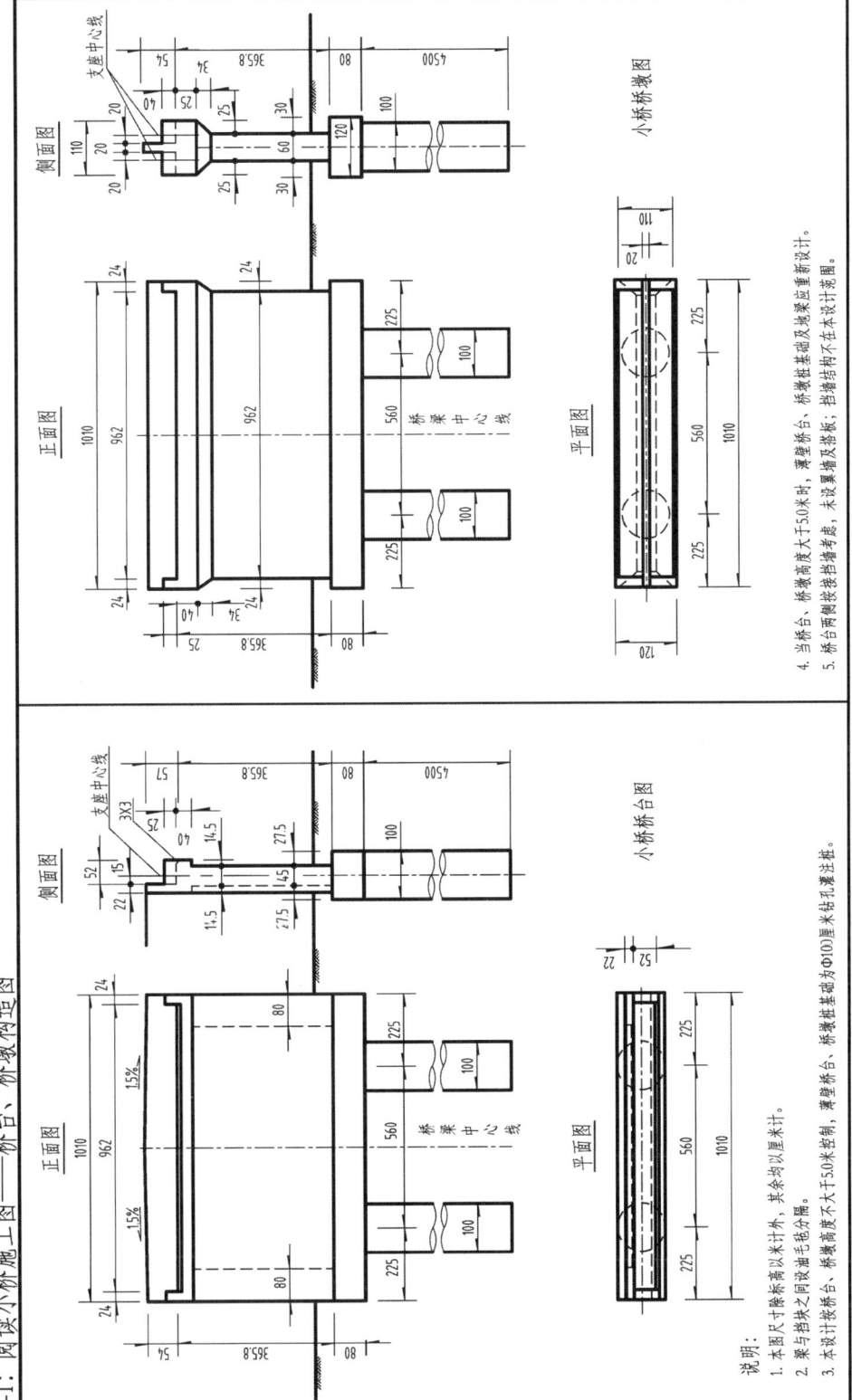

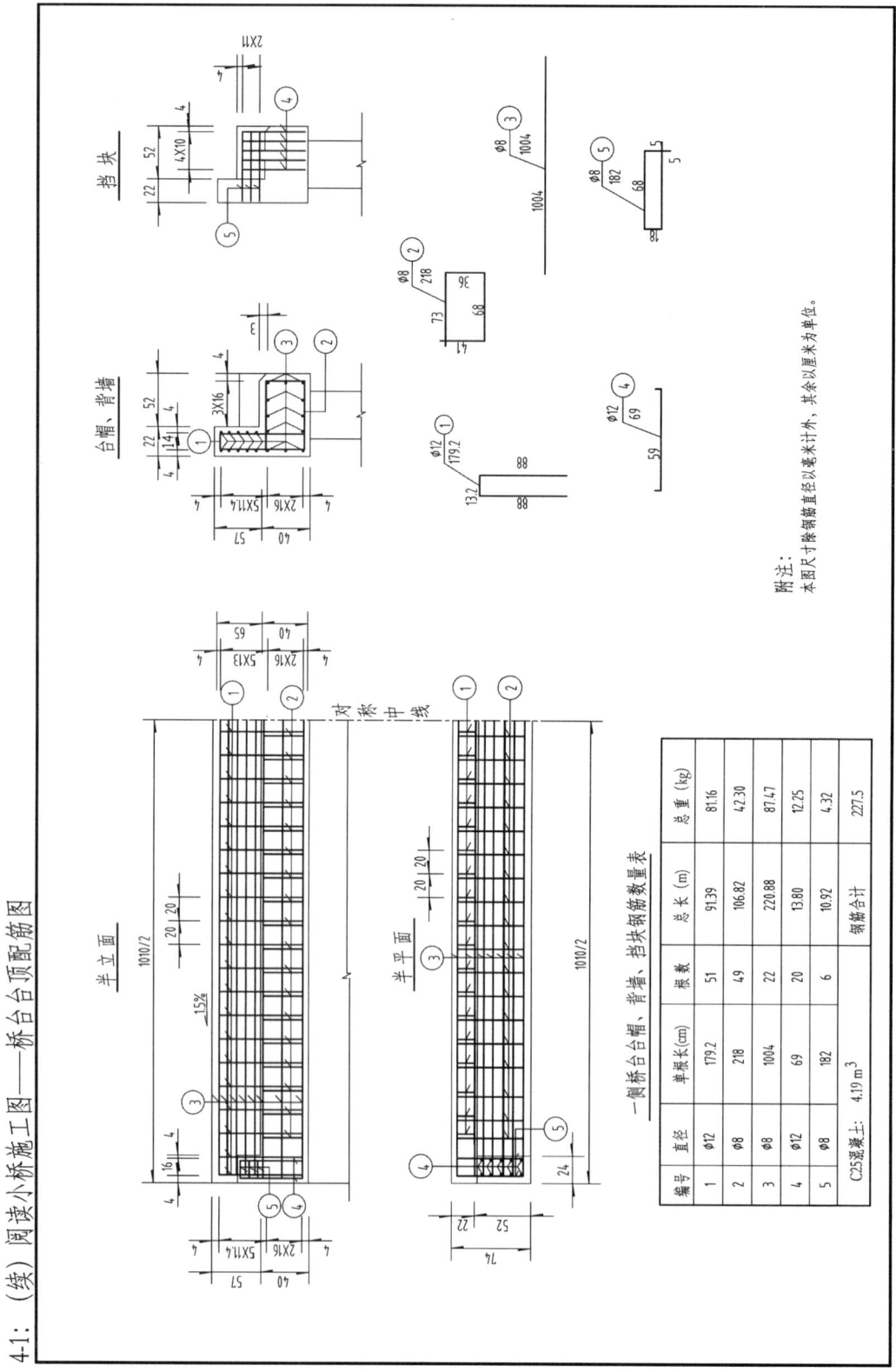

4.1:（续）阅读小桥施工图——桥台台顶配筋图

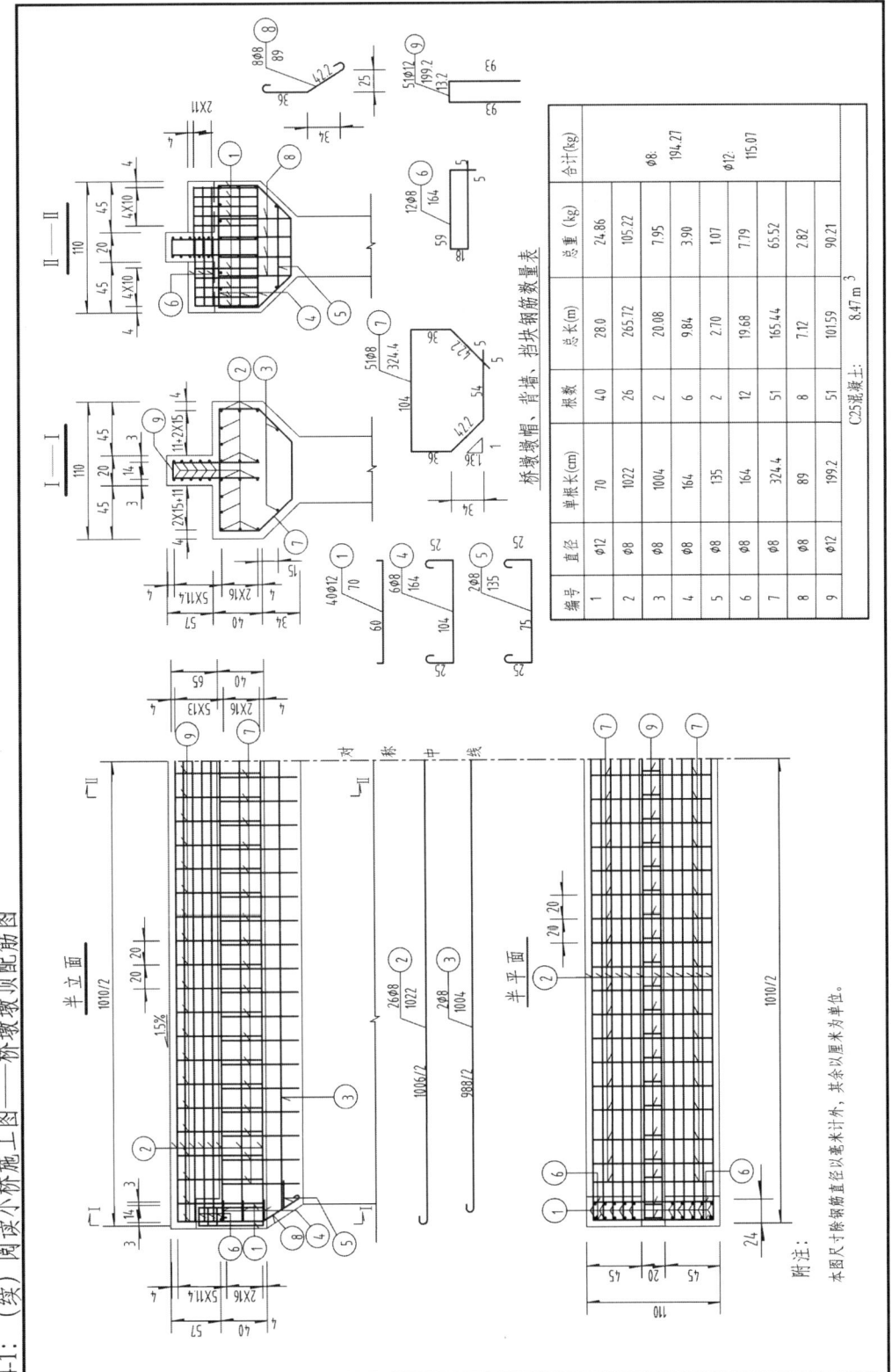

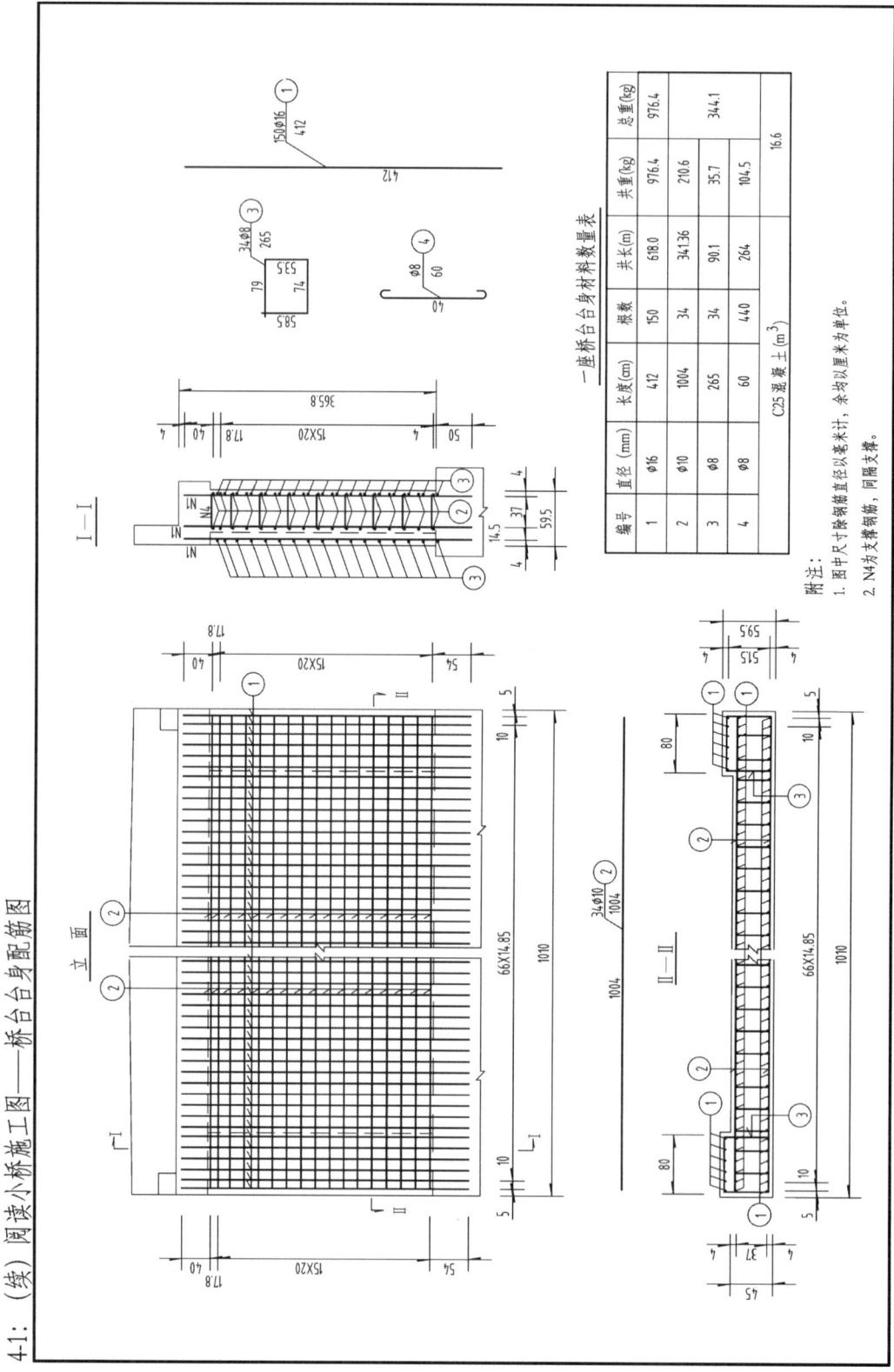

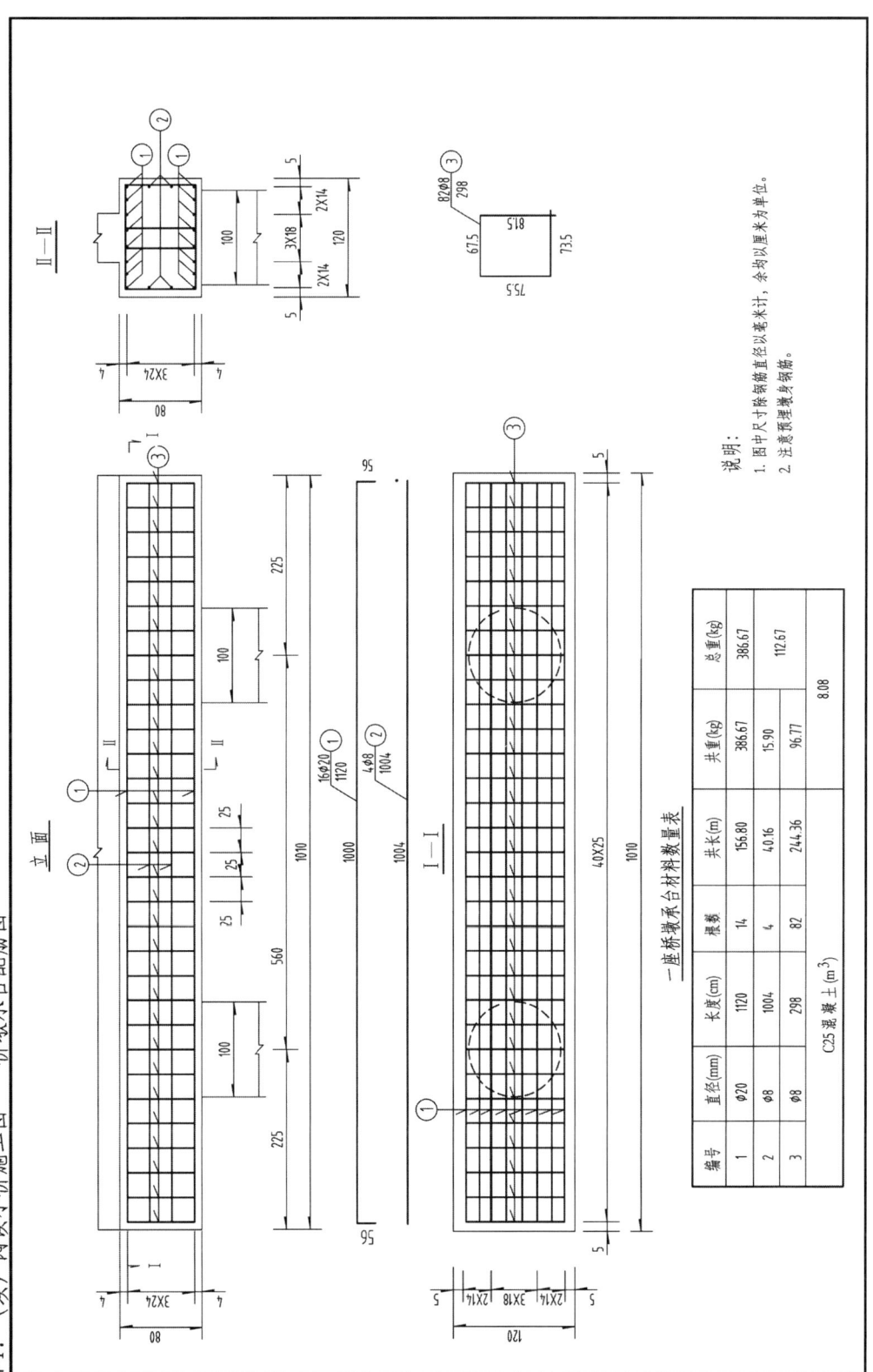

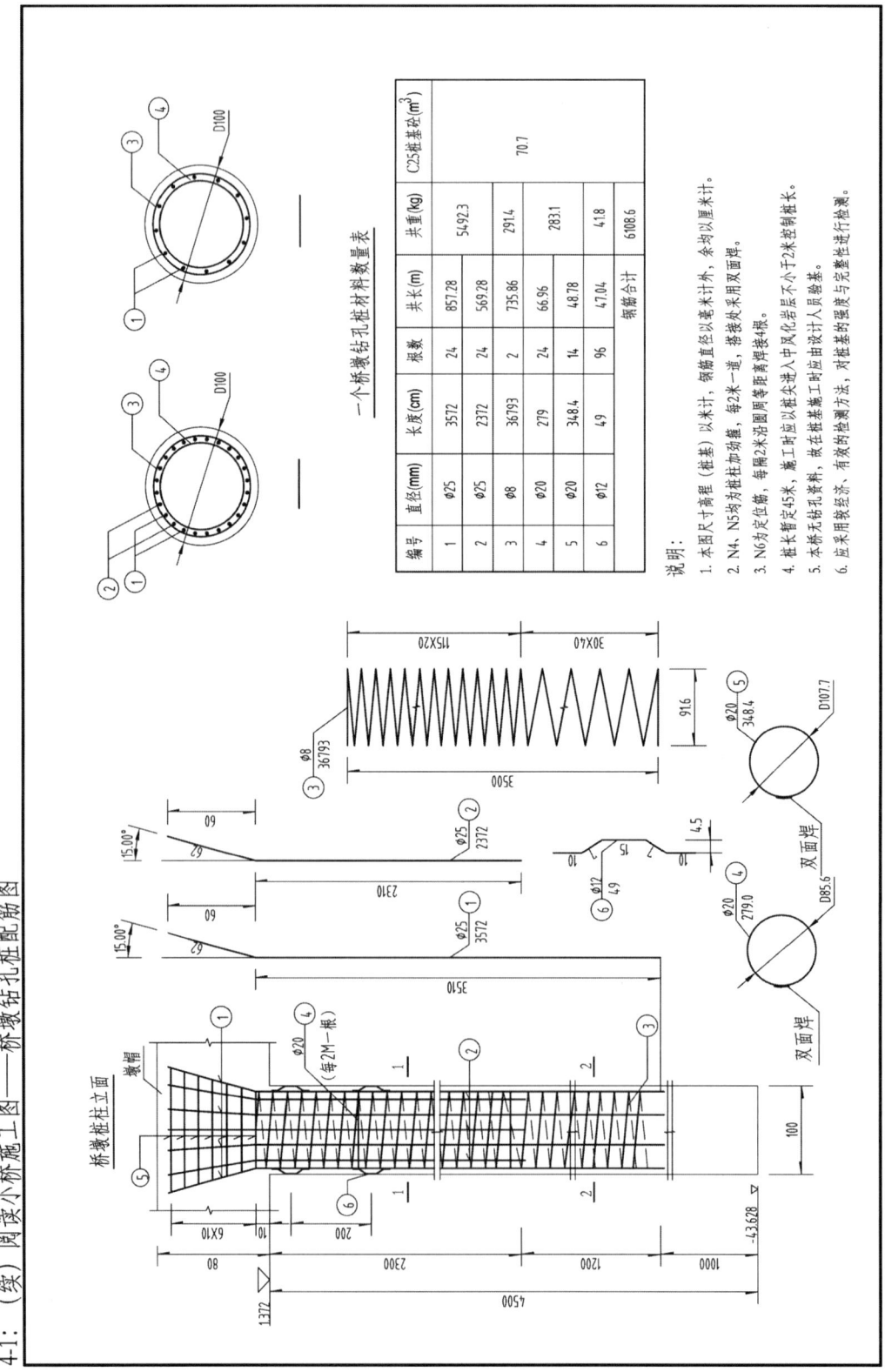

4-1:（续）阅读小桥施工图——桥墩钻孔桩配筋图

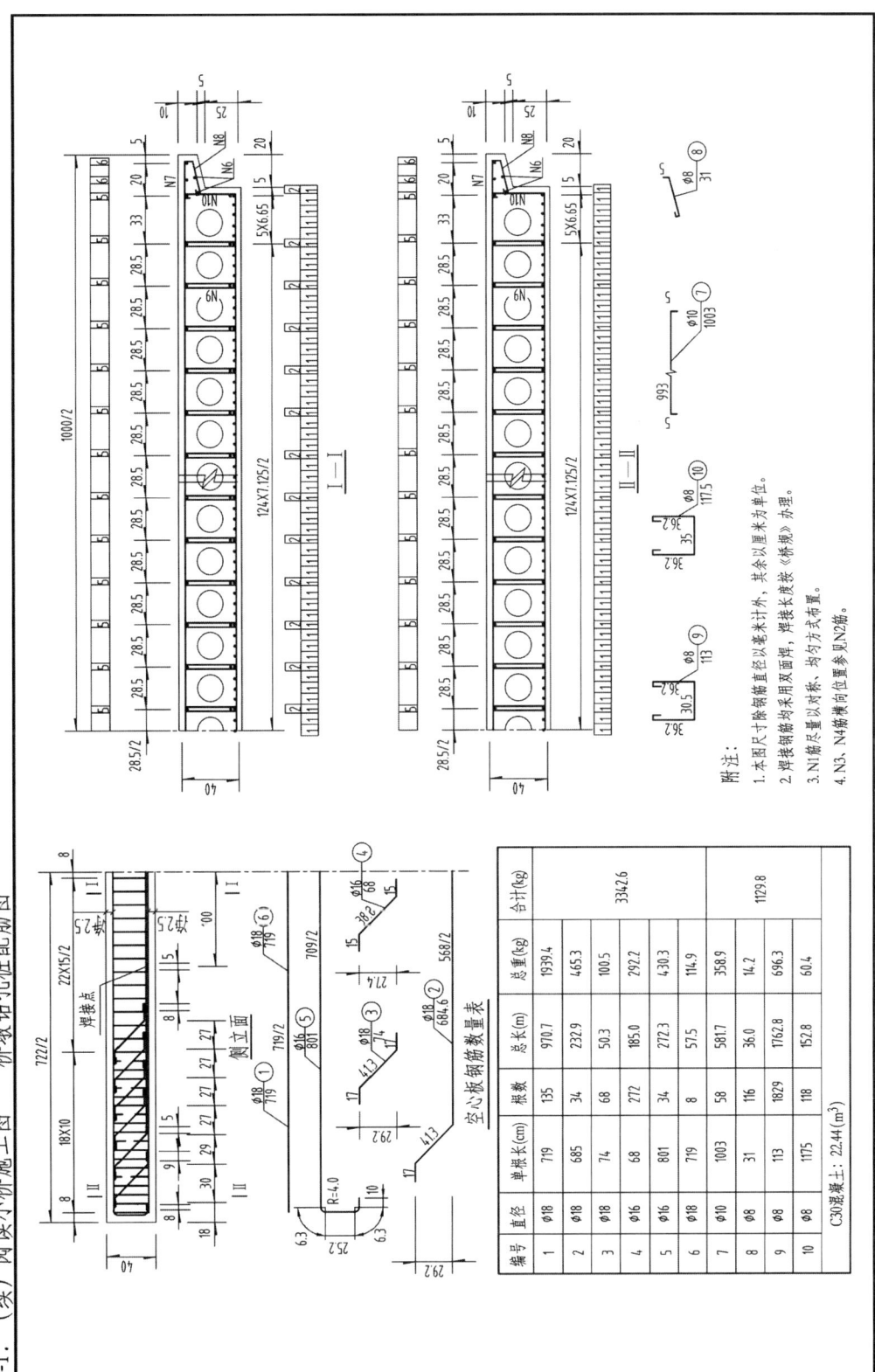

学习任务五：梁体结构图 CAD 绘制

阅读图 4-41 所示的耳墙式桥台顶帽配筋图，用 CAD 抄绘在 A3 图样上，并打印。

（1）阅读耳墙式桥台顶帽配筋图，了解桥台顶帽构造组成，弄清每个构造组成的尺寸大小。

（2）阅读耳墙式桥台顶帽配筋图，结合钢筋表，阅读清楚结构内每一种钢筋的类型、直径、长度、根数以及它们的配置位置。

（3）首先采用实际尺寸绘制钢筋混凝土结构的构件轮廓图，采用适当的比例将图样放置在标准的 A3 图样内。

（4）然后在 A3 图样内绘制与标注构件内的钢筋信息，要解决好以下几个问题：

① 在构件轮廓视图中，构件轮廓用粗实线表达。在构件钢筋布置图中，构件轮廓用细实线表达，钢筋轮廓与位置用粗实线表达。

② 在表达钢筋的保护层时，有时不能按实际尺寸绘制（因为图样比例很小），必须保证打印出的保护层距离为 1~2 mm。

③ 在表达钢筋的弯钩时，不能按实际尺寸绘制（因为图样比例很小），必须保证打印出的钢筋弯钩内径为 1~2 mm。

④ 在表达钢筋的横断面时，不能按实际尺寸绘制（因为图样比例很小），必须保证打印出的钢筋横断面的点大小一致，直径为 1 mm。钢筋断点可以应用"圆环"命令绘制。

⑤ 钢筋混凝土结构图中构件轮廓要满足"长对正、高平齐、宽相等"的三视图间的对应关系，钢筋的绘制与布置也应当满足这一对应关系。

（5）钢筋编号、直径、根数、长度等信息的注写要符合国家制图标准。引注线宜采用 45°斜线，引注符号宜采用箭头或 45°中粗短画线。

（6）钢筋表格设计时，行高宜设置为 8 mm 或 2×8 mm。钢筋表的内容设置要符合钢筋布置图的要求，分别为编号、简图、直径、根数、长度、总长度、总质量等。

4-2：阅读桥梁承台、桩柱的钢筋布置图，并用CAD进行绘制

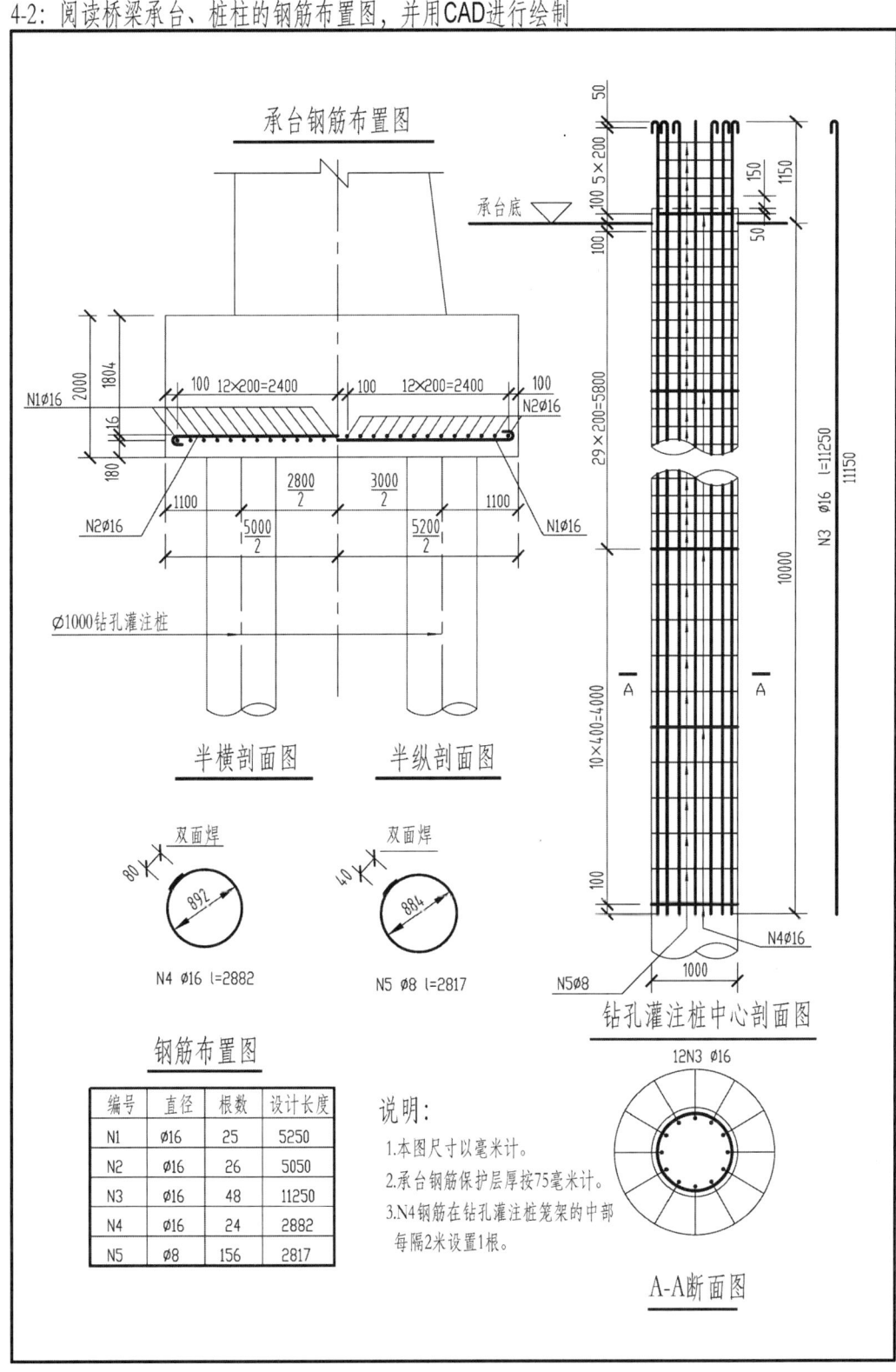

4-3：阅读钢筋混凝土立柱的钢筋布置图，并用CAD进行绘制

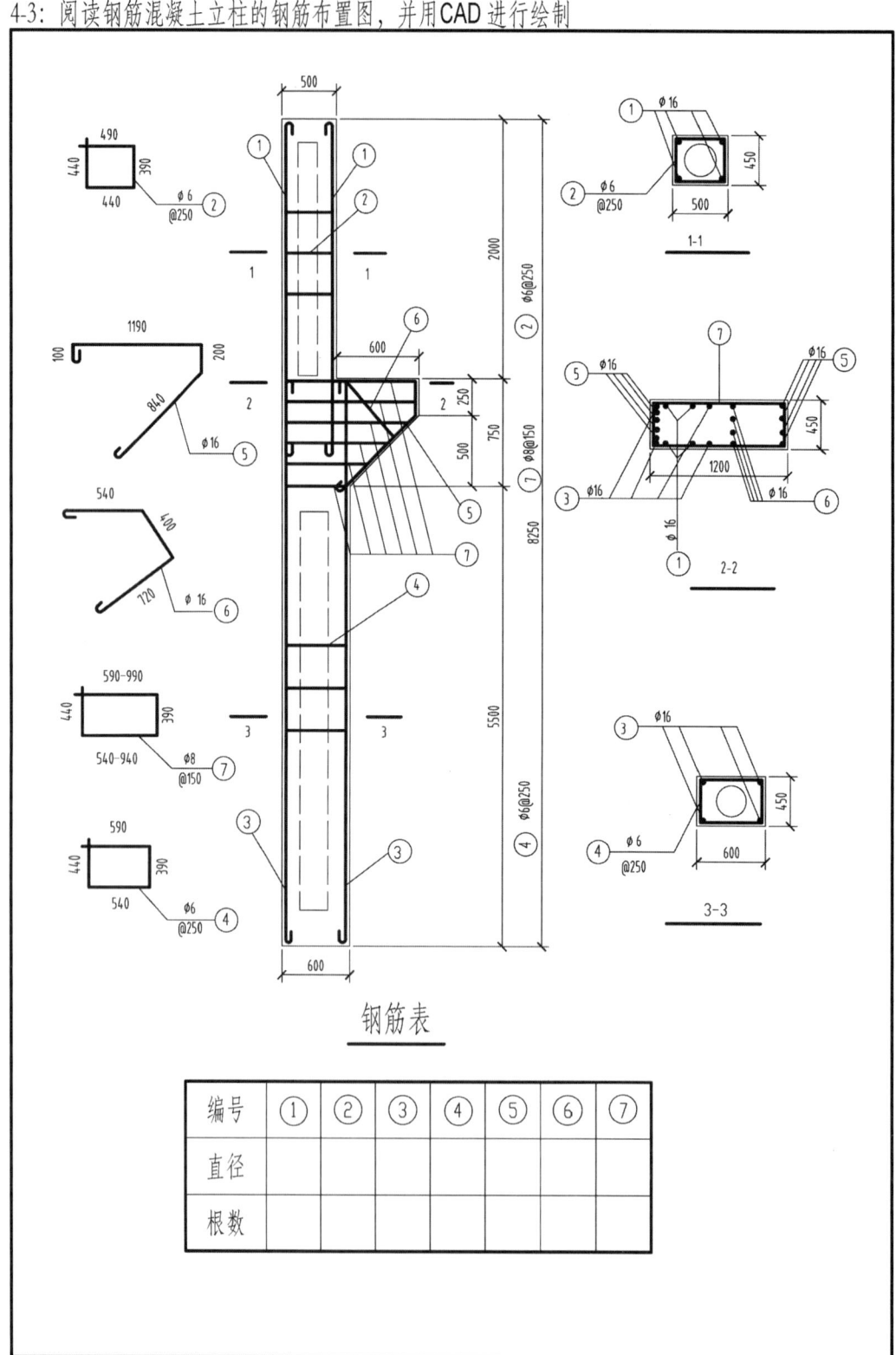

钢筋表

编号	①	②	③	④	⑤	⑥	⑦
直径							
根数							

**项目小结：**

（1）桥梁按其整体造型分为拱式、梁式和斜拉悬索式等。桥梁工程图应全面细致地表达出桥梁的整体风貌及其组成部分的构造、尺寸材料和做法等。它一般包括桥位平面图、桥位地质断面图、全桥布置图、构件图（桥墩、桥台、桥跨的构造图与配筋图）及桥梁附属工程施工图、附属设备安装图。

（2）桥墩造型按其墩身断面形状有：圆端型、矩形、尖端型等。读图时要细致了解墩顶（托盘、顶帽和支承垫石）的构造尺寸材料及钢筋布置状况。

（3）桥台造型按照台身断面形状有：T形、U形、耳墙式等。读图时要细致了解台顶（顶帽、道砟槽）的构造尺寸材料及钢筋布置状况。

（4）桥跨造型按其横断面形状有：T形、工字形、箱形等。梁跨构件多用钢筋混凝土材料浇筑完成，读图时既要了解其构造形状与大小，又要了解其内部的钢筋布置状况。在阅读梁体配筋图时，要围绕各处横断面图，弄清主梁区及局部构造区中钢筋形状、布置状况、备料加工信息。

（5）钢筋混凝土结构中，钢筋的设置要根据构件受力状况而设计，钢筋按其在构件中所起的作用分为受力钢筋、架立钢筋、分布钢筋、箍筋、构造钢筋（吊筋、预埋筋）。常见的钢筋混凝土构件有梁、板、柱，读图时要以钢筋数量表中的钢筋编号为线索，依次读懂各种钢筋的类型、直径、形状、下料长度、根数以及在构件中的布置位置。

（6）在 CAD 中，桥梁工程构造图可以采用先进行构筑物实体造型，再进行不同方向轮廓设置的方法得到三视图，然后进行三维分解、图线整理、尺寸标注等操作形成符合国家制图标准的工程构造图。

（7）在 CAD 中，应用布局空间进行多个视口设计，可以将不同方向、不同角度的视图布置在同一张图纸内，同时打印出线条标准清晰的二维图样，色调区域分明的三维实体图。

（8）在 CAD 中，钢筋混凝土结构的构件轮廓采用实际大小绘制，而钢筋的表达应在标准的图纸内绘制，要考虑钢筋保护层、钢筋弯钩、钢筋断面点等尺寸的大小，保证图样打印出图后，这些部位都能清晰地表现出来，不会造成阅读的不便。

项目五：涵洞工程图识读与绘制

知识要点	能力与素养目标	相关知识
涵洞的类型与构造	1. 能描述各种涵洞的形式 2. 能描述各种形式涵洞的相应构造组成 3. 培养学生的集体主义精神，突出集体的力量	1. 涵洞的功能与设置特点 2. 涵洞的形式与构造组成
涵洞工程图的阅读	1. 能描述涵洞工程图中各图样的表达特点 2. 能够识读涵洞工程图并绘制各组成部分的立体构造草图 3. 建立质量意识、环保意识	1. 视图、剖面图和断面图的表达特点 2. 识读组合体投影图的步骤与方法
涵洞工程图 CAD 绘制	1. 能够用 CAD 绘制涵洞构造图 2. 培养学生踏实敬业的工作态度和严谨求实、一丝不苟的工作作风	1. CAD 中三维造型与轮廓设置方法 2. CAD 中三视图与轴测图绘制方法

学习任务一：涵洞工程图识读

阅读涵洞工程图的相关资料，书写学习笔记。

内容包括：
（1）提取并解释 10 个与涵洞工程图相关的关键词。
（2）阐述 5 项有关涵洞及涵洞工程图表达、阅读、绘制的内容，阐述项目的标题自行拟定。

（3）小组（4－6人）分工合作，采用手工或 CAD 方式绘制涵洞的各个部分，然后拼合在一起，检查绘图的正确性和精准性，补充图样的图框部分；小组间进行展览、互评。

资料整理：

（1）学习笔记采用 A4 纸张竖向书写与装订。

（2）页面要留有适当的页边距，题目设置条理清晰，段落表达格式规整，字体大小适中美观。

（3）图样要独立绘制在 A3 加长纸张上，图形布置合理，图线绘制符合国家制图标准，文字、符号注写以及尺寸标注等符合国家制图标准，与学习笔记一同装订。

知识要点：

当铁道线路跨越河流、低地、山谷、山岭或与街道、公路、铁路立体相交时，需要修建桥梁、涵洞或隧道。桥涵及隧道工程图是桥涵、隧道施工的重要技术依据。

涵洞是一种埋设在路堤下面，用来排泄小量水流和通过小型车辆与行人的构筑物。

涵顶无填土为明涵，涵顶有高度不小于 0.5 m（自拱顶至轨底）的回填土为暗涵。涵顶填土不仅可以保持道路的连续性，而且分散了上部荷载的集中压力，并减少它对涵洞的冲击力。涵洞具有比小桥施工容易、养护方便等优点，如图 5-1 所示。

涵洞按建筑材料可分为砖涵、石涵、混凝土涵和钢筋混凝土涵。

图 5-1　涵　洞

知识点1：涵洞的构造

涵洞按洞身断面形状可分为拱涵、管涵和盖板箱涵等类型，如图 5-2 所示。

涵洞虽然有多种类型，但其主要组成部分基本相同。拱涵是常见的一种涵洞，它主要由洞身、洞口两部分组成。洞口的两端部分叫作出、入口，洞身埋在路基内，如图 5-2 所示。

涵洞工程图讲解

● 洞　身

涵洞的洞身由若干管节组成。在入口处第一管节为抬高节（也有不设抬高节的），它由基础、边墙、拱圈和端墙组成，中间为洞身节。因抬高节与洞身节的高度不同，因此，与抬高节相邻的洞身节设有挡墙，为接头墙管节。各管节彼此之间用沉降缝断开，对沉降缝作防水处理。洞身上部覆盖防水层或黏土保护层。

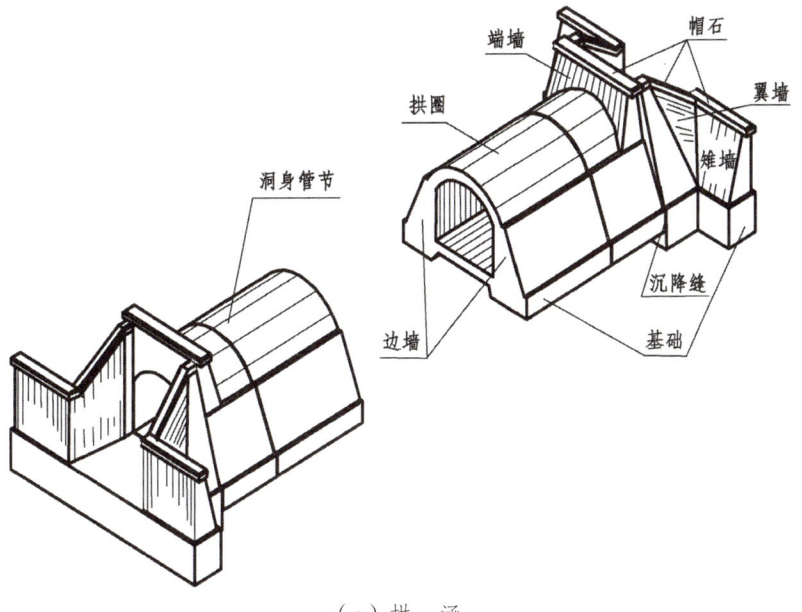

（a）拱　涵

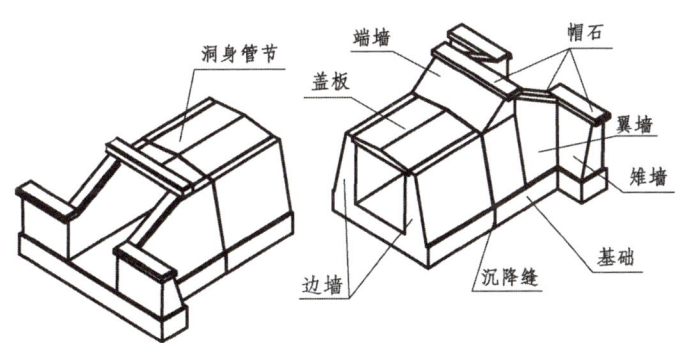

（b）盖板箱涵

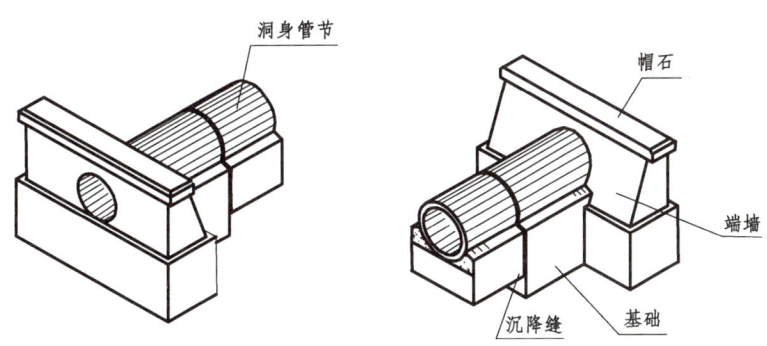

（c）圆　涵

图 5-2　涵洞的构造形式

- 出口和入口

涵洞出口和入口的形状是相似的，都是由基础、雉墙、翼墙和帽石组成，只有各部分尺寸大小不同。

● 附属工程

在洞口的出、入口前，要进行沟床铺砌，在雉墙前要设置锥体护坡。在洞口外侧，路基边坡上做一些水沟、水槽等引流构造。

知识点2：涵洞工程图识读

涵洞一般用涵洞总图和涵洞结构图来表达，需要时可单独画出涵洞某一部分的构造详图。涵洞总图一般由中心纵剖视图、半平面和半基顶剖视图、出入口正面图以及局部剖视图组成，涵洞结构图主要表达涵洞钢筋混凝土结构中钢筋的布设情况。

一、拱涵工程图

（一）拱涵工程图的表达

如图5-3所示（见书后插页）。拱涵总图是由中心纵剖视图、半平面和半基顶剖视图、出入口正面图以及4个剖视图和拱圈详图组成。

1. 中心纵剖视图

它是沿涵洞中心线剖切后画出的全剖视图，图中可以显示出涵洞的总节数、每节长、总长度、沉降缝宽度、出入口的长度和各种基础的厚度（深度）、净孔高度、拱圈厚度以及覆盖层厚度等。图中还表示了涵洞的流水坡度、基础顶面高程、路基的坡度、洞口锥体护坡的纵向坡度及地面铺砌等。因涵洞洞身较长，所以用断开画法把涵洞中部形状相同的一些洞身节略去不画，而用尺寸中的 n 来说明节数。

2. 半平面和半基顶剖视图

半平面图主要表示各管节的宽度、出口的形状和尺寸、帽石的位置、端墙与拱圈上表面的交线等；半基顶剖视图是通过边墙底面剖切而得到的，主要表示边墙、出入口的底面形状和尺寸、基础的平面形状和尺寸等。

3. 出、入口正面图

出、入口正面图，就是涵洞的右、左侧立面图。为了看图方便，将左侧立面图（入口正面图）绘制在中心纵剖视图的左边，右侧立面图（出口正面图）绘制在中心纵剖视图的右边。它们表示出入口的正面形状和尺寸、锥体护坡的横向坡度及路基边坡的片石铺砌高度等。

必须注意的是，各图布置均应保持投影关系。

4. 剖视图

涵洞翼墙和管节的横断面形状及其有关尺寸，上述3个视图都未能反映出来，因此，在涵洞的适当位置进行横向剖切，作出剖视图。为了表示不同位置的端面形状，要画出足够的剖视图。由于涵洞前后对称，所以各剖视只需画出一半，也可以把形状接近的剖视图结合在一起画出，如剖视图 2—2、3—3 所示。

5．拱圈详图

拱圈详图是表明拱圈的形状和尺寸的图。

（二）拱涵工程图的阅读

阅读图 5-3 所示拱涵总图的方法步骤如下：

（1）首先阅读标题栏和说明，从中得知涵洞的类型、孔径、孔数、是否有抬高节、基础形式及比例、尺寸单位、材料。
（2）看清所采用的视图及其相互关系。
（3）按照涵洞的各组成部分，看懂它们的结构形状，明确其尺寸大小。
下面分别阅读涵洞的各个组成部分。

1．洞　身

洞身可分为洞身节和抬高节两部分。与抬高节相邻的洞身节设有挡墙，为接头墙管节。如图 5-4 所示。

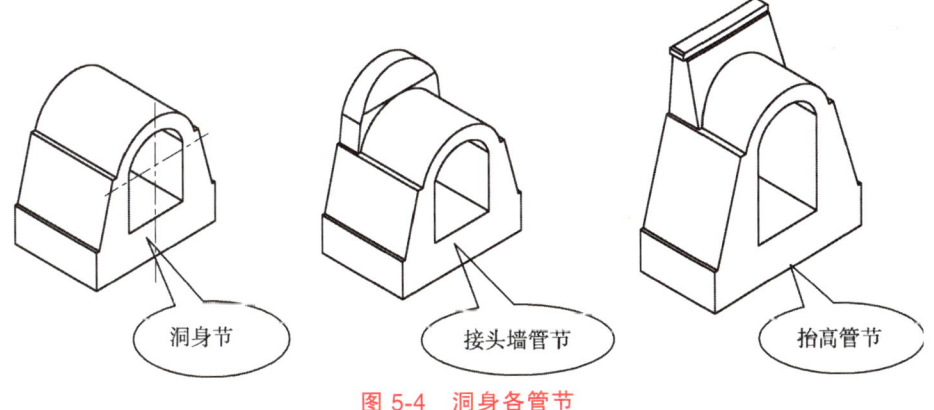

图 5-4　洞身各管节

（1）洞身节：

由中心纵剖视图、半平面和半基顶剖视图及 3—3 剖视图可知洞身节每节长 400 cm，净孔高为 145 + 50 = 195 cm，沉降缝为 3 cm，缝外铺设 50 cm 宽的防水层；基础为一 400 cm × 420 cm × 100 cm 的长方体；边墙为一五棱柱，由 3—3 剖视图结合拱圈图即可知其尺寸大小；拱圈是等厚的圆拱，其尺寸大小由拱圈图中得知。

挡墙的上墙，在洞身节拱顶以上部分，是圆柱体被倾斜平面所截，形成的一椭圆曲线，挡墙的拱圈与边墙间有一斜面相接。

（2）抬高节：

抬高节应结合 2—2 剖视图进行识读。抬高节的基础、边墙与洞身节相似，但尺寸略大，拱圈与洞身节相同。抬高节的净孔高为 215 + 50 = 265 cm。抬高节的端墙的三角都做成斜面，右侧面与拱圈相交，截交线为一椭圆曲线，端墙的尺寸大小可以由图中得知，端墙顶部有一

45 cm×240 cm×20 cm 的长方形帽石，它的三面有 5 cm 的抹角。在紧靠出口的一节，也设有端墙，其形状、大小与抬高的端墙相同，仅其尺寸有所差异。

在识读洞身过程中，必须注意的是：在洞身侧，边墙顶部有一斜面，它的投影在中心纵剖视图中为两水平虚线，在平面图中为两条与中心轴线平行的粗实线，这是其外表面两交线的投影；半平面图中的曲线，是端墙及挡墙截交线（椭圆曲线）的投影；边墙的内起拱线的投影在中心纵剖视图中是位于水平虚线下方的粗实线，在半平面图中是一条与中心轴线平行的虚线。

2. 入口和出口

（1）入口：

入口应结合入口正面图及1—1剖视图、半平面及剖视图，1—1剖视图可以看出：基础是T形，厚200 cm；左端做成台阶，分两级，分别高 100 cm、宽 30 cm；基础顶面有深 10 cm 的弧形槽。如图 5-5 所示。

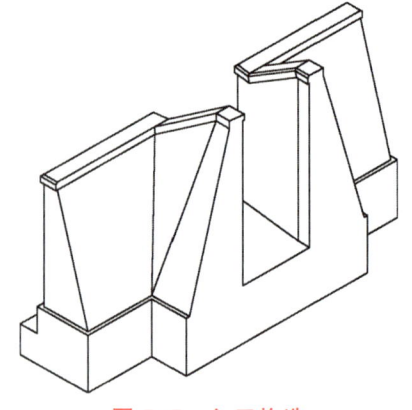

图 5-5　入口构造

两翼墙前后对称设置，右端面对齐。两翼墙内侧面均由两平面组成，右边为 40 cm 长的正平面；外侧面的两个平面中，一个是梯形侧垂面，另一个是一般位置的三角形平面；上表面由一个水平长方形及一个平行四边形垂面组成。

两雉墙的断面形状是梯形，由中心纵剖视图中的虚线表示，雉墙外端面是正平面，内端面与翼墙内侧面重合。

帽石位于翼墙和雉墙顶部，宽为 45 cm、厚为 20 cm 的长条形，上边有 5 cm 抹角。

（2）出口：

出口形状与入口一样，仅仅是尺寸不同，读者可自行分析。

综合上述，即可想象出图 5-2（a）的整个出入口的结构形状。

3. 锥体护坡和沟床铺砌

从中心纵剖视图、入口正面图和出口正面图中可以看到锥体护坡和沟床铺砌的构造。锥体护坡是 1/4 椭圆锥体，顺路基边坡的坡度为 1∶1.5，顺雉墙面的坡度为 1∶1。出入口外的锥顶高度由路基边坡与雉墙端面的交点确定。沟床铺砌由出入口起延伸到锥体护坡之外，其端部砌筑垂裙，具体尺寸另有详图表示。

通过上述分析，即可想象出该涵洞的整体形状和各部分尺寸大小，见图 5-3。

二、箱涵工程图

（一）箱涵工程图的表达

钢筋混凝土箱涵图是由箱涵总体布置图和涵身钢筋布置图组成。

箱涵总体布置图是由涵洞中心纵剖面图、半平面及半底板顶剖面图、出入口半正面图以及 3 个半断面图组成，如图 5-6 所示。

项目五：涵洞工程图识读与绘制

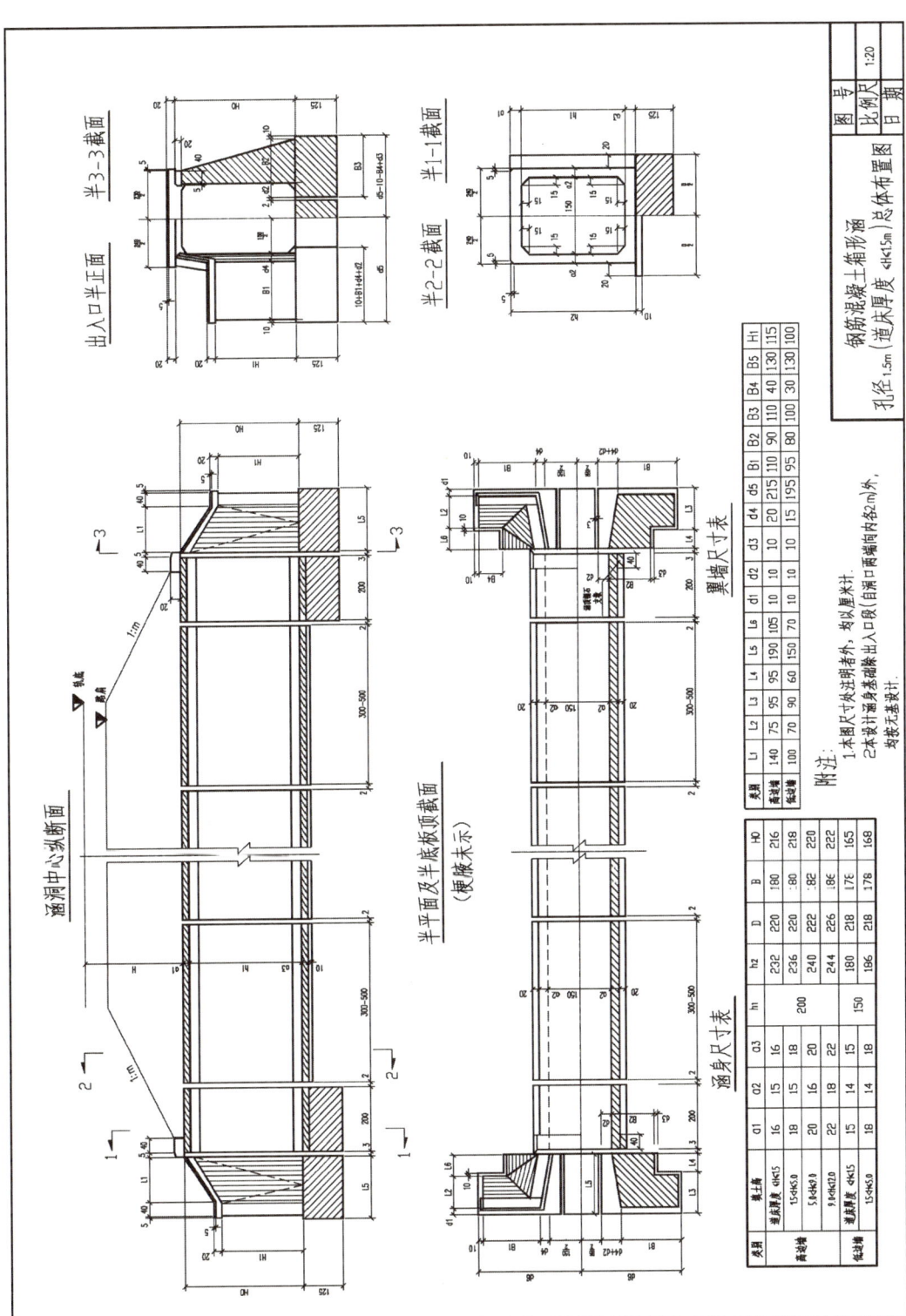

图 5-6 箱涵总体布置图

1. 涵洞中心纵剖面图

它是沿涵洞中心线剖切后画出的全剖视图，图中可以显示出涵洞的每节长、沉降缝宽度、出入口的长度和各部位构造的尺寸代码，相关尺寸到涵身尺寸表中查阅。图中还展示了各部分基础的厚度（深度）、净孔高度、顶板厚度等。

2. 半平面及半底板顶剖面图

半平面图主要表示各管节的宽度、出口的形状和尺寸、帽石的位置等，各部位构造的尺寸可以到涵身尺寸表和翼墙尺寸表中查阅。半底板顶剖面图主要表示箱涵边板的厚度、出入口的底面形状和尺寸、基础的平面形状和尺寸等。

3. 出、入口半正面图

出、入口正面图，就是涵洞的半立面图。它们表示出入口的正面形状和尺寸。
必须注意的是，各图布置均应保持投影关系。

4. 断面图

涵洞翼墙和管节的横断面形状及其有关尺寸，上述三个视图都未能反映出来，因此，在涵洞的适当位置进行横向剖切，作出断面图。Ⅰ—Ⅰ断面图表示的是端管节断面形状及基础厚度，Ⅱ—Ⅱ断面图表示的是中间管节箱涵断面形状，Ⅲ—Ⅲ断面图表示的是出入口翼墙的形状及高度与厚度尺寸，还表示出箱涵涵口顶部和翼墙墙头上方设置的帽石构造与尺寸。

（二）箱涵工程图的阅读

阅读图5-6所示箱涵总体布置图中涵洞的各个组成部分。

1. 洞　身

由涵洞中心剖面图、半平面及半底板顶截面图及Ⅱ—Ⅱ半截面图可知洞身节每节长 300~500 cm，净孔高尺寸代码是 $h_{1\,cm}$，总高是 h_2，箱壁的厚度是 a_1、a_2、a_3，箱壁的口宽是 150 cm，沉降缝为 2 cm，端管节下部设基础，基础为一 200 cm×83 cm×125 cm 的长方体；端管节端墙顶部有一 45 cm×240 cm×20 cm 的长方形帽石，它的三面有 5 cm 的抹角。

2. 入口和出口

出入口应结合出入口半正面图及Ⅲ—Ⅲ半断面图可以看出：基础是非整体式基础，由 3 块组成；两翼墙前后对称设置，右端面对齐。翼墙内侧面是一形状为四边形的垂直于地面的铅垂面，两雉墙的断面形状是梯形。雉墙与翼墙的后侧部为 3 个斜面。两墙头上都设施有厚度为 20、宽为 45 的帽石，内侧有 5 cm 抹角。

综合上述，即可想象出图5-7的整个出入口的结构形状。

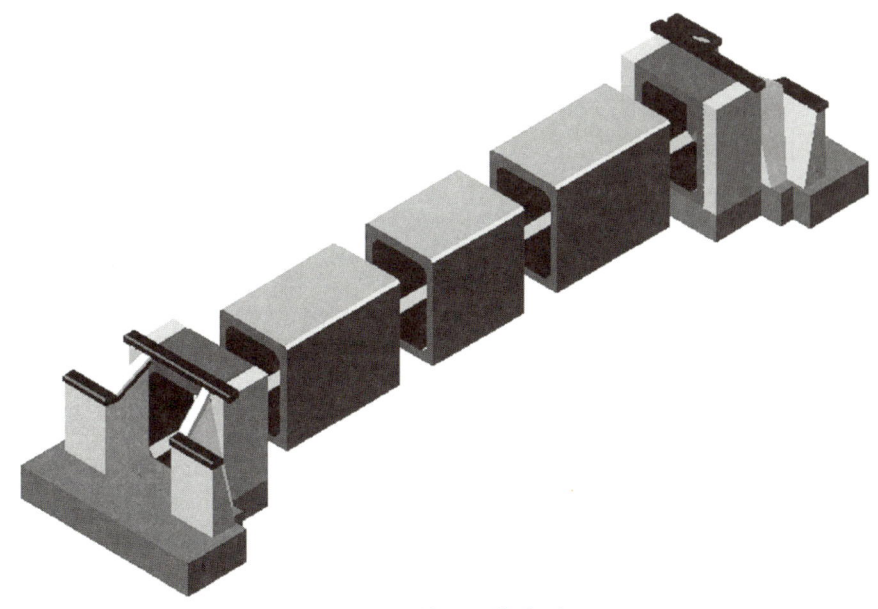

图 5-7 箱涵实体造型

三、箱涵涵身钢筋布置图

箱涵涵身钢筋布置图是由箱涵断面图、1—1 和 2—2 剖面图、钢筋成型图、钢筋数量表组成，如图 5-8 所示。

1. 箱涵断面图

箱涵断面图表达了箱涵的构造轮廓及尺寸，图中表达了箱涵四周侧壁内（顶板、底板、两侧边墙）的钢筋布置情况。

2. 1—1 和 2—2 剖面图

1—1 和 2—2 剖面图表达了顶板、底板和两侧边墙的钢筋布置情况。

3. 钢筋成型图

钢筋成型图展现了每一种钢筋的加工形状和各段尺寸。

4. 钢筋数量表

钢筋数量表统计了 1 m 管节的钢筋数量情况。

箱涵涵身钢筋布置图的阅读步骤如下：

（1）首先阅读标题栏和说明，从中得知涵洞的类型、孔径。

（2）阅读箱涵构造轮廓。

从箱涵断面图中得知：箱涵外框尺寸为 178 cm×180 cm，上边角有 5 cm×5 cm 的抹角，内框尺寸为 150 cm×150 cm，内框四角有 15 cm×15 cm 的抹坡，通过 1—1 和 2—2 剖面图得知管节长为 100 cm。

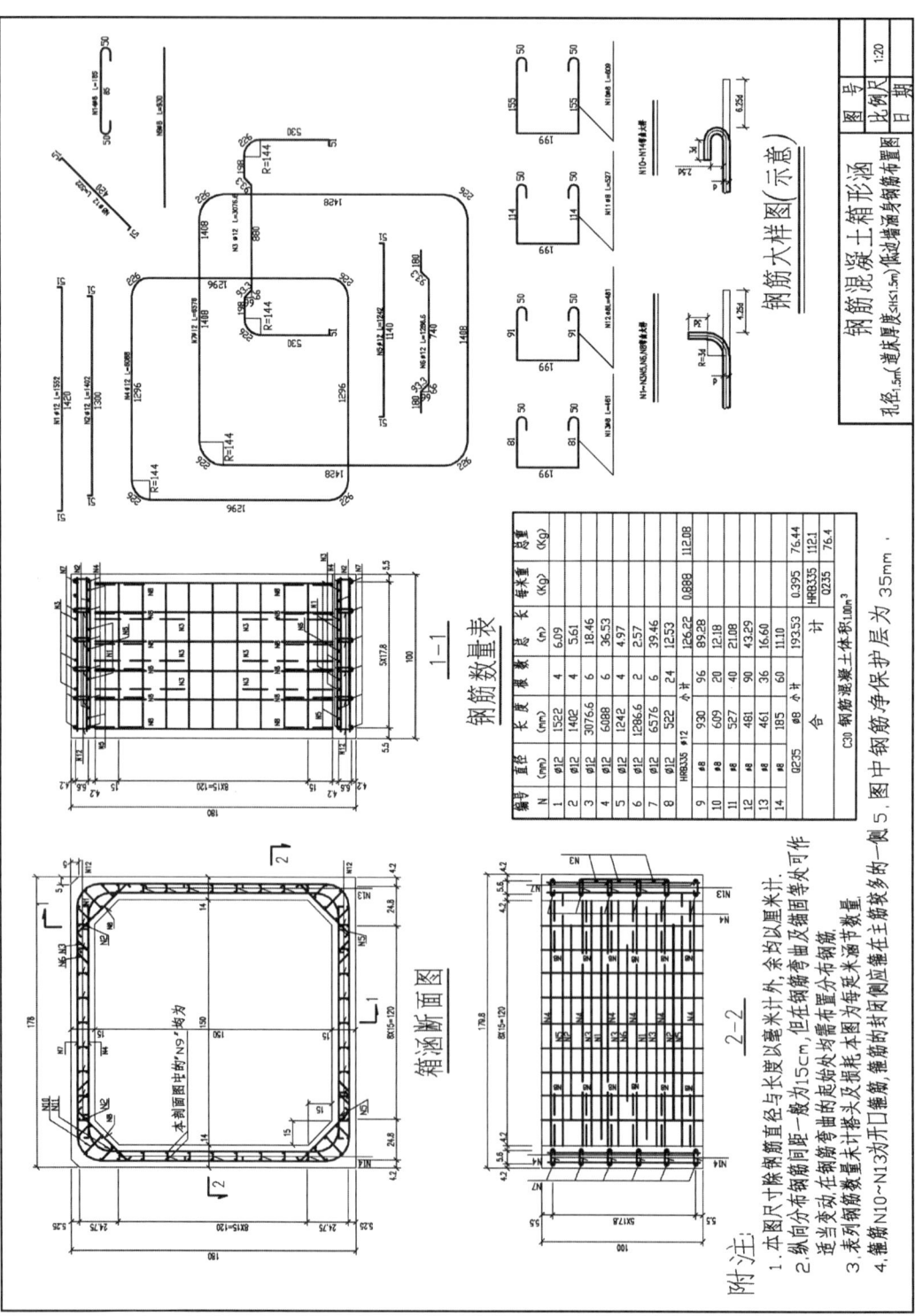

图 5-8 箱涵涵身钢筋布置图

（3）校验钢筋数量表。

先阅读每种钢筋的成型图，再结合箱涵断面图以及1—1和2—2剖面图识读出钢筋的位置，进而根据投影对应关系阅读出钢筋的数量，与钢筋数量表的数据进行核对。

N1～N6是顶板和底板的纵向受力筋，由1—1和2—2剖面图可知，N1、N2和N5在顶板和底板各布置2根，N3在顶板和底板各布置3根，N6顶板和底板各布置1根。

N4和N7是环框式钢筋，由箱涵断面图和钢筋成型图得知，N4位于内侧，N7位于外侧，由1—1和2—2剖面图可知N4和N7各布置6根。

N8是箱涵框角上的构造筋，由1—1和2—2剖面图可知，N8沿箱涵管节长度方向每处框角均匀布置6根。

N9是环框四周侧壁上沿管节长度方向上布置的架立筋，由箱涵断面图可知，每处边墙上布置9对，每处框角上布置3对，共96根。

N10和N11是环框框角上的箍筋，用来固定N4、N7和N8，沿管节长度方向布置5处。N10为$5 \times 4 = 20$根，N11是$10 \times 4 = 40$根。

N12是顶板和底板上的箍筋，用来固定N7和N4，由1—1剖面图上可知，沿管节长度方向布置5处，沿环框纵向均匀布置9列，共90根。

N13、N14是两侧边墙上的箍筋，用来固定N7和N4，由2—2剖面图可知，N13沿管节长度方向布置3处，沿环框竖向布置6层，共36根。N14沿管节长度方向布置6处，沿环框竖向布置5层，共60根。

综上所述，可以想象出箱涵整体钢筋框架如图5-9所示。

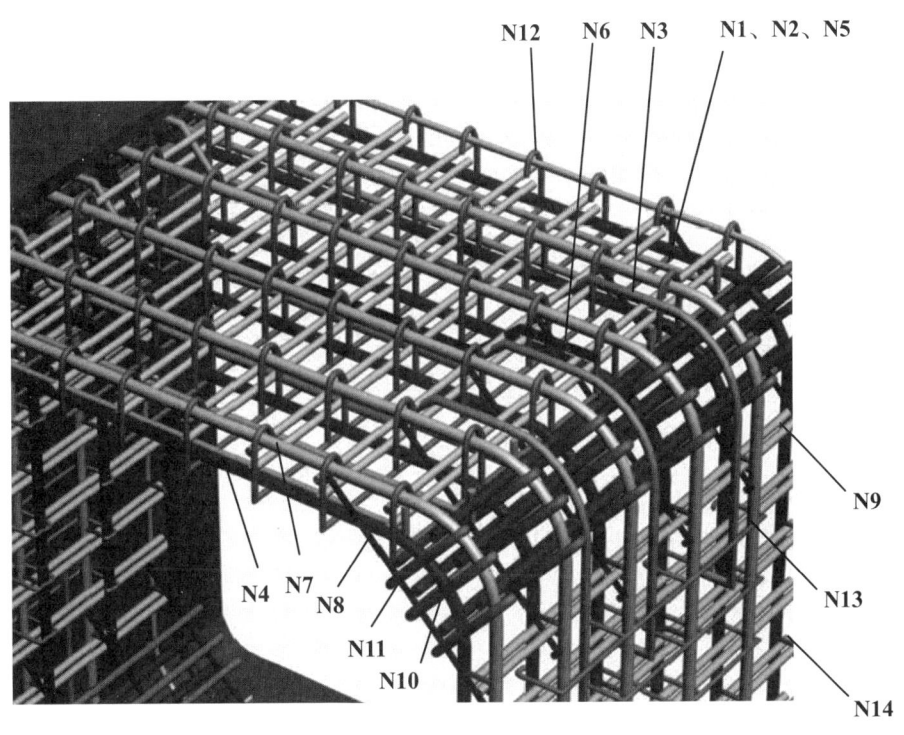

（a）

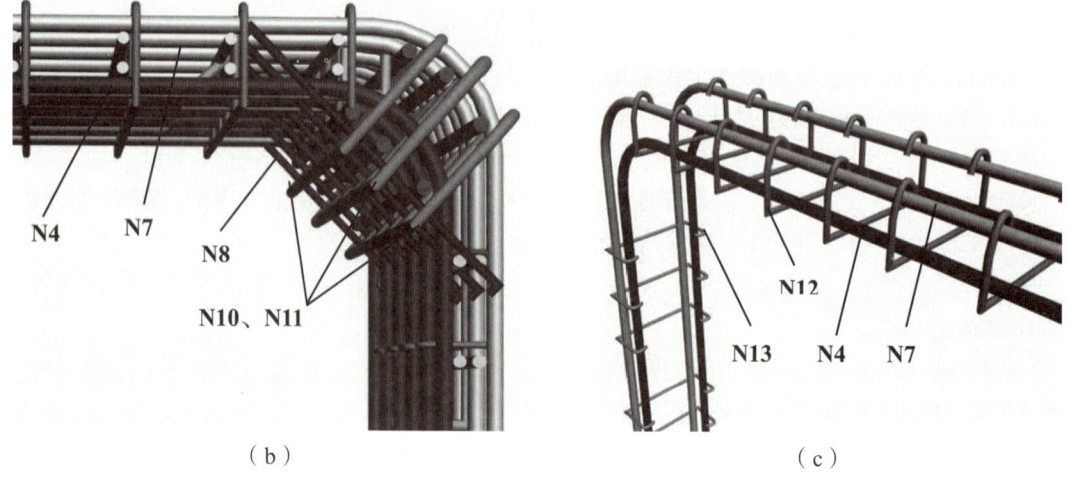

（b） （c）

图 5-9　箱涵钢筋绑扎立体图

模仿与应用

管涵总图包括：沿涵管中心线剖切的中心纵剖面图，表示出涵洞各部分的相对位置和构造形状，各管节长度和沉降缝尺寸；出入口正面图主要表示洞口处各立墙的位置与构造尺寸，墙头缘石和锥形护坡的侧面形状及尺寸；半平面图及 2—2 剖面图表达了圆管洞身、洞口基础、锥形护坡、缘石、端墙基础的平面形状及它们之间的相对位置；涵身 1—1 断面图表示出了涵身基础、混凝土垫层的详细尺寸，并把各部分的材料于图中表示出来。

图 5-10 所示为圆管涵局部构造实体的造型图。

阅读图 5-11 管涵构造总图，认识管涵构造图的图示方法，了解管涵的构造组成，了解洞口处基础与各部的形状与尺寸，向别人介绍一下管涵的洞口情况。

了解涵管节的直径与长度，了解管节的材料分层铺装情况，构想一下管涵管节构造的立体形状，再构想一下整个管涵的立体形状。

图 5-10　圆管涵局部构造实体造型图

 实践训练：

项目五　实践训练答案

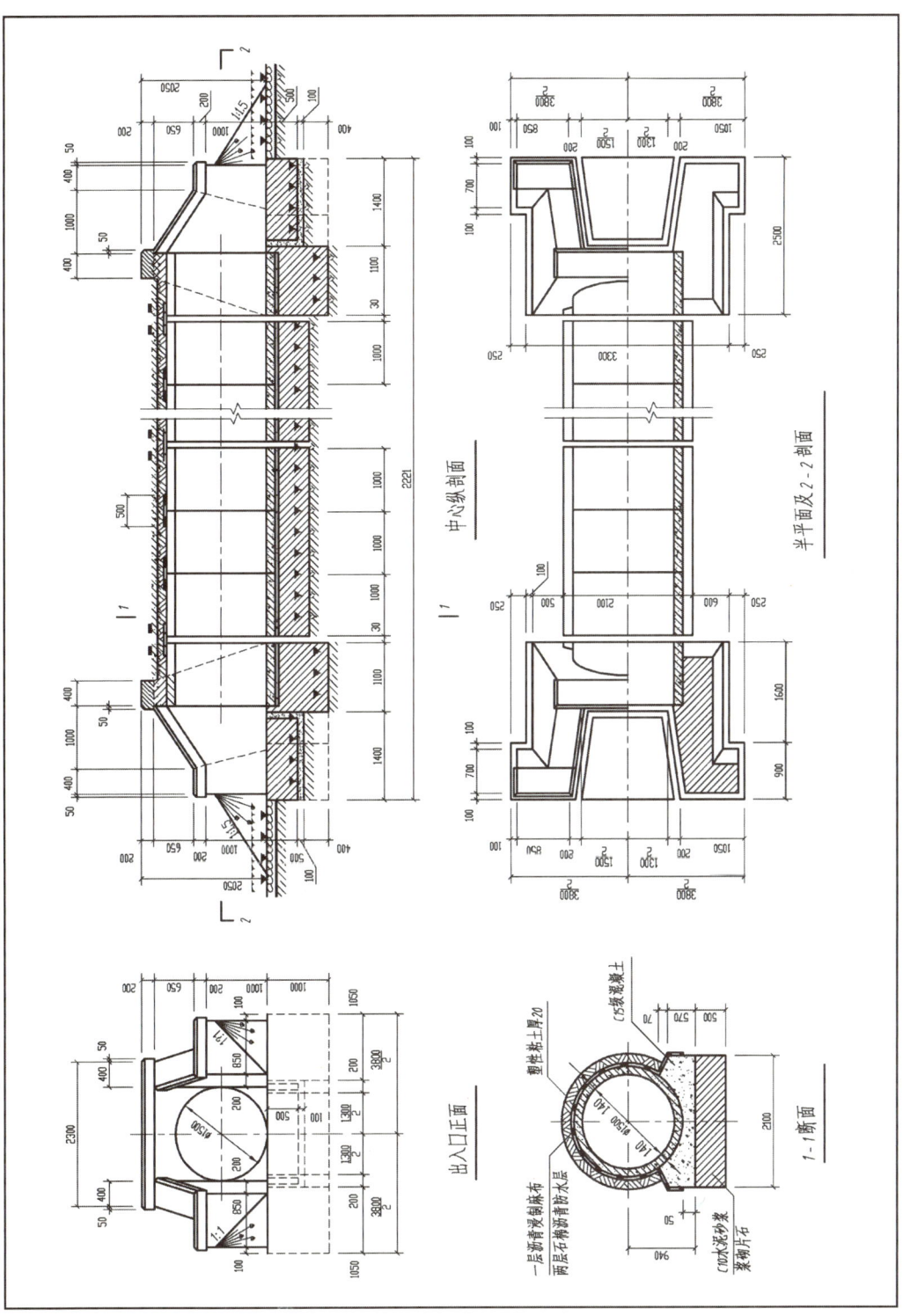

图 5-11 管涵总图

项目五:涵洞工程图识读与绘制

5-1:完成翼墙式涵洞各组成部分的三维建模

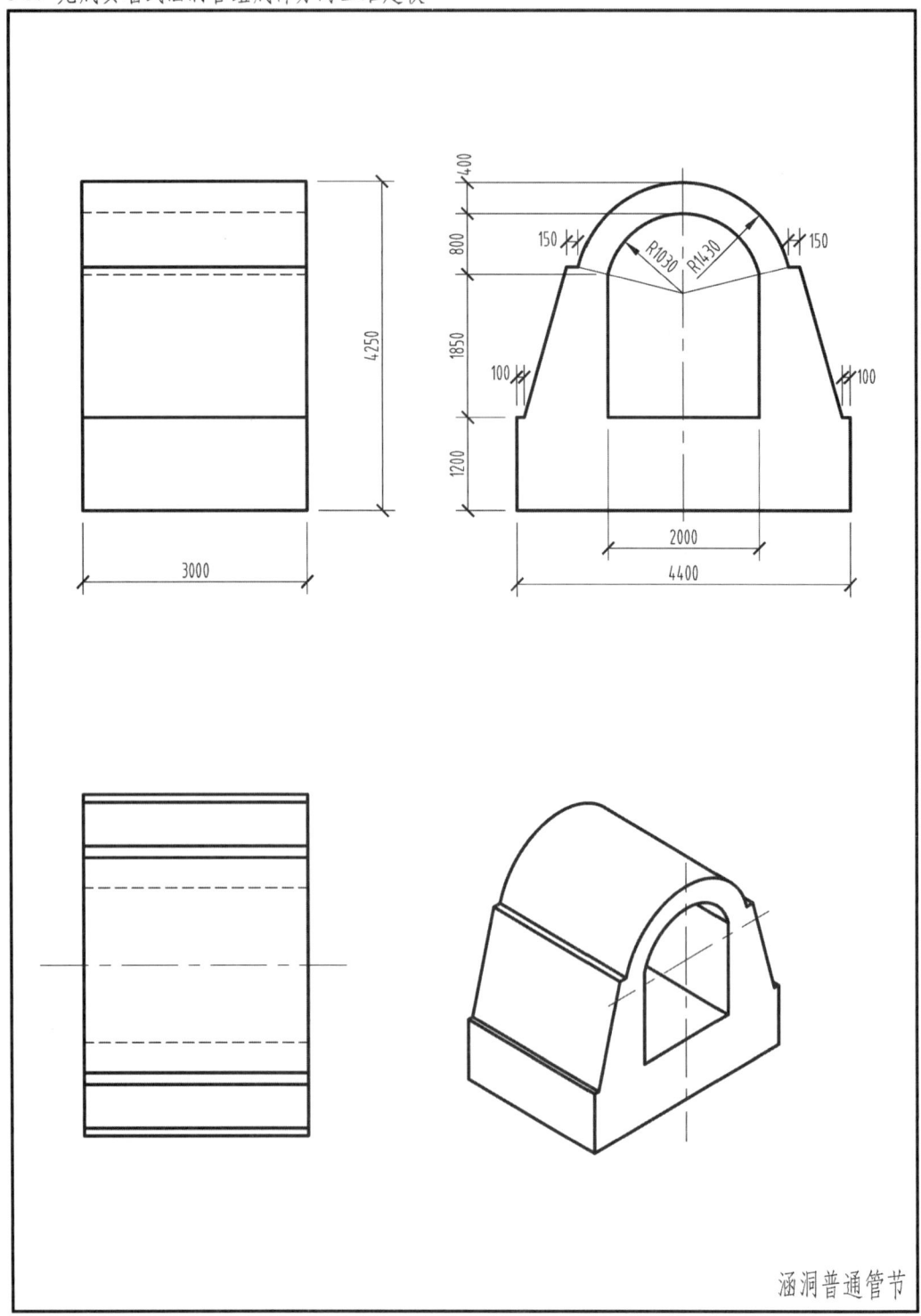

涵洞普通管节

5-1：（续）

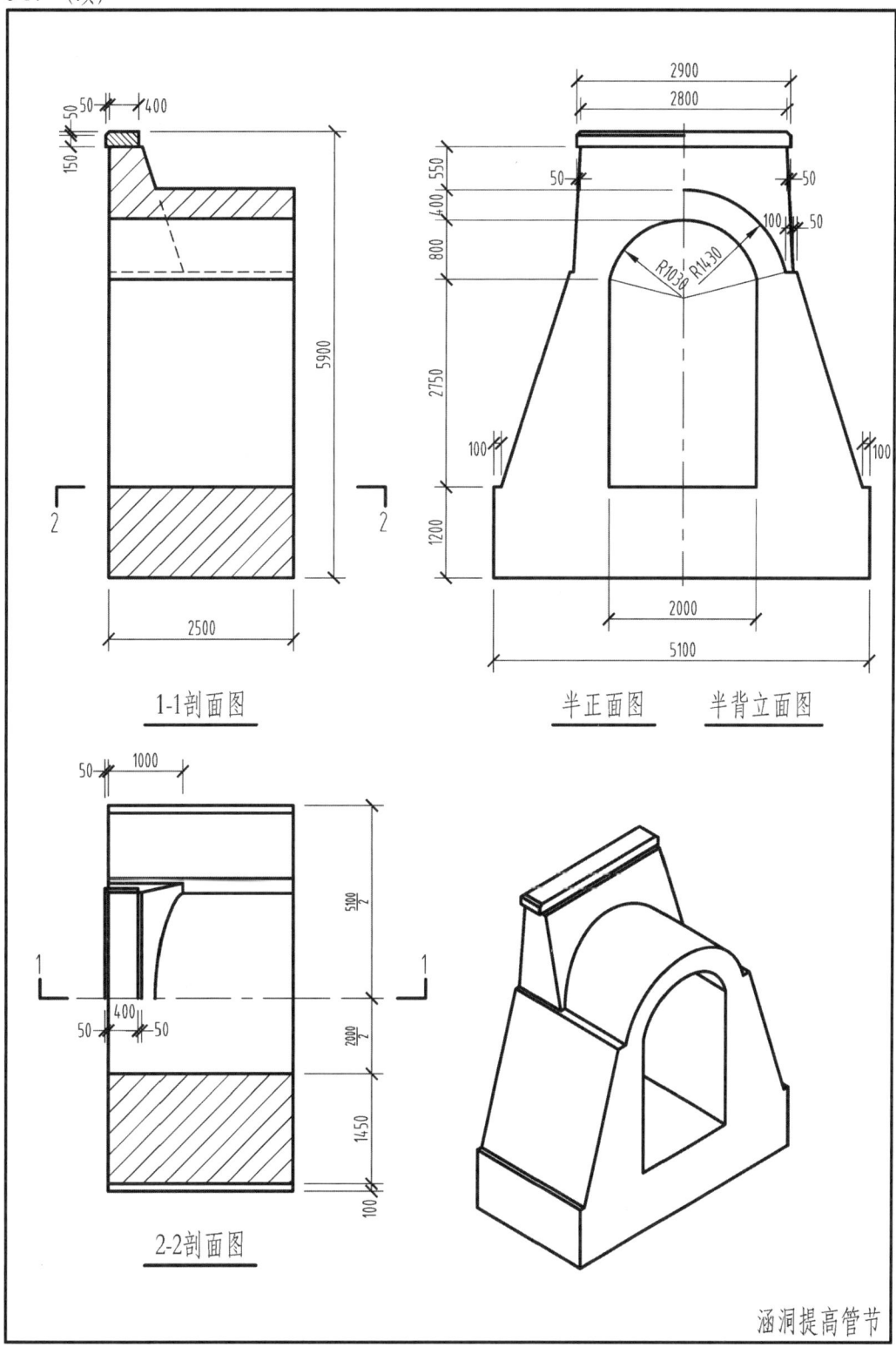

5-1：（续）

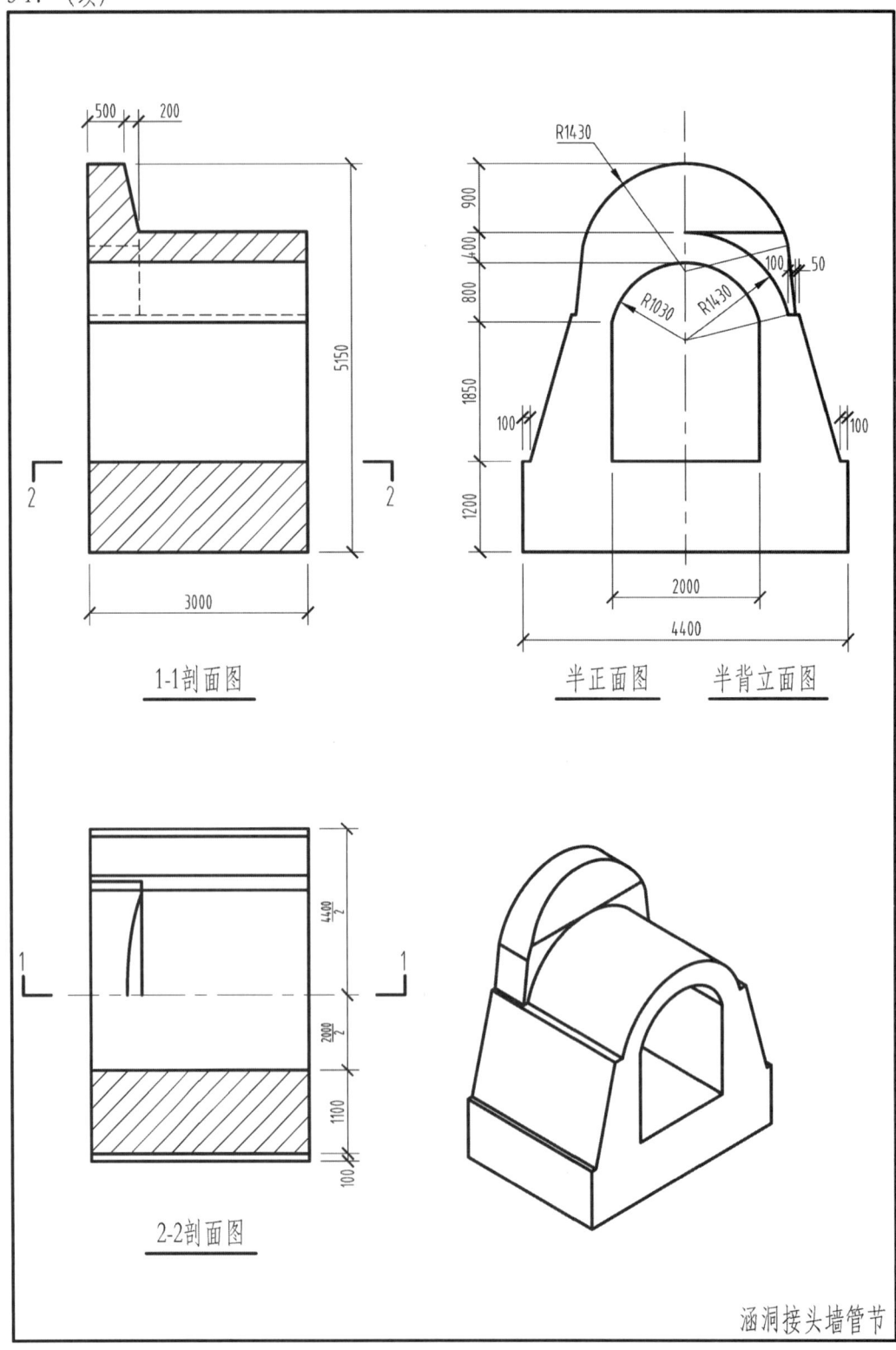

5-1：（续）

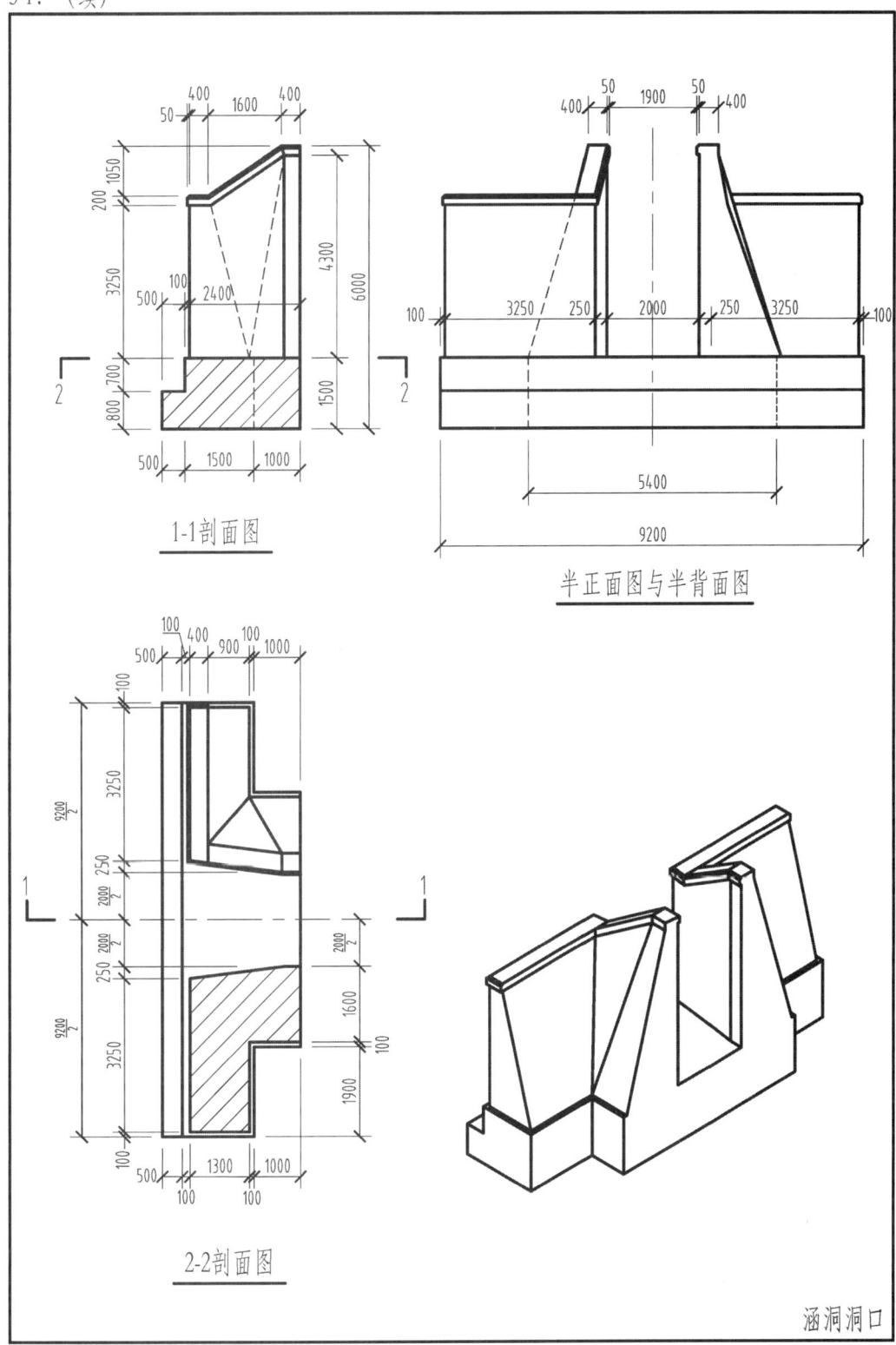

学习任务二：涵洞工程图 CAD 绘制

阅读图 5-10 管涵总图，思考绘制该图样的要领与方法，并用 CAD 绘制与出图打印。

（1）涵洞工程图直接采用 1∶50 或 1∶100 的比例直接绘图。

（2）对于涵洞总体长度的表达，采用了折断省略表达方法，折断符号的表达位置要合理，绘制要符合国家制图标准。

（3）对于一些尺寸很小的局部构造，如帽石抹角、错台、沉降缝、砂浆垫层等，它们的轮廓位置线之间的距离要适当调整，才能保证图样打印后，出图效果轮廓清晰，易于阅读。

（4）涵洞总图中的剖断面图上，要表达出涵洞各构造处的材料情况，采用 CAD 中的"填充"命令要注意以下几个细节：

① 材料图例的样式选择要合适，常用的有："ANSI31"表示常用材料，"ANSI32"表示金属材料，"AR-CONC"表示混凝土材料，"AR-SAND"表示砂浆材料，"GRAVEL"表示毛石材料。

② 不同的材料图例样式，要配合不同的样式比例，一般情况下，当"ANSI31、ANSI32"图例样式选择样式比例值为 1 时，"AR-CONC、AR-SAND、GRAVEL"宜选择样式比例值在 0.01 到 0.1 之间。以保证图面上展示出清晰的图例符号来。

③ 相同构造部位的材料图例表达要方向一致、间距相同；不同构造部位的材料图例表达可以采用方向相反、调整间距大小来作出区别。

④ 防水层材料图例可以不按照构造上实际厚薄尺寸绘制，要保证材料图例在打印出图后，展示不小于 1 mm。

⑤ 大范围的填充区域，可以借助于画辅助线的方法，把大区域分割成若干个小区域，然后进行逐个填充。

（5）图样中的非圆曲线采用"样条曲线"命令来绘制，可以保证线条的精准度并且易于修改。

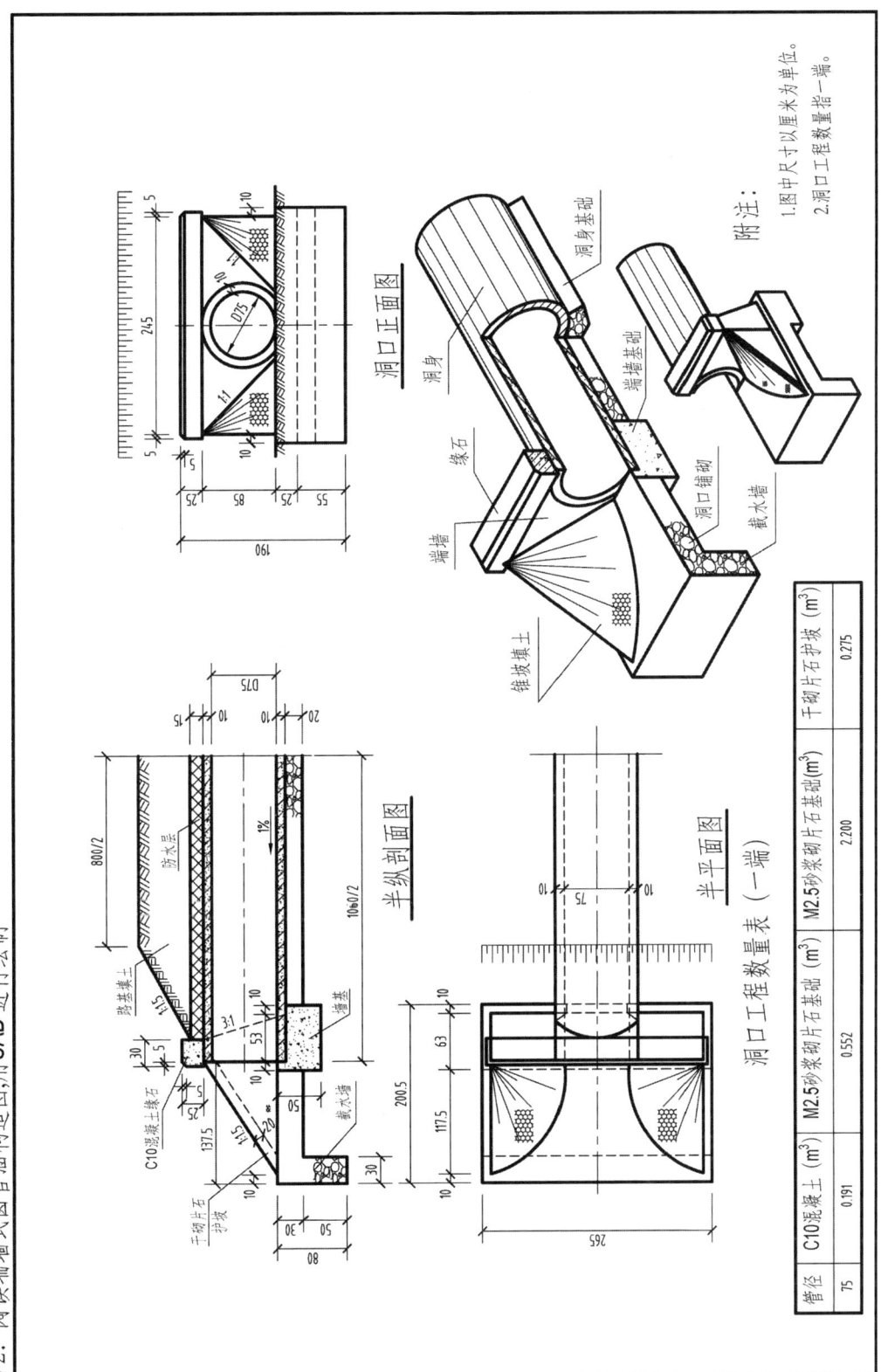

5-3：阅读钢筋混凝土盖板涵构造图，用CAD进行绘制

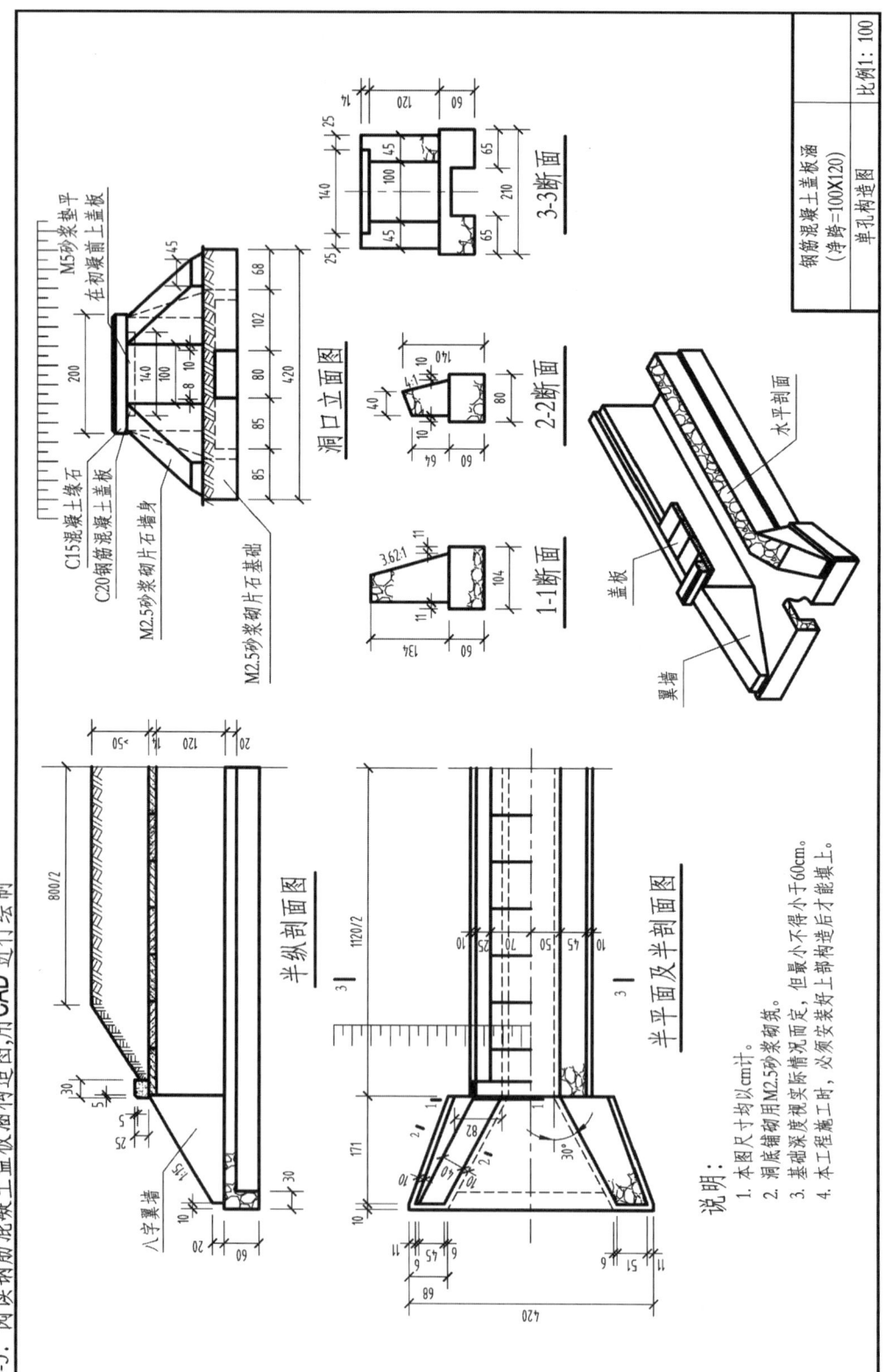

 **项目小结：**

（1）涵洞是由洞口、洞身、基础和附属工程构成的构筑物。涵洞的造型按其洞身断面形状可分为：拱涵、圆管涵、箱涵、盖板涵等。

（2）涵洞工程图主要包括涵洞总图和局部构造配筋图。涵洞总图以水流方向为纵向，以纵剖面图代替立面图；将涵洞上方覆土去除，以半剖图形式绘制平面图；出入口立面图作为侧面图；并配以涵洞多处横向剖断面图和局部构造详图。

（3）拱涵一般是由土石材料砌筑而成，在阅读时要注意拱圈是圆柱体构造的一部分，拱圈设置的高低决定了涵洞洞口净空的大小；管涵一般是由钢筋混凝土预制管铺装而成，在阅读时要注意了解铺装材料的层次变化；箱涵一般是现浇钢筋混凝土结构，读图时要能够读懂箱涵构造形状和内部钢筋布置情况。

（4）CAD绘制涵洞工程图时，要采用折断省略表达方法表达出涵洞的总体长度，折断符号的表达位置要合理，绘制要符合国家制图标准。

（5）对于一些尺寸很小的局部构造，它们的轮廓位置线之间的距离要适当调整，才能保证图样打印后，出图效果轮廓清晰，易于阅读。

（6）采用 CAD 中的"填充"命令表达涵洞各构造处的材料时，要注意以下几个细节：图例样式选择要合适，样式比例要合理，图例表达要正确。

项目六：隧道工程图识读与绘制

 学习目标：

知识要点	能力与素养目标	相关知识
隧道的结构组成	1. 能描述出隧道的作用与构造组成 2. 能描述隧道洞门的类型与构造 3. 知道洞身构造 4. 关注我国隧道施工发展动向，做树立理想，成就事业的工程人	1. 隧道的作用及隧道概况 2. 隧道的整体构造 3. 隧道洞门、洞身的构造
隧道工程图的阅读	1. 能够阅读隧道洞门图 2. 能够阅读隧道衬砌断面图 3. 能够阅读隧道避车洞图 4. 培养学生敢于做开路先锋，吃苦耐劳的技术人	1. 隧道洞门图 2. 隧道衬砌断面图 3. 隧道避车洞图
隧道工程图CAD绘制	1. 能够用CAD绘制隧道构造图 2. 总结技术要领，增强自信心	1. CAD中二维绘图命令应用 2. CAD中尺寸标注与文字注写 3. CAD中绘制表格的国标要求

学习任务一：隧道工程图识读

 工作任务：

阅读隧道工程图的相关资料，书写学习笔记，查询收集有关隧道工程的信息，制作并打印出4~6片的PPT，与学习笔记整理在一起。

 引 导：

内容包括：
（1）提取并解释10个与隧道工程图相关的关键词。

（2）分别阐述隧道洞口图、衬砌图、避车洞图、钢筋布置图、支护工程图的阅读内容，阐述项目的标题自行拟定。

（3）制作与隧道工程图学习相关的PPT，题目自定，要主题鲜明，内容准确，图文并茂，版面新颖美观。

资料整理：

（1）学习笔记采用A4纸张竖向书写与装订。

（2）页面要留有适当的页边距，题目设置条理清晰，段落表达格式规整，字体大小适中美观。

（3）PPT采用A4纸张以一页两片的形式打印，与学习笔记一同装订。

观察与理解

铁路隧道是铁路线路用来克服山岭高程障碍或渡江过海而修建的地下、水下的工程建筑物。铁路上为什么要修这么多隧道呢？简单地说，就是让铁路线走一条合理的捷径。所以，铁路一进入山区，在遇到高山等障碍时，往往是凿通高山，修建隧道，让火车穿山而过。另外，隧道还可以使铁路线路在江河甚至海峡的水下通过，避免修建桥梁而妨碍大型船舶通航。

隧道的种类很多：按用途分，有铁路隧道、公铁两用隧道、地铁隧道等；按断面形状分，有圆形隧道、拱形隧道、卵形隧道、矩形隧道等；按位置分，有傍山隧道、越岭隧道、水底隧道和地下隧道等；按隧道内铁路线路数分，有单线隧道、双线隧道和多线隧道等。

【昆仑山隧道】

昆仑山隧道全长 1 686 m（DK976+250～DK977+936），位于青海省格尔木市地区，地处昆仑山山脉海拔4 500～4 800 m的连续多年冻土区，地震基本烈度为八度，年平均温度 -3.6 ℃，是世界上第一长高原冻土隧道。

昆仑山隧道于2001年9月开工，2002年9月26日胜利贯通。隧道洞门如图6-1所示。

图6-1 昆仑山隧道

【秦岭隧道】

西康铁路秦岭隧道，1997年12月开工，2000年5月竣工。全长18.45 km，最大埋深1 600 m，隧道长度为当时国内第一位、世界第六位。秦岭隧道处在一个极为复杂的地质构造断裂带，穿过数个断层和高地应力、涌水等不良地质灾害段。隧道洞门如图6-2所示。

隧道按一级、重型、电气化铁路标准设计。中部6 614 m为钻爆法施工段，其余为TBM施工段。衬砌为复合式衬砌和湿喷钢纤维混凝土两种结构，隧道内铺设超长无缝钢轨线路。

该隧道有以下新技术应用与科技创新：

（1）在选线设计中，采用了遥感、地面调绘、多种物探新技术，并与钻探相结合，收集了详实的地形、地质资料。

（2）勘测设计中，采用 GPS 全球定位系统和V5大地音频电磁探测仪及遥感技术，达到国内领先水平。

图6-2 秦岭隧道

（3）采用了超前锚杆、小导管注浆、湿喷钢纤维混凝土等技术措施，解决了通过断裂带及各种不良地质地段施工难题。

（4）应用无钉铺设防水板技术，确保防水效果。

（5）在国内首次采用弹性支撑块式整体道床新型结构，克服了旧型整体道床轨道支承块不可抽换的弊端，改善了列车振动和噪声条件。

（6）在国内首次采用一次铺设超长无缝线路，为新线铺设超长无缝线路积累了经验。

（7）自行研制路内领先的穿行式圆形衬砌模板台车，解决了独头运输运距长、工作面多、工序干扰大的施工难题，方便定位、脱模，克服了圆形断面浮力大的问题。

（8）采用的维护及报警系统，填补了我国长大隧道无报警通信的空白，提高了铁路运营中的隧道应急报警能力。

该工程获 2001 年铁道部优质工程一等奖、2002 年鲁班奖。

【海底隧道】

海底隧道，是为了解决横跨海峡、海湾之间的交通，而又不妨碍船舶航运的条件，建造在海底之下供人员及车辆通行的海底下的海洋建筑物。

我国第一条海底隧道——厦门翔安海底隧道历时 4 年多的建设，2009 年 11 月 5 日全线贯通。该隧道全长 8.695 km，最深在海平面下约 70 m，由我国完全自主设计、施工，设计使用寿命 100 年。它的贯通对于探索适合我国国情的海底隧道建造技术，为类似工程的动工兴建，具有里程碑式的意义。厦门海底隧道如图 6-3 所示。

图 6-3 厦门海底隧道

知识点 1：隧道洞门图

隧道工程图讲解

一、隧道构造

隧道构造由以下几部分组成：

洞门——位于隧道出入口处，用来保护洞口土体和边坡稳定，排除仰坡流下的水。它由端墙、翼墙及端墙背部的排水系统所组成。

洞身——隧道结构的主体部分，是列车通行的通道。

衬砌——承受地层压力，维持岩体稳定，阻止坑道周围地层变形的永久性支撑物。它由拱圈、边墙、托梁和仰拱组成。拱圈位于坑道顶部，呈半圆形，为承受地层压力的主要部分。边墙位于坑道两侧，承受来自拱圈和坑道侧面的土体压力，边墙可分为垂直形和曲线形两种。

托梁位于拱墙和边墙之间,为防止拱圈底部挖空时发生松动开裂,用来支承拱圈。仰拱位于坑底,形状与一般拱圈相似,但弯曲方向与拱圈相反,用来抵抗土体滑动和防止底部土体隆起。

附属建筑物——为工作人员、行人及运料小车避让列车而修建的避人洞和避车洞,为防止和排除隧道漏水或结冰而设置的排水沟和盲沟,为机车排出有害气体的通风设备,电气化铁道的接触网、电缆槽等。

二、隧道洞门类型

根据洞口地形和地质条件,可采用的洞门结构类型有翼墙式、端墙式和柱式,如图 6-4 所示。

（a）翼墙式洞门

（b）端墙式洞门

（c）柱式洞门

图 6-4　隧道洞门的种类

下面以翼墙式洞门为例说明隧道洞门的构造,如图 6-5 所示。

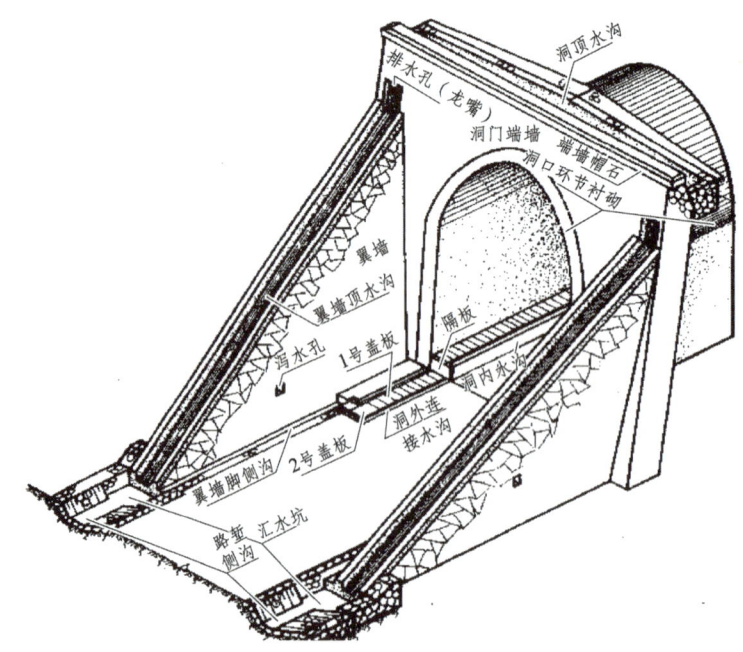

图 6-5　翼墙式隧道洞门构造

翼墙式洞门主要由洞门端墙、翼墙和排水系统组成。

端墙用来保持仰坡稳定,阻挡仰坡落石和雨水侵入洞口线路,它以 10∶1 的坡度向线路两侧倾斜。其顶面坡度与山体仰坡一致,并在墙上设有排除墙后地下水的泄水孔,墙顶设有排水沟。

洞顶地表水通过端墙顶水沟、翼墙顶排水沟流入路堑侧沟，洞内水通过洞内排水沟流入路堑侧沟内排除。

三、隧道洞门图样的表达

表示隧道洞门各个部分的结构形状尺寸的图样叫隧道洞门图。下面以翼墙式隧道洞门为例说明隧道洞门图的内容，见图 6-6。

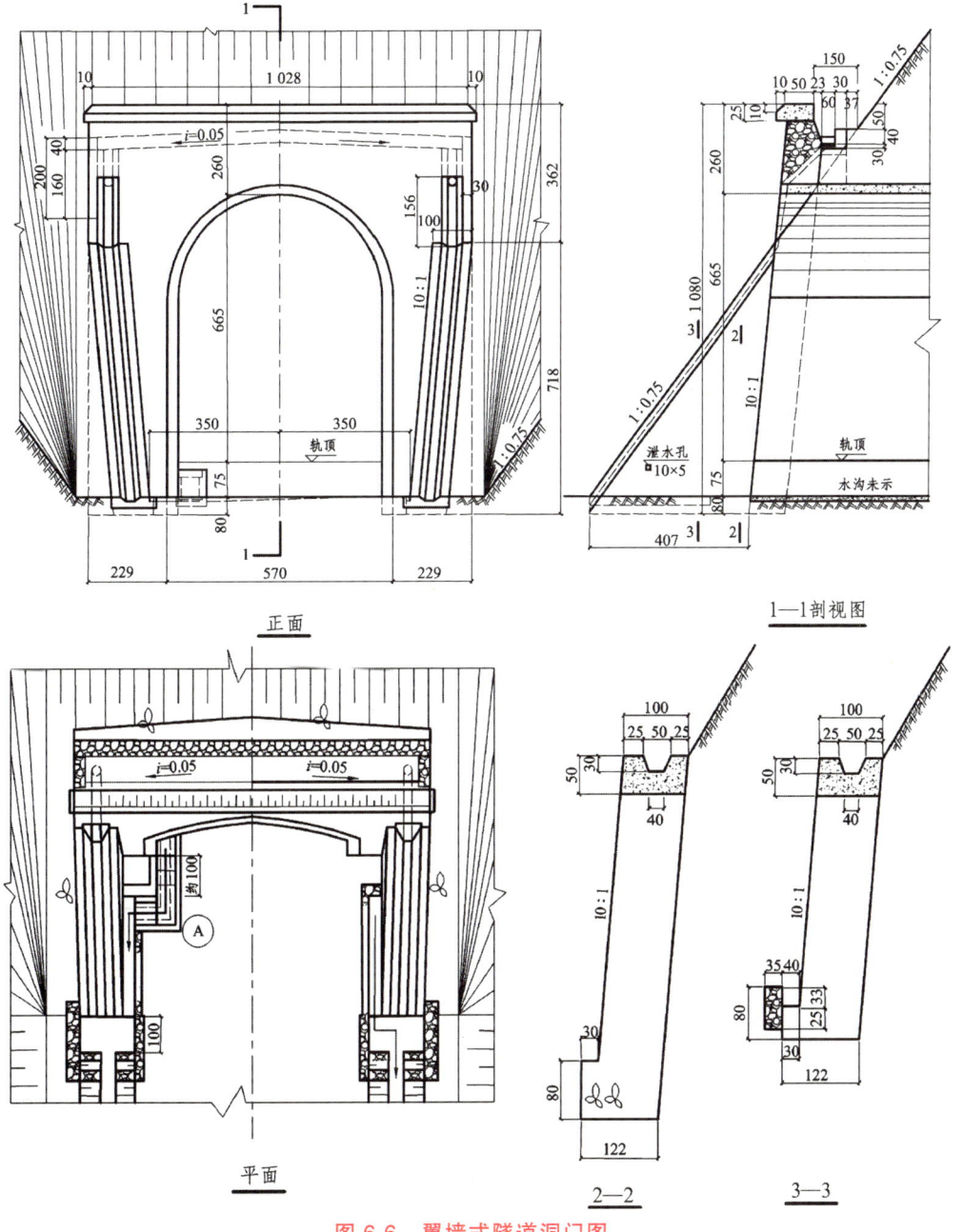

图 6-6　翼墙式隧道洞门图

1. 正面图

正面图是沿着线路方向对隧道洞门进行投射而得到的投影。它表明：洞门衬砌的形状和主要尺寸，端墙的高度和长度，端墙与衬砌的相对位置，端墙顶水沟的坡度，翼墙倾斜度，端墙顶水沟与翼墙顶排水沟的连接情况以及洞内排水沟的位置、形状等。

2. 平面图

平面图主要表达洞门处各排水沟走向及连接情况。

3. 1—1 剖视图

1—1 剖视图是沿着隧道中心线剖切而得到的。它表明：端墙的厚度和倾斜度，端墙顶水沟的断面形状和尺寸以及翼墙顶的坡度等。

4. 2—2 断面图和 3—3 断面图

这两个断面图用来表明：翼墙的厚度及倾斜度，翼墙顶排水沟的断面形状和尺寸，翼墙基础或底部水沟的形状和尺寸等。

5. 排水系统详图

排水系统详图主要表示各排水沟的详细构造及做法，隧道内外水沟的连接等，如图 6-7 所示。

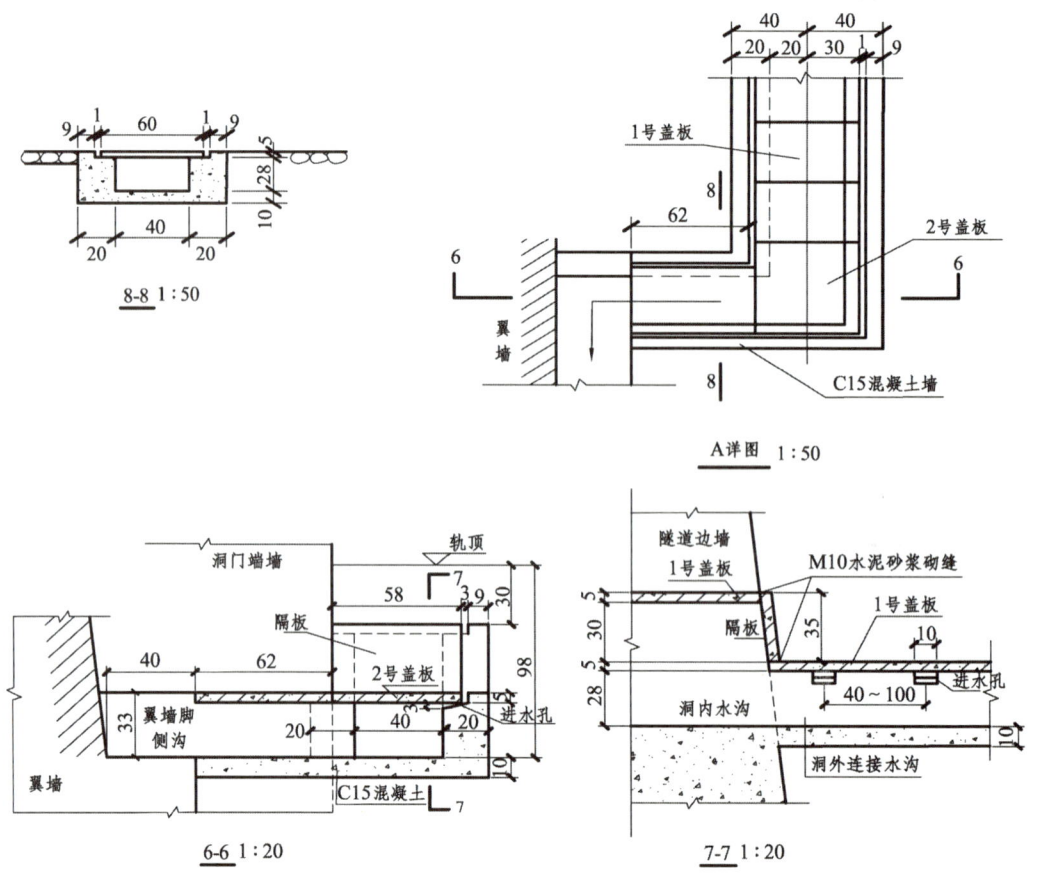

图 6-7　隧道排水系统详图

四、隧道洞门图的阅读

1. 首先阅读标题栏和附注

从标题栏中主要了解隧道洞门的类型、各部分建筑材料及尺寸单位等有关内容。

2. 查明表达该洞门的视图的数量及来源

如图 6-6 所示，表达洞门共用 2 个基本视图（正面图和平面图）、1 个 1—1 剖视图、2 个断面图（2—2 和 3—3）以及排水沟详图等，其中 1—1 剖视图的剖切位置和投影方向在正面图中注出，2—2 和 3—3 断面图的剖切位置表示在 1—1 剖视图中。

3. 弄清洞门各组成部分的形状和尺寸

（1）端墙。由正面图和 1—1 剖视图可知，端墙以 10∶1 的坡度向洞身方向倾斜，其长度尺寸为 1 028 cm，墙厚（水平方向）为 80 cm。墙顶上部除后边之外其余三边均做成 10 cm × 10 cm 的抹角。

在端墙顶的背后设有水沟，由正面图可知水沟自墙的中间向两端倾斜，其坡度 $i = 0.05$，沟身为 40 cm，断面形状如 1—1 剖视图所示。在端墙顶水沟的两端设有厚 30 cm、高 200 cm 的短墙，其形状用虚线表示在正面图及 1—1 剖视图中。沟中的水通过埋在端墙体内的水管流到墙面上的凹槽里，然后流入翼墙顶排水沟排走。

端墙顶水沟靠洞门一侧的沟壁不是侧垂面，而是双曲抛物面。因为此沟壁的上边线为端墙顶的侧垂线，而下边线为正平线（这样才能使向两端倾斜的沟底面宽 60 cm 保持不变），上下边线不在同一个平面内。如此设置后，此沟壁两端的坡度比中间的陡一些。

（2）翼墙。由正面图和平面图可知在端墙的前面线路的两侧各有一堵翼墙，分别向路堑两边的山坡倾斜，坡度为 10∶1。结合 1—1 剖视图可以看出，翼墙的形状大体上是一个三棱柱。从 2—2 和 3—3 垂直断面的形状和尺寸以及墙顶排水沟的断面形状和尺寸，由平面图可知翼墙脚侧沟，侧沟的断面形状和尺寸由 3—3 断面图表示。由 1—1 剖视图可知翼墙内还设有一个 10 cm × 15 cm 的泄水孔，以排除翼墙背面的积水。

（3）侧沟。图 6-7 中的 A 详图是图 6-6 平面图中 A 处的放大图，它除了表示该水沟盖板设置外，还与 8—8，6—6 剖视图及 7—7 断面图共同表明隧道洞口内外水沟的形状与连接情况。由 A 详图可知洞内侧沟的水是经过两次直角转弯后流入翼墙脚侧沟的。

由 5—5 断面图和 6—6 剖视图可知洞内外侧沟断面形状均为矩形的混凝土沟槽，沟宽 40 cm，洞内沟深为 98 − 30 = 68 cm，洞外沟深为 28 + 5 = 33 cm。由 8—8 剖视图可知，洞内外侧沟的沟底在同一平面上，在洞口处侧沟边墙高度变化的地方有隔板封住，以防道砟掉入沟内，洞内外侧沟上部盖有钢筋混凝土盖板，且洞外侧沟的边墙上设有进水孔，每间隔 40 ~ 100 cm 设 1 个。

从图 6-6 的平面图可以看出，翼墙顶排水沟和翼墙脚排水沟的水先流入汇水坑，然后再从路堑侧沟排走。图 6-8 中的 4—4 剖视图分别表示左、右两翼墙前端部各水沟与汇水坑的连接情况和尺寸，5—5 断面图表示路堑侧沟的断面形状和尺寸，它们的剖切位置均标注在图 6-8 的汇水池平面图中。由 5—5 断面图的剖切位置可知，其右边一半表明靠近汇水坑处的铺砌情况，而左边一半则表明离汇水坑较远处的铺砌情况。

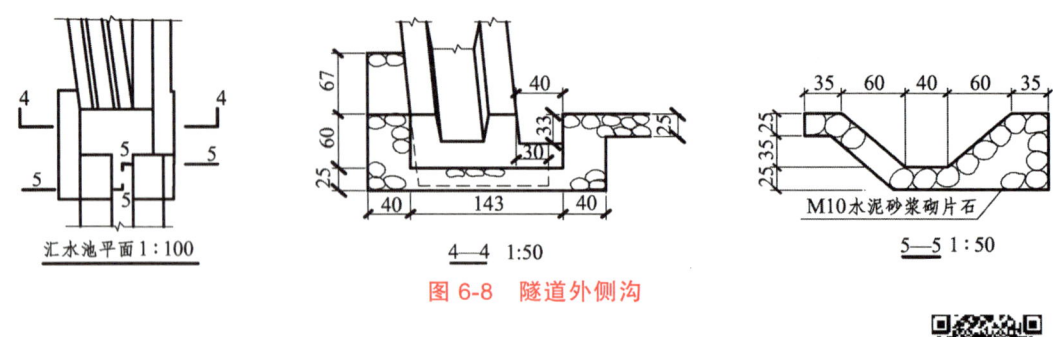

图 6-8 隧道外侧沟

知识点 2：隧道衬砌图

隧道视频

铁路隧道是地下建筑物，其洞内衬砌主要承受围岩的压力，因此洞内衬砌根据围岩的不同而结构类型不同。用横断面图来表示洞内衬砌的图称为隧道衬砌断面图。如图 6-9 所示的是直边墙式隧道衬砌断面图，由此图可知，两侧边墙基本上是长方体，只是墙顶面有 1∶6.08 的坡度，此坡面也称拱圈的起拱线，应通过相应的圆心。拱圈由 3 段圆弧组成，相互间圆滑连接。底部左侧是洞内排水沟，右侧为电缆沟。最下部是混凝土铺底，以 $i=0.03$ 的坡度斜向侧沟一边，以便于排水。图中垂直方向的定位尺寸均是以轨顶线为基准而标注的。

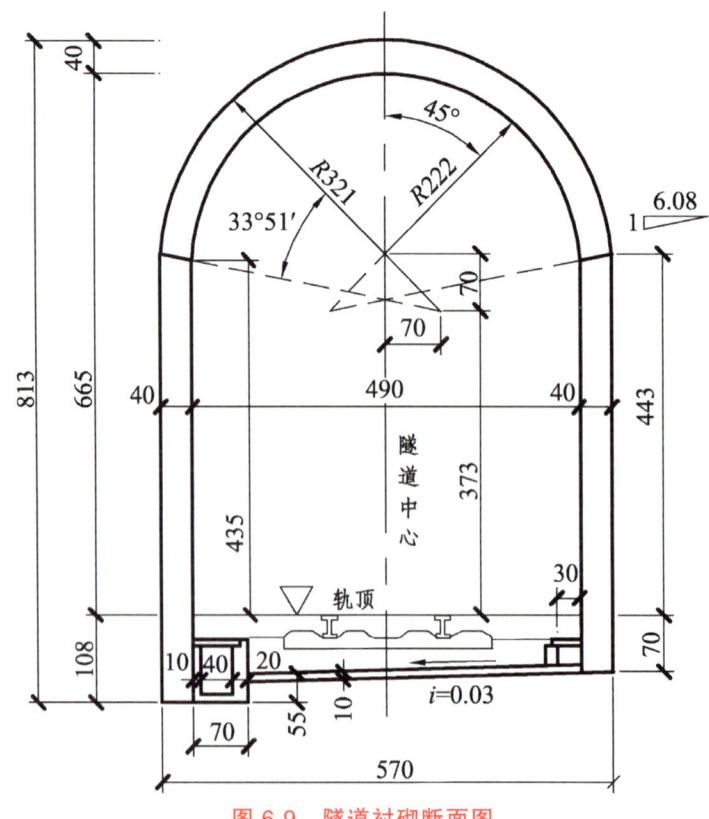

图 6-9 隧道衬砌断面图

图 6-10 所示为隧道衬砌结构图，此图为某公路隧道 C 型衬砌，其中超前锚杆是沿开挖

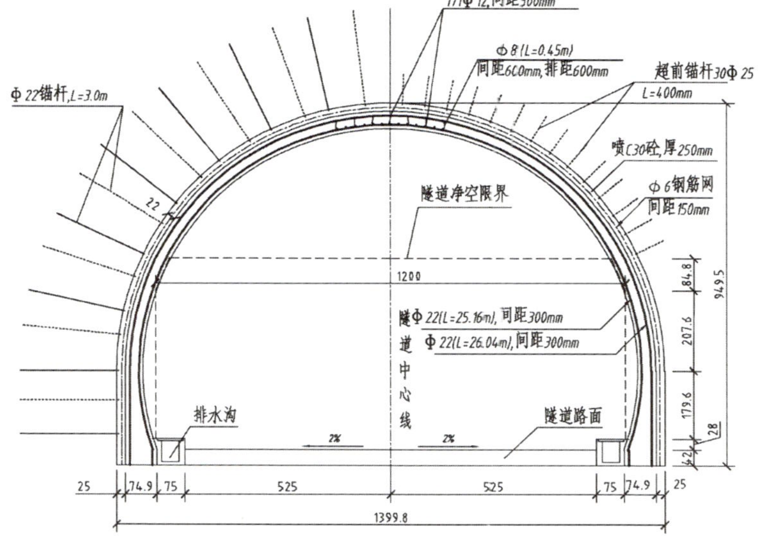

C型衬砌 1:100

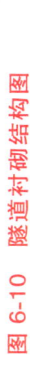

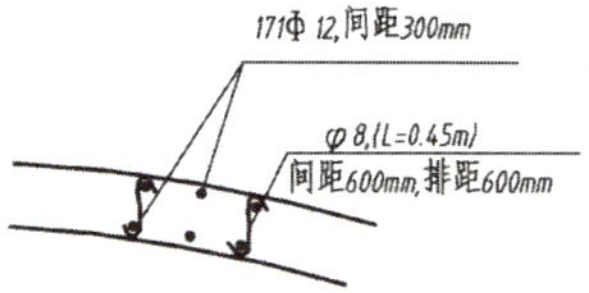

C型衬砌每延米隧道支护衬砌工程数量表

项目	单位	数量
石方洞挖	m^3/m	111.9
模筑C25砼	m^3/m	11.0
喷C30砼	m^3/m	6.6
锚杆（Φ22，L=3.0m）	根/m	26.5
钢筋网	Kg/m	89.9
超前锚杆（Φ25，L=4.0m）	根/m	15
Ⅰ级钢筋	Kg/m	12.9
Ⅱ级钢筋	Kg/m	660.4

说明：1、图中尺寸均以cm计；
2、图中隧道衬砌断面按隧道围岩类别取用，C型衬砌用于Ⅳ、Ⅴ类围岩；
3、喷混凝土衬砌采用C30混凝土；
4、C型衬砌的喷锚支护砂浆锚杆直径22mm，长度3.0m，间距1.0m，排距1.0m，梅花型布置，设置钢筋网，直径6mm，间距150mm，喷C30砼厚250mm。
5、二次衬砌采用C25砼，厚40cm。
6、C型衬砌超前支护采用早强砂浆锚杆，设置于拱顶圆心角117.5°范围，环向间距0.5m，外插角10°，排距2.0m。

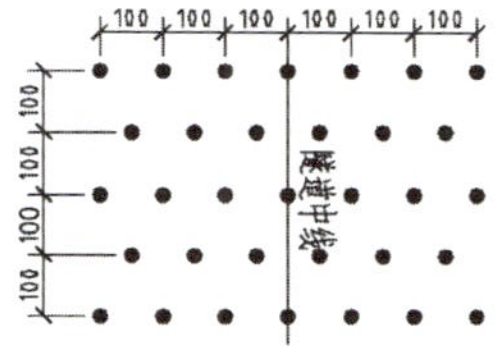

锚杆布置展示图

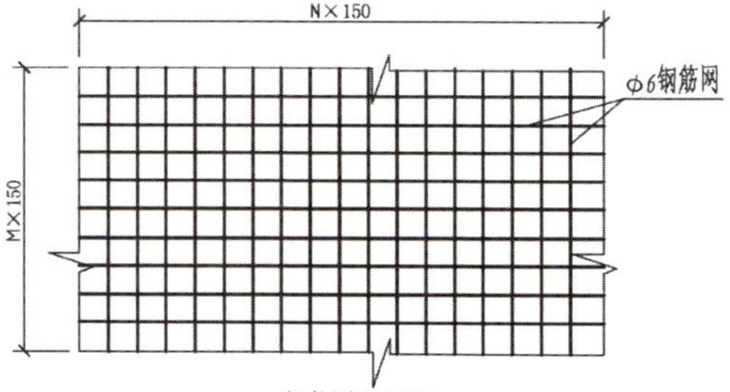

Φ6钢筋网展示图

图 6-10　隧道衬砌结构图

轮廓线，以 10°外插角，向开挖面前方安装的锚杆，形成对前方围岩的预锚固（预支护），喷锚支护砂浆锚杆梅花形布置，打入岩层 3 m，端部与细钢筋网连接，再用高压喷射水泥混凝土喷护 25 cm 厚，用于加固洞室围岩。二次衬砌采用 C25 钢筋混凝土，厚度 40 cm，钢筋主要有 Φ22（L = 25.16 m）、Φ22（L = 26.04 m）、Φ12（与道路方向一致）、Φ8（L = 0.45 m，拉勾）4 种。隧道衬砌结构施工现场如图 6-11 所示。

图 6-11　隧道衬砌结构施工现场

知识点 3：隧道避车洞图

隧道内有大、小两种避车洞，是供维修人员和运料小车避让列车用的。大避车洞还可堆放一些必要的维修材料和工具。它们沿线路方向交错设置在隧道两侧的边墙上，通常每侧相隔 300 m 设置一个大避车洞，在每侧大避车洞之间每间隔 60 m 设置一个小避车洞。

避车洞图包括大、小避车洞位置图（见图 6-12）和大、小避车洞详图（见图 6-13、6-14）。

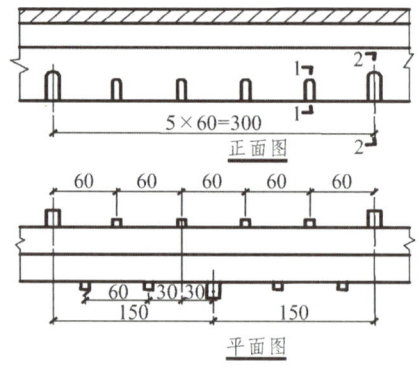

图 6-12　大、小避车洞位置图

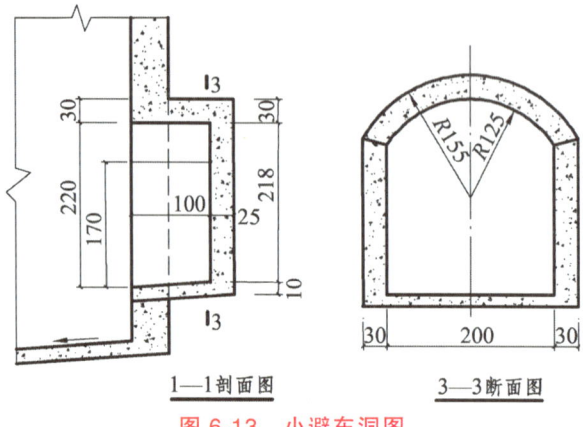

图 6-13　小避车洞图

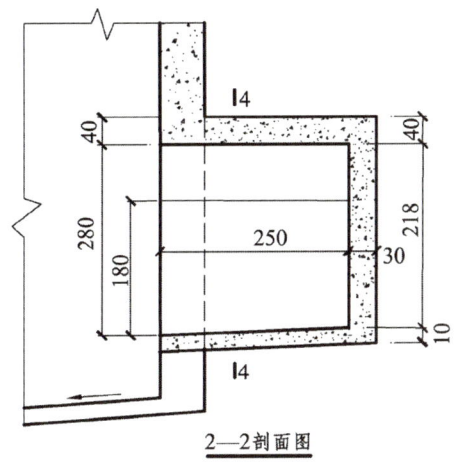 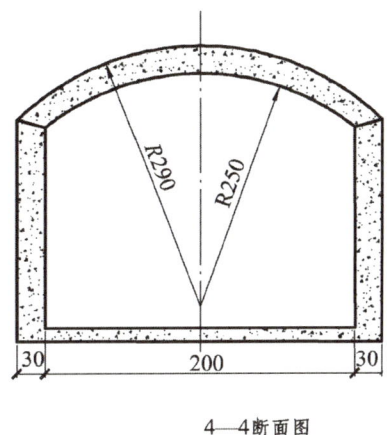

图 6-14　大避车洞图

大、小避车洞位置图表示隧道内大、小避车洞交错设置的情况。由于隧道纵向尺寸比横向尺寸大得多，为节省图幅，纵横方向可采用不同的比例，纵向常用 1∶2 000，横向常用 1∶200。

大、小避车洞详图表示大、小避车洞的详细形状、构造和尺寸等。由图 6-13 可知，大避车洞宽 4 m，深 2.5 m，中心高 2.8 m；由图 6-14 可知，小避车洞宽 2 m，深 1 m，中心高 2.2 m。大、小避车洞均用混凝土衬砌。

阅读铁路隧道明洞衬砌图（见图 6-15），了解隧道洞口形式与尺寸，了解各段曲线的定位与半径信息，了解轨床地面构造，了解衬砌材料施工状况，以口述的形式向别人介绍阅读内容。

学习任务二：隧道工程图 CAD 绘制

阅读图 6-15 铁路隧道明洞衬砌图，思考绘制该图样的要领与方法，并用 CAD 绘制与出图打印。

（1）隧道工程图宜采用 1∶50 或 1∶100 的比例绘制。
（2）对于隧道衬砌断面图的绘制，只要将洞口各曲线段的定位尺寸与半径信息阅读清楚，应用好 CAD 二维绘图命令，做好定点方法的操作，就可以绘制出几何关系准确的断面图。

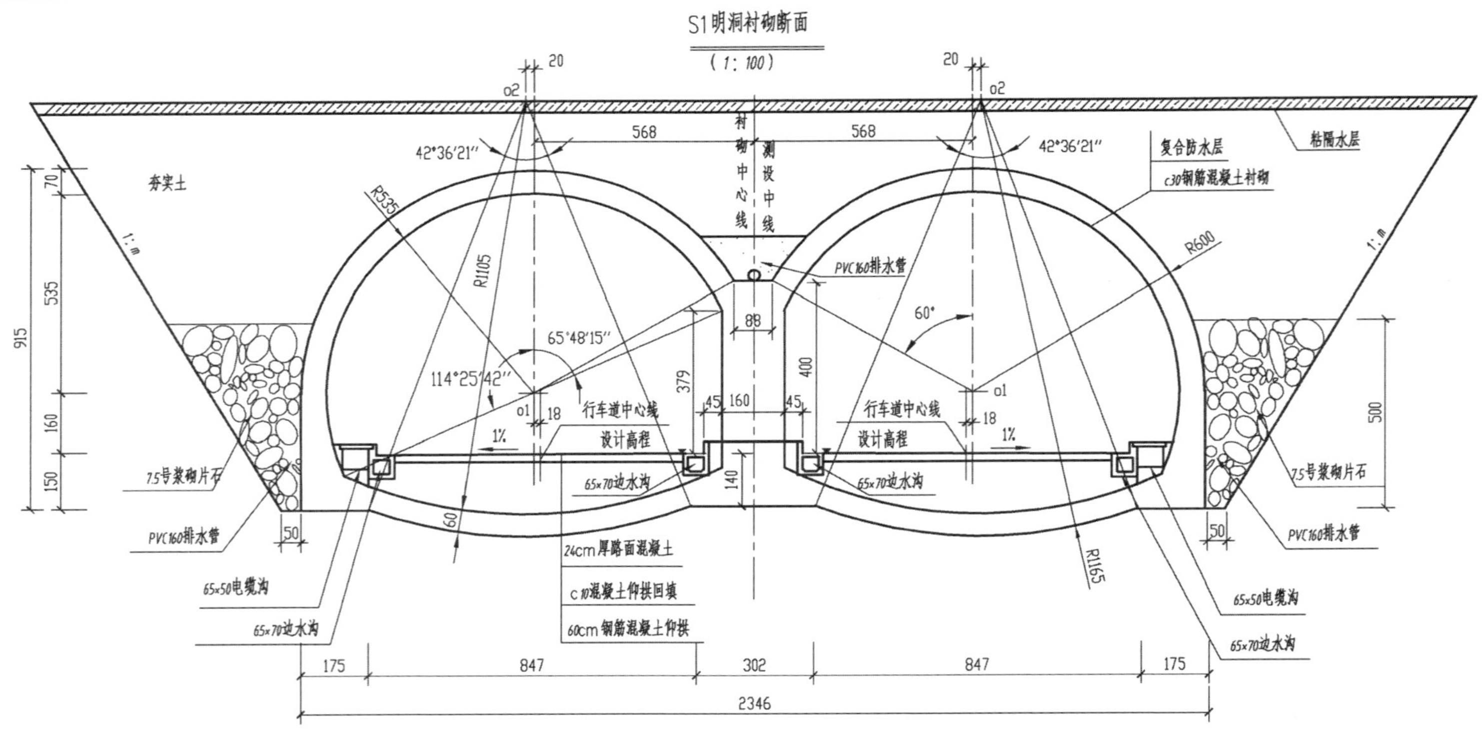

名称		单位	数量	名称		单位	数量
30号钢筋混凝土	拱部	m^3	20.89	名称	Ⅰ级钢筋	Kg	2423
	墙部及基础	m^3	6.61		Ⅱ级钢筋	Kg	374
	中墙及基础	m^3	11.18	TDT450土工布			46.65
	仰拱	m^3	10.13	1.0毫米厚LDPE防水板			46.65
水泥处治排水基层		m^3	3.39	7.5号浆砌片石回填		m^3	26
10素混凝土回填		m^3	15.75	PVC160排水管		m	3
粘土隔水层		m^3	16	洞顶回填		m^3	122

附注：

1、本图尺寸均以厘米计.
2、S衬砌指明洞段衬砌，采用钢筋混凝土结构.
3、名洞开挖及防护工程数量表中未计.
4、边坡坡度值m的确定应根据各隧道的具体情况而定.

图 6-15 铁路隧道明洞衬砌图

（3）对于隧道衬砌断面图的尺寸标注，要做到标注准确，标注位置合理清晰。

（4）隧道工程图中的表格，外框边为粗实线，分格线为细实线，行高设计应为 8 mm，表格内汉字采用 3.5 号字注写，数字采用 2.5 号字注写。

项目六　实践训练答案

（1）铁路隧道是顺线路克服山岭高程障碍或渡江过海而修建的地下、水下的开挖工程构筑物。隧道构造包括洞口、洞身、防排水构造以及通风照明、消防防护设施等。

（2）隧道工程图一般包括洞门图、洞身衬砌断面图、避车洞图及局部构造开挖配筋图等。隧道洞口根据其组成部分的特点可分为：端墙式、柱式、翼墙式等。洞身根据其横断面形状分为：直墙式、曲墙式。

（3）隧道衬砌断面图不仅能够表达出隧道洞口开挖形状、几何尺寸、各处材料分布等，还可以表达出洞口开挖的方法、工艺流程以及开挖支护与加固信息等。

（4）CAD 绘制隧道衬砌断面图时，要做好 CAD 二维定点方法的操作，就可以绘制出几何关系准确的断面图，图中尺寸标注要做到标注准确，标注位置合理清晰。

（5）绘制隧道工程图内的表格，外框边为粗实线，分格线为细实线，行高设计应为 8 mm，表格内汉字采用 3.5 号字注写，数字采用 2.5 号字注写。

项目六：隧道工程图识读与绘制

6-1：阅读隧道洞门图，回答问题，并用CAD进行绘制

A—A剖面

立面图

平面图

1. 隧道洞门的高度尺寸为_____，端墙厚度为_____，端墙是用_____材料砌筑的。
2. 隧道洞口宽度尺寸为_____，翼墙墙尾宽度为_____。
3. 在隧道的_____和_____设置了排水沟，排水沟的坡度有_____三种。

项目七：建筑工程图识读与绘制

 学习目标：

知识要点	能力与素养目标	相关知识
建筑平面图	1. 能识读建筑平面图的图示内容 2. 掌握建筑平面图阅读方法与步骤 3. 认识中国传统建筑，感受民族建筑艺术	1. 建筑平面图的形成与作用 2. 建筑施工图常见图例
建筑立面图	1. 能识读建筑立面图的图示内容 2. 掌握建筑立面图的阅读方法与步骤 3. 回忆抗疫历程，认识中国速度与实力	1. 建筑立面图的形成与作用 2. 基本构造的形体组成
建筑剖面图	1. 能识读建筑剖面图的图示内容 2. 掌握建筑剖面图的阅读方法与步骤	1. 建筑剖面图的形成与作用 2. 常见的表达手法
建筑详图	1. 能识读建筑详图的图示内容 2. 掌握建筑详图的阅读方法与步骤	1. 建筑详图的形成与作用 2. 建筑详图常见的表达方式
结构施工平面图	1. 能识读简单的结构施工平面图 2. 掌握结构施工详图的图示内容 3. 认识中国建筑木结构，珍爱古建筑瑰宝	1. 放大基础平面布置形式 2. 多层建筑结构受力钢筋的类型
结构施工详图	1. 能识读基础、柱、简支梁的结构断面图 2. 掌握基础、柱、简支梁结构断面图的基本表达 3. 培养敢担当、有责任感的工程职业人	1. 基础的断面形式 2. 简支梁与柱的构造与钢筋分布
建筑施工图的绘制	1. 掌握CAD绘图命令在建筑施工图中的运用 2. 能按照绘图步骤结合规范绘图 3. 熟练技术，加入到创造中国速度的队伍中	CAD基本绘图与修改命令
结构施工图的绘制	1. 掌握CAD绘图命令在结构施工图中的运用 2. 能按照平法施工图的规定绘制简单的结构图 3. 遵守规范，是做出工程精品的基础条件	1. CAD基本绘图命令 2. 平法施工图中梁、板的简单规定

学习任务一：建筑工程图识读

1. 认识房屋建筑，了解房屋构造的组成，描述它们的作用，回答下列问题。
   基础的作用：_____
   墙体的作用：_____
   楼层的作用：_____
   门窗的作用：_____
   楼梯的作用：_____
   屋顶的作用：_____
   遮阳板的作用：_____
   雨篷、阳台的作用：_____
   散水、泛水的位置与作用：_____
   坡道、走廊的位置与作用：_____
   女儿墙、檐沟的位置与作用：_____

（1）房屋建筑的构造组成都有哪些，各自作用是什么？
（2）建筑工程建设设计与建设都要经过哪些阶段？
（3）房屋建筑施工图纸都包括哪些？
（4）房屋建筑施工图纸在阅读时是怎么利用、互相渗透的？

2. 识读建筑施工图，回答下列问题。

（1）建筑工程图都包含哪些方面，各自表达了哪些内容？
（2）建筑施工图这些图与以前学习的三面投影有联系吗？各自比例通常采用多少？
（3）建筑平面图是怎样形成的，总共需要绘制几个图，各自图示内容分别有什么？
（4）建筑立面图都有哪些，结合书上的例图说说识读的步骤是怎样的？
（5）建筑详图是怎样形成的，你觉得还应该在哪些部位绘制建筑详图，为什么？
（6）在一套完整的"建施"中，通常在哪些部位要用详图来表达，为什么？
（7）我们以前学过的剖视图在这一情境下是怎样发挥它的作用的？
（8）想一想，自己该怎样绘制建筑施工图呢？

3. 识读结构施工图，回答下列问题。

（1）常见的建筑结构类型都有哪些？常见的建筑结构构件都有哪些？
（2）结构施工图的作用是什么，工程常用表达手法在结构施工图中都有哪些应用？
（3）结构平面图包含哪些方面，具体都有哪些内容？
（4）房屋建筑基础形式都有哪些呢？基础施工图都包含哪些内容？
（5）想一想，受力柱钢筋骨架都有哪些钢筋呢，各自的作用都有哪些？
（6）现浇梁内部都有钢筋，都叫什么名字，各自作用是什么，在图上是怎样表示的呢？
（7）现浇柱内部都有哪些钢筋，各自都叫什么名字，在图上是怎样表示的呢？
（8）平面整体表示方法有哪些优点，梁、板、柱的平面整体表示方法都有哪些具体方法？

观察与理解

房屋是住人或存放东西的建筑物，房屋是家庭的基体，甚至是人类生存的寄托；在这里避开外界一切干扰，和自己的亲人享受着自在的生活。

房屋建筑是按照一定年限而设计建成的建筑物，占用土地空间，通常有屋顶，多半完全用墙包围住，作为住宅、仓库、工厂、牲畜圈棚或其他有用的建筑物。

房屋的基本组成部分通常有：基础、墙或柱、楼地面、楼梯、屋顶、门和窗等。建筑工程为新建、改建或扩建房屋建筑物和附属构筑物所进行的勘查、规划、设计、施工、安装和维护等各项技术工作和完成的工程实体。图 7-1 为一房屋建筑。

图 7-1 房屋建筑

将一幢拟建房屋的总体布局、外部造型、内部布置、细部构造、内外装饰、固定设施和施工要求详细准确地表达的图样，称为"房屋建筑图"。它是用以指导施工的一套图纸，所以又称为

"房屋建筑施工图"。它是房屋施工放线、砌筑、安装门窗、室内外装修、编制施工概预算及施工组织设计的主要技术依据。

一套完整的房屋建筑施工设计图根据专业内容或作用的不同，其分类如下。

（1）图纸目录：列出了全部图纸的名称、张数、编号。先列出新绘的图纸，后列出所选用的标准图纸或重复利用的图纸。

（2）设计总说明（即首页）：说明建筑工程的概况和设计依据，包括建筑标准、荷载等级、抗震要求、建筑面积、工程造价等；主要施工技术、有关结构的材料使用及做法等；列出该建筑所用门窗的编号、规格和数量统计表；采暖通风及照明要求等；给出该建筑的相对高程与绝对高程的对应关系。

（3）建筑施工图（简称建施）：用以反映建筑的内外形状、大小、布局、构造和所用材料等情况，包括建筑总平面图、建筑平面图、建筑立面图、建筑剖视图和建筑构造详图。

（4）结构施工图（简称结施）：用以反映建筑承重构件的布置、形状、材料、大小以及结构构件等情况，包括结构设计说明、结构平面布置图、结构详图平面布置图和各构件的结构详图。

（5）设备施工图（简称设施）：用以反映各种设备、管道和线路的布置、走向以及安装要求等，包括给水排水工程图、采暖通风工程图、电气工程图。

知识点1：建筑施工图

一、建筑设计总说明

施工总说明，主要说明设计的依据、施工要求及不便用图样表达而又必须说明的事项。对于一些构造的用料、做法等，也可作一些具体的说明，以便施工人员对工程结构、构造和整体技术要求有一个概括的了解。

二、建筑平面图

1. 建筑平面图的形成

建筑平面图实际上是房屋的水平剖视图（屋顶平面图除外）。它是假想用一水平剖切平面，沿着略高于窗台的位置将整幢房屋剖切开后，对剖切平面以下部分作出的水平投影，即为建筑平面图，简称平面图。它反映房屋的平面形状、房间布置、走廊、楼梯、台阶、门窗、阳台的位置，墙（柱）的厚度，门窗的类型等。原则上，一幢房屋有多少层，就应画出多少个平面图，并在图的下方注明图名和比例。如果有若干个楼层完全相同，则这些相同的楼层可以只画出一个平面图，它称为标准层平面图，也应在图的下方加以注明。如图 7-2 和图 7-3 所示。

如建筑平面图左右对称，也可将两层平面画在同一个图上，左边画出一层的一半，右边画出另一层的一半，中间用一对称符号作分界线，并在图的下方分别注明图名。

项目七：建筑工程图识读与绘制

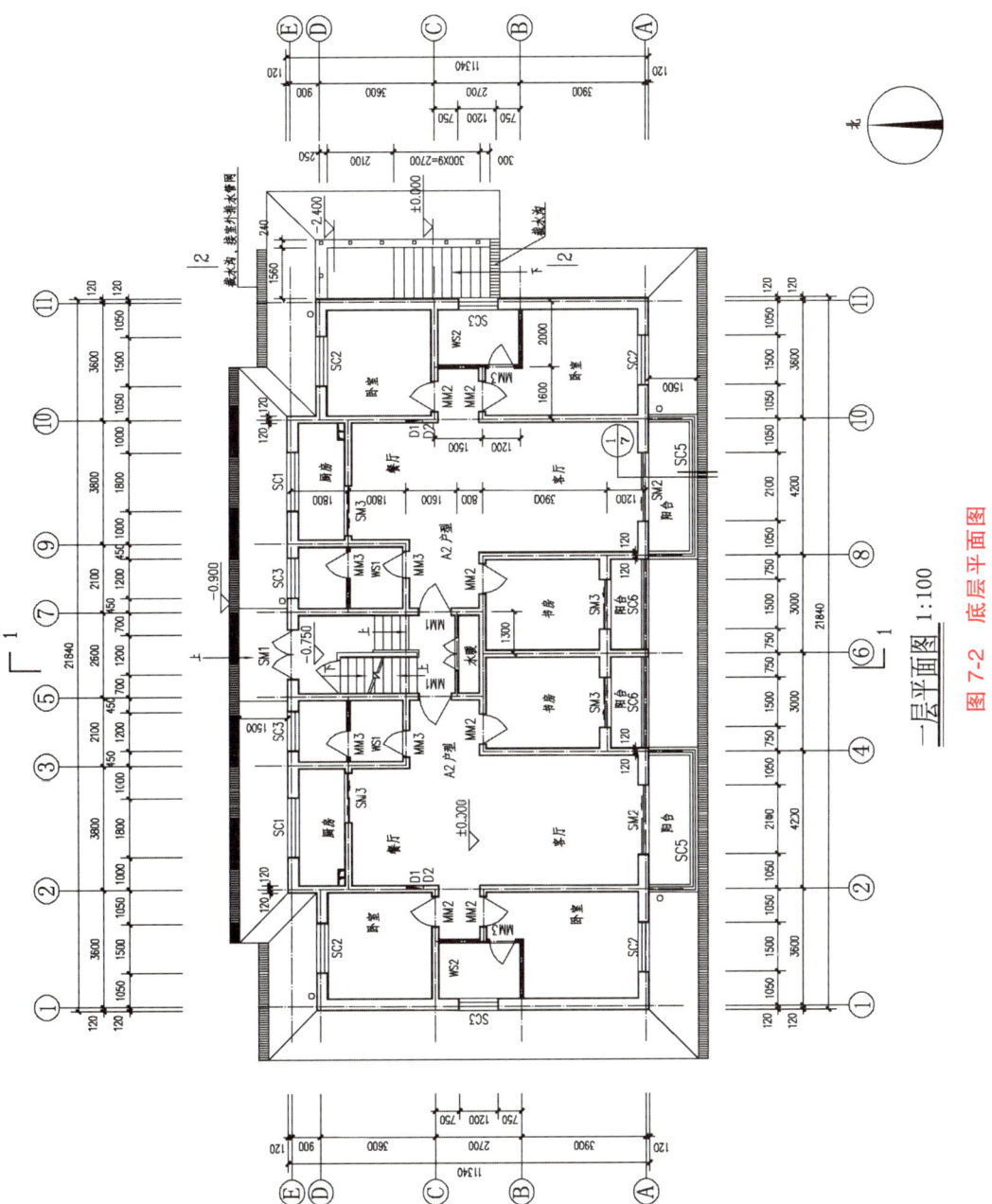

图 7-2 底层平面图

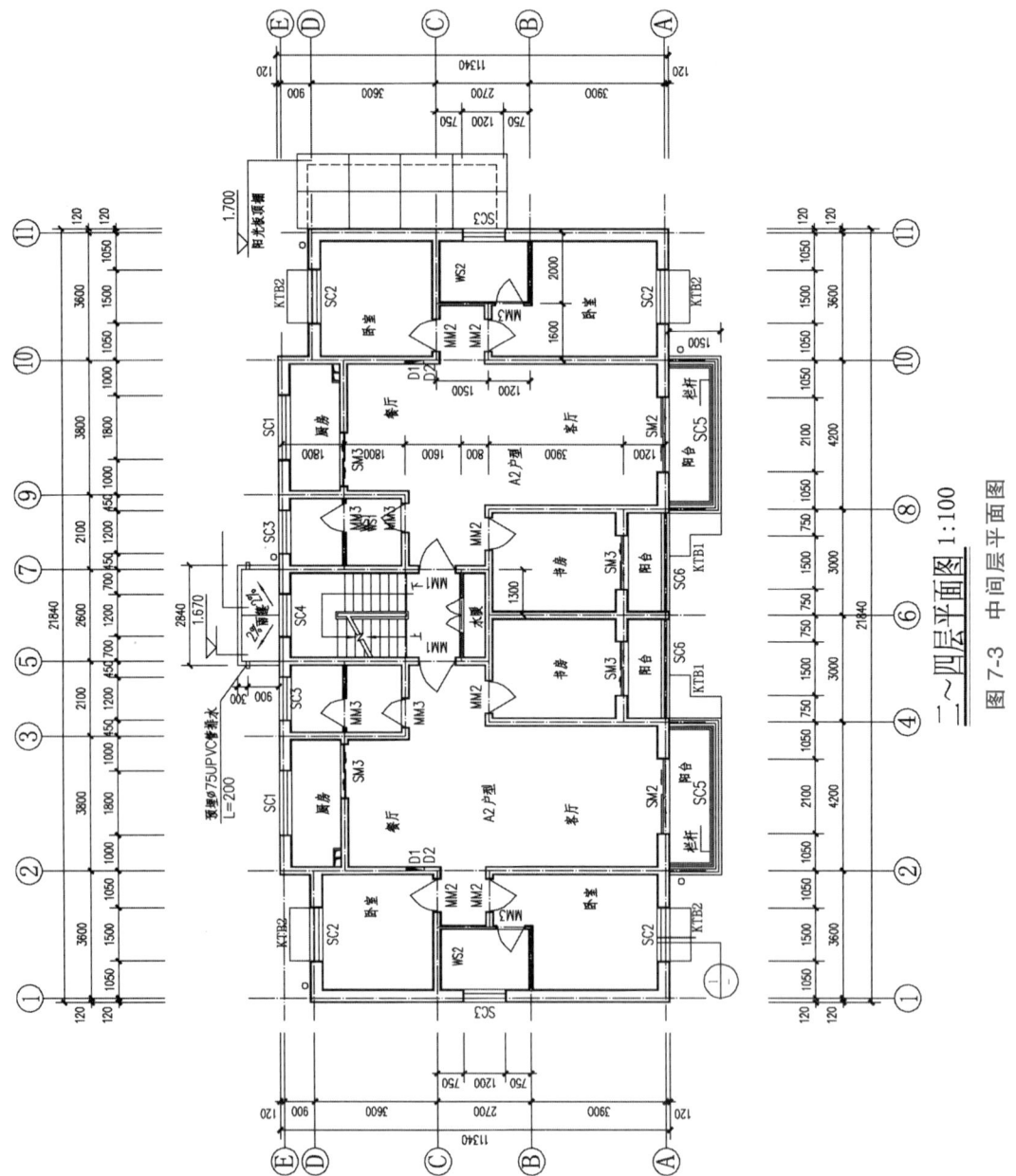

图 7-3 二~四层平面图 中间层平面图 1:100

2. 建筑平面图的图示内容

在底层平面图中，还可了解建筑剖视图的剖切位置，如1—1剖切符号表示剖视图是通过门厅及楼梯间垂直剖切而得到的，以便与剖视图对照查阅。

另外，中间层的平面图除应表示其本层的内部情况外，还应画出本层室外的雨篷、阳台等。其他在底层平面图中表示清楚的室外台阶、散水、雨水管等不再重复表示。

屋面平面图的内容有：女儿墙、檐沟、屋面坡度、分水线与落水口、变形缝、楼梯间、水箱间、天窗、上人孔、消防梯及其他构筑物、索引符号等。

建筑平面图除上述的各层平面图外，还有局部平面图。当屋顶结构复杂时，还需绘制屋顶平面图。

3. 建筑平面图的阅读方法

（1）从图7-2的图名可了解到该图是底层平面图，比例是1∶100。

（2）在图中有一个指北针符号，说明房屋坐北朝南（上北下南）。

（3）从平面图的形状与总长、总宽尺寸，可计算出房屋的用地面积。

（4）从底层平面图可知该房屋的底层平面布局。

（5）了解该房屋的门窗种类和数量。一般在平面图或首页图中，都附有该房屋的门窗表，列出门窗的编号、名称、尺寸、数量及所选标准图集的编号等内容。建筑施工图中的常用图例见表7-1。

表7-1 建筑施工图中的常用图例

名 称	图 例	说 明	名 称	图 例	说 明
单扇门		1. 门的名称代号用M表示。2. 在立面图中，开启方向线交角的一侧，为安装合页的一侧，实线为外开，虚线为内开。3. 平面图中的开启弧线及立面图中的开启方向线，在一般的设计图中不表示。4. 门的立面形式按实际情况绘制	单层外开平开窗		1. 窗的名称代号用C表示。2. 在立面图中，斜线表示窗的开关方向，实线为外开，虚线为内开。开启方向线交角的一侧，为安装合页的一侧，一般设计图中可不表示。3. 在平、剖视图中的开启弧线，仅说明开关方式，在设计图中不需要表示。4. 窗的立面形式按实际情况绘制
双扇门			双层内外开平开窗		
卷门			单层外开上悬窗		
单扇双面弹簧门			单层中悬窗		

续表

名 称	图 例	说 明	名 称	图 例	说 明
双扇双面弹簧			左右推拉窗		
墙中单扇推拉门			墙预留槽		宽×高×深或φ 底（顶或中心）标高××.×××
楼梯		1. 上图为底层楼梯平面，中图为中间层楼梯平面，下图为顶层楼梯平面。 2. 楼梯的形式及步数应按实际情况绘制	墙预留洞		宽×高×深或φ 底（顶或中心）标高××.×××
			孔洞		
			烟道		

要注意的是，门窗虽然用图例表示，但门窗洞的大小及其形式都应按投影关系画出。如窗洞有凸出的窗台时，应在窗的图例上画出窗台的投影。门窗立面图例按实际情况绘制。至于门窗的具体作法，则要看门窗的构造详图。

（6）从图中定位轴线的编号及其间距，可以了解到各承重构件的位置和房间的大小。所谓定位轴线就是确定建筑物承重结构或构件位置的基准线。图 7-2 中对房屋的墙、柱等主要承重构件，都画出了定位轴线，并进行了编号，以便施工时定位或查阅图纸。

（7）搞清楚平面图上外部及内部尺寸。

● 外部有 3 道尺寸。第 1 道尺寸是房屋外墙面的总尺寸，即房屋的外包尺寸；第 2 道尺寸是定位轴线尺寸，说明房间开间与进深；第 3 道尺寸是细部尺寸，表示门窗等细部尺寸。

另外，在底层平面图上，还要单独标注台阶、坡道、花池及散水等细部尺寸。

● 内部有 2 个方向尺寸。主要说明室内的门窗洞、孔洞的宽度，墙身厚度以及固定设备（如厕所、漱洗室等）的大小和位置，如图中轴线间的内部尺寸。

此外，平面图中还应注明室内的地坪高程，高程以米为单位。在建筑图上，常常把底层主要房间的地面作为高程的零点，标以 ±0.000 的相对高程。

（8）从图中还可了解其他细部和设备的配置情况，如室内的楼梯、搁板、墙洞、污水池、卫生设备，室外的台阶、花池、散水、雨水管等。

（9）在底层平面图中，还可了解建筑剖视图的剖切位置，如 1—1 剖切符号表示剖视图是通过门厅及楼梯间垂直剖切而得到的，以便与剖视图对照查阅。

三、建筑立面图

1. 建筑立面图的形成

在与房屋立面平行的投影面上所作的房屋的正投影图，称为建筑立面图，简称立面图。其中，反映主要出入口或比较显著地反映出房屋外貌特征的那一面的立面图，称为正立面图，其余的立面图相应地称为背立面图和侧立面图。通常也可按房屋的朝向来命名，如南立面图、北立面图、东立面图、西立面图等，有时也按定位轴线的编号来命名，如①~⑩立面图。

立面图主要表示房屋的外貌特征和立面装修等，如外墙上的门、窗排列，阳台、入口等的位置以及细部装修处理等。

立面图常用比例为 1：50，1：100，1：200。由于立面图的比例较小，如门窗扇、檐口构造、阳台栏杆和墙面复杂的装修等细部一般用图例表示，它们的构造和作法另用详图或文字说明，因此，习惯上对这些细部只分别画出一两个作为代表，其他只画出轮廓线。若房屋左右对称，正立面图和背立面图也可各画一半，单独布置或合并成一图。合并时，应在图的中间画一垂直的对称符号作为分界线。

2. 建筑立面图的图示内容与阅读方法

现以图 7-4 所示建筑立面图为例，说明立面图的内容及其阅读方法：

（1）从图名或轴线的编号可知该图是表示房屋南向的立面图，其比例与平面图一样（1：100），以便对照阅读。

（2）从图上可看到该房屋南墙的整个外貌形状，也可了解该房屋的屋顶、门窗、雨篷、阳台、台阶、花池及勒脚等细部的形式和位置。

（3）一般高程注在图形外，并做到符号排列整齐、大小一致。若房屋左右对称，一般注在左侧；若不对称，左右两侧均应标注。为了更清楚起见，可标注在图内。

（4）从图中的文字说明了解到房屋外墙面装修的做法。如所用材料的类型、配合比、颜色等。

四、建筑剖视图

1. 建筑剖视图的形成

假想用一个或多个垂直于外墙轴线的铅垂剖切面，将房屋剖开，所得的剖视图称为建筑剖视图，简称剖视图。剖视图表示房屋内部的构造和结构形式、分层情况和各主要部位的高程、材料及门窗洞口的高度等，是与平、立面图相互配合的重要图样。

剖视图的剖切位置应选择在房屋内部构造比较复杂与典型的部位，并应通过门窗洞，剖切应通过楼梯间梯段处。剖视图的名称应与平面图上所标注的一致，如 1—1 剖视图。

2. 建筑剖视图的图示内容与阅读方法

剖视图一般不画墙柱基础。剖视图中的图线和材料图例均与平面图的相同。

现以图 7-5 为例，说明剖视图的内容及其阅读方法。

（1）从图名和轴线编号与底层平面图上的剖切位置和轴线对照，剖视图的比例（该图为 1：100）较小，图中被剖切到的钢筋混凝土构件或配件的断面难以画出材料图例，因此根据"国标"规定，可以涂成黑色。

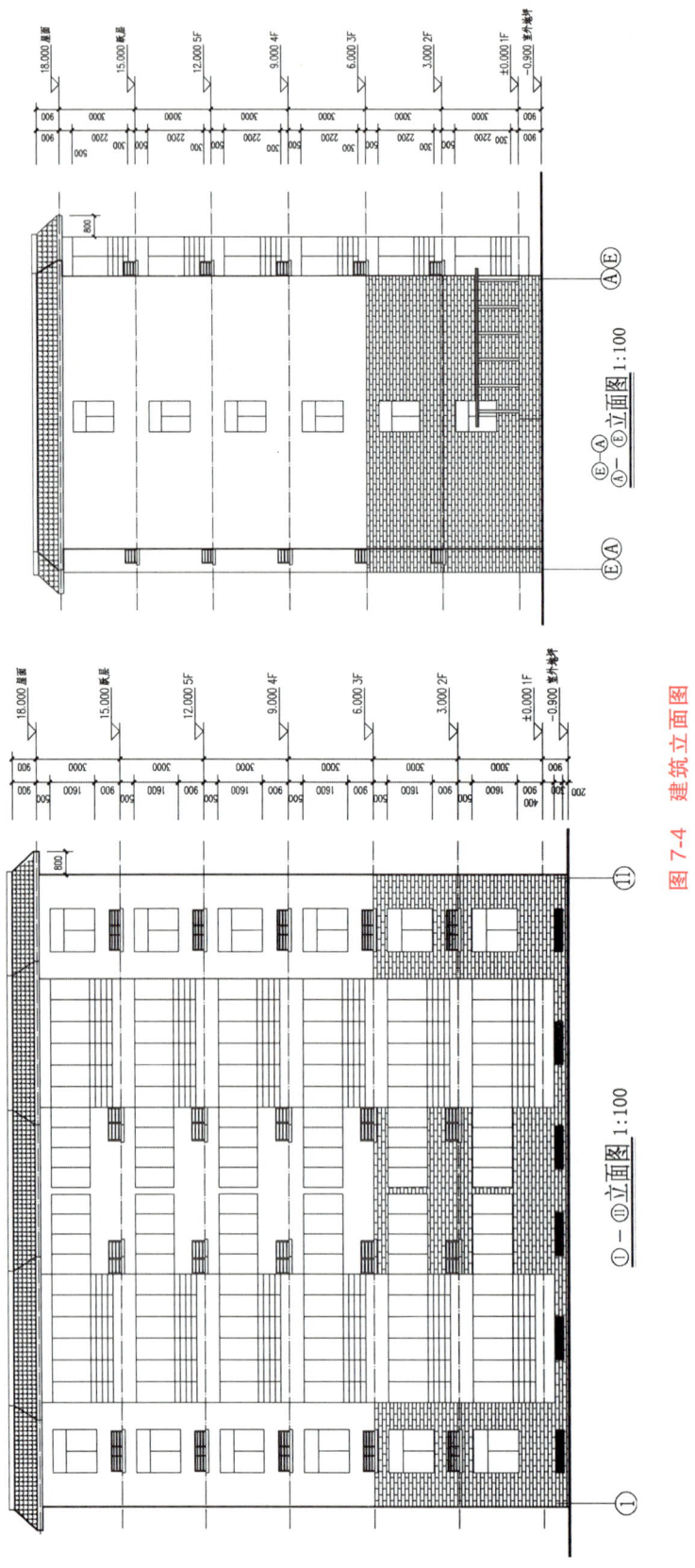

图 7-4 建筑立面图

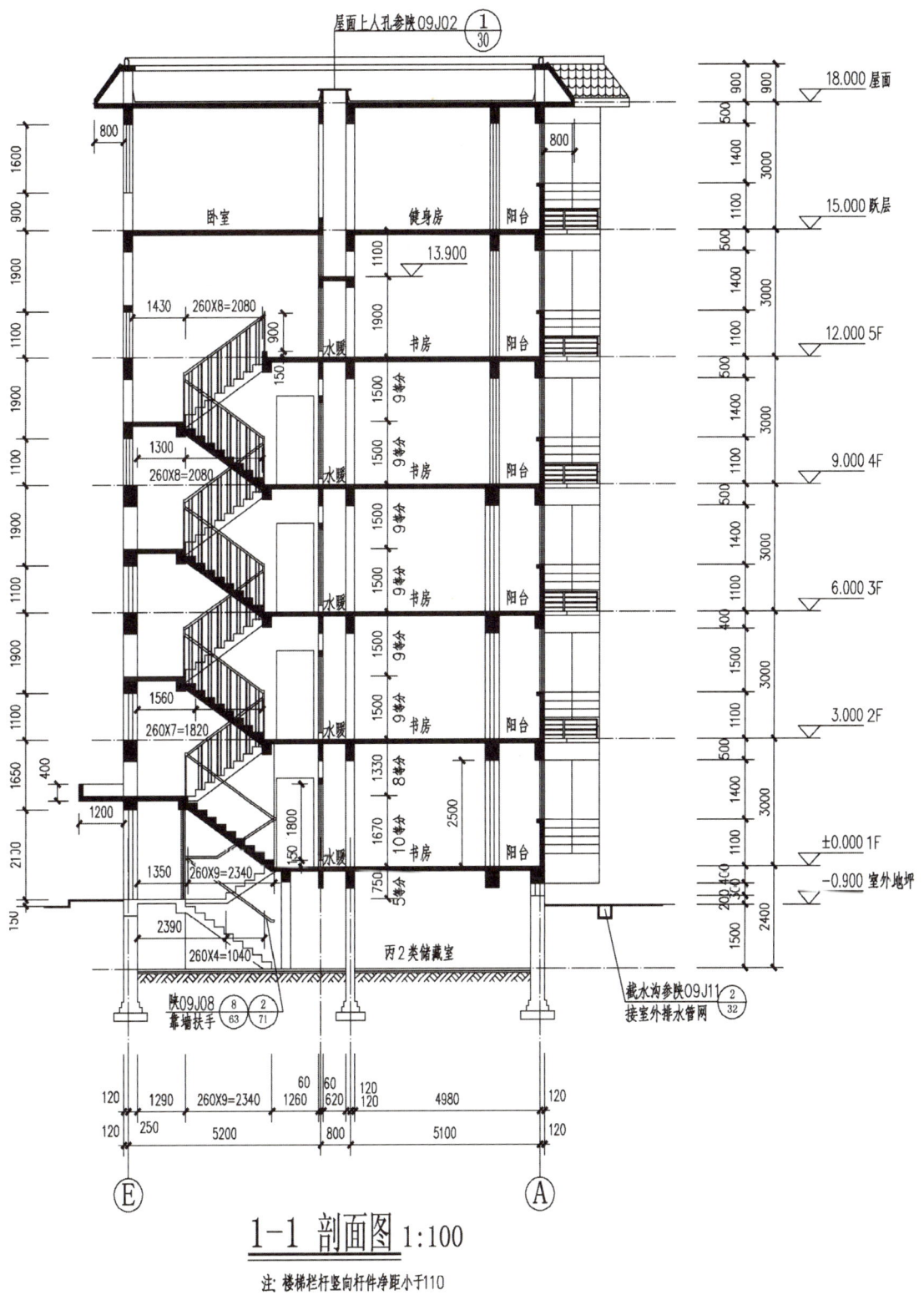

1-1 剖面图 1:100

注：楼梯栏杆竖向杆件净距小于110

图 7-5　建筑剖视图

（2）从剖视图中可以看到房屋地面至屋顶的内部构造和结构形式，从楼层和屋面的构造说明中，可知它们的详细构造情况。

（3）从剖视图中可了解房屋外部和内部的主要尺寸及主要部位的高程。

● 外部尺寸：一般应标注出室外地坪、窗台、门窗顶、檐口、女儿墙顶等处的高程和尺寸。

● 内部尺寸：应标注出底层地面、各层楼面和楼梯平台等处完成面的高程。室内其余部分，如门窗洞、搁板和设备等，则应标注出其大小和位置尺寸。楼梯因另有详图，其尺寸可不标注。

五、建筑详图

因房屋各部位的细部构造、构配件的尺寸、做法、所用材料等，很难在前述的平、立、剖视图中表示出来，故根据施工需求，选用较大绘图比例（1∶20，1∶10，1∶5，1∶2，1∶1等），按正投影图画法，详细地表示出来的图样，称为建筑详图，简称详图。

详图的图示方法，视细部的构造复杂程度而定。详图的特点，一是比例较大，二是图示详尽清楚（表示构造合理，用料及做法适宜），三是尺寸标注齐全。

详图数量的选择，与房屋的复杂程度及平、立、剖视图的内容及比例有关。

1. 索引符号与详图符号

为方便施工图查阅详图，在平、立、剖视图中的相应部位注写索引符号，注明已画出详图的位置、详图的编号以及详图所在图纸的编号；而在已索引出的详图中，应画出详图符号，以表示详图的位置和编号。索引符号与详图符号相互之间须有对应关系，以便相互对照有利于查阅。

（1）索引符号：

《房屋建筑制图统一标准》对索引符号的画法和编号作了以下规定：索引符号的圆及水平直径线均应以细实线绘制，圆的直径应为 8~10 mm，索引符号的引出线应指在要索引的位置上，当引出的是剖视详图时，用粗实线段表示剖切位置，引出线所在的一侧应为剖视方向。如果索引出的详图采用的是标准图册中的详图，则应在索引符号水平直径的延长线上加注标准图册的代号。圆内编号的含义，如图 7-6 所示。

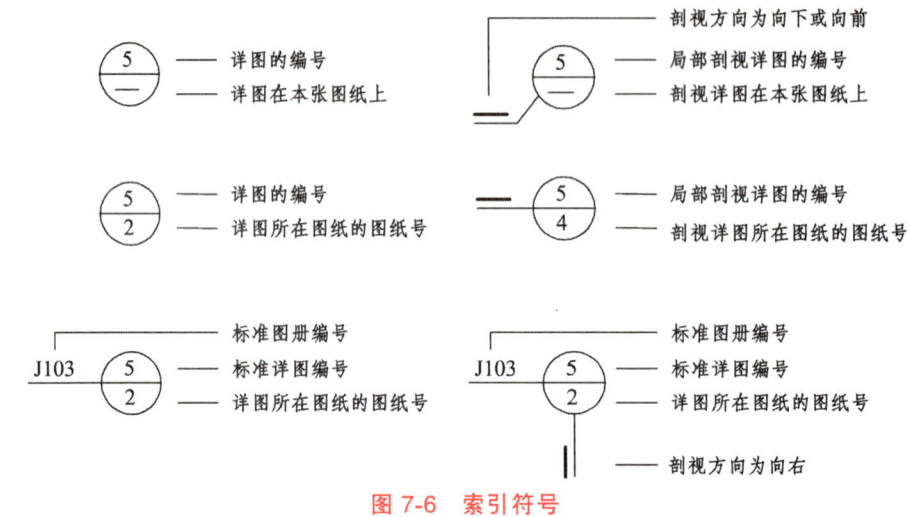

图 7-6 索引符号

（2）详图符号：

《房屋建筑制图统一标准》对详图符号的画法和编号作了如下规定：详图符号应以粗实线绘制的直径为 14 mm 的圆表示。详图与被索引的图样如果同在一张图纸内，应在详图符号内用阿拉伯数字注明详图的编号；如果不在同一张图纸内，可用细实线在详图符号内画一水平直线，在直线上部注明详图的编号，直线下部注明被索引图纸的图纸号。详图符号内编号的含义如图 7-7 所示。

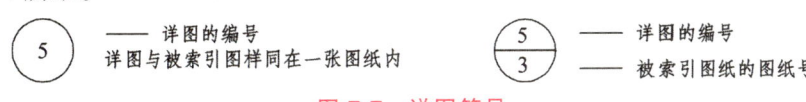

图 7-7　详图符号

（3）轴线编号：

在画详图时，轴线编号的圆圈直径为 10 mm。通用详图的轴线号，只用圆圈，不注写编号。如一个详图适用于几个轴线时，应同时将各有关轴线的编号注明，如图 7-8 所示。

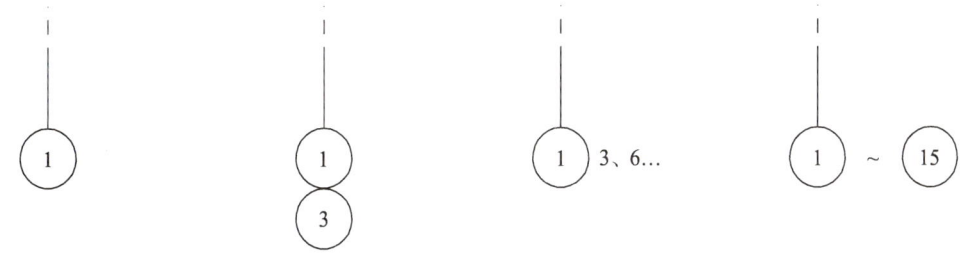

（a）通用详图的轴线号　（b）详图用于两个轴线　（c）详图用于多个轴线　（d）详图用于连续编号的轴线

图 7-8　详图中的轴线编号

2. 外墙身节点详图

外墙身节点详图实际上是建筑剖视图的局部放大图，它表达建筑物的檐口、屋面、窗台、窗顶、楼面、勒脚、散水、地面等处的构造情况以及它们与外墙的相互关系，是施工的重要依据。

多层房屋，若各层的情况一样，可只画底层、顶层加一个中间层，并在窗洞中间处断开，成为几个节点详图的组合。

详图中被剖切到的主要部分（如墙身、楼板、梁等）用粗实线绘制，一般轮廓线（如面层线、未剖切到的可见轮廓线等）用中实线绘制，其余图线应按有关规定绘制。

外墙身节点详图常用的比例有 1∶20，1∶10 等。因详图的比例大于 1∶50，故剖切到的断面，均应画出材料图例。现以图 7-9 为例说明外墙身节点详图的内容与阅读方法。

（1）根据剖视图，对照平面图，可知该剖视图的剖切位置和投影方向。绘图所用的比例是 1∶20。图中注上轴线的两个编号，表示这个详图适用于Ⓐ、Ⓔ两个轴线的墙身。

（2）在详图中，对屋面楼层和地面的构造，采用多层构造文字说明的方法来表示。由此可知它们各层的做法。

（3）从檐口部分可了解女儿墙和天沟的构造，女儿墙上面有钢筋混凝土做的压顶。屋面的承重层是预制钢筋混凝土空心板，按 3% 来砌坡，上面有油毡防水层和架空层，以加强屋面的隔热和防漏。檐口外侧做一天沟，并通过女儿墙所留孔洞（雨水口兼通风孔），使雨水沿雨水管集中流到地面，雨水管的位置和数量可从立面图或平面图中查阅。

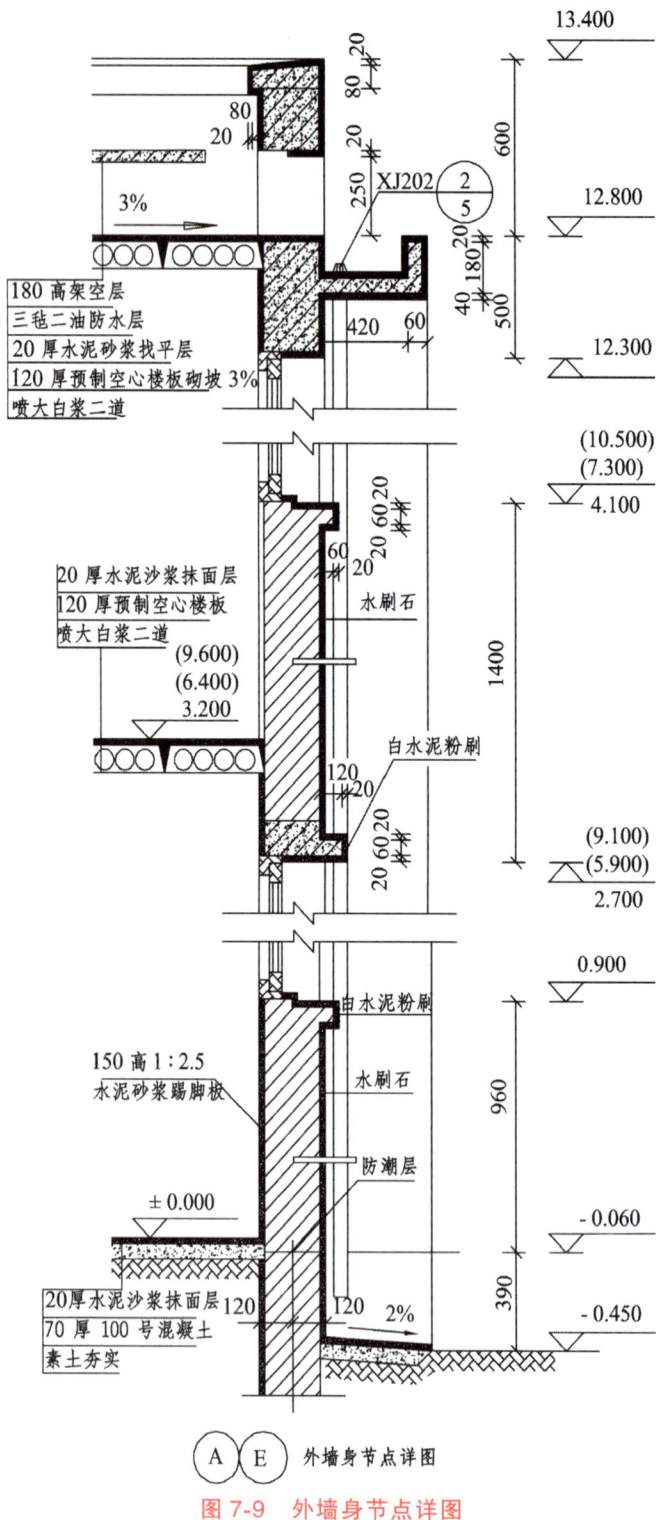

图 7-9 外墙身节点详图

（4）与墙身连接部分，可了解各层楼板（或梁）的搁置方向及与墙身的关系。在本例中，预制钢筋混凝土空心板是平行纵向布置的，因而它们是搁置在两端的横墙上。在每层的室内墙脚处需作一踢脚板，以保护墙壁，从图中的说明可看到其构造做法。踢脚板的厚度可等于或大于内墙面的粉刷层，如厚度一样，在其立面图中可不画出其分界线。

（5）从图中还可看到窗台、窗过梁（或圈梁）的构造情况。图中窗过梁为 L 形，其大小尺寸和配筋另有详图表示，窗框和窗扇的形状和尺寸也另有详图表示。

（6）从勒脚、散水部分可知房屋外墙的防潮、防水和排水的做法。外（内）墙身的防潮层，一般是在底层室内地面下 60 mm 左右（指一般刚性地面）处，以防地下水对墙身的侵蚀。在外墙面，离室外地面 300~500 mm 高度范围内（或窗台以下），用坚硬材料（水刷石）装饰，可起到勒脚防水的作用。在勒脚的外地面，用 1∶2 的水泥砂浆抹面，做出 2%坡度的散水，以防雨水或地面水对墙基础的侵蚀。

（7）从图中有关文字说明，可知墙身内外表面装修的断面形式、厚度及所用的材料等。

（8）在详图中，一般应标注出各部位的高程、高度尺寸和墙身细部的尺寸。图中高程注写有 2 个数字时，有括号的数字表示上一层的高程。在详图上标注高程时，应注意建筑高程与结构高程的不同，建筑高程是指完成面的高程，如图中的 0.000，3.200，6.400 等；结构高程是指结构构件的毛面高程，如图中的 0.900，2.700，5.900 等。

3. 楼梯详图

楼梯是多层房屋上下交通的主要设施。楼梯是由楼梯段（简称梯段，包括踏步和斜梁）、平台（包括平台板和梁）和栏板（或栏杆）等组成。

楼梯详图主要表示楼梯的类型、结构形式、各部位的尺寸及装修做法。

楼梯详图包括平面图，剖视图及踏步、栏板详图等，并尽可能画在同一张图纸内。平面、剖视图比例要一致，以便对照阅读。踏步、栏板详图比例要大些，以便表达清楚该部分的构造情况。

楼梯平面图实际上是水平剖视图，水平剖切位置一般定在各层向上第一跑（休息平台下）的中段位置处。如图 7-10 所示。

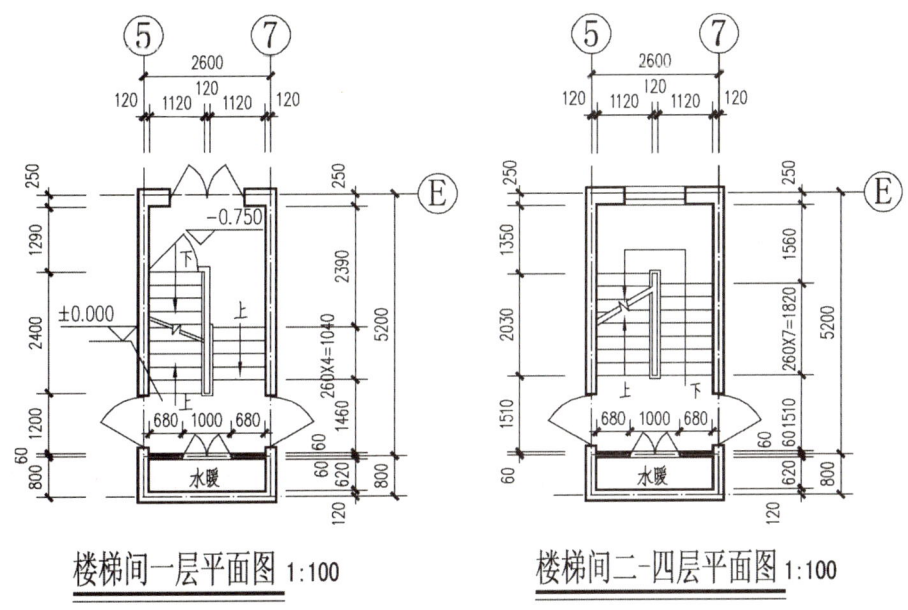

图 7-10　楼梯平面详图

楼梯平面图一般每层画 1 个，3 层以上的房屋，若中间各层的楼梯位置及其梯段数、踏步数和大小都相同，通常只画出底层、中间层和顶层 3 个平面图。3 个平面图画在同一张图纸内，并互相对齐，以便于阅读。

各层楼梯平面图中，应标出该楼梯间的轴线。除标注出楼梯间的开间和进深尺寸、楼地面和平台面的高程尺寸外，还需标注出各细部的详细尺寸。通常梯段长度尺寸采用"踏面数×踏面宽＝梯段长度"的方式注写。

在底层平面图中有一个被剖切的梯段及栏板，并注有"上"字箭头。画出了储藏室及步级，标出了楼梯间的轴线、开间和进深尺寸、楼地面高程，其中"7×260＝1 820"尺寸表示该梯段有 7 个踏面，每个踏面宽 260 mm，梯段长 1 820 mm。

知识点 2：结构施工图

在房屋设计中，除进行建筑设计，画出建筑施工图外，还要进行结构设计。即根据建筑各方面的要求，进行结构选型和构件布置，再通过力学计算，确定房屋各承重构件（如图 7-11 中的梁、墙、柱及基础等）的断面形状、大小，决定其材料以及内部构造，等等，并将设计结果绘成图样，以指导施工，这种图样称为结构施工图，简称"结施"。

一、结构施工图的主要内容

1. 结构设计说明

结构设计说明主要阐述以下内容：主要设计依据（阐明政府的批文，国家有关的标准、规范等）、自然条件（地质勘探资料，地震设防裂度，风、雪荷载等）、施工要求与施工注意事项、对材料的质量要求、合理使用年限等。

2. 结构布置平面图及构造详图

结构布置平面图同建筑平面图一样，属于全局性的图纸，主要内容包括：基础、楼面、屋顶结构平面布置图及各部位节点详图等。

3. 构件详图

构件详图属于局部性的图纸，表示构件的形状、大小、所用材料的强度等级和制作安装等。其主要内容有：梁、板、柱等构件详图；楼梯结构详图；其他构件详图等。

二、基础图

基础的形式很多，常采用的有条形基础、独立基础和桩基础。条形基础多用于混合结构中。独立基础又叫柱基础，多用于钢筋混凝土结构中。桩基础既可做条形基础用于墙的基础，又可做成独立基础用于柱基础。如图 7-11 所示。

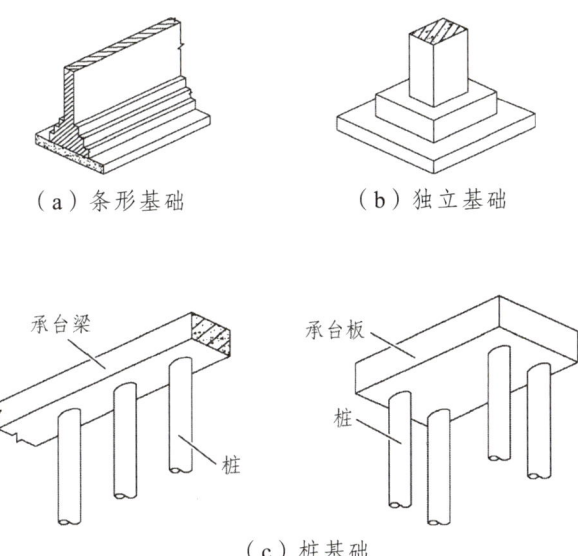

图 7-11 基础形式

下面以条形基础为例,介绍与基础有关的术语,如图 7-12 所示。

地基:承受建筑物荷载的天然土壤或经过加固的土壤。

垫层:用来把基础传来的荷载均匀地传递给地基的结合层。

大放脚:把上部结构传来的荷载分散传递给垫层的基础扩大部分,目的是使地基上单位面积的压力减小。

基础墙:建筑中把 ±0.000(除地下室)以下的墙称为基础墙。

防潮层:为了防止地下水对墙体的浸蚀,在地面稍低约 -0.060 m(除地下室)处设置一层能防水的建筑材料来隔潮,这一层称为防潮层。

基础图包括基础平面图和基础断面图。

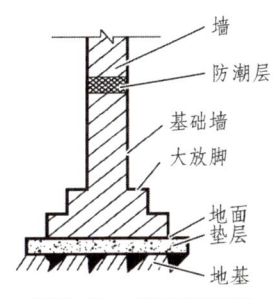

图 7-12 基础断面图

1. 基础平面图

基础平面图是假想用一个水平面沿房屋的室内地面进行剖切,移去上层的房屋和泥土(基坑没有填土之前)所作出的基础水平投影图,它是表明基础平面布置的图样。如图 7-13 所示。

基础平面图的比例一般采用 1∶100,1∶200 或 1∶50。

2. 基础断面图(又称基础详图)

对建筑下不同的基础,都应画出它的断面图,并在基础平面图上用 1—1,2—2,…剖切符号表明断面的位置。

基础详图常用 1∶20 或 1∶50 的比例画出,并要求尽可能与基础平面图画在同一张图纸上,以便对照施工。如图 7-14 所示是条形基础的断面详图。从图中可以看出断面图是根据基坑填土后画出的,其基础的垫层用混凝土做成。

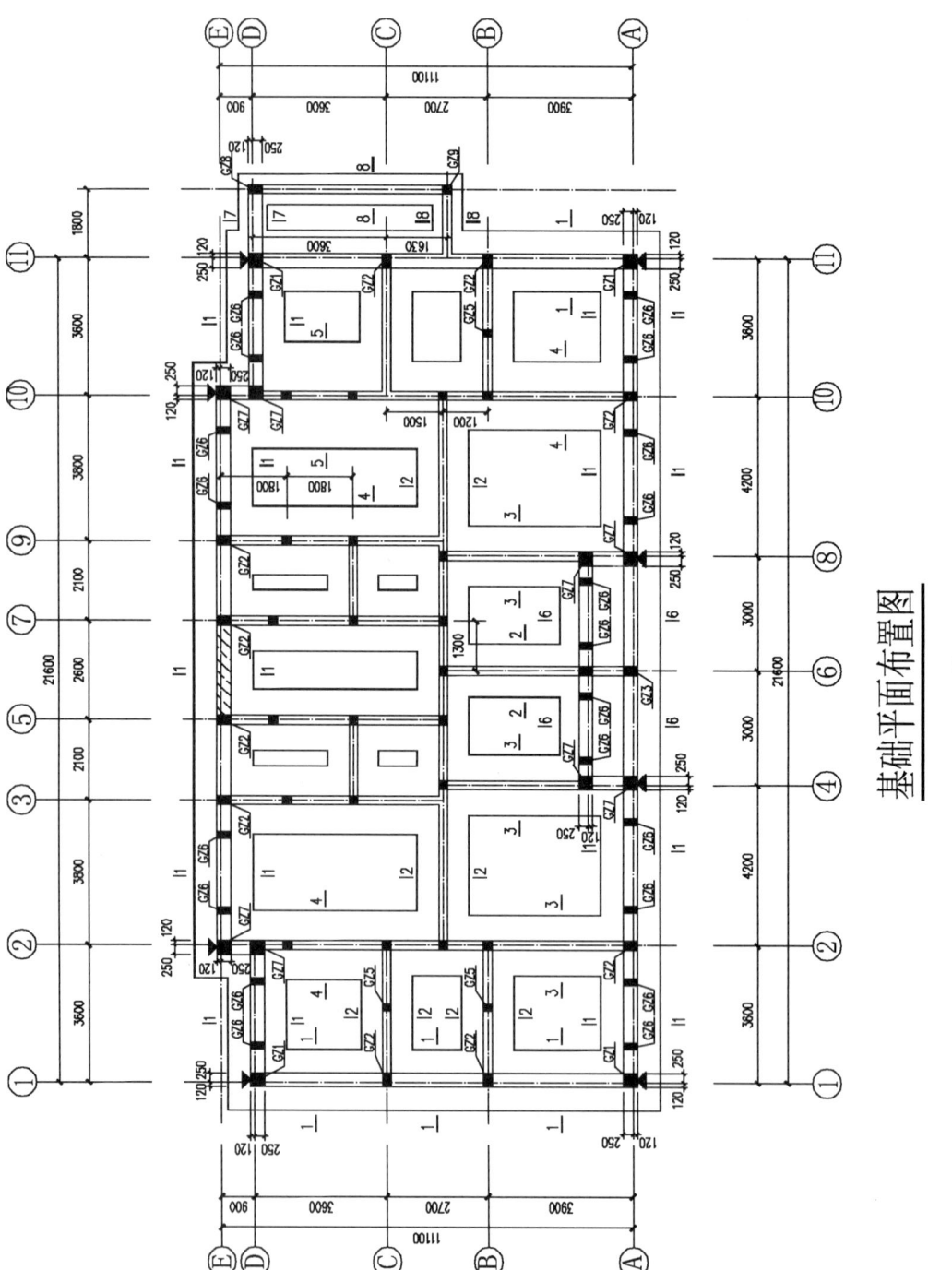

图 7-13 基础平面图

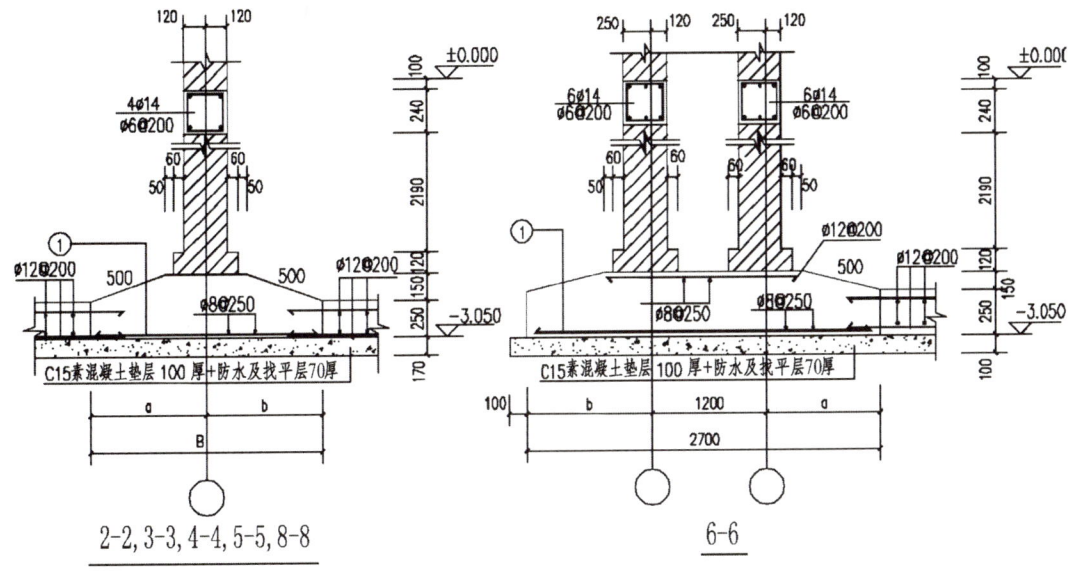

图 7-14　条形基础的断面详图

三、楼层结构施工图

楼层又叫作楼盖，有预制装配式楼盖和整体式钢筋混凝土楼盖两种形式。

预制装配式楼盖具有施工速度快，节省劳动力和建筑材料，造价低，便于工业化生产和机械化施工等优点。但是这种结构的整体性不如现浇楼盖好，因此在我国大、中城市中限制使用。

整体式钢筋混凝土楼盖的优点是整体刚度好，适应性强；缺点是模板用量较多，现场浇灌工作量大，施工工期较长，造价比装配式高。为此这种楼盖一般用在高层建筑和中小型民用建筑中的公共建筑门厅、雨篷部分，或建筑平面不规则的楼面，以及厨房、卫生间等处。

楼层结构平面图是假想用一个紧贴楼板面的水平面，将房屋剖开后所作的楼层水平投影。它表示每层的承重构件（梁、板、柱、墙）的类型、平面布置和数量，或现浇板的配筋情况，以及它们之间的结构关系。

楼层结构平面图常采用的比例为 1∶100，1∶200 或 1∶50。一般情况下，房屋有几层，就应画出几个楼层结构平面图，但对于结构布置完全相同的楼层，则只需画一个通用的结构平面图。如图 7-15 所示为楼层结构平面图，阅读楼层结构平面图的读图方法及步骤如下：

（1）弄清各种文字、字母和符号的含义。要弄清各种符号的含义，首先要了解常用构件代号，结合图和文字说明阅读。

（2）弄清各种构件的空间位置，再结合构件统计表，弄清各种构件的数量。

（3）弄清各种构件的相互连接关系和构造做法。为了加强预制装配式楼盖的整体性，提高抗震能力，需要在预制板缝内放置钢筋，用细石混凝土灌板缝。

（4）弄清设计意图和施工要求，看懂采用的图集代号及详图的位置。

（5）阅读现浇楼层结构平面图时，还应注意与建筑平面图、给排水工程图相结合，了解其所需预留给排水管道的孔位。

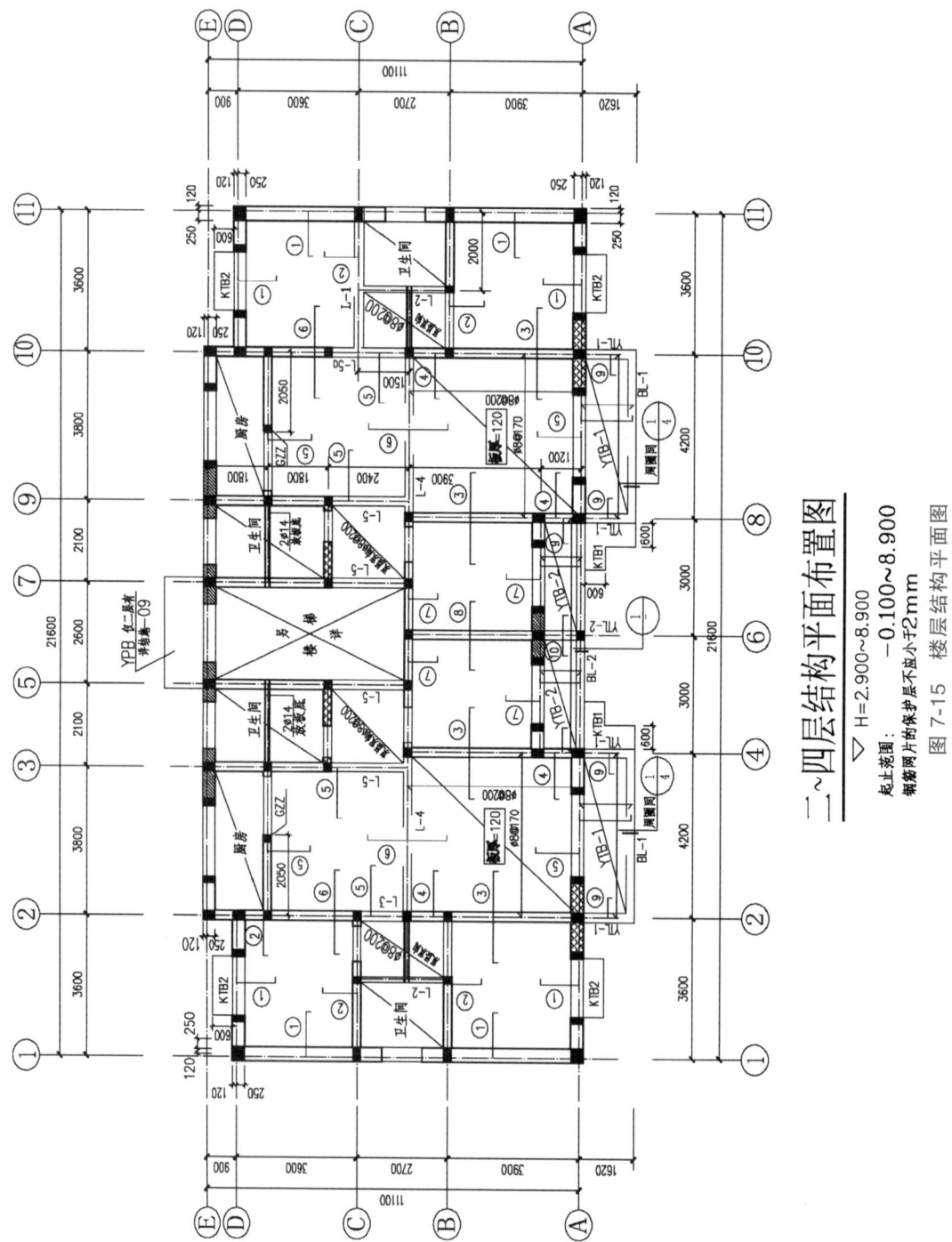

图 7-15 楼层结构平面图

四、钢筋混凝土构件详图

1. 现浇钢筋混凝土板配筋图

钢筋混凝土板有预制板和现浇板。钢筋混凝土预制板分为实心板、多孔板、槽型板等多种形式，通常在预制厂预制后运到工地吊装，也可在工地就地预制。钢筋混凝土现浇板的配筋可采用一个平面图来表示，如图 7-16 所示。

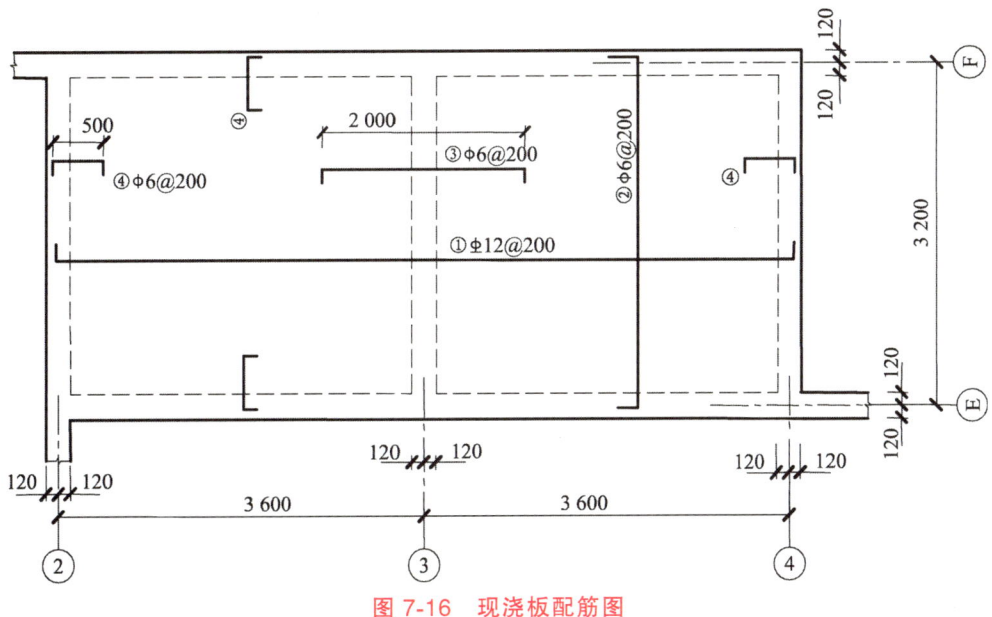

图 7-16　现浇板配筋图

这是房屋的一块现浇钢筋混凝土板的配筋平面图，板长 7 200 mm，板宽 3 200 mm，虚线表示现浇板下面的墙体，按《建筑结构制图标准》规定：水平方向钢筋的弯钩向上的，竖直钢筋的弯钩向右的，都是靠近板底部设置的钢筋；水平方向弯钩向下的，竖直钢筋的弯钩向左的，都是靠近板顶部设置的钢筋。由图 7-16 可见：编号为①的钢筋是受力筋，靠近板底部，为Ⅱ级钢，直径为 12 mm，设置在②、③轴之间，间距为 200 mm；编号为②的钢筋为Ⅰ级钢筋，设置在 E、F 轴之间，间距为 200 mm；编号为③的钢筋是构造筋，设置在靠近板的上部，为Ⅰ级钢筋，间距为 200 mm；编号为④的钢筋也是构造筋，和③一样靠近板的上部，间距为 200 mm。

2. 现浇钢筋混凝土构造柱配筋图

在砖混结构中设置用现浇钢筋混凝土制成的构造柱和圈梁，可以改善砖混结构的整体受力性能，增加整体稳定性，提高抗震能力。

图 7-17 所示为编号为 Z-1 的现浇钢筋混凝土构造柱的立面图和断面图。柱的横断面边长均为 370 mm，主要受力筋为 8 根直径为 18 mm 的Ⅰ级钢筋；箍筋为直径 8 mm 的Ⅰ级钢筋，间距为 200 mm；柱中间呈十字形的为直径 8 mm、间距 200 mm 的Ⅰ级钢筋，为附加腰筋，起增加柱的强度、提高柱的抗剪切能力的作用。

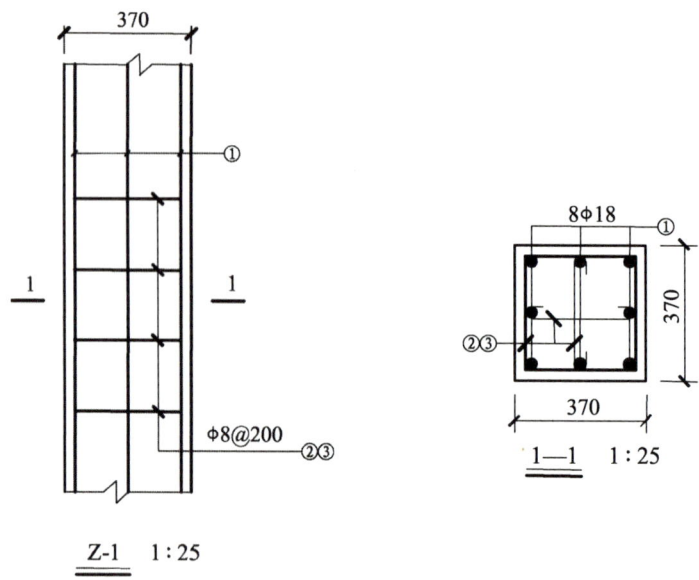

图 7-17 现浇钢筋混凝土构造柱配筋图

学习任务二：建筑工程图绘制

1. 试一试用 CAD 绘制建筑平面图 7-3。

（1）建筑平面图的绘制内容都有哪些方面？
（2）建筑平面图的绘制有哪些要求？
（3）建筑平面图的绘制步骤是怎样的？
（4）绘制平面图有哪些技巧值得和大家分享？

2. 用 CAD 绘制建筑立面图 7-4。

（1）建筑立面图的绘制内容都有哪些方面？
（2）建筑立面图的绘制有哪些要求？
（3）建筑立面图的绘制步骤是怎样的？

（4）绘制立面图有哪些技巧值得和大家分享？

3. 动手用 CAD 绘制建筑剖面图 7-5。

（1）建筑剖面图的绘制内容都有哪些方面？
（2）建筑剖面图的绘制有哪些要求？
（3）建筑剖面图的绘制步骤是怎样的？
（4）绘制剖面图有哪些技巧值得和大家分享？

建筑工程施工图是指利用正投影的方法把所设计房屋建筑的规划位置、房屋的大小、外部造型、内部布置和内外装修，各部结构、构造、设备等的做法及要求，按照建筑制图国家标准规定，用建筑专业的习惯画法详尽、准确地表达出来，并注写尺寸和文字说明，用以指导施工的图样。建筑施工图图面布置要主次分明，排列均匀紧凑，表达清楚，尽可能保持各图之间的投影关系。同类型的、内容关系密切的图样，集中在一张或图号连续的几张图纸上，以便对照查阅。建筑施工图（简称建施），主要表示房屋总平面图、立面图、剖面图等；结构施工图（简称结施）主要表示房屋承重结构的布置、构件类型、数量、大小及做法等，包括结构布置图和构件详图。

知识点1：建筑平面图的绘制

一、建筑平面图的绘制内容

建筑平面图是房屋各层的水平剖面图，表达了房屋的平面形状、大小和房间的布置，墙和柱的位置、厚度和材料，门窗的位置和大小等。建筑平面图是重要的施工依据，在绘制前首先应清楚需绘制的内容。建筑平面图的主要内容如下：

（1）图名、比例。
（2）纵横定位轴线及其标号。
（3）建筑的内外轮廓、朝向、布置、空间与空间的相互联系、入口、走道、楼梯等，首层平面图需绘制指北针表达建筑的朝向。
（4）建筑物的门窗开启方向及其编号。
（5）建筑平面图中的各项尺寸标注和高程标注。
（6）建筑物的造型结构、室内布置、施工工艺、材料搭配等。
（7）剖面图的剖切符号及编号。
（8）详图索引符号。
（9）施工说明等。

二、建筑平面图的绘制要求

1. 图纸幅面

A3 图纸幅面是 297 mm × 420 mm，A2 图纸幅面是 420 mm × 594 mm，A1 图纸幅面是 594 mm × 841 mm，其图框的尺寸见相关的制图标准。

2. 图名及比例

建筑平面图的常用比例是 1∶50、1∶100、1∶150、1∶200、1∶300。图样下方应注写图名，图名下方应绘一条短粗实线，右侧应注写比例，比例字高宜比图名的字高小一号或二号。

3. 图　线

（1）图线宽度：图线的基本宽度 b 可从下列线宽系列中选取——0.18、0.25、0.35、0.5、0.7、1.0、1.4、2.0 mm。

A2 图纸建议选用 b = 0.7 mm（粗线）、$0.5b$ = 0.35 mm（中粗线）、$0.25b$ = 0.18 mm（细线）。

A3 图纸建议选用 b = 0.5 mm（粗线）、$0.5b$ = 0.25 mm（中粗线）、$0.25b$ = 0.13 mm（细线）。

（2）线型：实线 continuous、虚线 ACAD_ISO02W100 或 dashed、单点长画线 ACAD_ISO04W100 或 Center、双点长画线 ACAD_ISO05W100 或 Phantom。

线型比例大致取出图比例倒数的一半左右（在模型空间应按 1∶1 绘图）。

用粗实线绘制被剖切到的墙、柱断面轮廓线，用中实线或细实线绘制没有剖切到的可见轮廓线（如窗台、梯段等）。尺寸线、尺寸界线、索引符号、高程符号等用细实线绘制，轴线用细单点长画线绘制。

4. 字　体

（1）图样及说明的汉字应采用长仿宋体，宽度与高度的比值是 0.7。

文字的高度应从以下系列中选择：2.5、3.5、5、7、10、14、20 mm。

（2）汉字的高度不应小于 3.5 mm，拉丁字母、阿拉伯数字或罗马数字的字高不应小于 2.5 mm。

（3）在 AutoCAD 中，文字样式的设置见项目一的任务三的叙述。在执行 Dtext 或 Mtext 命令时，文字高度应设置为上述的高度值乘以出图比例的倒数。

5. 尺寸标注

（1）尺寸界线应用细实线绘制，一般应与被注长度垂直，其一端应离开图样轮廓线不小于 2 mm，另一端宜超出尺寸线 2～3 mm。

（2）尺寸起止符号一般用中粗 $0.5b$ 斜短线绘制，其斜度方向与尺寸界线成顺时针 45°，长度宜为 2～3 mm。半径、直径、角度与弧长的尺寸起止符号，宜用箭头表示。

（3）互相平行的尺寸线，应从被注写的图样轮廓线由近向远整齐排列，应将大尺寸标在外侧，小尺寸标在内侧。尺寸线距图样最外轮廓之间的距离不宜小于 10 mm。平行排列的尺寸线的间距宜为 7～10 mm，并应保持一致。

（4）所有注写的尺寸数字应离开尺寸线约 1 mm。

（5）在 AutoCAD 中，标注样式的设置见项目一任务三的叙述，全局比例应设置为出图比例的倒数。

6. 剖切符号

剖切位置线长度宜为 6~10 mm，投射方向线应与剖切位置线垂直，画在剖切位置线的同一侧，长度应短于剖切位置线，宜为 4~6 mm。为了区分同一形体上的剖面图，在剖切符号上宜用字母或数字，并注写在投射方向线一侧。

7. 详图索引符号

（1）图样中的某一局部或构件，如需另见详图，应以索引符号标出。索引符号是由直径为 10 mm 的圆和水平直径组成，圆及水平直径均以细实线绘制。

（2）详图的位置和编号，应以详图符号表示。详图符号的圆应以直径为 14 mm 的粗实线绘制。

8. 引出线

引出线应以细实线绘制，宜采用水平方向的直线，与水平方向成 30°、45°、60°、90°的直线，或经上述角度再折为水平线。文字说明宜注写在水平线的上方，也可注写在水平线的端部。

9. 指北针

指北针是用来指明建筑物朝向的。圆的直径宜为 24 mm，用细实线绘制，指针尾部的宽度宜为 3 mm，指针头部应标示"北"或"N"。需用较大直径绘制指北针时，指针尾部宽度宜为直径的 1/8。

10. 高　程

（1）高程符号用以细实线绘制的等腰直角三角形表示，其高度控制在 3 mm 左右。在模型空间绘图时，等腰直角三角形的高度值应是 3 mm 乘以出图比例的倒数。

（2）高程符号的尖端指向被标注高程的位置。高程数字写在高程符号的延长线一端，以米为单位，注写到小数点的第 3 位。零点高程应写成 ±0.000，正数高程不用加"+"，但负数高程应注上"-"。

11. 定位轴线

（1）定位轴线应用细单点长画线绘制。

（2）定位轴线一般应编号，编号应注写在轴线端部的圆圈内，字高大概比尺寸标注的文字大一号。圆应用细实线绘制，直径为 8~10 mm，定位轴线圆的圆心，应在定位轴线的延长线上。

（3）横向编号应用阿拉伯数字，从左至右顺序编写；竖向编号应用大写拉丁字母，从下至上顺序编写，但 I、O、Z 字母不得用作轴线编号。

三、建筑平面图的绘制方法和步骤

建筑平面图的绘制方法和步骤如下：

（1）绘制墙身定位轴线及柱网。

（2）绘制墙身轮廓线、柱子、门窗洞口等各种建筑构配件。

（3）绘制楼梯、台阶、散水等细部。

（4）检查全图无误后，擦去多余线条，按建筑平面图的要求加深加粗，并进行门窗编号，画出剖面图剖切位置线等。

（5）尺寸标注。一般应标注3道尺寸：第1道尺寸为细部尺寸，第2道为轴线尺寸，第3道为总尺寸。

（6）图名、比例及其他文字内容。汉字写长仿宋字：图名字高一般为7~10号字，图内说明字一般为5号字。尺寸数字字高通常用3.5号。字形要工整、清晰，不潦草。

四、建筑平面图绘制举例

如图7-18所示。

（1）设置绘图环境。建立合适的图限及栅格，创建如下图层。

"轴线"层：定位轴线绘制在该层上。
"标注"层：尺寸标注绘制在该层上。
"实线"层：墙体轮廓、图框线绘制在该层上。
其他图形可以绘制在相应设置的图层上或绘制在默认图层0上。

（2）绘制图形。

根据建筑平面图中注释的尺寸精确绘图，绘图方法和图形编辑方法不限。图示中有未标注尺寸的地方，请按建筑有关规范自行定义尺寸。

（3）标注。

设置合适的标注样式，按图7-18所示在"标注"图层上标注尺寸。对绘制的图样命名并及时存盘。

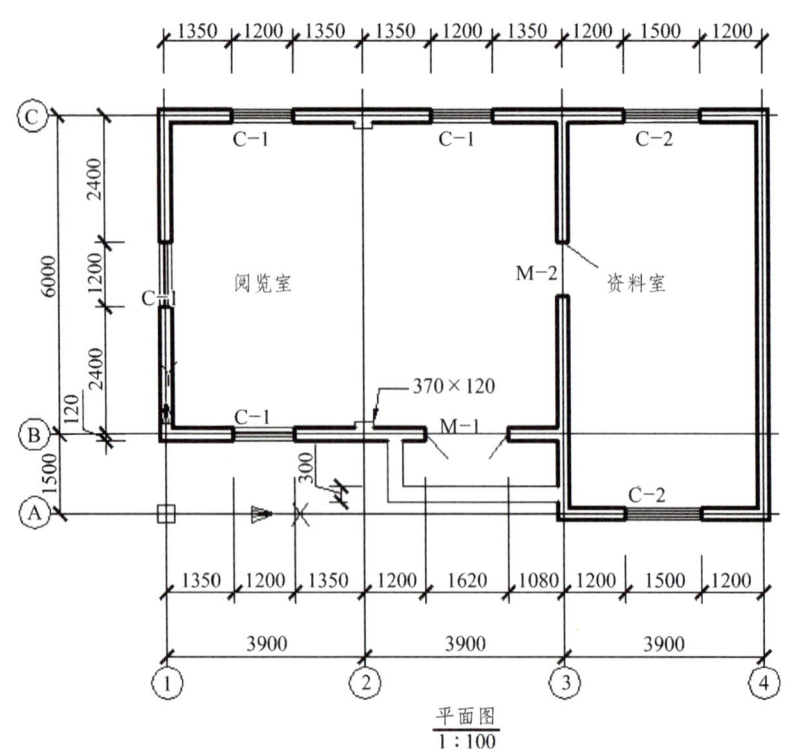

图7-18 建筑平面图

知识点2：建筑立面图的绘制

一、建筑立面图的绘制内容

建筑立面图反映了房屋的外貌，各部分配件的形状和相互关系以及外墙面装饰材料、做法等。建筑立面图是建筑施工中控制高度和外墙装饰效果的重要技术依据。在绘制前也应清楚需绘制的内容。建筑立面图的主要内容如下：
（1）图名、比例。
（2）两端的定位轴线和编号。
（3）建筑物的体形和外貌特征。
（4）门窗的大小、样式、位置及数量。
（5）各种墙面、台阶、阳台等建筑构造与构件的具体位置、大小、形状、做法。
（6）立面高程及局部需要说明的尺寸。
（7）详图的索引符号及施工说明等。

二、建筑立面图的绘制要求

1. 图纸幅面和比例

通常建筑立面图的图纸幅面和比例的选择在同一工程中可考虑与建筑平面图相同。

2. 定位轴线

在立面图中，一般只绘制两条定位轴线，且分布在两端，与建筑平面图相对应，确认立面的方位，以方便识图。

3. 线　型

为了更能突现建筑物立面图的轮廓，使得层次分明，地坪线一般用特粗实线（1.4b）绘制，轮廓线和屋脊线用粗实线（b）绘制，所有的凹凸部位（如阳台、线脚、门窗洞等）用中实线（0.5b）绘制，门窗扇、雨水管、尺寸线、高程、文字说明的指引线和墙面装饰线等用细实线（0.25b）绘制。

4. 图　例

由于立面图和平面图一般采用相同的出图比例，所以门窗和细部的构造也常采用图例来绘制。绘制的时候我们只需要画出轮廓线和分格线，门窗框用双线。常用的构造和配件的图例可以参照相关的国家标准。

5. 尺寸标注

立面图分3层标注高度方向的尺寸，分别是细部尺寸、层高尺寸和总高尺寸。

细部尺寸用于表示室内外地面高度差、窗口下墙高度、门窗洞口高度、洞口顶部到上一层楼面的高度等；层高尺寸用于表示上下层地面之间的距离；总高尺寸用于表示室外地坪至女儿墙压顶端檐口的距离。除此外还应标注其他无详图的局部尺寸。

6. 高程尺寸

立面图中需标注房屋主要部位的相对高程，如建筑室内外地坪、各级楼层地面、檐口、女儿墙压顶、雨罩等。

三、建筑立面图的绘图方法和步骤

建筑立面图的绘图方法和步骤如下：
（1）室外地坪线、定位轴线、各层楼面线、外墙边线和屋檐线。
（2）画各种建筑构配件的可见轮廓，如门窗洞、楼梯间、墙身及其暴露在外墙外的柱子。
（3）画门窗、雨水管、外墙分割线等建筑物细部。
（4）画尺寸界线、标高数字、索引符号和相关注释文字。
（5）尺寸标注。
（6）检查无误后，按建筑立面图所要求的图线加深、加粗，并标注标高、首尾轴线号、墙面装修说明文字、图名和比例，说明文字用5号字。

四、建筑立面图的绘图举例

如图7-19所示。

图7-19　建筑立面图

知识点3：建筑剖面图的绘制

一、建筑剖面图的绘制内容

建筑剖面图反映了房屋内部垂直方向的高度、分层情况，楼地面和屋顶结构形式及各构配件在垂直方向的相互关系。建筑剖面图是与平面图、立面图相互配合的不可缺少的重要图样之一。建筑剖面图的主要内容如下：

（1）图名、比例。
（2）必要的轴线以及各自的编号。
（3）被剖切到的梁、板、平台、阳台、地面以及地下室图形。
（4）被剖切到的门窗图形。
（5）剖切处各种构配件的材质符号。
（6）未剖切到的可见部分，如室内的装饰，剖切平面平行的门窗图形、楼梯段、栏杆的扶手等和室外可见的雨水管、水漏等以及底层的勒脚和各层的踢脚。
（7）高程以及必需的局部尺寸的标注。
（8）详图的索引符号。
（9）必要的文字说明。

二、建筑剖面图的绘制要求

1. 图名和比例

建筑剖面图的图名必须与底层平面图中剖切符号的编号一致，如：1－1 剖面图。

建筑剖面图的比例与平面图、立面图一致，采用 1∶50、1∶100、1∶200 等较小比例绘制。

2. 符合投影关系

所绘制的建筑剖面图与建筑平面图、建筑立面图之间应符合投影关系，即长对正、宽相等、高平齐。读图时，也应将三图联系起来。

3. 图　线

凡是剖到的墙、板、梁等构件的轮廓线用粗实线表示，没有剖到的其他构件的投影线用细实线表示。

4. 图　例

由于比例较小，剖面图中的门窗等构配件应采用国家标准规定的图例表示。

为了清楚地表达建筑各部分的材料及构造层次，当剖面图的比例大于 1∶50 时，应在剖到的构配件断面上画出其材料图例；当剖面图的比例小于 1∶50 时，则不画材料图例，而用简化的材料图例表示其构件断面的材料，如钢筋混凝土的梁、板可在断面处涂黑，以区别于砖墙和其他材料。

5. 尺寸标注与其他标注

剖面图中应标出必要的尺寸。

外墙的竖向标注三道尺寸：最里面一道为细部尺寸，标注门窗洞及洞间墙的高度尺寸；中间一道为层高尺寸；最外一道为总高尺寸。此外，还应标注某些局部的尺寸，如内墙上门窗洞的高度尺寸、窗台的高度尺寸，以及一些不需绘制详图的构件尺寸，如栏杆扶手的高度尺寸、雨篷的挑出尺寸等。

建筑剖面图中需标注高程的部位有室内外地面、楼面、楼梯平台面、檐口顶面、门窗洞口等。剖面图内部的各层楼板、梁底面也需标注高程。

建筑剖面图的水平方向应标注墙、柱的轴线编号及轴线间距。

6. 详图索引符号

由于剖面图比例较小，某些部位如墙脚、窗台、楼地面、顶棚等节点不能详细表达，可在剖面图上的该部位处画上详图索引符号，另用详图表示其细部构造。楼地面、顶棚、墙体内外装修也可用多层构造引出线的方法说明。

三、建筑剖面图的绘制方法和步骤

建筑剖面图的绘制方法和步骤如下：
（1）画地坪线、定位轴线、各层的楼面线、楼面。
（2）画剖面图门窗洞口位置、楼梯平台、女儿墙、檐口及其他可见轮廓线。
（3）画各种梁的轮廓线以及断面。
（4）画楼梯、台阶及其他可见的细节构件，并且绘出楼梯的材质。
（5）画尺寸界线、标高数字和相关注释文字。
（6）画索引符号及尺寸标注。

四、建筑剖面图的绘制举例

如图 7-20 所示。

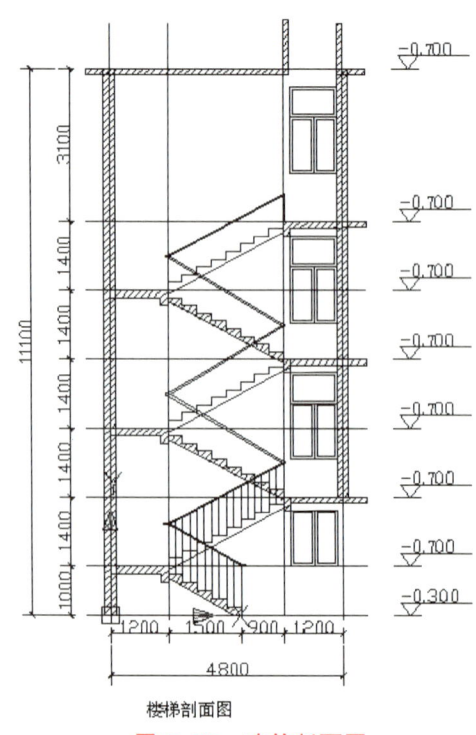

图 7-20　建筑剖面图

知识点4：结构施工图的绘制

一、钢筋混凝土结构构件配筋图的表示方法

1. 详图法

它通过平、立、剖面图将各构件（梁、柱、墙等）的结构尺寸、配筋规格等"逼真"地表示出来。用详图法绘图的工作量非常大。

2. 梁柱表法

它采用表格填写方法将结构构件的结构尺寸和配筋规格用数字符号表达。此法比"详图法"要简单方便得多，手工绘图时，深受设计人员的欢迎。其不足之处是：同类构件的许多数据需多次填写，容易出现错漏，图纸数量多。

3. 结构施工图平面整体设计方法（以下简称"平法"）

它把结构构件的截面形式、尺寸及所配钢筋规格在构件的平面位置用数字和符号直接表示，再与相应的"结构设计总说明"和梁、柱、墙等构件的"构造通用图及说明"配合使用。平法的优点是图面简洁、清楚、直观性强，图纸数量少，设计和施工人员都很欢迎。

为了保证按平法设计的结构施工图实现全国统一，建设部已将平法的制图规则纳入国家建筑标准设计图集，详见《混凝土结构施工图平面整体表示方法制图规则和构造详图》（16G101）（以下简称《平法规则》）。

"详图法"能加强绘图基本功的训练；"梁柱表法"目前还在广泛应用；而"平法"则代表了一种发展方向。

二、结构施工图平面整体表示方法

《混凝土结构施工图平面整体表示方法制图规则和构造详图》（16G101）图集，是国家建筑设计标准设计图集，在全国推广使用。平面整体标识符简称平法，所谓"平法"的表达方式，是将结构构件的尺寸和配筋，按照平面整体表示法的制图规则，直接表示在各类构件的结构平面布置图上，再与标准构造详图相配合，即构成一套完整的结构施工图。它改变了传统的将构件从结构平面图中索引出来，再逐个绘制配筋详图的烦琐表示方法。

1. 平法施工图的一般规定

平法制图规则适用于各种现浇混凝土结构的柱、剪力墙、梁等构件的结构施工图设计。

按平法设计绘制的施工图，一般是由各类结构构件的平法施工图和标准详图两个部分构成，但对复杂的建筑物，尚需增加模板、开洞和预埋件等平面图。现浇板的配筋图仍采用传统表达方法绘制。

按平法设计绘制施工图时，应将所有梁、柱、墙等构件按规定进行编号，使平法施工图

与构造详图中相同构件一一对应。同时必须根据具体工程，按照各类构件的平法制图规则，在按结构层（标准层）绘制的平面布置图上直接表示各构件的尺寸和配筋。出图时，宜按基础、柱、剪力墙、梁、板、楼梯及其他构件的顺序排列。

下面根据国家平法标准图集《混凝土结构施工图平面整体表示方法制图规则和构造详图》（03G101—1）介绍平法施工图制图规则。

2. 柱平法施工图制图规则

柱平法施工图是在柱平面布置图上采用截面注写方式或列表注写方式来表达的施工图，见图 7-21。以下介绍截面注写方式。

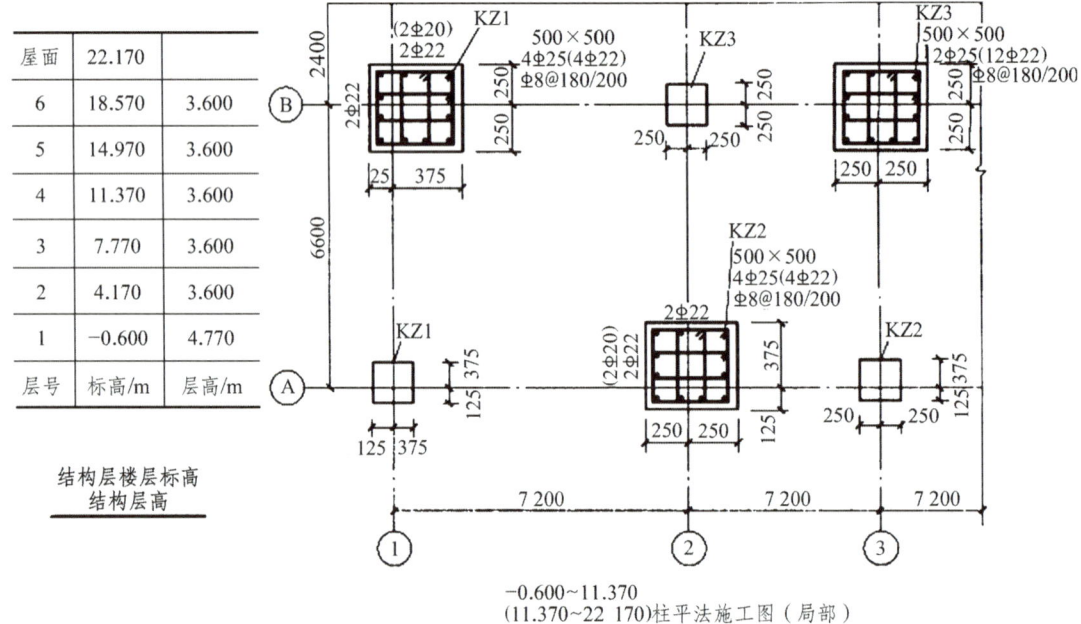

图 7-21 柱平法施工图——截面注写方式

● 截面注写方式是在分标准层绘制的柱（包括框架柱、框支柱、梁上柱、剪力墙上柱）平面布置图的柱截面上，分别在同一编号的柱中选择一个截面，以直接注写截面尺寸和配筋具体数值的方式来表达柱平面整体配筋，如图 7-21 所示。

● 对所有柱截面进行编号，柱编号由代号和序号组成，并应符合表 7-2 的规定。然后从相同编号的柱中选择一个截面，按另一种比例原位放大绘制柱截面配筋图。

表 7-2 柱编号

柱类型	代号	序号	柱类型	代号	序号
框架柱	KZ	××	梁上柱	LZ	××
框支柱	KZZ	××	剪刀墙上柱	QZ	××
芯柱	XZ	××			

● 在各配筋图上分别注写截面尺寸 $b×h$（对于圆柱改为圆柱的直径 d）、角筋或全部纵筋数量、箍筋的具体数值、截面与轴线关系 b_1、b_2、h_1、h_2 的具体数值。

- 当纵筋采用两种直径时，须再注写截面各边中部纵筋的具体数值（对于采用对称配筋的矩形截面柱，可仅在一侧注写中部纵筋，对称边省略不注）。
- 注写柱子箍筋，应包括钢筋种类代号、直径与间距。当为抗震设计时，用斜线"/"区分柱端箍筋加密区与柱身非加密区长度范围内箍筋的不同间距。当箍筋沿柱全高为同一种间距时，则不使用"/"线。
- 当采用截面注写方式时，可以根据具体情况，在一个柱平面布置图上加小括号"（ ）"来区分和表达不同标准层的注写数值，但与柱标高要一一对应。

3. 梁平法施工图制图规则

梁平法施工图是在平面布置图上采用平面注写方式或截面注写方式来表达的施工图，见图 7-22。梁平面布置图，应分别按梁的不同结构层，将全部梁和其相关联的柱、墙、板一起采用适当比例绘制。对于轴线未居中的梁，除贴柱边的梁外，应标注其偏心定位尺寸。以下介绍平面注写方式。

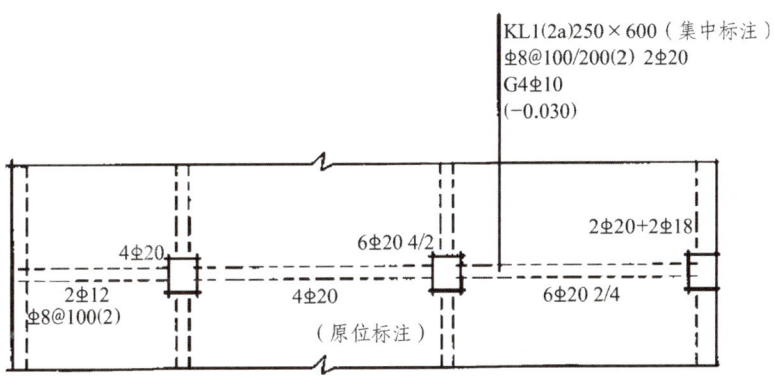

图 7-22　梁平法施工图——平面注写方式

平面注写方式就是在梁的平面图上，分别在不同编号的梁中各选出一根，在其上注写截面尺寸和配筋具体数量的方式来表达梁平面整体配筋，如图 7-22 所示。

平面注写包括集中标注与原位标注，集中标注表达梁的通用数值，原位标注表达梁的特殊数值。当集中标注中某项数值不适用于梁的某部位时，则应将该项数值在该部位原位标注，施工时，按照原位标注取值优选原则。

梁的编号由梁的类型代号、序号、跨数和有无悬挑代号几项组成，按表 7-3 规定执行。例如 KL1（2A）表示 1 号框架梁，2 跨且一端有悬挑。

表 7-3　梁编号

梁类型	代号	序号	跨数及是否带有悬挑	备注
楼层框架梁	KL	××	（××）、（××A）或（××B）	（××A）为一端有悬挑，（××B）为两端有悬挑，悬挑不计入跨数
屋面框架梁	WKL	××	（××）、（××A）或（××B）	
框支梁	KZL	××	（××）、（××A）或（××B）	
非框架梁	L	××	（××）、（××A）或（××B）	
悬挑梁	XL	××		

梁集中标注的内容,按梁的编号、截面尺寸、箍筋、贯通钢筋(或架立筋)、梁侧面纵向构造钢筋或受扭钢筋配置、梁面相对高差等内容依次标注。其中前五项必须标注,最后一项有高差时标注,无高差时不注。

- 梁的编号按表规定标注。
- 截面尺寸,当为等截面梁时,用 $b \times h$ 表示;当为悬臂梁采用变截面高度时,用斜线分隔根部与端部的高度值,即为 $b \times h_1/h_2$,h_1 为根部高度,h_2 为端部较小的高度。
- 梁的钢筋,包括箍筋的钢筋种类、直径、间距和肢数。当梁跨内箍筋全跨为同一间距和肢数直接标注,肢数写在括号内。箍筋加密区与非加密区间距或肢数不同时应用斜线"/"分隔。

例如:φ8@100/200(2)表示箍筋为 HPB235,直径为 φ8,加密区间距为 100 mm,非加密区间距为 200 mm,均为双肢箍。φ8@100(4)/150(2)表示直径为 φ8,加密区间距为 100 mm,四肢箍,非加密区间距 150 mm,双肢箍。

- 梁的上部贯通钢筋或架立筋的根数。当同排纵筋中既有贯通筋又有架立筋时,应采用加号"+"将两者相连,架立筋写入括号内。如 2Φ20 +(2Φ12),2Φ20 为梁角贯通筋,2Φ12 为架立钢筋。

当梁上部纵筋和下部纵筋均为贯通筋,且多数跨相同时,可同时标注上部与下部贯通筋的配筋值,但应用分号";"隔开来,少数跨不同时,采用原位标注来纠正。例如 2Φ18;2Φ22 表示上部配置 2Φ18 贯通筋,下部配置 2Φ22 贯通筋。

- 梁侧面纵向构造钢筋或受扭钢筋配置。纵向构造钢筋以大写字母 G 注写打头,紧跟注写设置在梁两个侧面的总配筋值,且对称配置。受扭纵向钢筋以大写字母 N 注写打头,紧跟注写配置在梁两侧面的总配筋值。如 G4Φ12 表示每侧各配置 2Φ12 纵向构造钢筋,N4Φ14 表示梁每侧各配置 2Φ14 受扭纵筋。
- 梁顶面标高相对于该结构楼面标高的高差值,有高差时,将其写入括号内。如(-0.100)表示梁标高比该结构层标高低 0.1 m。

梁原位标注内容为梁支座上部纵筋、下部纵筋、附加箍筋或吊筋及对集中标注的原位修正信息等。

- 梁支座上部纵筋,指该部位含贯通筋在内的所有纵筋,标注在梁上方该支座处。当上部纵筋多于 1 排时,用斜线"/"将各排纵筋自上而下分开。当同排纵筋有两种直径时,用加号"+"将两种直径的纵筋相连,角部纵筋注写在加号前面。如:6Φ20 4/2 表示上排为 4Φ20 而下排为 2Φ20;2Φ20 + 2Φ18 表示支座上部纵筋一排共 4 根,角筋为 2Φ20。
- 梁的下部纵筋标注在梁下部跨中位置,标注方法同梁上部纵向钢筋。当下部纵筋均为贯通筋,且集中标注中已注写时,则不需在梁下部重复做原位标注。图 7-22 第二跨下部纵筋 6Φ20 2/4,则表示上一排纵筋为 2Φ20,下一排纵筋为 4Φ20,全部伸入支座锚固。

项目七：房屋建筑工程图识读与绘制

7-1：阅读建筑施工图——地下一层平面图

地下一层平面图 1:100

注：1. 地下室外墙为370承重空心砖墙，内隔墙未注明者均为240承重空心砖墙。
2. 门大头角未注明者均为130，未注明构造柱注详结构。
3. 储藏室均为丙2类库房。
4. 地下室为一个防火分区。

7-1：(续) 阅读建筑施工图——五层平面图

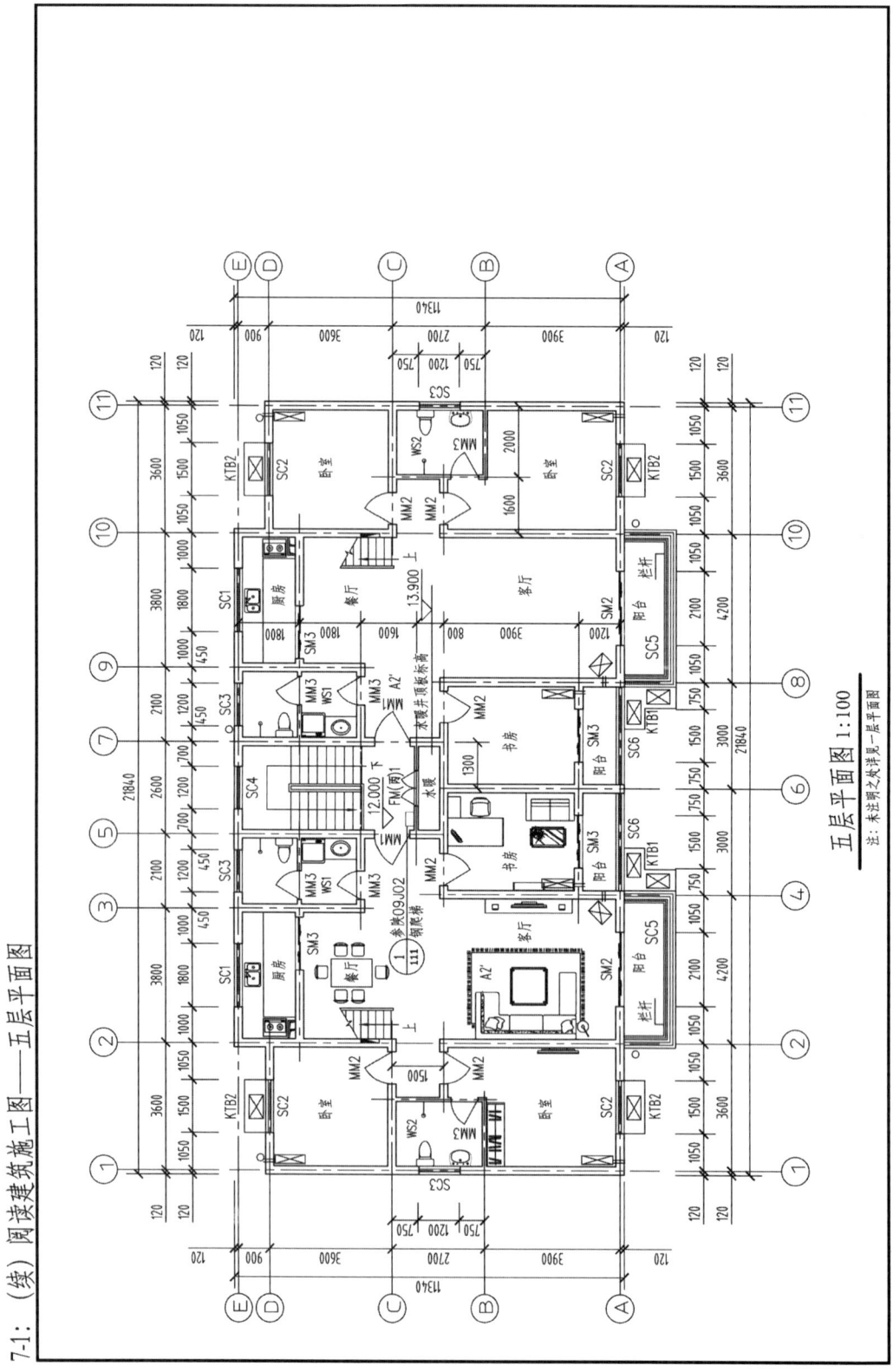

五层平面图 1:100

注：未注明之处详见一层平面图

7-1：（续）阅读建筑施工图——屋顶平面图

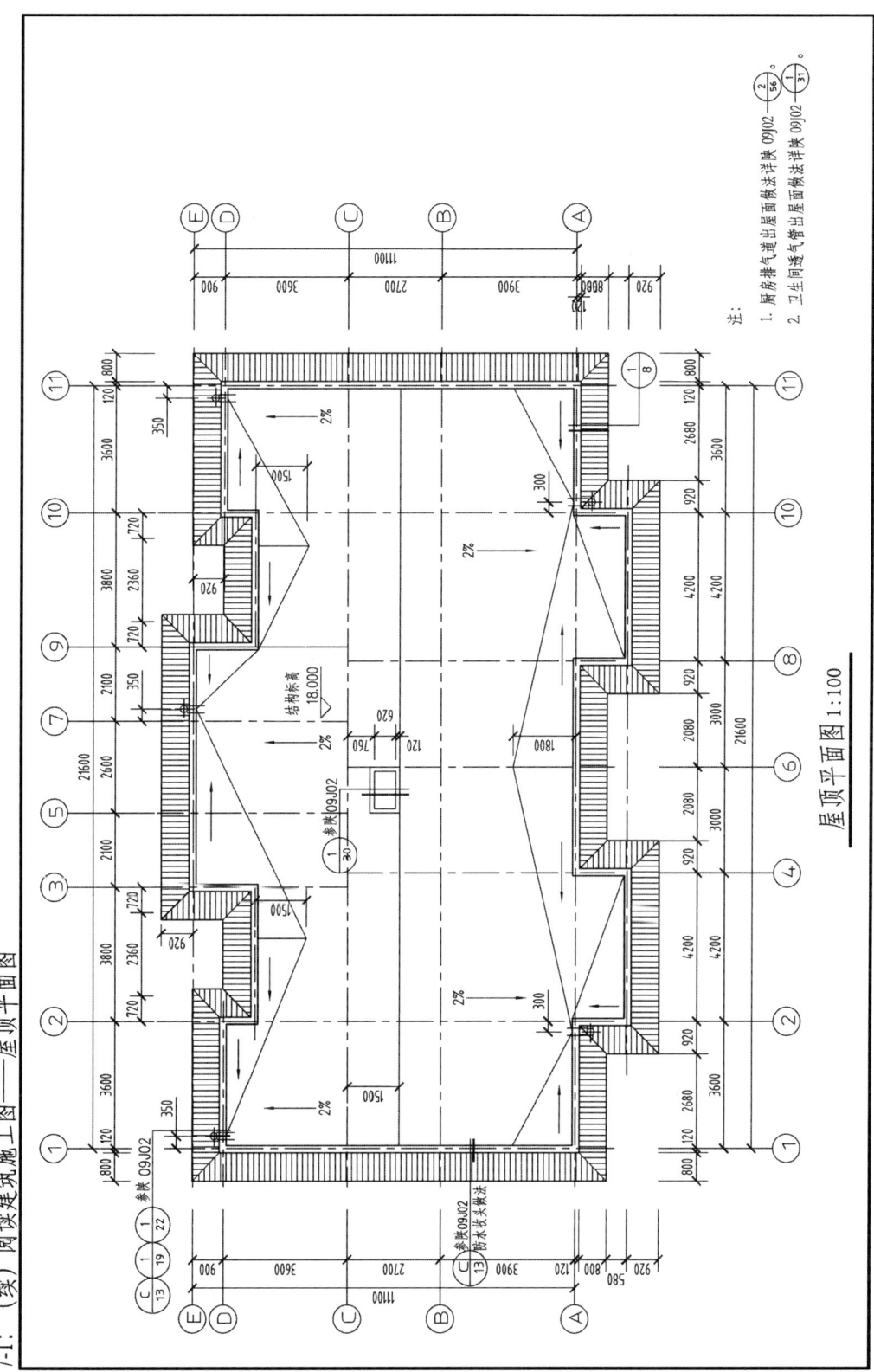

屋顶平面图 1:100

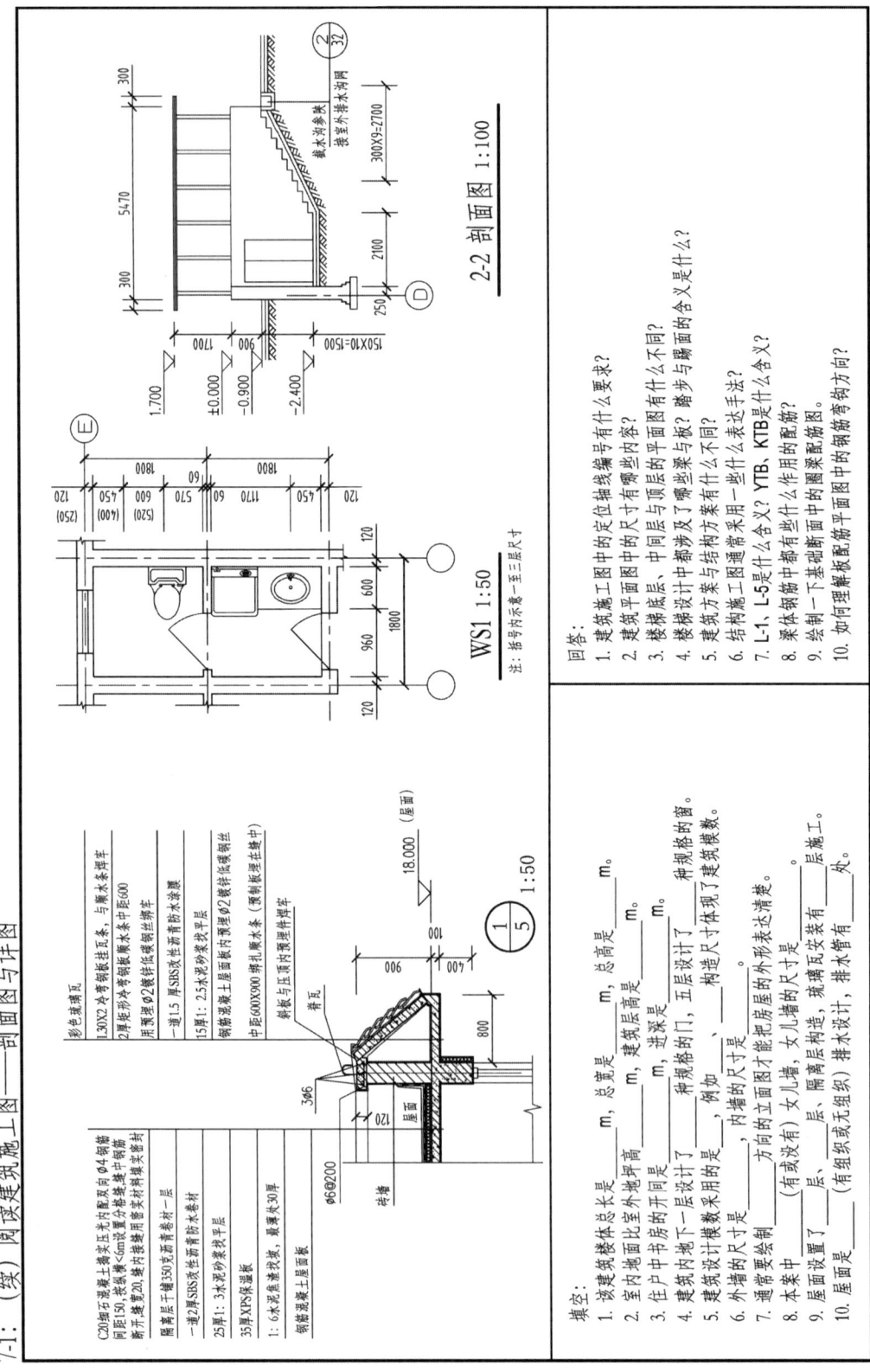

7-1：（续）阅读建筑施工图——剖面图与详图

填空：
1. 该建筑楼体长是_____m，总宽是_____m，总高是_____m。
2. 室内地面比室外地面高_____m，建筑层高是_____m。
3. 住户中中房内的开间是_____m，进深是_____m。
4. 建筑内地下一层设计了_____种规格的门，五层设计了_____种规格的窗。
5. 建筑设计中楼数来用的是_____，例如_____，构造尺寸体现了建筑模数。
6. 外墙的尺寸是_____，内墙的尺寸是_____。
7. 通带尺寸制_____方向的立面图才能把房屋内外形表达清楚。
8. 本来_____（有没有）女儿墙，女儿墙的_____。
9. 屋面设置了_____层，隔离层构造，瓦减瓦安装有_____层施工。
10. 屋面_____（有组织或无组织）排水组织，排水管有_____处。

回答：
1. 建筑施工图中的定位轴线编号有什么要求？
2. 建筑平面图中的平面尺寸与有哪些内容？
3. 楼梯底层、中间层与顶层的平面图有什么不同？
4. 楼梯设计中都涉及了哪些梁与板？踏步与踢面的含义是什么？
5. 建筑方案与结构方案采用一些什么表达手法？
6. 结构施工图涉通常用一些什么表达方案？
7. L-1、L-5是什么含义？YTB、KTB是什么含义？
8. 柔体钢筋中都有哪些作用围梁配筋？
9. 绘制上部基础断面图中的围梁配筋图。
10. 如何理解基础板配筋平面图中的钢筋弯钩的方向？

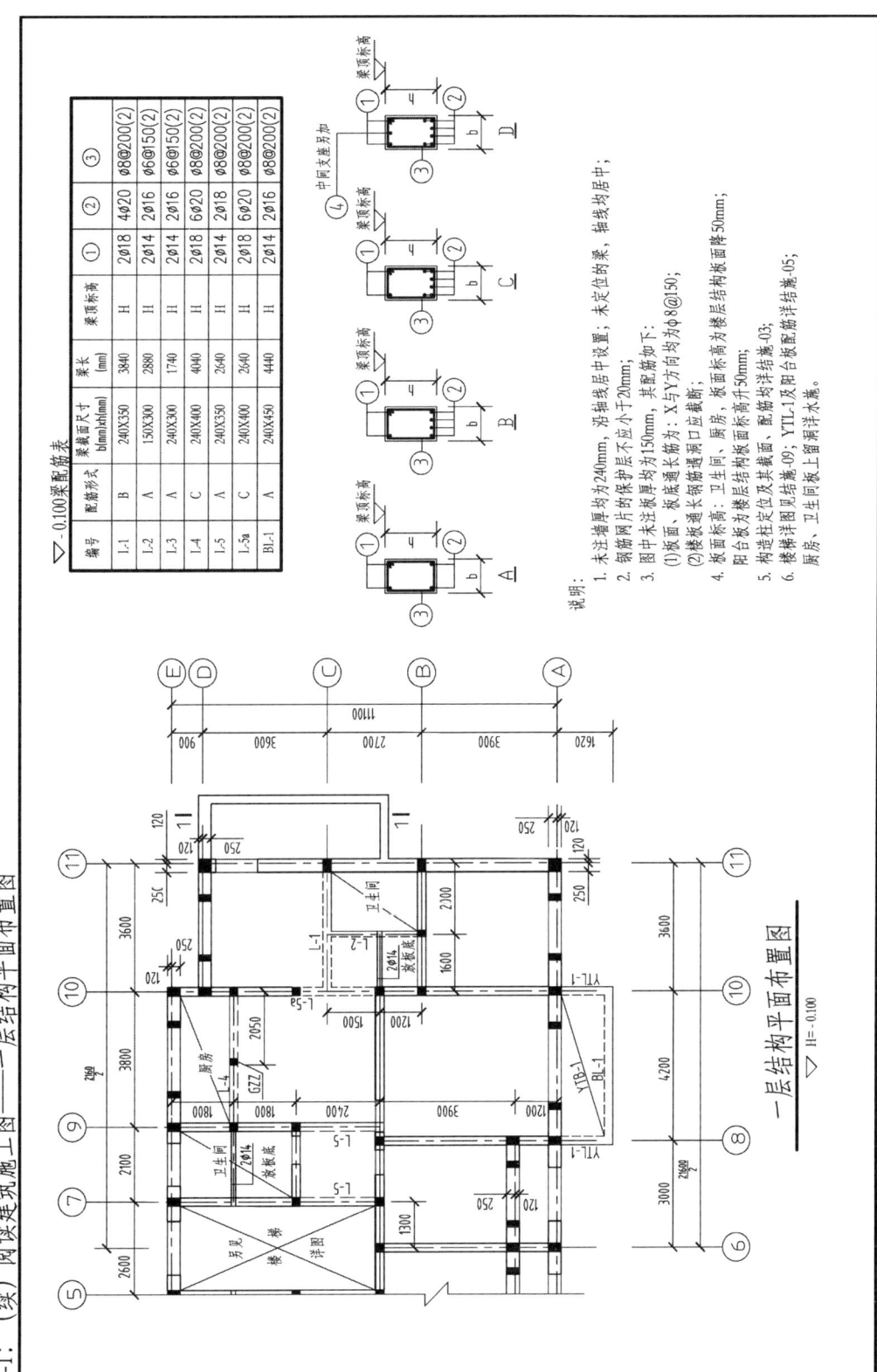

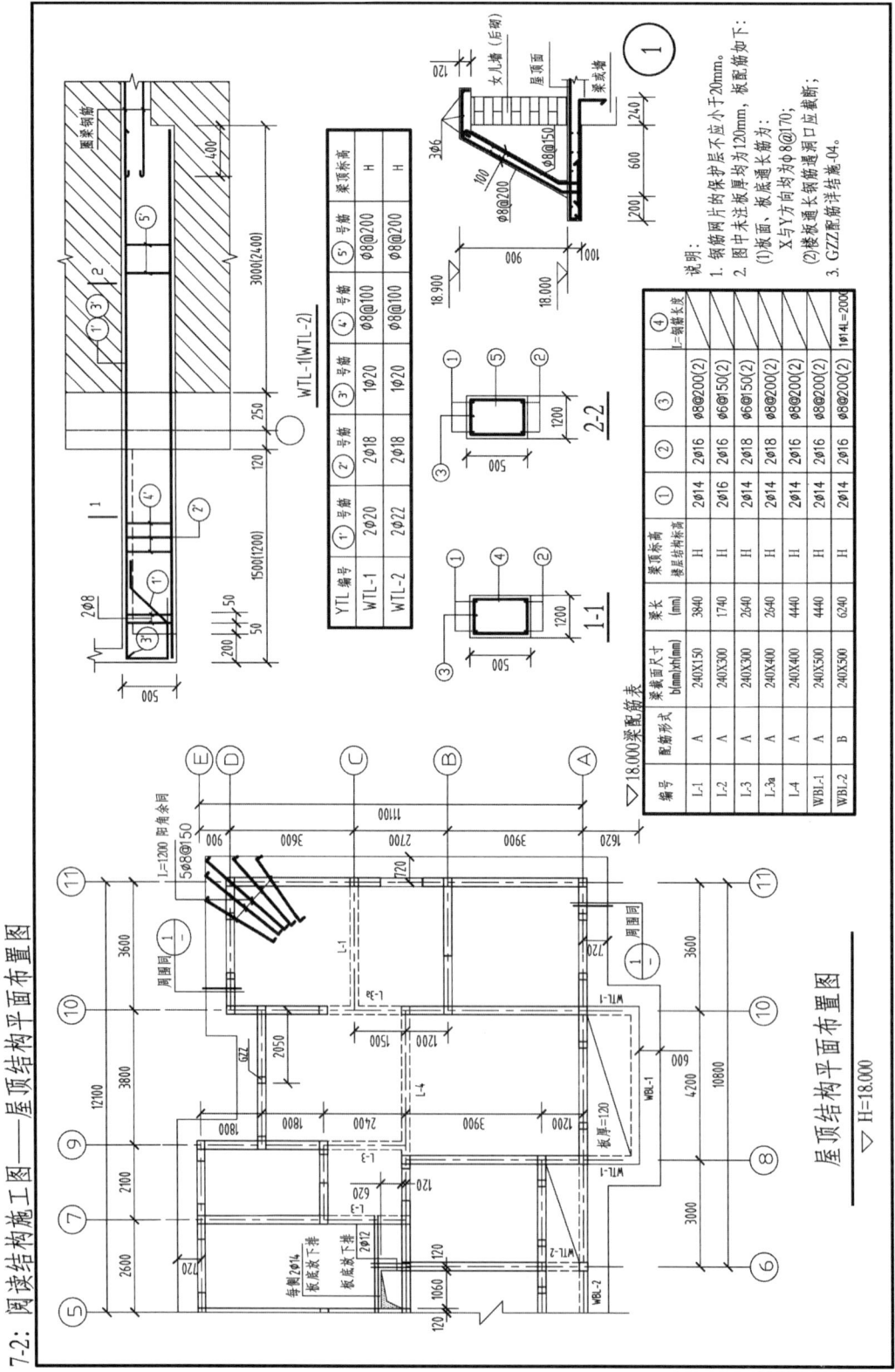

7-2：阅读结构施工图——屋顶结构平面布置图

7-2：（续）阅读结构施工图——楼梯结构 A-A 剖面图

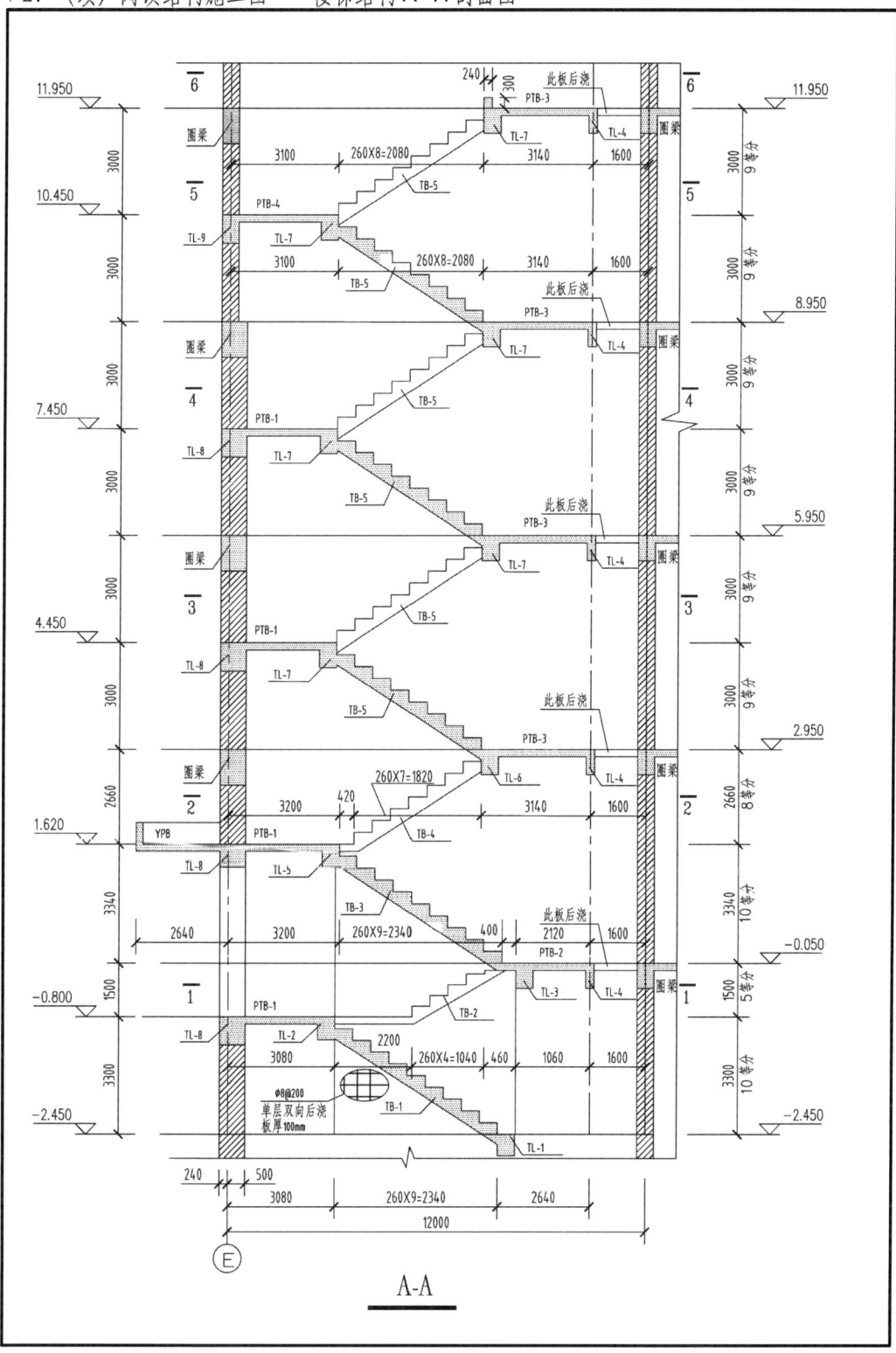

A-A

 项目小结：

（1）房屋建筑施工图是将一幢拟建房屋的总体布局、外部造型、内部布置、细部构造、内外装饰、固定设施和施工要求详细准确表达的图样，是房屋施工放线、砌筑、安装门窗、室内外装修、编制施工概预算及施工组织设计的主要技术依据。一套完整的房屋建筑施工设计图应包括图纸目录、设计总说明、建筑施工图（简称建施）、结构施工图（简称结施）、设备施工图（简称设施）。

（2）建筑施工图一般是由建筑总平面图、各层平面图、立面图、剖面图、详图构成的。阅读建筑施工图可以了解房屋的外貌、房屋的平面格局和房间大小、墙体和立柱的位置、房屋内部分层情况、楼地面和屋顶结构形式、门窗的位置和大小及外墙面装饰做法等。建筑施工图是施工人员对工程结构、构造和整体技术要求有一个概括了解的依据。

（3）结构施工图主要用以表示房屋结构系统的结构类型、构件布置、构件种类与数量、构件的内部构造和外部形状、大小以及构件间的连接构造，各构件的详细做法及施工要求。它一般由结构设计说明、基础平面图、基础详图、结构平面布置图、钢筋混凝土构件详图、节点构造详图及其他一些图样所组成，是施工放线、挖槽、支模板、绑钢筋、设置预埋件、浇捣混凝土和安装梁、板、柱，编制预算和施工进度计划的重要依据。

（4）结构施工图平面整体设计方法是将结构构件的尺寸和配筋，按照平面整体表示方法的制图规则，直接将各类构件表达在结构平面布置图上，再与标准构造详图配合，即构成一套新型完整的结构设计图纸。它避免了传统的将各个构件逐个绘制配筋详图的烦琐方法，大大地减少了传统设计中大量的重复表达内容，变离散的表达方式为集中表达方式。

（5）建筑施工图的绘制常采用 A2 幅面的图纸，根据不同名称的图样，依照其内容采取合理的步骤进行。一般先绘制墙身定位轴线及柱网，然后绘制墙身主体轮廓线，接着绘制与墙体相关的立柱、门窗、楼层、屋顶等部位，再绘制楼梯、台阶、阳台、散水、排水坡、明沟等细部构造。在 CAD 中可以应用"多线""多线编辑""块定义"等命令提高绘图效率。

（6）建筑施工图的绘制要符合建筑制图的国家标准，在线型、字体、尺寸标注、剖切符号、详图索引符号、引出线、指北针、高程、定位轴线等项目的绘制方面要严谨、细致。在CAD 中合理应用层、文字样式、尺寸标注样式、块定义等对图样中的各种项目进行管理。

二十大报告指出："实践没有止境，理论创新也没有止境。"请大家继续实践与学习，创造自己的未来，为国家繁荣与富强添砖加瓦！

参考文献

[1] 宋兆全. 画法几何及工程制图[M]. 北京：中国铁道出版社，2002.

[2] 和丕壮，王鲁宁. 交通土建工程制图[M]. 北京：人民交通出版社，2002.

[3] 何铭新，郎宝敏，陈星铭. 建筑工程制图[M]. 北京：高等教育出版社，2004.

[4] 焦胜军. 土木工程识图[M]. 北京：中国铁道出版社，2010.

[5] 中华人民共和国住房和城乡建设部. 房屋建筑制图统一标准：GB/T 50001—2017[S]. 北京：中国建筑工业出版社，2018.